中国哲学社会科学学科年鉴
CHINESE ACADEMIC ALMANAC

中国欧洲研究年鉴

冯仲平 主编　陈 新 副主编

2023

中国社会科学出版社

图书在版编目（CIP）数据

中国欧洲研究年鉴.2023/冯仲平主编.—北京：中国社会科学出版社，2023.10
ISBN 978-7-5227-2712-7

Ⅰ.①中… Ⅱ.①冯… Ⅲ.①欧洲—研究—2023—年鉴 Ⅳ.①D75-54

中国国家版本馆CIP数据核字（2023）第206295号

出 版 人	赵剑英
责任编辑	张靖晗
责任校对	李 惠
责任印制	张雪娇

出　　版	中国社会科学出版社
社　　址	北京鼓楼西大街甲158号
邮　　编	100720
网　　址	http://www.csspw.cn
发 行 部	010-84083685
门 市 部	010-84029450
经　　销	新华书店及其他书店

印刷装订	北京君升印刷有限公司
版　　次	2023年10月第1版
印　　次	2023年10月第1次印刷

开　　本	787×1092　1/16
印　　张	17.25
插　　页	2
字　　数	439千字
定　　价	148.00元

凡购买中国社会科学出版社图书，如有质量问题请与本社营销中心联系调换
电话：010-84083683
版权所有　侵权必究

《中国欧洲研究年鉴》学术委员会

(以姓氏笔画为序)

主　任　冯仲平　　副主任　陈　新
委　员　丁　纯　丁一凡　王展鹏　邓　翔　孙彦红　吴志成
　　　　佟家栋　宋新宁　张　敏　周　弘　郑春荣　赵　刚
　　　　徐明棋　崔洪建

《中国欧洲研究年鉴》编辑委员会

(以姓氏笔画为序)

丁　纯　丁一凡　于文杰　门　镜　王学玉　尹建龙　石　坚
叶　斌　史志钦　冯仲平　邢瑞磊　成新轩　伍慧萍　闫　瑾
孙彦红　孙楚仁　杜　莉　李靖堃　杨希燕　杨逢珉　杨海峰
忻　华　宋晓敏　张　彤　张迎红　张金岭　张海洋　陈　旸
陈　新　林　力　金　玲　赵　柯　赵　晨　胡　琨　柯　静
段德敏　夏友富　党和苹　钱运春　徐　清　郭继荣　熊　炜
鞠维伟

《中国欧洲研究年鉴》编纂工作小组

(以姓氏笔画为序)

马麟贺　齐天骄　宋晓敏　张海洋　钟　超　蔡雅洁

编辑说明

一、《中国欧洲研究年鉴》是由中国社会科学院欧洲研究所和中国欧洲学会主办的学科年鉴，系统汇集中国欧洲研究的年度研究进展和学科建设情况，包括专著、论文、研究报告的摘编介绍，以及相关学术团体的机构信息、学科状况、人才培养和学术动态等。《中国欧洲研究年鉴》的编纂宗旨是全面系统记录和展示中国欧洲研究的优秀学术成果，促进中国欧洲研究学术共同体的思想交流，推动中国欧洲研究界智慧结晶的传播，为中国欧洲研究领域的繁荣和发展作出贡献。

二、本年鉴框架采用分类编辑法，以栏目为类目，下设分目、条目。栏目的设置一般保持相对稳定，但可能根据年度特点略有调整。本卷共设置五个栏目：学科综述、学科论文选介、新书选介、学术机构介绍、学术动态。

三、本年鉴以条目作为基本表达单元，采用说明体或论述体。学科论文选介、新书选介，以及学术机构介绍和学术动态等栏目，侧重对所述情况进行说明和介绍；而学科综述，重点对所述议题进行学术性述评，各条目的语言表述力求客观平实。

四、本年鉴条目选定的原则，学科综述是由中国社会科学院欧洲研究所组织的编写团队，在广泛吸取学术共同体意见的基础上完成；学科论文选介和新书选介，采取中国欧洲学会单位会员推荐、中国欧洲研究学术同行自我推荐和中国欧洲学会遴选相结合的方式；学术机构介绍和学术动态，由中国欧洲学会单位会员提供；学术机构以所在省或直辖市拼音排序，同一地区的以机构成立时间先后排序。

目 录

序言　为中国特色哲学社会科学事业立传
　　——写在《中国哲学社会科学学科年鉴》系列出版之际 ………………………………（1）

学科综述

2022年中国的欧洲政治研究 ………………………………………………… 李靖堃（3）
2022年中国的欧洲经济研究 ………………………………………… 孙彦红　孙雅雯（9）
2022年中国的欧洲国际关系研究 …………………………………………… 赵纪周（15）
2022年中国的欧洲法律研究 ………………………………… 程卫东　章凯琪　张　琨（20）
2022年中国的欧洲社会文化研究 …………………………………… 张金岭　朱　锐（26）
2022年中国的欧洲国别研究 ……………… 胡　琨　孔　元　彭姝祎　黄萌萌　徐若杰（35）
2022年中国的中东欧研究 …………………………………………… 韩　萌　鞠维伟（41）

学科论文选介

● 政治 ……………………………………………………………………………………（49）

欧洲国家政党民粹化问题研究
　　——以北欧地区民粹主义政党为例 ……………………………… 任志江　王卓欣（49）
欧洲协调的礼治基础：一种正向格义的路径 ……………………… 田　野　范尧天（49）
国家认同、民族自决与克里米亚"脱乌入俄"的国际合法性 ……… 谈　谭　叶　江（50）
偏离"欧洲化"：身份管理策略视角下的土耳其外交转型 ……… 曾向红　张峻溯（50）
瑞典社会民主党长期执政的历史经验与现实挑战 …………………………… 林德山（51）
欧盟的法国化趋向及其影响 ………………………………………………… 张　健（51）
绿色政治视域下英国绿党适应性变革及其发展评价 ……………………… 李雪姣（52）
愿景政治视角下的"欧洲主权"构想 ……………………………… 曾向红　孟祥毅（52）
领导人代际差异与左翼政党的变化
　　——基于波兰民主左翼联盟党的分析 ……………………………………… 韦冲霄（53）
民粹主义浪潮下中东欧国家俄裔的身份分析
　　——以拉脱维亚和爱沙尼亚为例 ……………………………………………… 彭　泉（53）
欧洲右翼极端主义浪潮中的种族歧视管窥 ………………………… 严　庆　齐　凯（54）

1

政党竞争与西方主流政党的民粹化转型 ………………………………… 彭 枭（54）
当代欧洲右翼民粹主义政党的宗教话语与选举动员
　　——基于大数据的话语分析 ………………………………… 张楚楚　肖超伟（55）
数字时代主权概念的回归与欧盟数字治理 ………………………… 宫云牧（55）
欧洲民粹主义兴起根源的四种解释范式与政党发展规律 ………… 伍慧萍（56）
德国参与全球卫生治理的路径、特点和动因分析 ………… 晋继勇　吴谨轩（56）
政党权力转换与政党制度变迁
　　——基于中东欧国家政党制度变迁的案例分析 ………………… 高 歌（56）
科技变革、阶级与欧洲政党选举投票 …………………… 祁玲玲　祝宇杭（57）
何种经济反制措施更具效能？
　　——以欧盟对美反制为案例的考察 ……………………………… 方炯升（57）
乌克兰危机以来欧洲核威慑讨论新动向
　　——基于历史演进的视角 ……………………………… 何奇松　傅启浩（58）
新冠肺炎疫情下的欧洲议会和欧盟成员国议会 ………………………… 张 磊（58）
中东欧国家民族文化自治制度评析 ……………………………… 杨友孙（59）
21世纪以来西欧共产党衰落现状及成因探析 ……………… 丁波文　唐海军（59）
多民族国家民族凝聚力建设探析：以英国、法国和西班牙为中心 …… 陈玉瑶（59）
新技术革命背景下的欧洲战略重塑
　　——基于技术主权视角的分析 ………………………… 余南平　冯峻锋（60）
个体动机、制度约束与党团行为
　　——欧洲议会内激进左右翼党团的参与策略分析 ……… 董柞壮　张睿明（60）
数字经济时代的个人数据保护：欧美立法经验与中国方案 … 贾文山　赵立敏（61）
中欧非三方合作的演变分析
　　——基于欧盟"规范性力量"局限性的视角 …………… 陈 勇　邹雨君（61）
当今西方资本主义制度困境与新变化 ……………………………… 赵俊杰（62）

● 经济 …………………………………………………………………………（63）

财政规则能促进财政平衡吗？
　　——基于欧盟成员国数据的经验分析 …………………… 李一花　李林巍（63）
全球价值链视角下中欧贸易关系的演进特征及其启示 …… 戴 岭　潘 安（63）
欧美供应链韧性战略的悖论与中国应对 ……………………………… 王中美（64）
"一带一路"背景下中国与中东欧国家开展数字贸易的思考 … 孙玉琴　卫慧妮（64）
中欧经贸依赖关系的变化及未来走向 ………………………………… 寇 蔻（64）
欧盟数字治理：理念、实践与影响 …………………………… 薛 岩　赵 柯（65）
新一轮美欧技术经贸协调进程 ………………………………… 戴丽娜　郑乐锋（65）
英国脱欧对欧盟服务贸易竞争力的影响分析 ………………………… 孙秀丽（66）
欧盟"工业5.0"：起源、内容与动因 ………………………………… 陈腾瀚（66）
"双碳"目标下中欧绿色金融合作的基础、阻力与对策研究 ………… 韩 萌（66）
欧盟强化对华经贸防御工具的动因、举措、影响及中国应对 ………… 胡子南（67）

欧盟财政可持续性评估经验及对我国的启示 ················ 李 亮 徐 怡（67）
欧盟竞争政策"外溢化"趋势及其对中欧合作的影响 ············· 姜云飞（68）
数字欧元的典型特征、深层机制与前景分析 ········ 宋 鹭 李欣洁 蔡彤娟（68）
欧盟对华直接投资新动向及中国应对研究 ········ 殷晓鹏 王锋锋 肖艺璇（69）
数字贸易开放的战略选择
　　——基于美欧中印的比较分析 ················· 陈 颖 高宇宁（69）
欧盟乡村治理模式与理念的转型 ······················ 王 战（70）
欧盟绿色转型的实践与经验 ························ 孙彦红（70）
欧盟可持续金融促进可持续转型的作用研究
　　——机制、实践与前景 ···················· 孙雅雯 孙彦红（70）
中、美、俄与中东欧国家地缘经济关系的时空演变 ···· 马 腾 李一杰 潘 娴 胡志丁（71）
21世纪欧盟的非洲经贸政策：一项平等化方案？ ················ 简军波（71）
欧洲货币联盟会迈向最优货币区吗？
　　——法国调节学派视角下最优货币区的自我实现 ········ 胡 琨 钟佳睿（72）
欧元国际化战略的转变 ······················ 赵 柯 毕 阳（73）
内部市场竞争与国际市场竞争力何以兼得？
　　——欧盟竞争政策与产业政策关系新趋势探析 ············· 孙彦红（73）
俄乌冲突引发的经济制裁对全球主要经济体的中长期影响研究 ········· 马喜立（74）
欧盟参与美欧贸易与技术委员会的目标与困境 ·········· 刘宏松 陈荒拓（74）
欧盟数字经济发展与中国出口贸易利得及其机制检验 ········ 韩 萌 姜 峰（75）
俄乌冲突视角下的俄欧天然气博弈 ············ 王树春 陈梓源 林尚沅（75）
新冠肺炎疫情冲击下中东欧国家的经济韧性：表现、原因和启示 ········· 王效云（76）
欧盟法中个人数据保护与商业利用的平衡模式研究 ··············· 易 磊（76）
欧盟主权绿色债券：动因、特征与溢出效应 ··················· 杨成玉（76）
欧盟数字欧元的实践进度及前景 ················· 李 刚 赵 柯（77）
中国对欧港口投资与中欧互联互通伙伴关系 ··················· 邹志强（77）
欧盟推进数字服务税的动因、困境及展望
　　——兼论欧盟财政分权困局对我国数字税治理的政策启示 ···· 王玉柱 高 璐（78）
中德经贸关系50年：成就、问题与前景 ················ 丁 纯 陈芊凝（78）

● **国际关系** ··（79）

欧美对华政策协调：态势、动因与前景 ····················· 严少华（79）
"双边+多边"理论：对中国—中东欧国家合作的新探索 ············· 刘作奎（79）
中国—中东欧国家务实合作助推"一带一路"高质量发展 ······ 鞠维伟 顾虹飞（80）
英国脱欧对欧美关系的影响 ·························· 张 蓓（80）
欧盟互联互通政策的"泛安全化"及中欧合作 ················· 刘作奎（80）
北约对华政策调整走势及其影响 ························ 许海云（81）
北极问题演化及其对世界政治经济格局影响的研究 ····· 崔 健 李诗悦 李振福（81）
务实创新引航中国—中东欧国家合作 ······················· 王灵桂（81）

拜登政府上台后欧盟—美国的对华政策协调：动因、领域与障碍 ……………… 赵光锐（82）
中东欧地区大国博弈新态势
　　——兼论中国—中东欧国家合作面临的挑战与机遇 …………………… 王弘毅（82）
"泛安全化陷阱"及其跨越 ………………………………………… 张　超　吴白乙（83）
嵌入式关系视角下的中欧互联互通 …………………………………………… 鞠维伟（83）
从派生性关系到独立性关系？
　　——解析中欧关系的基本特征与发展逻辑 ……………………………… 宋晓敏（84）
中欧蓝色伙伴关系研究
　　——基于区域间主义视角 ………………………………… 李雪威　李鹏羽（84）
欧盟印太战略构想：动因、内涵及意义 ……………………… 房乐宪　王玉静（85）
欧盟"印太战略"的生成逻辑、战略内涵与影响研判 ……… 赵宁宁　付文慧（85）
战略议程转变与美国对盟友政策的重塑
　　——以五眼联盟限制华为5G为例 ……………………… 刘江韵　齐为群（86）
印度和法国战略伙伴关系的新动向、动因与前景分析 ……………………… 程智鑫（86）
俄乌冲突下德国新政府外交与安全政策的转型 ……………… 郑春荣　李　勤（86）
当前国际格局变化的特点和全球治理体系建设的方向 ……………………… 杨洁勉（87）
地区一体化组织间的规范扩散与竞争
　　——以欧盟—东盟关系为例 ……………………………… 巩潇泫　贺之杲（87）
欧盟对外战略转型与中欧关系重塑 …………………………………………… 金　玲（88）
芬兰、瑞典加入北约对北极地缘战略格局的影响 …………………………… 肖　洋（88）
法国的新一轮欧洲核威慑政策设想 ……………………………… 周　顺　何奇松（89）
欧盟发展援助中的环境政策融合论析 …………………………… 张　超　唐毓璇（89）
转变中的欧盟对华经济外交
　　——从"以商促变"到"负责任共存" …………………… 赵　柯　毕　阳（90）
欧盟"全球门户"战略及其对"一带一路"倡议的影响 ……… 吴　昊　杨成玉（90）
北约战略转型：动力、趋势及政策影响 ……………………………………… 徐若杰（91）
《贸易与合作协定》与英欧未来关系 …………………………… 潘　多　王明进（91）
从亚洲战略到"印太战略"：欧盟全球战略重心的转移及逻辑 … 丁　纯　罗天宇（92）
乌克兰危机背景下的俄罗斯北极能源开发：效能重构与中国参与 ………… 赵　隆（92）

● **法律** ……………………………………………………………………………（93）

后"Schrems Ⅱ案"时期欧盟数据跨境流动法律监管的演进及我国的因应 … 杨　帆（93）
欧盟阻断法与美国域外制裁之法律博弈 ……………………………………… 杨永红（93）
欧盟宪政秩序的挑战与危机
　　——基于波兰法治危机案的考察 ………………………………………… 程卫东（94）
迈入无人驾驶时代的德国道路交通法
　　——德国《自动驾驶法》的探索与启示 ………………… 张韬略　钱　榕（94）
德国移民法律体系：演进、逻辑与启示 ……………………………………… 王子立（95）
全球首部人工智能立法：创新和规范之间的艰难平衡 ……………………… 金　玲（95）

欧盟对国有企业补贴的定性和量化分析
　　——论国家援助"市场经济经营者测试"等规则的适用 ············· 周　牧（95）
欧式自由贸易协定国有企业规制的迭代、特质与启示 ·········· 沈　伟　方　荔（96）
德国供应链人权尽职调查义务立法：理念与工具 ······················ 张怀岭（96）
欧盟《通用数据保护条例》域外适用条件之解构 ·········· 陈咏梅　伍聪聪（97）
欧盟制裁机制的转型：欧盟全球人权制裁机制的法律框架、运行机制及缺陷 ····· 王媛媛（97）
欧盟《反经济胁迫条例（草案）》的立法设计、适用风险及中国应对 ······ 孙　舒（98）
美欧数字服务税规则博弈探析 ································· 刘宏松　程海烨（98）
欧盟《数字服务法案》探析及对我国的启示 ···························· 陈珍妮（99）
欧盟外资安全审查制度：比较、影响及中国对策 ·········· 褚　晓　熊　灵（99）
欧盟数据财产权的制度选择和经验借鉴
　　——以欧盟《数据法》草案切入 ·································· 司马航（99）
信息存档中的个人信息保护义务豁免
　　——基于欧盟实践的评析与借鉴 ································· 贺文奕（100）
"碳中和"立法：欧盟经验与中国借鉴
　　——以"原则—规则"为主线 ···································· 冯　帅（100）
"一带一路"视角下欧盟波兰法治之争透视及其应对方法论 ·········· 余元玲（101）
论《中欧全面投资协定》劳工条款的可执行性 ························ 肖　军（101）
《中欧全面投资协定》国有企业规则述评 ···························· 张金矜（102）
双碳目标下碳捕集与封存的立法规制：欧盟方案与中国路径 ······ 康京涛　荣真真（102）
欧洲的权利经济转型
　　——基于对欧洲公司可持续性尽责法的考察 ············ 叶　斌　杨昆灏（103）
WTO规则的"三元悖论"与诸边贸易协定：困局与破解 ······ 刘　斌　刘玥君（103）
个人数据反对权的欧盟范式及中国方案 ···················· 梅　傲　谢冰姿（104）
欧盟企业数据共享制度新动向与中国镜鉴
　　——基于欧盟《数据法》提案的解析 ···················· 曾彩霞　朱雪忠（104）

● **社会历史文化** ·· （105）

二十世纪德国思想界的中国观 ·· 温　馨（105）
中欧国家媒体的"中国观"：基于媒体报道的分析 ················· 鞠维伟（105）
从家庭照顾迈向社会照顾：德国和日本儿童照顾政策及其启示 ····· 杨琳琳（106）
反社会排斥：欧盟终身学习政策行动与困境 ·························· 陈晓雨（106）
迈力克默号事件与冷战初期联邦德国对新中国的贸易政策（1949—1952） ····· 陈　弢（107）
等级制·正当性·霸权：伊恩·克拉克对英国学派理论发展的贡献 ······ 严骁骁（107）
法国促进人口再生产政策的制度导向及其镜鉴 ······················· 张金岭（107）
收入分配调节、社会保障完善与生育率回升
　　——低生育率阶段的欧盟经验与启示 ···················· 王丛雷　罗　淳（108）
解析欧洲福利建设的经验教训 ··· 田德文（108）
社会保障与经济发展：来自欧洲的证据和启示 ······················· 丁　纯（109）

语言、民族国家建构和国家语言政策 ………………………………… 菅志翔　马　戎（109）
非常规就业、劳动力市场二元化与社会保障制度的重新定位
　　——向"后工业社会"转型中的欧洲社会保障制度 ………………………… 张　浚（110）
乌克兰难民危机与欧盟难民庇护政策的范式转变 ……………………………… 吕　蕊（110）

● **国别** ……………………………………………………………………………………（111）

"价值观外交"：德国新政府的外交基轴? ………………………… 熊　炜　姜　昊（111）
德国新政府上任后的中德关系新动向 …………………………………………… 张　浚（111）
"边缘的兴起"：对当代德国政党体制变动的解析 ……………… 张佳威　吴纪远（112）
英国对南海"航行自由"问题的立场：认知、影响与中国的应对 ……… 胡　杰（112）
21世纪英国共产党推动英国走向社会主义的理论与实践探索 … 吕　进　冯　帆（112）
塞浦路斯劳动人民进步党的理论发展与实践探索 ……………………………… 冯　燚（113）
希腊民粹主义政党的历史演变和发展态势 ……………………… 游　楠　史志钦（113）
"后默克尔时代"的德国：共识政治与否决玩家 ……………………………… 杨解朴（114）
匈牙利民粹主义政治极化 ………………………………………………………… 黄丹琼（114）
右翼民粹主义政党在新冠肺炎疫情中的危机话语策略分析
　　——以德国选择党、奥地利自由党与瑞士人民党为例 …………………… 唐　艋（115）
从"铁娘子"到"默大妈"：欧洲女性领导人领导风格差异及其根源 …… 翟化胜（115）
默克尔时代的德国经济与中德经贸合作展望 …………………… 李颖婷　廖淑萍（116）
中意建交以来意大利华侨华人社会的变迁
　　——以国家在场理论为中心的分析 …………………………… 包含丽　夏培根（116）
法国国际传播数字网络探析及对中国国际传播能力建设的启示 … 周　燕　张新木（117）
历史、文化与规范：英国的安全研究 …………………………………………… 王梓元（117）
丹麦共产党对社会主义的探索及衰落原因 ……………………… 白　虎　陈金祥（117）
奥地利共产党探索社会主义的阶段性特征 ……………………… 杨　扬　章德彪（118）
法国左翼政党联合的历史演变和现实挑战 ……………………………………… 吴韵曦（118）
后科尔宾时期英国工党改革及其面临的多重挑战 ……………………………… 郑海祥（119）
德国反极端主义的"软策略"探微 ……………………………………………… 杨友孙（119）
德国的库尔德裔移民政治活动及其对德国对土耳其政策的影响 ……………… 王丹逸（119）
地位寻求、角色构建与英国脱欧后的对外政策调整 …………… 孙志强　张蕴岭（120）
德国外资安全审查机制：特征、影响及我国应对举措 …… 张　昕　孟　翡　张继行（120）
从2022年总统大选看法国社会党的衰落 ……………………… 王　康　余科杰（121）
从左右之争到民粹主义与技术官僚主义之争
　　——基于2022年法国选举政治的分析 ……………………… 李济时　杨怀晨（121）
新民族主义视域下的法国身份政治镜像 ………………………………………… 姜程淞（121）
"印太转向"下英国的南海政策：解析与评估 ………………… 王传剑　黄诗敬（122）
从"超脱"到"碰撞"：德国对华政策50年 ………………………………… 熊　炜（122）
俄乌冲突下德国的"时代转折"
　　——基于历史记忆影响的分析 ………………………………… 郑春荣　李　勤（123）

西班牙当前社会危机及其应对 ……………………………………………… 朱　锐（123）
● **综合、新兴与交叉学科** ……………………………………………………………（124）
"碳中和"目标下的欧盟能源气候政策与中欧合作 ……………………… 江思羽（124）
全球气候治理的混合格局和中国参与 ……………………… 于宏源　李坤海（124）
欧盟碳边境调节机制下中国钢铁行业的碳配额分配策略 …… 齐绍洲　徐珍珍　杨芷萱（125）
欧盟参与全球海洋塑料垃圾治理的进展及对中国启示 …… 李雪威　李鹏羽（125）
欧央行应对气候变化的路线图 ……………………………… 边卫红　张培涵（126）
欧盟碳治理的最新进展、经验总结及相关启示 …………… 汪惠青　魏天磊（126）
俄罗斯清洁能源转型及中俄合作展望 ……………………………… 陈小沁（126）
欧盟气候治理的"另一半"叙事：女性出场与议程设置 … 赵　斌　唐　佳（127）
中欧绿色合作伙伴关系探析 ………………………………………… 汪万发（127）
美、日、德能源战略比较与借鉴意义 ……………………………… 梁亚滨（128）
欧盟碳边境调节机制的外溢影响与我国的应对措施 ……… 汪惠青　王有鑫（128）
新兴技术视域下的网络空间"碎片化"探究 ………………………… 黄　颖（129）
科技安全化与泛安全化：欧盟人工智能战略研究 ………… 宋黎磊　戴淑婷（129）
欧盟对俄罗斯能源战略的安全化与安全化困境 …………………… 连　波（130）
中欧氢能竞争与合作新态势及中国应对 …………………… 李雪威　李鹏羽（130）
海外基建竞争与欧盟"全球门户"计划 …………………… 李　远　巩浩宇（131）
欧俄能源关系的沿革、动因与乌克兰危机的影响
　　——聚焦天然气领域 …………………………………… 丁　纯　罗天宇（131）

新书选介

● **专著** ……………………………………………………………………………（135）
西欧激进右翼政党与欧洲一体化的政治化（玄理著） …………………………（135）
极右翼阴影下的欧洲左翼政党（杨云珍著） ……………………………………（135）
遗忘与记忆：多国视野下的历史反思与德国记忆文化建构（孟虹主编） ……（135）
欧洲碳中和2050（何继江等著） ………………………………………………（136）
德国长期照护服务体系研究——以福利多元主义理论为视角（齐天骄著） …（136）
欧洲联盟与中国（赵伯英著） ……………………………………………………（137）
欧盟经济（张新生　吴侨玲编著） ………………………………………………（137）
希腊与欧洲一体化（宋晓敏著） …………………………………………………（138）
欧洲议会左翼党团的历史演变和影响研究（游楠著） …………………………（138）
德国在欧盟角色的演变：从科尔到默克尔（杨解朴著） ………………………（138）
英美关系中债权政治的效用及其战略启示（康欣著） …………………………（139）
欧洲启蒙时期的理性观比较研究——以法国、德国为例（宋清华　霍玉敏著）（139）
危机与转型——百年变局下的欧盟发展战略（赵柯著） ………………………（139）
法国社会保障制度——碎片化及改革：以养老制度为例（彭姝祎著） ………（140）

百年变局与欧洲经济外交（陈新　朱景鹏主编）……………………………………（140）
欧洲传播思想史（修订版）（许正林著）……………………………………………（141）
垂直分工体系下的中欧贸易关系研究（高运胜著）………………………………（141）
"一带一路"倡议下中国和中东欧贸易关系研究（燕春蓉著）……………………（142）
欧洲法律评论（第六卷）（程卫东　李以所主编）…………………………………（142）
中东欧转型30年：新格局、新治理与新合作（高歌主编）………………………（143）
动荡欧洲背景下的德国及中德关系（郑春荣主编）………………………………（143）
中东欧国家经贸专题研究（尚宇红等著）…………………………………………（143）
默克尔时代的德国：2005—2021年中国的德国研究文选（郑春荣主编）………（144）
中国与中东欧合作的发展与机遇（刘华著）………………………………………（144）

● **研究报告** ……………………………………………………………………………（145）
波兰发展报告（2021）（黄承锋　余元玲主编）……………………………………（145）
欧洲能源转型万里行（何继江等著）………………………………………………（145）
中东欧国家交通运输国别报告（刘作奎　雷小芳主编）…………………………（146）
欧盟对非洲政策研究（国家智库报告）（赵雅婷著）………………………………（146）
中东欧国家发展报告（2021）（赵刚主编）…………………………………………（147）
意大利发展报告（2021—2022）：疫情下"危"中寻"机"的意大利（孙彦红主编）……（147）
"脱欧"后英国的非洲政策及前景（国家智库报告）（朱伟东著）…………………（148）
法国发展报告（2022）（丁一凡主编）………………………………………………（149）
欧洲发展报告（2020—2021）（冯仲平　陈新主编）………………………………（150）

● **学术资料** ……………………………………………………………………………（151）
感知中德人文交流：中德人文交流优秀案例合辑（董琦主编）…………………（151）

学术机构介绍

安徽大学欧洲联盟研究中心…………………………………………………………（155）
中国国际问题研究院欧洲研究所……………………………………………………（156）
中国现代国际关系研究院欧洲研究所………………………………………………（157）
中国社会科学院欧洲研究所…………………………………………………………（158）
中国欧洲学会…………………………………………………………………………（169）
北京外国语大学英国研究中心………………………………………………………（171）
外交学院欧洲研究中心………………………………………………………………（174）
中国人民大学欧洲问题研究中心……………………………………………………（175）
北京大学欧洲研究中心………………………………………………………………（176）
北京外国语大学欧洲语言文化学院…………………………………………………（178）
中国政法大学中欧法律研究中心……………………………………………………（182）
清华大学社会科学学院中欧关系研究中心…………………………………………（184）
中国—中东欧国家智库交流与合作网络……………………………………………（185）

中国—中东欧研究院 (186)
北京外国语大学法国研究中心 (188)
中共中央党校（国家行政学院）国际战略研究院俄罗斯与欧洲研究所 (189)
河北大学欧洲研究所 (190)
武汉大学欧洲问题研究中心 (192)
吉林大学欧洲研究所 (194)
江苏省社会科学院世界经济研究所 (197)
南京大学欧洲研究中心 (198)
山东大学欧洲研究中心 (201)
上海社会科学院欧洲研究中心 (202)
上海欧洲学会 (204)
复旦大学欧洲问题研究中心 (205)
华东师范大学政治与国际关系学院欧洲研究中心 (211)
华东理工大学欧洲研究所 (212)
上海对外经贸大学欧洲经济研究中心 (215)
上海国际问题研究院欧洲研究中心 (218)
上海外国语大学欧盟研究中心 (220)
同济大学德国研究中心 (222)
四川大学欧洲问题研究中心 (226)
南开大学欧洲问题研究中心 (230)

学术动态

"当代中国与欧盟研究"国家留学基金委国际组织后备人才培养项目说明会 (235)
"德国新政府对华政策走向及其对中欧关系的影响"学术研讨会 (235)
"乌克兰局势走向及影响"学术研讨会 (235)
上海欧洲学会领导层（扩大）与党工组会议 (235)
"中东欧国家与俄乌局势"学术研讨会 (236)
"中欧关系如何走出困境"国际视频研讨会 (236)
"北外法语世界讲堂第68讲——法语在比利时：一份语言遗产"讲座 (236)
"俄乌冲突下的中东欧国家地缘安全战略"线上研讨会 (236)
"俄乌冲突与欧盟战略走向"学术研讨会 (237)
"俄乌冲突及影响"学术研讨会 (237)
"俄乌冲突对欧盟及中欧关系的影响"学术研讨会 (237)
教育部国别区域研究培育基地北外中东欧研究中心十周年学术研讨会暨《中东欧国家发展报告2021》发布会 (237)
2022年"欧洲日"欧洲一体化专题讲座 (238)
"欧洲一体化的未来"圆桌会 (238)

《欧洲对华政策报告（2021）》和《欧盟的大国和地区政策（2021）》线上发布会暨
　　中欧关系研讨会 ……………………………………………………………………（238）
"巴尔干半岛的大国合作与竞争"国际学术研讨会 ……………………………………（238）
"绿色化、数字化转型的社会影响：中德比较视角"线上国际研讨会 ………………（239）
"纪念中希建交50周年：古老文明与现代伙伴"研讨会 ………………………………（239）
"俄乌冲突对欧洲的影响与前景分析"讲座 ……………………………………………（239）
"俄乌冲突对欧洲的影响"学术讲座 ……………………………………………………（239）
"法国总统选举与俄乌危机对欧洲及中欧关系的影响"讲座 …………………………（240）
"俄乌冲突与世界秩序"中国国际问题论坛 ……………………………………………（240）
"欧洲人如何看待俄乌冲突"学术讲座 …………………………………………………（240）
"中国'双循环'新发展格局：减贫、收入分配和社会保障——扩大国内需求的政策要素"
　　国际研讨会 ……………………………………………………………………………（241）
"长三角一体化与北德：互鉴与合作"国际会议 ………………………………………（241）
"湖北碳中和战略及路径"研讨会 ………………………………………………………（241）
美欧关系年度智库系列报告启动暨研讨会 ………………………………………………（241）
"中国—希腊文明对话：古典哲学思想与当代国际关系"学术研讨会 ………………（242）
中国人民大学国际关系学院与亚美尼亚"中国—欧亚战略研究中心"签署合作
　　备忘录 …………………………………………………………………………………（242）
欧洲文学研讨会暨欧洲语言文化论坛 ……………………………………………………（242）
"俄乌冲突如何改变欧洲"讲座 …………………………………………………………（242）
"共商全国统一碳市场建设"论坛 ………………………………………………………（243）
"现代政治的概念缘起"政治思想论坛 …………………………………………………（243）
碳中和背景下中德合作5+5高端对话 ……………………………………………………（243）
"英国新政府与中英关系前瞻"研讨会 …………………………………………………（244）
欧洲经济形势研讨会 ………………………………………………………………………（244）
西南地区高校区域国别研究暨欧洲研究圆桌论坛 ………………………………………（244）
"比较视野中的欧盟公共管理"欧洲研究论坛 …………………………………………（244）
首届德语学科区域国别研究高端学术论坛 ………………………………………………（244）
"中德视角看全球供应链保障"国际视频会议 …………………………………………（245）
"技术转移、产业政策与1945年以来东亚区域经济发展"国际会议 …………………（245）
"中国—中东欧国家合作十年：进展与前景"国际学术研讨会 ………………………（245）
第十届"中德论坛——德法大选后的中欧关系"国际会议 ……………………………（245）
"北外法语世界讲堂第71讲——加缪与阿尔及利亚"讲座 ……………………………（246）
美欧关系智库系列报告写作推进会暨当前中美欧战略博弈形势研讨会 ………………（246）
"区域碳中和战略与合作"论坛 …………………………………………………………（246）
"福柯与现代国家的系谱学"讲座 ………………………………………………………（246）
武汉大学—剑桥大学3+3高端对话 ………………………………………………………（247）
"理解欧洲一体化的未来愿景"学术研讨会 ……………………………………………（247）

"变化中的世界秩序——中国与欧洲/德国视角"研讨会 …………………………（247）
"语言—文化教学法创新与技术创新——历史的视角与现实的挑战"学术讲座 …………（247）
"技术与人工智能的跨文化理解：中德比较视角"国际会议 ………………………………（248）
《欧美关系走向报告（2022）》发布会暨欧美俄中关系研讨会 …………………………（248）
"法德关系与欧盟走向及其对中欧关系影响"学术研讨会 …………………………………（248）
"俄乌冲突对欧洲的影响几何？"学术讲座 …………………………………………………（248）
"中国共同富裕政策的发展路径"国际研讨会 ………………………………………………（248）
"面向未来的中德关系"国际会议 ……………………………………………………………（249）
"欧洲科技创新与产业转型"学术研讨会 ……………………………………………………（249）
"中国企业在非洲"主题讲座 …………………………………………………………………（249）
"俄乌冲突对中欧关系的影响"圆桌会议 ……………………………………………………（250）
"俄乌冲突与中东欧地缘政治新态势"专家研讨会 …………………………………………（250）
"第十七届中欧关系中的台湾问题"国际研讨会 ……………………………………………（250）
"当代欧美民粹主义语境中的'人民'概念解剖"讲座 ………………………………………（251）
"欧洲动态与中欧关系"学术研讨会 …………………………………………………………（251）
"深入学习贯彻党的二十大精神 推进区域国别研究高质量发展"主题讲座 ……………（251）

序 言

为中国特色哲学社会科学事业立传

——写在《中国哲学社会科学学科年鉴》系列出版之际

（一）

2016年5月17日，习近平总书记《在哲学社会科学工作座谈会上的讲话》中正式作出了加快构建中国特色哲学社会科学的重大战略部署。自此，中国特色哲学社会科学学科体系、学术体系、话语体系的构建进入攻坚期。

2022年4月25日，习近平总书记在中国人民大学考察时强调指出，"加快构建中国特色哲学社会科学，归根结底是建构中国自主的知识体系"。这为我们加快构建中国特色哲学社会科学进一步指明了方向。

2022年4月，中共中央办公厅正式印发《国家哲学社会科学"十四五"规划》。作为第一部国家层面的哲学社会科学发展规划，其中的一项重要内容，就是以加快中国特色哲学社会科学为主题，将"中国哲学社会科学学科年鉴编纂"定位为"哲学社会科学学科基础建设"，从而赋予了哲学社会科学学科年鉴编纂工作新的内涵、新的要求。

从加快构建中国特色哲学社会科学到归根结底是建构中国自主的知识体系，再到制定第一部国家层面的哲学社会科学发展规划，至少向我们清晰揭示了这样一个基本事实：中国特色社会主义事业离不开中国特色哲学社会科学的支撑，必须加快构建中国特色哲学社会科学、建构中国自主的知识体系。加快构建中国特色哲学社会科学、建构中国自主的知识体系是一个长期的历史任务，必须持之以恒，实打实地把一件件事情办好。

作为其间的一项十分重要且异常关键的基础建设，就是编纂好哲学社会科学学科年鉴，将中国特色哲学社会科学事业的发展动态、变化历程记录下来，呈现出来。以接续奋斗的精神，年复一年，一茬接着一茬干，一棒接着一棒跑。就此而论，编纂哲学社会科学学科年鉴，其最基本、最核心、最重要的意义，就在于为中国特色哲学社会科学事业立传。

呈现在读者面前的这一《中国哲学社会科学学科年鉴》系列，就是在这样的背景之下，由中国社会科学院集全院之力、组织精锐力量编纂而成的。

（二）

作为年鉴的一个重要类型，学科年鉴是以全面、系统、准确地记述上一年度特定学科或学科分支发展变化为主要内容的资料性工具书。编纂学科年鉴，是哲学社会科学发展到一定阶段的产物。

追溯起来，我国最早的哲学社会科学年鉴——《中国文艺年鉴》，诞生于上个世纪30年代。党的十一届三中全会之后，伴随着改革开放的进程，我国哲学社会科学年鉴不断发展壮大。40多年来，哲学社会科学年鉴在展示研究成果、积累学术资料、加强学科建设、开展学术评价、凝聚学术共同体等方面，发挥着不可替代的作用，为繁荣发展中国特色哲学社会科学作出了重要贡献。

1. 为学科和学者立传的重要载体

学科年鉴汇集某一学科领域的专业学科信息，是服务于学术研究的资料性工具书。不论是学科建设、学术研究，还是学术评价、对外交流等，都离不开学科知识的积累、学术方向的辨析、学术共同体的凝聚。

要回答学术往何处去的问题，首先要了解学术从哪里来，以及学科领域的现状，这就离不开学科年鉴提供的信息。学科年鉴记录与反映年度内哲学社会科学某个学科领域的研究进展、学术成果、重大事件等，既为学科和学者立传，也为学术共同体的研究提供知识基础和方向指引，为学术创新、学派形成、学科巩固创造条件、奠定基础。学科年鉴编纂的历史越悠久，学术积淀就越厚重，其学术价值就越突出。

通过编纂学科年鉴，将中国哲学社会科学界推进学科体系、学术体系、话语体系建设以及建构中国自主知识体系的历史进程准确、生动地记录下来，并且，立此存照，是一件非常有意义的事情。可以说，学科年鉴如同学术研究的白皮书，承载着记录、反映学术研究进程的历史任务。

2. 掌握学术评价权的有力抓手

为学界提供一个学科领域的专业信息、权威信息，这是学科年鉴的基本功能。一个学科领域年度的信息十分庞杂，浩如烟海，不可能全部收入学科年鉴。学科年鉴所收录的，只能是重要的、有价值的学术信息。这就要经历一个提炼和总结的过程。学科年鉴的栏目，如重要文献（特载）、学科述评、学术成果、学术动态、统计资料与数据、人物、大事记等，所收录的信息和资料都是进行筛选和加工的基础上形成的。

进一步说，什么样的学术信息是重要的、有价值的，是由学科年鉴的编纂机构来决定。这就赋予了学科年鉴学术评价的功能，所谓"入鉴即评价"，指的就是这个逻辑。特别是学科综述，要对年度研究进展、重要成果、学术观点等作出评析，是学科年鉴学术评价功能的集中体现。

学科年鉴蕴含的学术评价权，既是一种权力，更是一种责任。只有将学科、学术的评价权用好，把有代表性的优秀成果和学术观点评选出来，分析各学科发展面临的形势和任务、成绩和短板、重点和难点，才能更好引导中国特色哲学社会科学的健康发展。

3. 提升学术影响力的交流平台

学科年鉴按照学科领域编纂，既是该领域所有学者共同的精神家园，也是该学科领域最权威的交流平台。目前公认的世界上首部学术年鉴，是由吕西安·费弗尔和马克·布洛赫在1929年初创办的《经济社会史年鉴》。由一群有着共同学术信仰和学术观点的历史学家主持编纂的这部年鉴，把年鉴作为宣传新理念和新方法的学术阵地，在年鉴中刊发多篇重要的理论成果，催发了史学研究范式的演化，形成了法国"年鉴学派"，对整个西方现代史学的创新发展产生了深远影响。

随着学科年鉴的发展和演化，其功能也在不断深化。除了记载学术共同体的研究进展，还提供了学术研究的基本参考、学术成果发表的重要渠道，充当了链接学术网络的重要载体。特别是学科年鉴刊载的综述性、评论性和展望性的文章，除了为同一范式下的学者提供知识积累或索引外，还能够对学科发展趋势动向作出总结，乃至为学科未来发展指明方向。

4. 中国学术走向世界的重要舞台

在世界范围内，学科年鉴都是作为权威学术出版物而被广泛接受的。高质量的学科年鉴，不仅能够成为国内学界重要的学术资源、引领学术方向的标识，而且也会产生十分显著的国际影响。

中国每年产出的哲学社会科学研究成果数量极其庞大，如何向国际学术界系统介绍中国哲学社会科学研究成果，做到既全面准确，又重点突出？这几乎是不可能完成的任务。学科年鉴的出现，则使不可能变成了可能。高质量的学科年鉴，汇总一个学科全年最重要、最有代表性的研究成果、资料和信息，既是展示中国哲学社会科学研究成果与现状的最佳舞台，也为中外学术交流搭建了最好平台。

事实上，国内编纂的学科年鉴一直受到国外学术机构的重视，也是各类学术图书馆收藏的重点。如果能够站在通观学术界全貌之高度，编纂好哲学社会科学各学科年鉴，以学科年鉴为载体向世界讲好中国学术故事，当然有助于让世界知道"学术中的中国"、"理论中的中国"、"哲学社会科学中的中国"，也就能够相应提升中国哲学社会科学的国际影响力和话语权。

（三）

作为中国哲学社会科学研究的"国家队"，早在上世纪70年代末，中国社会科学院就启动了学科年鉴编纂工作。诸如《世界经济年鉴》《中国历史学年鉴》《中国哲学年鉴》《中国文学年鉴》等读者广为传阅的学科年鉴，迄今已有40多年的历史。

2013年，以国家哲学社会科学创新工程为依托，中国社会科学院实施了"中国社会科学年鉴工程"，学科年鉴编纂工作由此驶入快车道。至2021下半年，全院组织编纂的学科年鉴达到26部。

进入2022年以来，在加快构建中国特色哲学社会科学、贯彻落实《国家哲学社会科学"十四五"规划》的背景下，立足于更高站位、更广视野、更大格局，中国社会科学院进一步加大了学科年鉴编纂的工作力度，学科年鉴编纂工作迈上了一个大台阶，呈现出一幅全新的学科年鉴事业发展格局。

1. 哲学社会科学学科年鉴群

截至2023年5月，中国社会科学院组织编纂的哲学社会科学学科年鉴系列已有36部之多，覆盖了15个一级学科、13个二三级学科以及4个有重要影响力的学术领域，形成了国内规模最大、覆盖学科最多、也是唯一成体系的哲学社会科学学科年鉴群。

其中，《中国语言学年鉴》《中国金融学年鉴》《当代中国史研究年鉴》等10部，系2022年新启动编纂。目前还有将近10部学科年鉴在编纂或酝酿之中。到"十四五"末期，中国社会科学院组织编纂的学科年鉴总规模，有望超越50部。

2. 学科年鉴的高质量编纂

从总体上看，在坚持正确的政治方向、学术导向和价值取向方面，各部学科年鉴都有明显提高，体现了立场坚定、内容客观、思想厚重的导向作用。围绕学科建设、话语权建设等设置栏目，各部学科年鉴都较好地反映了本学科领域的发展建设情况，发挥了学术存史、服务科研的独特作用。文字质量较好，文风端正，装帧精美，体现了学科年鉴的严肃性和权威性。

与此同时，为提高年鉴编纂质量，围绕学科年鉴编纂的规范性，印发了《中国哲学社会科学学科年鉴编纂出版规定》，专门举办了年鉴编纂人员培训班。

3. 学科年鉴品牌

经过多年努力，无论在学术界还是年鉴出版界，中国社会科学院组织编纂的哲学社会科学学科年鉴系列得到了广泛认可，学术年鉴品牌已经形成。不仅成功主办了学术年鉴主编论坛和多场年鉴出版发布会，许多年鉴也在各类评奖中获得重要奖项。在数字化方面，学科年鉴数据库已经建成并投入使用，目前试用单位二百多家，学科年鉴编纂平台在继续推进中。

4. 学科年鉴工作机制

中国社会科学院科研局负责学科年鉴管理，制定发展规划，提供经费资助；院属研究单位负责年鉴编纂；中国社会科学出版社负责出版。通过调整创新工程科研评价考核指标体系，赋予年鉴编纂及优秀学科综述相应的分值，调动院属单位参与年鉴编纂的积极性。

学科年鉴是哲学社会科学界的学术公共产品。作为哲学社会科学研究的"国家队"，编纂、提供学科年鉴这一学术公共产品，无疑是中国社会科学院的职责所在、使命所系。中国社会科学院具备编纂好学科年鉴的有利条件：一是学科较为齐全；二是研究力量较为雄厚；三是具有"国家队"的权威性；四是与学界联系广泛，主管120家全国学会，便于组织全国学界力量共同参与年鉴编纂。

（四）

当然，在肯定成绩的同时，还要看到，当前哲学社会科学学科年鉴编纂工作仍有较大的提升空间，我们还有很长的路要走。

1. 逐步扩大学科年鉴编纂规模

经过40多年的发展，特别是"中国社会科学年鉴工程"实施10年来的努力，哲学社会科学系列学科年鉴已经形成了一定的规模，覆盖了90%的一级学科和部分重点的二三级学科。但是，也不容忽视，目前还存在一些学科年鉴空白之地。如法学、政治学、国际政治、区域国别研究等重要的一级学科，目前还没有学科年鉴。

中国自主知识体系的基础是学科体系，完整的学科年鉴体系有助于完善的学科体系和知识体系的形成。尽快启动相关领域的学科年鉴编纂，抓紧填补相关领域的学科年鉴空白，使哲学社会科学年鉴覆盖所有一级学科以及重要的二三级学科，显然是当下哲学社会科学界应当着力推进的一项重要工作。

2. 持续提高学科年鉴编纂质量

在扩张规模、填补空白的同时，还应当以加快构建中国特色哲学社会科学、建构中国自主的知识体系为目标，下大力气提高学科年鉴编纂质量，实现高质量发展。

一是统一学科年鉴的体例规范。学科年鉴必须是成体系的，而不是凌乱的；是规范的，而不是随意的。大型丛书的编纂靠的是组织严密，条例清楚，文字谨严。学科年鉴的体例要更加侧重于存史内容的发掘，对关乎学术成果、学术人物、重要数据、学术机构评价的内容，要通过体例加以强调和规范。哲学社会科学所有学科年鉴，应当做到"四个基本统一"：名称基本统一，体例基本统一，篇幅基本统一，出版时间、发布时间基本统一。

二是增强学科年鉴的权威性。年鉴的权威性，说到底取决于内容的权威性。学科年鉴是在对大量原始信息、文献进行筛选、整理、分析、加工的基础上，以高密度的方式将各类学术信息、情报传递给读者的权威工具书。权威的内容需要权威的机构来编纂，来撰写，来审定。学科综述是学科年鉴的灵魂，也是年鉴学术评价功能的集中体现，必须由权威学者来撰写学科综述。

三是要提高学科年鉴的时效性。学科年鉴虽然有存史功能，但更多学者希望将其作为学术工具书，从中获取对当下研究有价值的资料。这就需要增强年鉴的时效性，前一年的年鉴内容，第二年上半年要完成编纂，下半年完成出版。除了加快编纂和出版进度，年鉴的时效性还体现在编写的频度上。一级学科的年鉴，原则上都应当一年一鉴。

3. 不断扩大学科年鉴影响力

学科年鉴的价值在于应用，应用的前提是具有影响力。要通过各种途径，让学界了解学科年鉴，接受学科年鉴，使用学科年鉴，使学科年鉴真正成为学术研究的好帮手。

一是加强对学科年鉴的宣传。"酒香也怕巷子深。"每部学科年鉴出版之后，要及时举行发布会，正式向学界介绍和推出，提高学科年鉴的知名度。编纂单位也要加大对学科年鉴的宣传，结合学会年会、学术会议、年度优秀成果评选等活动，既加强对学科年鉴的宣传，又发挥学科年鉴的学术评价作用。

二是要在使用中提高学科年鉴的影响力。要让学界使用学科年鉴，必须让学科年鉴贴近学界的需求，真正做到有用、能用、管用。因此，不能关起门来编学科年鉴，而是要根据学界的需求来编纂，为他们了解学术动态、掌握学科前沿、开展学术研究提供便利。要确保学科年鉴内容的原创性、独特性，提供其他渠道提供不了的学术信息。实现这个目标，就需要在学科年鉴内容创新上下功夫，不仅是筛选和转载，更多的内容需要用心策划、加工和提炼。实际上，编纂学科年鉴不仅是整理、汇编资料，更是一项学术研究工作。

三是提高学科年鉴使用的便捷性。当今网络时代，要让学科年鉴走进千万学者中间，必须重视学科年鉴的网络传播，提高学科年鉴阅读与获取的便捷性。出版社要重视学科年鉴数据库产品的开发。同时，要注重同知识资源平台的合作，利用一切途径扩大学科年鉴的传播力、影响力。在做好国内出版的同时，还要做好学科年鉴的海外发行，向国际学术界推广我国的学科年鉴。

4. 注重完善学科年鉴编纂工作机制

实现学科年鉴的高质量发展，是一项系统工程，需要哲学社会科学界的集思广益，共同努力，形成推动学科年鉴工作高质量发展的工作机制。哲学社会科学学科年鉴编纂，中国社会科学院当然要当主力军，但并不能包打天下，应当充分调动哲学社会科学界的力量，开展协调创新，与广大同仁一道，共同编纂好学科年鉴。

学科年鉴管理部门和编纂单位不仅要逐渐加大对学科年鉴的经费投入，而且要创新学科年鉴出版形式，探索纸本与网络相结合的新型出版模式，适当压缩纸本内容，增加网络传播内容。这样做，一方面可提高经费使用效益，另一方面，也有利于提升学科年鉴的传播力，进一步调动相关单位、科研人员参与学科年鉴编纂的积极性。

随着学科年鉴规模的扩大和质量的提升，可适时启动优秀学科年鉴的评奖活动，加强对优秀年鉴和优秀年鉴编辑人员的激励，形成学科年鉴工作良性发展的机制。要加强年鉴工作机制和编辑队伍建设，有条件的要成立专门的学科年鉴编辑部，或者由相对固定人员负责学科年鉴编纂，确保学科年鉴工作的连续性和编纂质量。

出版社要做好学科年鉴出版的服务工作，协调好学科年鉴编纂中的技术问题，提高学科年鉴质量和工作效率。除此之外，还要下大力气做好学科年鉴的市场推广和数字产品发行。

说到这里，可将本文的结论做如下归结：学科年鉴在加快构建中国特色哲学社会科学、建构中国自主知识体系中的地位和作用既十分重要，又异常关键，我们必须高度重视学科年鉴的编纂出版工作，奋力谱写哲学社会科学学科年鉴编纂工作新篇章。

学科综述

2022 年中国的欧洲政治研究

李靖堃*

欧洲政治研究历来是中国欧洲研究的重要领域。2022 年，中国学界在该领域发表了大量著述。从研究主题来看，这些著述主要集中在欧洲共产主义运动、欧洲民粹主义和民粹政党的发展动态、欧洲中左翼政党的发展动态、选举政治和欧盟政治/欧洲政治一体化五个方面。

一、欧洲共产主义运动

2021 年，中国学界掀起了对欧洲共产主义运动的讨论热潮，2022 年该问题仍是中国学者讨论的热点之一，主要涉及欧洲国家共产党对社会主义理论的探索，以及欧洲共产党衰落的原因。

丁波文、唐海军分析了 21 世纪以来西欧共产党衰落的现状，并探讨了其成因。他们认为，尽管西欧共产党自冷战以来持续衰落，在多国陷入边缘化境地，但各国共产党仍在逆境下继续探索 21 世纪社会主义的重振之路。不过，尽管在一些具体领域取得了少许成效，但总体目标并未实现，其主要原因在于客观环境的制约，特别是西欧目前的政治与社会生态对共产党的"格"与"势"的限制，同时西欧共产党在主观方面也存在不少重大难题，特别是自身的一些结构性问题。西欧共产党在未来较长时间内仍将处于低潮。[1]

有学者对一些欧洲国家的共产党在探索社会主义理论和实践方面取得的成绩和存在的挑战进行了深入分析。吕进、冯帆对英国共产党为推动英国实现社会主义目标而做出的理论与实践探索以及面临的诸多困难进行了分析。他们指出，英国共产党采用了"三步走"规划，即增强选举力量、左翼政府掌权和最终实现社会主义；而在实践方面，英国共产党则主要从参加选举活动、发展社会运动、助力国际共运等层面进行了探索。但当前内部环境的限制导致英国走向社会主义的道路充满挑战。[2] 白虎、陈金祥则探讨了丹麦共产党对社会主义的探索过程及其衰落原因，指出其工作重点是围绕和平过渡到社会主义而开展的反对资本主义的斗争，但其探索最后以失败告终，其衰落的客观条件与西欧多数共产党相似。[3] 杨扬、章德彪总结了奥地利共产党探索社会主义的三个阶段以及每个阶段的特征，认为奥地利共产党的历程表明共产党的成功在于是否真正实现了马克思主义的本土化和时代化。[4] 冯燊分析了塞浦路斯劳动人民进步党在探索社会主义道路方面做出的努力，指出，它是少数在资本主义国家通过议会选举实现参政和执政的马克思主义政党，是一个富有生命力和创造力的马克思主义政党，在国家政治生活中

---

* 李靖堃，中国社会科学院欧洲研究所研究员，政治研究室主任。
[1] 丁波文、唐海军：《21 世纪以来西欧共产党衰落现状及成因探析》，《教学与研究》2022 年第 9 期。
[2] 吕进、冯帆：《21 世纪英国共产党推动英国走向社会主义的理论与实践探索》，《世界社会主义研究》2022 年第 2 期。
[3] 白虎、陈金祥：《丹麦共产党对社会主义的探索及衰落原因》，《当代世界与社会主义》2022 年第 3 期。
[4] 杨扬、章德彪：《奥地利共产党探索社会主义的阶段性特征》，《当代世界与社会主义》2022 年第 3 期。

扮演着重要角色，但依然面临诸多现实挑战。①

二、欧洲民粹主义与民粹政党的发展动态

民粹主义近年来对欧洲的政治生态产生了很大的影响，民粹政党甚至在意大利等一些国家成为执政党，这引起了中国学界的持续关注。2022年，学界仍然关注民粹主义兴起的发展动态、民粹主义兴起的根源，以及不同国家民粹主义和民粹政党的表现。

范丽丽、林伯海归纳概括了国外学者关于欧洲民粹主义的研究进展。国外学者主要关注以下三个问题，即欧洲民粹主义泛起的三重逻辑、后真相时代欧洲民粹主义政党策略，以及欧洲民粹主义与民主的防御，作者以此为基础分析了欧洲民粹主义诱发民主困境的逻辑，认为尽管欧洲民粹主义本身或许包含有利于民主的倾向，但也有诸多反民主的因素，而由民主蜕化为民粹则是西方竞争型政党政治土壤中民主本身实用性与救赎性内在张力的结果。② 伍慧萍总结了学界关于欧洲民粹主义兴起根源的文化、政治、经济和政治经济学四种解释范式，并在此基础上进一步分析了欧洲民粹主义兴起的原因与分布态势，认为它将给欧洲政治与社会带来深层影响。③ 彭枭从政党竞争的角度分析了西方主流政党的民粹化转型问题，认为在当代西方国家，政党竞争的"盲动性"正在改变代议民主制度，从而推动民粹主义勃兴。主流政党的民粹化转型在全球加速形成趋势，对国家、地区和全球政治都产生了严峻的侵蚀作用。④

近年来，随着科学技术的不断进步，基于大数据的研究方法越来越多地应用于欧洲政治研究。张楚楚、肖超伟基于对欧洲各国右翼民粹主义政党近十年来竞选宣言的大数据话语分析发现，不同民粹政党对宗教元素的使用与宗教本身无关，而是呈现鲜明的政治目的与工具色彩，它们制造包括基督徒与世俗主义者在内的欧洲原住民同穆斯林移民之间的对立关系，也就是采取了区别于主流政党、彰显批判性与反叛性的"抗议式"选举动员策略，但各个民粹政党的宗教话语构建呈现较为相似的规律与逻辑。⑤

多位学者对近年来表现突出的一些民粹政党的发展动态进行了实证考察。田小惠分析了法国国民联盟的再转型及其影响，认为它不仅进一步淡化了政党的极端主义色彩，模糊了传统政治光谱的左右分野，而且进一步加剧了法国政治的极化和法国政党的碎片化与右倾化趋向，深刻反映出法国社会寻求变革的渴望以及法国主流精英政治所面临的持续性危机。⑥ 唐艋以新冠肺炎疫情为切入点，以德国选择党、奥地利自由党和瑞士人民党为案例，分析了欧洲右翼民粹政党的危机话语策略。⑦ 任志江、王卓欣以北欧国家民粹主义政党为例，探讨了欧洲国家政党

---

① 冯燚：《塞浦路斯劳动人民进步党的理论发展与实践探索》，《世界社会主义研究》2022年第2期。
② 范丽丽、林伯海：《国外学者关于欧洲民粹主义若干问题的研究进展》，《国外理论动态》2022年第5期。
③ 伍慧萍：《欧洲民粹主义兴起根源的四种解释范式与政党发展规律》，《当代世界与社会主义》2022年第3期。
④ 彭枭：《政党竞争与西方主流政党的民粹化转型》，《外交评论（外交学院学报）》2022年第3期。
⑤ 张楚楚、肖超伟：《当代欧洲右翼民粹主义政党的宗教话语与选举动员——基于大数据的话语分析》，《欧洲研究》2022年第3期。
⑥ 田小惠：《法国国民联盟的再转型及其影响》，《当代世界》2022年第10期。
⑦ 唐艋：《右翼民粹主义政党在新冠肺炎疫情中的危机话语策略分析——以德国选择党、奥地利自由党与瑞士人民党为例》，《德国研究》2022年第2期。

的民粹化问题，尤其是传统主流政党在面对民粹主义政党挑战时主要采取的两种策略以及这两种策略导致的后果。[①] 游楠、史志钦则基于"需求—供给"框架解读了希腊民粹主义政党的历史演变和兴衰因素，认为希腊民粹主义的发展变化使得希腊政党制度的分裂性降低，且其变化在欧洲民粹主义整体发展趋势中具有独特性。[②] 黄丹琼则以匈牙利为例，分析了民粹主义的政治极化问题，认为社会中下层的极度不满是民粹主义政治极化的根本原因。民粹主义政党运用各种工具，包括极化的话语体系、意识形态，加之领导人独特的政治个性，推动选民走向极端化。[③]

三、欧洲中左翼政党的发展动态

尽管2021年以来欧洲的中左翼政党力量有所回升，但与中右翼相比总体上仍处于下风。在此背景下，学者们十分关注欧洲中左翼政党的发展动态及其采取的变革和面临的挑战等问题。

吴韵曦以欧洲政治转型为背景分析了左翼政党新的发展动向，认为进入21世纪第二个十年，欧洲国家政治生态重塑和政治力量重组加快，左翼政党所处的政治环境明显改变。而2020年以来，受新冠肺炎疫情蔓延和俄乌冲突的影响，左翼政党进入了新一轮调整期，主要表现为左翼政党选举表现分化显著和政党执政合作形式多样，与此同时，左翼政党实践也面临突出的挑战。[④]

北欧向来是欧洲中左翼政党的"重镇"，但近年来欧洲中左翼政党的执政地位受到严峻挑战。林德山通过回顾瑞典社会民主党的百年发展历史，对其长期执政的历史经验进行了分析，认为坚持平等而务实的执政理念、独特的经济和社会发展政策体系以及稳固的政治基础是其保持长期执政能力的关键。20世纪70年代以后，社会民主党失去了政治主导地位，但依然通过改革显示了自己的特色和政治适应能力，并设法在新的脆弱的左右平衡基础上发挥自己的领导作用。[⑤] 李宏以2021年9月挪威工党在议会选举中的胜利为切入点，分析了北欧四个国家政党政治的左翼化态势，认为此轮中左翼政党上台执政得益于国际环境和北欧国家内部条件的变化，其重新执政伴随着一些新的时代特征，但同时也面临新形势下的新挑战。[⑥]

法国社会党和英国工党长期在欧洲政坛发挥重要作用，但近年来影响力都有所减弱。吴韵曦分析了法国左翼政党联合的历史演变，认为左翼联合是法国左翼政党扩大政治影响和实现政治目标的重要手段。[⑦] 郑海祥则以2019年英国大选为切入点，分析了后科尔宾时期英国工党的改革，认为工党选择渐进式改革策略既是破解大选后其结构性困境的现实需要，也受到自身现代化改革成功经验的历史启迪，还遵循了英国政治文化基因的内在要求。但工党的改革在政党

[①] 任志江、王卓欣：《欧洲国家政党民粹化问题研究——以北欧地区民粹主义政党为例》，《国外社会科学》2022年第1期。
[②] 游楠、史志钦：《希腊民粹主义政党的历史演变和发展态势》，《当代世界社会主义问题》2022年第2期。
[③] 黄丹琼：《匈牙利民粹主义政治极化》，《现代国际关系》2022年第4期。
[④] 吴韵曦：《欧洲政治转型背景下左翼政党发展新动向》，《当代世界》2022年第6期。
[⑤] 林德山：《瑞典社会民主党长期执政的历史经验与现实挑战》，《当代世界与社会主义》2022年第1期。
[⑥] 李宏：《北欧政党政治左翼化态势及其前景》，《当代世界》2022年第2期。
[⑦] 吴韵曦：《法国左翼政党联合的历史演变和现实挑战》，《当代世界社会主义问题》2022年第2期。

管理层面、政治战略层面、政治理念和政治议程等各方面都面临多重挑战。①

南欧国家的中左翼政党也进入了学界的视野。张敏梳理了西班牙工人社会党20世纪70年代以来的发展历程，指出工社党坚定融入欧洲和世界，旗帜鲜明地反对美式新自由主义，倡导公平公正平等价值观。随着国际局势和西班牙国内形势的变化，工社党注重在理论上自我革新，不断探索西班牙社会经济发展的新实践。②王禹宪则从理论和执政实践两个角度，分析了1973年苏亚雷斯重建葡萄牙社会党之后至今四个阶段该党的发展情况。他认为，葡萄牙社会党始终坚守民主社会主义理念，其执政成绩得到广泛认可，但它在应对疫情、提振经济、改善民生等方面仍面临诸多挑战。③

也有学者关注中东欧左翼政党的发展情况。韦冲霄基于对波兰民主左翼联盟党的分析，运用代际研究方法，探讨了领导人代际差异与左翼政党变化之间的关系，认为中东欧国家的左翼政党当前大多已完成领导人的代际更替，新一代领导人受传统左翼思想的影响较小，敢于改革，给左翼政党带来了全新的变化。观察领导人的代际更替是研究中东欧国家左翼政党的一个独特而重要的视角。④

四、选举政治

选举一直是中国观察西方政治的重要窗口。针对选举进行的分析，包括选举结果、选举工具、选举策略等一直是学者关注的重点问题，2021年德国大选、2022年法国和意大利大选等由于对整个欧洲的走势至关重要，因此备受关注。另外，科技变革对欧洲政党选举的影响成为新的研究视角。

祁玲玲、祝宇杭以"欧洲社会调查"2012—2018年的数据为基础，分析了科技变革对欧洲工人阶级和中产阶级的冲击，这种冲击最终对欧洲各国的政党选举投票格局产生了影响。他们发现，自动化技术带来的职业替代风险升高，会普遍加大选民对福利政策的需求，从而增加工人阶级对激进左翼政党与主流左翼政党的拥护，并削弱中产阶级对主流右翼政党的支持，使之转向主流左翼政党。技术进步带来的冲击成为理解当前欧洲国家政党选举投票结构变迁不可或缺的因素。⑤

杨解朴以"共识政治"和"否决玩家"为理论视角，以2021年德国大选为切入点，分析了"后默克尔时代"德国政治的发展前景。她认为，"交通灯"政府组阁后，德国联邦政府内否决玩家的数量增多，意识形态差距加大，相较于大联合政府，执政三党达成共识的难度增加，实施政策变革的难度加大。而联邦议院中的反对党能否行使否决权受到共识政治下朝野共治的发展方向、联邦州的利益、选民的偏好、党内凝聚力等多种因素的影响。⑥张佳威、吴纪远则从政党类型学的视角出发，对"后默克尔时代"德国政党体制的变动进行了解读，提出政党体

---

① 郑海祥：《后科尔宾时期英国工党改革及其面临的多重挑战》，《当代世界社会主义问题》2022年第2期。
② 张敏：《西班牙工人社会党的理论演进与实践探索》，《当代世界》2022年第4期。
③ 王禹宪：《葡萄牙社会党的理论发展与执政实践》，《当代世界》2022年第8期。
④ 韦冲霄：《领导人代际差异与左翼政党的变化——基于波兰民主左翼联盟党的分析》，《当代世界与社会主义》2022年第2期。
⑤ 祁玲玲、祝宇杭：《科技变革、阶级与欧洲政党选举投票》，《欧洲研究》2022年第4期。
⑥ 杨解朴：《"后默克尔时代"的德国：共识政治与否决玩家》，《欧洲研究》2022年第2期。

制的剧烈变动是最突出的特征之一，特别是先前在联邦层面处于"边缘"的一众小党实力不断提升，逐渐接近权力中心。从结果上看，以全民党的卡特尔化和利基党的群众化为表征的双向权力运动，成为当代德国政党体制变动的关键进程。①

多位学者从不同角度对 2022 年法国大选进行了解读。李济时、杨怀晨基于选举政治的分析，认为民粹主义政治势力已经对传统政治格局构成了全面挑战，而技术官僚主义作为一种替代品主导着法国的政治舞台，但它非但没有成为对抗民粹主义的利器，反而成为民粹主义进一步发酵的诱因，法国政治格局已经从左右之争演变为民粹主义和技术官僚主义之争。② 彭姝祎则指出，上届总统大选所开启的法国政坛解构、重组进程仍在持续，两大传统政党社会党和共和党更趋式微，法国进一步远离左右对立的两极格局，走向中间派、极左翼和极右翼三足鼎立的新格局。③ 姜程淞以法国大选为背景，分析了新民族主义视域下法国主流社会的身份政治现状，认为当前"本土主义—民族主义"、"右翼民粹主义"和"种族主义"是法国新民族主义身份政治的主要类型。④ 王康、余科杰则透过 2022 年法国总统大选分析了法国社会党的衰落问题，认为其衰落的表层原因是其竞选主张存在问题、联盟策略失败以及政治信誉下滑；深层次因素是社会党长期存在的意识形态空洞、党组织分裂、阶级基础缺失、理论与实践断裂等问题。此次法国社会党的惨败可看作欧洲社会民主主义政党在当今所遇困境的一个缩影，折射出了社会民主主义政党存在的整体问题。⑤

孙彦红以 2022 年 9 月意大利全国议会选举为切入点，分析了中右联盟强势崛起的原因，同时指出，右翼胜选将对欧洲一体化造成一定冲击，但意大利与欧盟的关系应该不会出现根本性逆转。⑥

五、欧盟政治与欧洲政治一体化研究

近年来，欧洲政治一体化遇到了诸多危机和挫折，进展缓慢，学者对该领域问题的关注也因此有所下降，相关成果的数量与前些年相比有所减少，但在俄乌冲突发生后，欧盟政治和欧洲政治一体化问题重新受到学界重视，此外，"欧洲主权"也是备受关注的一个问题。

鞠豪以俄乌冲突为观察视角，分析了欧盟政治发生的新变化，其中包括成员国前所未有的一致性、政治选择愈发受到军事安全因素的影响、地缘政治转向加速，以及联盟内部领导力量与反对力量的微妙变化等，其原因既来源于冲突本身的性质与规模，也与冲突的时间节点和特征密切相关，特别是，俄乌冲突是发生在社交媒体时代的新型军事冲突这一特征。⑦

曾向红、孟祥毅采用"愿景政治"理论，梳理和分析了"欧洲主权"愿景的内涵、背景及其积极效用和潜在风险，认为"欧洲主权"构想的实施可被视为一种变革性的、面向未来的政

---

① 张佳威、吴纪远：《"边缘的兴起"：对当代德国政党体制变动的解析》，《德国研究》2022 年第 1 期。
② 李济时、杨怀晨：《从左右之争到民粹主义与技术官僚之争——基于 2022 年法国选举政治的分析》，《欧洲研究》2022 年第 5 期。
③ 彭姝祎：《法国总统大选与三足鼎立政党格局的形成》，《当代世界》2022 年第 6 期。
④ 姜程淞：《新民族主义视域下的法国身份政治镜像》，《欧洲研究》2022 年第 5 期。
⑤ 王康、余科杰：《从 2022 年总统大选看法国社会党的衰落》，《当代世界社会主义问题》2022 年第 3 期。
⑥ 孙彦红：《意大利右翼胜选为欧洲一体化蒙上阴影》，《当代世界》2022 年第 10 期。
⑦ 鞠豪：《俄乌冲突后欧盟政治的新变化》，《俄罗斯学刊》2022 年第 5 期。

治过程，凸显了欧盟在"对内权威"和"对外独立"两重维度的主权性诉求，激发了"超国家主义"和"民族主义"两种理念的嵌套式融合。一个以"欧洲主权"为愿景的欧盟如能成功实现其预期目标，将很有可能对全球地缘政治格局的演变产生重要影响。但从短期来看，欧盟实现"欧洲主权"愿景面临诸多挑战。①

张健则认为，欧盟一体化出现了法国化趋向，其表现之一就是法式概念"欧洲主权""战略自主"正成为欧盟的地缘政治诉求，另外，欧元区的货币政策及欧盟层面的财政政策体现了法国的团结要求，法国根深蒂固的"经济爱国主义"也更多转化为欧盟层面的工业政策及保护主义。欧盟的法国化是长期趋势，但亦非线性发展，可能随着法国政府、欧盟内部及世界形势的变化而出现阶段性调整；其最终结果也不确定，欧盟可能更为联邦化，也可能因内部紧张加剧而分裂和倒退。欧盟的法国化发展态势将产生深远的地缘政治影响。②

小结

综观2022年国内欧洲政治研究，可以得出以下几个结论：第一，研究议题基本涵盖当前欧洲政治领域最重要的问题，表现出了明确的问题意识和热点导向；第二，研究方法得到深化和拓展，特别是运用大数据的研究成果数量大大增加；第三，研究议题的分布并不均衡，主要集中在政党政治领域，尤其是民粹政党和中左翼政党的研究，而对其他问题的研究则相对较少，特别是对欧洲政治一体化的关注度尚显不足；第四，就成果形式而言，学术论文居多，学术专著数量十分有限。

---

① 曾向红、孟祥毅：《愿景政治视角下的"欧洲主权"构想》，《德国研究》2022年第1期。
② 张健：《欧盟的法国化趋向及其影响》，《现代国际关系》2022年第2期。

2022年中国的欧洲经济研究

孙彦红　孙雅雯[*]

2022年欧洲经济领域的国内研究继续拓展深化，研究主题和成果均更加全面。特别是，年初爆发且至年底仍在持续的俄乌冲突对欧洲经济及中欧经贸关系的影响成为研究热点，其他研究主题则具有一定的延续性，集中在欧洲经济一体化相关政策、绿色与数字"双转型"等方面。总体上看，可将现有成果大致归纳为以下几个方面：俄乌冲突的经济影响、经济一体化相关政策、货币政策及欧元区发展、绿色与数字"双转型"、国别经济、对外经贸政策与中欧经贸关系。

一、俄乌冲突的经济影响

学者主要从两个方面考察俄乌冲突对欧洲经济的影响，一是对宏观经济的影响，二是对粮食、能源、制造业等具体领域的影响。

在对宏观经济的影响方面，孙彦红认为高通胀引发的负面效应不断显现，加之宏观经济政策调控空间十分有限，欧洲经济陷入高通胀与低增长并存的风险正在加大。[①] 周学智持相似观点，并认为目前恰逢全球宏观经济下行周期，欧洲经济的两难境地被俄乌冲突放大。[②] 马喜立构建动态可计算一般均衡模型量化分析了对俄制裁的经济影响，认为欧盟经济所受冲击仅次于俄罗斯，且其影响随制裁程度和时间拉长而增强。[③]

在对具体领域的影响方面，钟钰等认为战火损毁、劳动力流失等因素阻碍俄乌粮食生产贸易，导致欧洲粮食供给趋紧、价格高涨。[④] 周伊敏和王树春等都分析了未来俄欧能源格局，认为俄欧暂不会完全实现能源脱钩，长期内欧盟摆脱对俄能源依赖的趋势不会改变。[⑤] 陈新、杨成玉认为俄乌冲突加快欧洲能源转型步伐，但也面临供应安全难保、减排目标激进、技术不成熟等挑战。[⑥]

---

[*] 孙彦红，中国社会科学院欧洲研究所研究员、经济研究室主任；孙雅雯，中国社会科学院欧洲研究所助理研究员。

[①] 孙彦红：《欧洲经济：复苏前景黯淡》，《世界知识》2022年第19期。

[②] 周学智：《俄乌冲突对欧洲经济的冲击》，《俄罗斯学刊》2022年第5期。

[③] 马喜立：《俄乌冲突引发的经济制裁对全球主要经济体的中长期影响研究》，《世界经济与政治论坛》2022年第5期。

[④] 钟钰、陈希、崔奇峰：《俄乌冲突对世界粮食安全的影响》，《世界农业》2022年第10期。

[⑤] 周伊敏：《欧盟能源安全及其战略调整》，《欧亚经济》2022年第4期；王树春、陈梓源、林尚沅：《俄乌冲突视角下的俄欧天然气博弈》，《俄罗斯东欧中亚研究》2022年第5期。

[⑥] 陈新、杨成玉：《欧洲能源转型的动因、实施路径和前景》，《欧亚经济》2022年第4期。

二、经济一体化相关政策

2022年该领域的研究主要集中于欧盟产业及竞争政策实践、财政规则及效果、社会保障政策及其经济影响等方面。

在产业及竞争政策实践方面,孙彦红梳理了欧盟产业政策与竞争政策的关系演进,指出两者关系已由"主从"框架下的功能互补逐步转变为围绕欧盟发展战略的主动密切协调。① 姜云飞总结了欧盟竞争政策外溢化趋势及其对中欧合作的影响,认为其特点包括监管重心转变、立法强化外资审查、范围不断扩大等。② 在具体产业领域,孙彦红分析了欧盟芯片法案的目的、措施及影响,③ 陈腾瀚梳理了欧盟工业"5.0"规划的起源、内容与动因,④ 贾英姿等分析了欧盟发展氢能产业的内外支持政策。⑤

在财政规则及效果方面,李一花、李林巍实证研究了数值型财政规则对欧盟成员国财政平衡的影响,认为欧盟财政规则可促进成员国财政平衡,且在单一制结构国家、高赤字国家中更有效。⑥ 李亮、徐怡梳理了欧盟财政可持续性评估框架的发展历程,认为其兼顾预算和债务分析,涵盖短、中、长期预测评估,并将老龄化和气候变化因素纳入其中。⑦

在社会保障政策及其经济影响方面,丁纯实证检验了欧洲社会保障与经济发展的关系,认为欧洲社会保障有利于推动经济长期稳定增长,刺激消费和就业,提升人力资本和创新能力。⑧ 王丛雷、罗淳考察了欧盟收入分配、社会保障与生育率之间的关系,发现生育率与基尼系数显著负相关、与社会保障支出显著正相关,且这两对相关关系之间存在相互强化效应。⑨

三、货币政策及欧元区发展

在欧央行货币政策方面,钱军、黄毅从债务紧缩角度分析了欧央行的两难困境,认为成员国面临宏观经济和资本市场不平衡的挑战。⑩ 汪洋、刘腾华实证检验了欧洲利率走廊机制的政

---

① 孙彦红:《内部市场竞争与国际市场竞争力何以兼得?——欧盟竞争政策与产业政策关系新趋势探析》,《德国研究》2022年第4期。

② 姜云飞:《欧盟竞争政策"外溢化"趋势及其对中欧合作的影响》,《当代世界与社会主义》2022年第2期。

③ 孙彦红:《欧盟全面发力强化"半导体供应链安全"》,《世界知识》2022年第7期。文章分析认为,欧盟芯片法案通过增加投资、促进研发与商业转化来加强半导体供应链安全。

④ 陈腾瀚:《欧盟"工业5.0":起源、内容与动因》,《当代经济管理》2022年第4期。

⑤ 贾英姿、袁璐、李明慧:《氢能全产业链支持政策:欧盟的实践与启示》,《财政科学》2022年第1期。

⑥ 李一花、李林巍:《财政规则能促进财政平衡吗?——基于欧盟成员国数据的经验分析》,《经济社会体制比较》2022年第1期。

⑦ 李亮、徐怡:《欧盟财政可持续性评估经验及对我国的启示》,《地方财政研究》2022年第2期。

⑧ 丁纯:《社会保障与经济发展:来自欧洲的证据和启示》,《社会保障评论》2022年第5期。

⑨ 王丛雷、罗淳:《收入分配调节、社会保障完善与生育率回升——低生育率阶段的欧盟经验与启示》,《西部论坛》2022年第2期。文章认为,相互强化的交互效应指的是基尼系数降低会强化社会保障对生育率的促进作用,社会保障改善也会强化基尼系数降低对生育率的促进作用。

⑩ 钱军、黄毅:《欧洲央行"量化紧缩"货币政策的挑战和展望:债务紧缩的视角》,《清华金融评论》2022年第7期。

策效果，认为零利率政策实施前后，欧洲利率走廊的形态特征及调控效果出现了明显分化。①

在欧元发展方面，胡琨、钟佳睿采用法国调节学派的分析框架，考察了欧洲货币联盟能否迈向最优货币区。② 赵柯、毕阳分析了欧元国际化战略，认为欧元区经济增长乏力、内部发展失衡、缺乏统一财政支撑，其前景面临巨大挑战。③ 邓宇和宋鹭等则均持相对积极看法，认为中长期内欧元区有望通过欧元数字化、绿色转型等重新焕发活力，④ 特别是数字欧元将在全球数字货币竞争中占据主导地位。⑤

四、绿色与数字"双转型"

2022年，中国学者对欧洲绿色经济发展的研究进一步深入。孙彦红认为欧盟已形成一套全面系统的绿色转型模式，包括立法与政策引导、创新与碳排放交易体系驱动、绿色金融支撑、规则标准的统一与推广等。⑥ 汪惠青、魏天磊梳理了欧盟碳治理政策进展，认为其特点为"政策+市场"双轮驱动、"内部+国际"相辅相成，其碳减排效果十分显著。⑦ 江思羽分析了欧盟能源气候政策实践，认为其将应对气候变化和能源转型作为核心目标与关键途径。⑧ 孙雅雯、孙彦红研究了欧盟可持续转型金融促进可持续转型的机制、实践与前景，认为欧盟通过设计可持续金融发展的宏观战略、动员公共财政预算并撬动社会投资、有效监管转型金融风险并完善标准体系等措施促进可持续转型。⑨ 杨成玉、程子航分析了欧盟主权绿色债券的内容和影响，认为其将在一定程度上对中国形成绿色转型压力，并挤占中国绿色债券的国际市场。⑩ 边卫红、张培涵重点考察了欧央行应对气候变化的政策措施。⑪ 张鹏、梅杰研究分析了欧盟共同农业政策中的绿色转型措施及其特点。⑫ 廖小静等考察了欧盟农业可持续发展的经验启示。⑬ 宗义湘、崔海霞基于欧盟交叉遵守机制探究了如何将环境规制嵌入农业政策。⑭ 上述研究均针对中国绿

---

① 汪洋、刘腾华：《经济双循环背景下中国利率走廊机制的完善：基于欧洲中央银行的经验》，《世界经济研究》2022年第11期。

② 胡琨、钟佳睿：《欧洲货币联盟会迈向最优货币区吗？——法国调节学派视角下最优货币区的自我实现》，《欧洲研究》2022年第4期。文章分析认为，欧洲货币联盟时刻处于不对称冲击和经济失衡的风险中，欧盟通过完善调节机制、引进共同债券与财政转移支付工具，促使欧元区向最优货币区发展。

③ 赵柯、毕阳：《欧元国际化战略的转变》，《中国金融》2022年第16期。

④ 邓宇：《欧元国际化的宏观因子分析及未来预期》，《中国货币市场》2022年第8期。

⑤ 宋鹭、李欣洁、蔡彤娟：《数字欧元的典型特征、深层机制与前景分析》，《国际贸易》2022年第4期。

⑥ 孙彦红：《欧盟绿色转型的实践与经验》，《人民论坛》2022年第10期。

⑦ 汪惠青、魏天磊：《欧盟碳治理的最新进展、经验总结及相关启示》，《西南金融》2022年第5期。

⑧ 江思羽：《碳中和目标下的欧盟能源气候政策与中欧合作》，《国际经济评论》2022年第1期。

⑨ 孙雅雯、孙彦红：《欧盟可持续金融促进可持续转型的作用研究——机制、实践与前景》，《欧洲研究》2022年第3期。

⑩ 杨成玉、程子航：《欧盟主权绿色债券的影响及启示》，《国际金融》2022年第6期。

⑪ 边卫红、张培涵：《欧央行应对气候变化的路线图》，《中国金融》2022年第8期。

⑫ 张鹏、梅杰：《欧盟共同农业政策：绿色生态转型、改革趋向与发展启示》，《世界农业》2022年第2期。

⑬ 廖小静、徐雪高、易中懿、沈贵银：《"政府—市场—社会"协同视角下欧盟农业可持续发展的经验与启示》，《世界农业》2022年第4期。

⑭ 宗义湘、崔海霞：《环境规制如何嵌入农业政策：欧盟交叉遵守机制经验》，《世界农业》2022年第1期。

色转型实践提出了相应的政策建议。

在数字经济方面，孙彦红剖析了欧盟 2022 年出台"芯片法案"的背景、主要内容及其影响，认为该法案落地实施必将对全球半导体供应链的未来走向产生影响，特别是将在一定程度上改变全球半导体供应链的合作格局。① 陈颖、高宇宁结合战略性贸易政策理论分析了美、欧、中、印的数字贸易规则，认为欧盟有条件地开放数字贸易，并积极消除不合理贸易壁垒，设置高标准数据保护体系，给予本地企业成长空间。②

五、国别经济

2022 年，中国学者对欧洲国别经济的研究主要围绕英法德几个大国及中东欧国家展开。

在英国经济方面，杨成玉、钟超分析了俄乌冲突后英国经济走势，认为高通胀、出口疲软、劳动力短缺将加剧英国经济衰退的风险。③ 孙秀丽实证分析了英国脱欧对欧盟服务贸易竞争力的影响，认为脱欧使欧盟服务贸易竞争力下降，在金融服务业和保险与养老服务业尤其明显。④

在法国经济方面，杨成玉分析了中法产业链合作的互补空间及重点领域，认为法国的价值链嵌入位置和参与度更高，中法在航空航天、新能源等领域有互补空间。⑤ 杨成玉、李资博分析了法国竞争力集群的建设经验与启示，认为该集群的建设已成为推动中小企业发展并孵化创新项目的重要措施。⑥ 石英华、刘彻研究了法国的绿色预算实践，认为其可引导公共政策向绿色发展倾斜，但存在形式化倾向等问题。⑦

在德国经济方面，胡琨考察了俄乌冲突后德国经济走势，认为尽管面临衰退风险，但得益于良好财政状况，德国经济仍有较大政策调整空间。⑧ 李颖婷、廖淑萍梳理了默克尔时代的德国经济情况，认为默克尔执政期间德国经济稳定增长、贸易竞争力提升、失业率和债务率较低，但未能解决基建修缮不及时、区域增长失衡等问题。⑨ 于雯杰、李成威梳理了德国财政主导的金融监管机制。⑩

在中东欧国家经济方面，孔田平分析了近期中东欧国家经济走势，认为其国家层面的应对已不足以全面缓解当前危机，但寻求泛欧解决方案说易行难。⑪ 王效云测度了中东欧国家应对

---

① 孙彦红：《欧盟全面发力强化"半导体供应链安全"》，《世界知识》2022 年第 7 期。
② 陈颖、高宇宁：《数字贸易开放的战略选择——基于美欧中印的比较分析》，《国际贸易》2022 年第 5 期。
③ 杨成玉、钟超：《英国经济：衰退风险与日俱增》，《世界知识》2022 年第 19 期。
④ 孙秀丽：《英国脱欧对欧盟服务贸易竞争力的影响分析》，《国际经贸探索》2022 年第 2 期。
⑤ 杨成玉：《中法产业链合作的互补空间及重点领域研究——基于全球价值链的实证分析》，《法语国家与地区研究》2022 年第 1 期。
⑥ 杨成玉、李资博：《法国竞争力集群的建设经验及启示》，《特区经济》2022 年第 6 期。
⑦ 石英华、刘彻：《绿色预算在法国的实践：审视与借鉴》，《财政科学》2022 年第 8 期。
⑧ 胡琨：《德国经济：在不确定性中艰难前行》，《世界知识》2022 年第 19 期。
⑨ 李颖婷、廖淑萍：《默克尔时代的德国经济与中德经贸合作展望》，《国际经济合作》2022 年第 3 期。
⑩ 于雯杰、李成威：《德国金融监管体系架构与财政责任：分析与启示》，《财政科学》2022 年第 8 期。
⑪ 孔田平：《中东欧：欧洲高通胀"重灾区"如何应对》，《世界知识》2022 年第 19 期。

疫情冲击的经济韧性，发现各国表现差异显著。① 马骏驰考察了中东欧新成员国的绿色转型实践与前景，认为其面临对煤炭依赖度较高、绿色创新不足等挑战。② 孔田平梳理了中东欧国家增长与趋同的历史进程，认为其急需第二次转型。③ 姜琍、张海燕考察了捷克第二次经济转型，认为其转型的机遇与挑战并存。④

六、对外经贸政策与中欧经贸关系

该领域研究集中于欧盟对外经贸政策及其影响，并有相当一部分研究聚焦于欧盟对华经贸政策及中欧经贸关系。

在对华经贸政策调整方面，胡子南分析了欧盟强化对华经贸防御机制问题，认为该机制涵盖外资安全审查、外国补贴监管等工具，将冲击中欧经贸合作、损害欧盟自身利益并推动欧美联合制华。⑤ 赵柯、毕阳认为欧盟对华经济外交正从"以商促变"转向"负责任共存"的新框架，具体措施包括重塑多元化本地经贸网络、推出更具针对性的经贸工具、加强西方协调等。⑥

在中欧经贸关系方面，寇蔻基于出口增加值核算方法分析了中欧经贸依赖关系的变化，认为中欧之间单向的非对称性依赖关系有所降低，中欧制造业价值链呈现短平化、就近化调整趋势。⑦ 戴岭、潘安基于增加值贸易分析得出了相似结论，并认为中欧在复杂价值链网络中需以美国为中介相联系，中德贸易合作可有效降低断链风险。⑧ 殷晓鹏等分析了欧盟对华直接投资的现状及动向，认为欧盟对华投资的不确定性增强。⑨ 田慧芳分析了中欧气候合作，认为中欧在能源转型、循环经济等方面存在合作机遇，但需克服气候问题政治化趋向、国际地缘政治形势动荡等挑战。⑩ 韩萌梳理了中欧绿色金融合作的基础、阻力与对策。⑪ 上述研究均提出了坚持发挥中欧经贸合作的压舱石作用、积极推动中欧发展战略对接等对策建议。

在欧盟对其他地区经贸政策方面，简军波梳理了21世纪以来欧盟对非经贸政策发展及影响，认为其加深了非洲对欧盟的实质性依赖。⑫ 戴丽娜、郑乐锋分析了新一轮美欧技术经贸协

---

① 王效云：《新冠肺炎疫情冲击下中东欧国家的经济韧性：表现、原因和启示》，《俄罗斯东欧中亚研究》2022年第5期。文章研究认为，经济韧性与产业结构、全球价值链参与情况等经济结构性因素，以及财政政策、疫情防控政策等政策性因素息息相关。

② 马骏驰：《中东欧新成员国绿色经济转型的优势、挑战与前景——以中欧四国为例》，《欧亚经济》2022年第2期。

③ 孔田平：《增长、趋同与中东欧国家的第二次转型》，《欧亚经济》2022年第2期。

④ 姜琍、张海燕：《欧盟绿色和数字化转型与捷克第二次经济转型构想》，《欧亚经济》2022年第2期。

⑤ 胡子南：《欧盟强化对华经贸防御工具的动因、举措、影响及中国应对》，《太平洋学报》2022年第3期。

⑥ 赵柯、毕阳：《转变中的欧盟对华经济外交——从"以商促变"到"负责任共存"》，《国际展望》2022年第5期。

⑦ 寇蔻：《中欧经贸依赖关系的变化及未来走向》，《欧洲研究》2022年第1期。

⑧ 戴岭、潘安：《全球价值链视角下中欧贸易关系的演进特征及其启示》，《经济社会体制比较》2022年第1期。

⑨ 殷晓鹏、王锋锋、肖艺璇：《欧盟对华直接投资新动向及中国应对研究》，《国际贸易》2022年第4期。

⑩ 田慧芳：《碳中和背景下中欧气候合作的潜力与挑战》，《欧亚经济》2022年第5期。

⑪ 韩萌：《"双碳"目标下中欧绿色金融合作的基础、阻力与对策研究》，《理论学刊》2022年第2期。

⑫ 简军波：《21世纪欧盟的非洲经贸政策：一项平等化方案？》，《欧洲研究》2022年第4期。

调进程,认为其聚焦技术议题、对华指向性明显,将对中国构成挑战。① 方烔升以欧盟对美反制实践为例,考察了不同类型的经济反制措施及其效能。② 孙彦红分析了欧盟"全球门户"计划,认为其可弥补当前全球基建缺口,有助于经济复苏,但受资金不足、意识形态因素等阻碍,其前景不容乐观。③ 吴昊、杨成玉认为该计划通过价值观引领、推广规则标准等措施对中国造成负面外溢影响。④ 汪惠青、王有鑫和齐绍洲等分别就欧盟碳边境调节机制(CBAM)的影响展开了量化分析,认为 CBAM 对规避中欧贸易隐含碳的作用有限,⑤ 但会削弱我国企业成本效率,国内碳价提升可缓和这一负面影响。⑥

小结

综观 2022 年国内欧洲经济研究,可以总结出五个特点:第一,研究议题紧扣 2022 年欧洲经济领域最重要的问题,特别是俄乌冲突对欧洲经济及经济政策的影响,体现了明显的问题意识和热点导向;第二,研究覆盖面较为全面,欧洲经济一体化、欧洲货币金融问题、欧盟产业政策、欧洲绿色与数字"双转型"、国别经济以及中欧经贸关系等领域都有学者长期跟踪,2022 年有相应成果出版或发表;第三,个别重要领域研究力量薄弱,如英国经济、北欧经济等,相关研究成果相对于国内需求而言明显不足;第四,青年学者发表成果数量有所增加,其中不乏围绕重要主题进行系统深入研究的学术论文,表明中国欧洲经济学科研究队伍在发展壮大;第五,在成果形式上,以学术论文为主,学术专著、译著数量偏少。

---

① 戴丽娜、郑乐锋:《新一轮美欧技术经贸协调进程》,《现代国际关系》2022 年第 2 期。
② 方烔升:《何种经济反制措施更具效能?——以欧盟对美反制为案例的考察》,《欧洲研究》2022 年第 4 期。
③ 孙彦红:《欧盟通过"全球门户"计划加入全球基建潮》,《世界知识》2022 年第 3 期。
④ 吴昊、杨成玉:《欧盟"全球门户"战略及其对"一带一路"倡议的影响》,《国际问题研究》2022 年第 5 期。
⑤ 汪惠青、王有鑫:《欧盟碳边境调节机制的外溢影响与我国的应对措施》,《金融理论与实践》2022 年第 8 期。
⑥ 齐绍洲、徐珍珍、杨芷萱:《欧盟碳边境调节机制下中国钢铁行业的碳配额分配策略》,《资源科学》2022 年第 2 期。

2022 年中国的欧洲国际关系研究

赵纪周[*]

欧洲国际关系是中国欧洲研究界始终高度重视并不断产出高质量、高水平学术科研和政策应用新成果的一个重要领域。2022 年，中国学界在欧洲国际关系研究领域出版、发表了大量著述，包括专著、合著、编著与核心期刊论文等。这些研究成果，主要集中在中国与欧洲关系、欧洲与美国关系、欧洲战略自主、法德等欧洲主要大国对外关系以及欧盟制裁与发展援助政策等方面。

一、中国与欧洲关系（欧洲含欧盟及其成员国）

在近年来欧洲对外战略出现调整、中欧关系发生重大深刻变化的背景下，2022 年，中国学者的研究主要聚焦于中欧关系的历史回顾、现状分析和未来发展趋势，尤其是欧洲经济外交、中欧互联互通和中德关系。

冯仲平以"欧洲对华政策变化与中欧关系的强大韧性"为题，从欧洲对华政策的变化入手，解析中欧关系未来发展走向。他认为随着欧洲因应内外环境变化而不断调整其对外关系，欧洲对华认知和政策也发生了显著变化：一个重要特点是具有普遍性，即中国在欧洲的热度普遍上升，二是欧洲对华"三重定位"被欧洲国家广泛接受，三是欧洲各国力推政策统一化，积极应对中国崛起；此外，欧洲在推动各国形成合力的同时，还寻求与美国协调立场。总体上，中欧关系发展步入一个新时期，中欧关系的重要性更为突出，复杂性愈加明显，但也具有巨大的韧性。[①]

陈新和朱景鹏共同主编的《百年变局与欧洲经济外交》[②]，是海峡两岸从事欧洲研究的学者共同合作的第三部著作。该书以两个议题为主轴：一是以新冠肺炎疫情危机为背景，探索欧盟组织结构、治理转型、政策因应以及成员国的国家战略选择；二是以经济外交理念为出发点，探讨欧盟与区域间经贸关系的发展与问题，研析经贸法制、经济主权、外国投资与货币主权竞争。

刘作奎和布拉尼斯拉夫·乔尔杰维奇联合主编的《中欧互联互通合作：多视角的分析》是国际上首部中国和欧洲关于互联互通合作的专题性著作，分别从中欧互联互通合作的历史回顾、中欧互联互通合作的具体领域及进展（软联通和硬联通）以及中欧互联互通合作的具体案例分析三个层面，阐释了中欧合作的具体成果、特点以及存在的问题等。[③]

---

[*] 赵纪周，中国社会科学院欧洲研究所助理研究员。
[①] 秦亚青、金灿荣、倪峰等：《全球治理新形势下大国的竞争与合作》，《国际论坛》2022 年第 2 期。
[②] 陈新、朱景鹏主编：《百年变局与欧洲经济外交》，中国社会科学出版社 2022 年版。
[③] Liu Zuokui and Branislav Dordevic eds., *The Connectivitty Cooperation Between China and Europe: A Multi-Dimensional Analysis*, Routledge, July 2022.

郑春荣主编的《动荡欧洲背景下的德国及中德关系》①，从德国内政、德国的欧洲与外交政策以及中德关系等方面，分析了动荡欧洲背景下德国在各个领域和各个层面的表现，有助于学界研判当前和未来德国在欧洲与世界上的定位。

金玲分析了在实现战略自主和维护欧洲主权的战略目标下，欧盟对外战略表现出的地缘战略转向，其长期坚持和推动的全球化立场正日益被选择性全球化所取代，价值观被纳入地缘战略框架并完成全域链接，成为欧盟地缘政治博弈的重要领域。欧盟对外战略转型将深刻改变中欧关系的基本逻辑，不仅决定中欧关系未来的竞合甚或冲突，还将深刻影响格局重塑和秩序重构的进程和方向。②

赵晨对欧洲债务危机以来中欧经济实力的变化进行分析，认为中欧关系逐渐演变成平等的伙伴关系。面对以"东升西降"为主要特征的世界百年未有之大变局，欧洲在对华交往中更加强调地缘政治和价值观外交，滥用制裁手段，再加上美国加大力度拉拢欧洲"协同制华"，致使中欧政治关系近年来出现颠簸起伏。③

在百年未有之大变局和世纪疫情的影响下，国际体系进入深度变革时期。宋晓敏回顾了70余年来，中欧关系从"派生性"走向"独立性"的发展历程。然而，随着欧盟对华认知发生重要变化，将中国定位为"谈判伙伴、经济竞争者和制度性对手"；美国"联欧制华"战略层层推进，在贸易、技术、安全等领域打压中国，中欧关系的发展面临竞争与冲突加剧的挑战。中国应深入认识和把握双方关系的内在动力和发展逻辑，进一步加强中欧关系的韧性。④

汪万发讨论了中欧绿色伙伴关系的发展，特别是面临的领导权摩擦、发展空间竞争等挑战。他认为，未来，深化中欧绿色合作伙伴关系建设的关键在于推动生态文明建设与《欧洲绿色新政》的有效对接，充分发挥中欧领导人的政治领导作用，实现中欧双方中长期绿色发展战略的互动和协同。⑤

石坚、张璐在角色理论的基础上，分析了德国如何平衡国家利益与欧洲整体利益之间的冲突，并以新冠肺炎疫情、数字主权、绿色协议为例分析"欧洲的德国"发挥不同角色的表现，认为在欧洲一体化深陷危机之际，"欧洲的德国"趁势强化欧盟共同领导权，这是德国自我角色内化和他者角色期望所致。中国可以利用他者角色期望与德国产生互动，而不只是被动接受德国成为欧盟共同领导者以及"不情愿的霸权国"，从而为中欧合作争取更多的主动和共同利益。⑥

中欧蓝色伙伴关系是中国和欧盟在海洋领域建立的制度化联系，也是区域间主义中的准区域间主义的表现。李雪威、李鹏羽以国家与区域组织互动的视角研究中欧蓝色伙伴关系，既拓宽了中欧关系的研究空间，也丰富了准区域间主义理论的研究。对中欧蓝色伙伴关系的实践进行考察可知，中欧准区域间主义各项功能均能发挥效用，但其全球层面和区域层面的功效并不

---

① 郑春荣主编：《动荡欧洲背景下的德国及中德关系》，社会科学文献出版社 2022 年版。
② 金玲：《欧盟对外战略转型与中欧关系重塑》，《外交评论（外交学院学报）》2022 年第 4 期。
③ 赵晨：《中欧力量对比变化与中欧政治关系的调整》，《当代世界》2022 年第 6 期。
④ 宋晓敏：《从派生性关系到独立性关系？——解析中欧关系的基本特征与发展逻辑》，《国际政治研究》2022 年第 2 期。
⑤ 汪万发：《中欧绿色合作伙伴关系探析》，《德国研究》2022 年第 3 期。
⑥ 石坚、张璐：《角色理论视角下"欧洲的德国"及对中欧关系的影响》，《社会科学研究》2022 年第 3 期。

总是具有一致性，中国与欧盟执行具体功能的功效也有差别。深化中欧蓝色伙伴关系仍存在诸多挑战，中国应继续加强中国—欧盟层面的务实合作，创新合作模式，强化区域间对话机制，提高议题贡献度，提升海洋话语权。①

从古至今，互联互通是中欧关系发展中的重要内容。鞠维伟认为，从中欧互联互通的历史以及现实情况出发，中欧互联互通的"嵌入式"关系基础具有历史性；中欧互联互通体系中，存在"专用性"，即"不可分离性"；经济与政治因素对中欧互联互通都具有影响和作用，而且两者无法"脱嵌"。②

傅聪聪、王淇根据清华大学国际关系研究院中外关系定量预测数据，分析了中欧关系近年来的走势，认为2020年10月至2021年11月，中国与欧盟关系持续下滑，进入2021年以来，负面事件大幅增多，双边关系分值下降明显；11月，中国与欧盟关系分值已降至近期最低点。人权和意识形态问题成为影响中欧关系的核心议题，同时在台湾问题上的摩擦也使双边关系进一步恶化。③ 而田德文等的《欧盟与欧洲国家动向》就欧盟与欧洲诸国的政治动向及中欧关系做了专题研讨。④ 这种专题研讨，对党的二十大之后更好地理解和把握世界百年未有之大变局下中欧美关系演变，是非常必要和有益的。

二、欧洲"战略自主"和"开放性战略自主"

2022年，中国学界对欧洲（包括欧盟、法国等成员国）"战略自主"和"开放性战略自主"的研究，出现了一些值得关注的成果。

冯仲平认为，2022年2月24日爆发的俄乌冲突是第二次世界大战后欧洲发生的最严重的军事冲突。欧盟及其成员国虽然不是直接当事方，但难民、能源、对俄罗斯经济制裁等问题首当其冲。与此同时，随着安全形势日趋严峻，欧洲传统军事安全在冷战结束三十年后再度上升为欧洲国家的首要问题，欧洲安全格局正在发生冷战结束以来最重大的变化。一是欧盟与俄罗斯走向全面对立，二是俄乌冲突重新激活北约，三是欧盟加强防务能力建设的意愿更加坚定。这意味着以欧洲、美国与俄罗斯全面对抗为特征的欧洲新安全格局正在形成，其对该地区以及全球战略环境的影响将是重大而深远的。⑤

王彩霞认为，法国战略自主源于戴高乐的独立自主理念，其在不同时期虽表现出"亲美化""欧洲化""平衡大国"等特点，却始终坚持多边主义与务实主义的基本原则，从主张法国自身的独立自主最终扩展到欧洲整体的独立自主。通过选取拥有共同战略自主意愿的国家，以打造可靠的合作伙伴关系；通过建立"欧洲防务理事会"以提升其决策力；通过组建"欧洲军团"和"欧洲政治共同体"以加强其"行动力"。⑥ 然而，欧洲国家政治碎片化与高度依赖美国安全保障的客观现实，以及法国因国力受限而被迫采取的被动适应性部署将长期制约法国战

---

① 李雪威、李鹏羽：《中欧蓝色伙伴关系研究——基于区域间主义视角》，《欧洲研究》2022年第2期。
② 鞠维伟：《嵌入式关系视角下的中欧互联互通》，《首都师范大学学报（社会科学版）》2022年第2期。
③ 傅聪聪、王淇：《战略沟通下中欧关系将有所缓和》，《国际政治科学》2022年第1期。
④ 田德文、吴大辉、项佳谷等：《欧盟与欧洲国家动向》，《辽宁大学学报（哲学社会科学版）》2022年第3期。
⑤ 倪峰、达巍、冯仲平等：《俄乌冲突对国际政治格局的影响》，《国际经济评论》2022年第3期。
⑥ 王彩霞：《法国战略自主的演变、当代特点与调整趋向》，《法国研究》2022年第3期。

略自主的进一步发展。

于芳从角色理论出发，认为战略自主最终会塑造欧盟的全球角色。但法德两国在联合领导中分别推动欧盟朝自己偏好的角色方向转变，由此产生"全球领导者"和"建构力量"两种角色方案的分歧。存在诸多角色冲突的情况下，欧盟全球角色的演进将需要更多的时间和努力。①

卓华、王明进认为，目前欧盟的科技政策从"开放世界"转向"开放性战略自主"。这种技术地缘逻辑驱动的科技政策规定了欧盟的国际科技竞争指向，在底层逻辑上与中国直接关联，在政策实践上具有特别的对华竞争指向，并在中美欧同步竞争下形成欧美对华科技政策协调。中欧应在既有合作基础上，创造更加合理有序的国际科技环境。②

三、欧美关系

在欧洲对外关系研究中，欧美关系一直是学界高度关注并引发讨论的重大理论与现实问题。但在2022年，这方面的研究成果，从数量上来说，明显少于对中欧关系的论述和探讨。

张蓓认为，英国脱欧深刻改变了欧盟，推动其内部力量的变化和政策调整，也将改变欧美之间的互动方式，对欧美关系发展构成新的挑战。世界百年未有之大变局下，欧美关系正经历深刻调整，而英国脱欧也成为这一过程中的重要内部变量。③

拜登政府上台后最重大的国内经济立法《重建更美好未来》计划几经缩水，最终于2022年8月以《通胀削减法案》的形式在美国国会通过，但其核心内容却是极具保护主义色彩的产业补贴政策。赵晨认为，美国《通胀削减法案》引发的美欧经济争端很可能只是拉开了序幕，未来"补贴战"恐将成为西方发达国家内部经济矛盾难以弥合的新常态。④

四、欧盟对外政策

欧盟对外政策的研究成果，主要集中在对欧盟制裁政策和发展援助政策两方面。

2022年，随着乌克兰危机爆发和美欧西方对俄罗斯实施一系列制裁措施，欧盟外交政策特别是制裁这一工具引起了学者的关注。例如，陈婉玉通过系统考察1993—2021年的欧盟自主制裁和欧美合作制裁的案例，对欧美关系视角下的欧盟对外制裁自主性的来源、变化趋势以及欧盟提升对外制裁自主性的路径进行了解读，并在此基础上详细分析了欧美对伊朗的制裁和对俄罗斯的制裁两个典型案例。⑤

张超、唐毓璇认为，欧盟是全球环境治理领域的领头羊，也是发展援助的重要贡献者。在过去近半个世纪中，欧盟着力推进环境议题同发展援助政策和实践的融合，通过加强机制协调与能力建设、丰富援助工具和增加援助支出等方式，形成了一套推进环境政策与发展援助相融合的经验做法。尽管欧盟在推进环境政策与发展援助融合的过程中仍存在一些不足，但通过这一进程，欧盟不仅巩固了其在全球环境治理领域，特别是气候变化领域中的领导地位，也达到了帮助受援国保护和改善环境并最终维护自身环境安全的目的。欧盟的政策和实践，为中国等

---

① 于芳：《法德联合领导下的欧盟战略自主——基于角色理论的分析》，《法国研究》2022年第1期。
② 卓华、王明进：《技术地缘政治驱动的欧盟"开放性战略自主"科技政策》，《国际展望》2022年第4期。
③ 张蓓：《英国脱欧对欧美关系的影响》，《国际问题研究》2022年第1期。
④ 赵晨：《〈通胀削减法案〉引发美欧新经济矛盾》，《当代世界》2022年第12期。
⑤ 陈婉玉：《欧美关系视角下的欧盟对外制裁自主性研究》，博士学位论文，外交学院，2022年。

其他国家推进环境政策与发展援助的融合提供了借鉴。[1]

小结

总体上，2022年中国欧洲国际关系研究具有以下特点。

第一，2022年中国欧洲国际关系学者的研究议题基本涵盖了当前欧洲国际关系的主要和重要领域及议题，包括中欧关系、欧美关系以及法德等欧洲大国的对外关系与欧盟对俄制裁政策等重要问题，彰显了中国学者强烈的问题意识和鲜明的中国视角；第二，密切跟进欧洲国际关系特别是中欧关系、美欧关系的演化以及最新动态，很多成果都具有较强的学术性、前瞻性，体现了较高的国内乃至国际学术影响力；第三，研究议题集中于中欧关系特别是经贸与绿色领域，欧盟战略自主和制裁政策也有所涉及，但对欧盟数字主权以及中欧美三边关系等方面的研究仍需进一步加强；第四，在成果形式方面，以专著、论文集和期刊论文为主，但有关国外学者优秀成果的译著数量仍然较少。

---

[1] 张超、唐毓璇：《欧盟发展援助中的环境政策融合论析》，《德国研究》2022年第4期。

2022年中国的欧洲法律研究

程卫东　章凯琪　张　琨[*]

对 2022 年欧盟法中文成果的检索结果显示,《国际经济法学刊》《欧洲研究》《国际贸易》《国际法研究》《武大国际法评论》《德国研究》等期刊是刊发欧盟法研究成果的主要阵地。此外,《法学杂志》《环球法律评论》等期刊也有刊载欧盟法研究成果。

作为中国欧盟法学术论文发表的专门平台,《欧洲法律评论》第六卷已于 2022 年出版,其中收录了《欧盟宪政秩序的挑战与危机——基于波兰法治危机案的考察》《荷兰法院的战略性气候之诉——对其他非政府组织的一种启发？》《〈中欧全面投资协定〉的开放与平衡》《欧盟〈外国补贴条例（草案）〉——比较视角》以及 2019 年、2020 年《欧盟竞争政策报告》等 9 篇欧洲法律理论和实践问题研究成果。

从研究领域来看，2022 年中国学者主要聚焦于欧盟法总论、欧盟内部市场和欧盟对外关系立法。在具体的研究议题上，学者对欧盟数字与数据保护立法、欧盟涉外经贸立法的关注尤为显著。其中，《一般数据保护条例》、欧盟碳边境调节机制、《欧盟外国补贴条例》、《中欧全面投资协定》等成为主要研究对象。对于欧盟的全球人权制裁机制、阻断法、供应链法等立法动向，中国学者也及时进行了追踪研究。

一、欧盟法总论

2022 年，中国对欧盟法总论的讨论主要集中在欧盟宪政秩序危机方面。程卫东基于对波兰法治危机演进过程和欧盟与波兰各自行动及双方互动的考察，剖析了波兰法治危机与欧盟宪政秩序危机形成的原因，指出了欧盟法治工具及相关制度的局限性，并进一步探讨了波兰法治危机对欧盟宪政秩序两个基石（欧盟法的优先效力原则与欧洲法院在欧盟法领域的权威性）的冲击与挑战，以及冲击与挑战发生的原因——欧盟宪政秩序塑造中的理念分歧与话语权之争。在此基础上，他对欧盟宪政秩序的走向作出了反思性、前瞻性分析。程卫东认为，波兰法治危机揭示了欧盟宪政秩序中一直存在的根本性矛盾与问题，这正是欧盟宪政秩序危机的根源，但不是短期内可以解决的，未来欧盟应在不断夯实欧洲一体化共识的基础上，保障欧盟宪政秩序的基础不被动摇，循序渐进推动欧盟宪政秩序的发展。[①]

二、欧盟内部市场

2022 年，欧盟内部市场方面，竞争政策仍然是中国学者关注的重要领域，欧盟在绿色经济和数字经济领域内的立法进展也受到热议。

---

[*] 程卫东，中国社会科学院欧洲研究所研究员；章凯琪，中国社会科学院大学国际政治经济学院欧洲系博士研究生；张琨，中国社会科学院大学国际政治经济学院欧洲系博士研究生。

[①] 程卫东：《欧盟宪政秩序的挑战与危机——基于波兰法治危机案的考察》，《欧洲研究》2022 年第 1 期。

（一）竞争规则

国家援助和欧盟兼并控制规则方面，周牧通过论述欧盟国家援助制度下"优势"定性与量化的重要意义，引出欧盟"市场经济经营者测试"（MEOT）以及"普遍经济利益服务补偿测试"（SGEI）等规则，并主要探讨这些规则的适用问题。① 关于欧盟兼并控制，彭兴华从法律框架和经济框架出发，主要分析了欧盟兼并控制中有关创新评估的具体规定和欧盟委员会的相关执法实践，以及欧盟近期兼并案例中的创新评估。② 林燕萍、胡海龙、罗丹睿持续关注欧盟委员会官方网站发布的欧盟竞争政策的年度发展报告文件，其译作《2019年欧盟竞争政策报告》③《2020年欧盟竞争政策报告》④，对中国学者研究欧盟竞争政策的演进和竞争法的前沿问题具有重要参考价值。

（二）欧盟数字立法与数据保护

2022年中国学者对于欧盟《通用数据保护条例》仍较为关注。对于数据保护法的域外适用，陈咏梅、伍聪聪指出，欧盟通过《通用数据保护条例》和《关于GDPR低于范围的第3/2018号指南》，扩展和更新了原《欧盟数据保护指令》基于属地管辖的原则，综合采用了"设立机构"标准、"目标指向"标准以及"因国际公法而导致的适用"，明确了欧盟数据保护法域外效力的界限。⑤ 方芳、张蕾对《通用数据保护条例》的执法监管进行的研究指出，相关框架下欧盟的执法监管已进入常态轨道，但仍面临不少挑战，如成员国执法存在"集体行动困境"、监管框架对企业规制力有限、跨大西洋间数据传输机制陷入"法律真空"、治理影响力在全球范围内式微等。造成困境的主要因素有欧盟内部的不一致性、大型互联网企业具有的不对称优势、GDPR条款的开放性以及数字地缘竞争等。⑥

除《通用数据保护条例》外，《数据法》、《隐私盾协议》和"SchremsⅡ案"也受到学者关注。司马航认为，《数据法》草案的颁布以实施20年的《数据库指令》、屡遭质疑的数据生产者权和促进公共数据共享的《数据治理法》为基础，从数据排他权限缩、数据访问权赋权和数据合同矫正三个主要方面切入，提出了便利欧洲单一市场构建和推进欧洲高度数据共享的产权方案及实现路径。⑦ 李艳华指出，《隐私盾协议》的失效与标准合同条款有条件的效力维持，反映了欧盟数据规则的布鲁塞尔效应与美国监控资本主义马太效应之间的对抗。欧盟在隐私盾案后形成了事实上的"软数据本地化"。然后，其"软数据本地化"机制从来不是也不应当是其

---

① 周牧：《欧盟对国有企业补贴的定性和量化分析——论国家援助"市场经济经营者测试"等规则的适用》，《欧洲研究》2022年第2期。

② 彭兴华：《欧盟兼并控制中的创新评估——兼议对我国〈反垄断法〉的借鉴意义》，《竞争政策研究》2022年第4期。

③ 《2019年欧盟竞争政策报告》，胡海龙、林燕萍校，载程卫东、李以所主编《欧洲法律评论》第6卷，中国社会科学出版社2022年版。

④ 《2020年欧盟竞争政策报告》，罗丹睿、林燕萍校，载程卫东、李以所主编《欧洲法律评论》第6卷，中国社会科学出版社2022年版。

⑤ 陈咏梅、伍聪聪：《欧盟〈通用数据保护条例〉域外适用条件之解构》，《德国研究》2022年第2期。

⑥ 方芳、张蕾：《欧盟个人数据治理进展、困境及启示》，《德国研究》2021年第4期。

⑦ 司马航：《欧盟数据财产权的制度选择和经验借鉴——以欧盟〈数据法〉草案切入》，《德国研究》2022年第3期。

追求的目标。标准合同条款作为欧盟最为重要的数据跨境传输机制，其基于"风险方法"的"基本+补充"的路径革新，具有深刻的国内与国际影响。①杨帆以"SchremsⅡ案"为视角，认为在该案的影响下，《欧盟基本权利宪章》在数据保护领域的地位进一步提高，保障措施的适用愈发严苛，欧洲数据保护委员会在数据保护领域将扮演更重要的角色，数据跨境流动欧盟法规则与国际贸易法的不兼容问题日益凸显。欧盟虽然结合"SchremsⅡ案"的判决完善了对数据跨境的法律监管，但依然没有减少外界对其监管合理性的质疑。②

对于欧盟数字市场法的研究主要是探讨其特点、影响和问题。李世刚、包丁裕睿认为，欧盟已启动对大型数字平台服务的特别规制，其《数字市场法（草案）》为规制作为"守门人"的平台提供了新方案，在立法模式方面，跳出了传统竞争法框架，针对大型平台采取了特别、独立的规制路径；在规制方式方面，构建了对平台的事前规制模式，对"守门人"设置了禁止性义务群与积极性义务群；在规制体系方面，以比例原则为核心的动态监管体现了监管的灵活性。针对数字平台规制竞争保护取向存在争议、法律适用路径复杂、用户权益保护不足、透明度与灵活性需要增强等问题，平台规制的特别化、前置化、动态化特点具有比较法上的重要意义。③陈珍妮认为，《数字市场法（草案）》创新之处在于分类分级地确立数字服务提供商的义务，针对超大型网络平台作出了特殊规定，且统一了平台对非法内容和虚假信息传播控制的责任标准，将会对欧盟的数字贸易、平台企业和用户产生潜在的巨大影响。④

另外，关于欧盟人工智能，金玲指出，欧盟委员会出台的人工智能法案突出欧盟的道德和价值标准，试图在规范和创新之间实现平衡。与《通用数据保护条例》一样，欧盟希望通过法案实现在人工智能领域内的规范性霸权，弥补自身目前面临的技术短板，在人工智能领域内成为中美之外独立的第三支力量。欧盟积极推动法案出台，除了提升竞争力考量外，也是在新形势下追求数字主权的地缘战略选择。⑤

（三）欧盟碳中和与碳边境调节机制

欧盟"碳中和"相关立法和欧盟碳边境调节机制这一议题仍作为热点问题被中国学者讨论和研究。冯帅将欧盟"碳中和"立法作为研究对象，基于对其立法进程的梳理，将欧盟的"碳中和"立法内容划分为原则与规则两部分。他认为，应参考欧盟经验，将人与自然生命共同体原则和协同治理原则作为基本原则，将碳交易规则、资金规则以及监测、报告和评估规则作为主要规则，以此构建中国"碳中和"立法的法律体系。⑥韩永红、李明关注欧盟碳排放交易立法，对欧盟碳排放交易立法的域外适用进行考察，认为欧盟通过《共同体内温室气体排放配额

---

① 李艳华：《隐私盾案后欧盟数据的跨境流动监管及中国对策——软数据本地化机制的走向与标准合同条款路径的革新》，《欧洲研究》2021年第6期。
② 杨帆：《后"SchremsⅡ案"时期欧盟数据跨境流动法律监管的演进及我国的因应》，《环球法律评论》2022年第1期。
③ 李世刚、包丁裕睿：《大型数字平台规制的新方向：特别化、前置化、动态化——欧盟〈数字市场法（草案）〉解析》，《法学杂志》2021年第9期。
④ 陈珍妮：《欧盟〈数字服务法案〉探析及对我国的启示》，《知识产权》2022年第6期。
⑤ 金玲：《全球首部人工智能立法：创新和规范之间的艰难平衡》，《人民论坛》2022年第4期。
⑥ 冯帅：《"碳中和"立法：欧盟经验与中国借鉴——以"原则—规则"为主线》，《环球法律评论》2022年第4期。

交易计划》（EU-ETS）的域外适用来巩固其碳减排成果的行为有其正当性与合理性，但也存在违反国际法的较大可能性，欧盟可能会为了保证EU-ETS域外适用的合法性和有效性而继续寻求EU-ETS与国际组织管辖方案的统一性。①

对于欧盟碳边境调节机制这一热点议题，国内学者的研究视角主要聚焦于其与WTO的兼容性问题。曹慧指出该机制的基础是欧盟碳排放交易体系，碳价将直接反映碳关税的未来定价。在合法性上，欧盟将通过内部立法、修订现有国际贸易规则、防止"碳泄漏"等路径，寻求与WTO规则兼容。②边永民深入探讨了欧盟碳边境调节机制的WTO合规性问题，认为碳边境调节措施不构成税收，所以GATT第2条不能作为其依据，且违反了WTO的最惠国待遇原则与国民待遇原则，但可能符合GATT第20条（b）款与（g）款，不过欧盟碳边境调节措施实施的方式可能在符合GATT第20条前言上有困难，这还要看欧盟后续实施的举措。③

三、欧盟对外关系立法

中国学者关于欧盟对外关系法的讨论主要集中于影响中欧经贸关系的国际协定与欧盟单边立法，《中欧全面投资协定》（CAI）、《欧盟外国补贴条例》、欧盟外资审查机制等仍然受到学者的关注。另外，欧盟在人权制裁机制、供应链法、禁止"强迫劳动"、反经济胁迫和阻断法领域的新进展也受到中国学者的密切追踪。

对于《中欧全面投资协定》，中国学者综合评估了协定的重要意义，并关注协定中有关国有企业、可持续发展、争端解决等领域的具体规则。叶斌从《中欧全面投资协定》的开放与平衡出发，探讨协定在市场开放、公平竞争、可持续发展等核心承诺为完善市场机制带来的新的机遇与政府监管权的保留之间的平衡。他指出，当前国际形势风起云涌，《中欧全面投资协定》的批准面临欧盟外部与内部的政治风险，成为大国博弈中的重要一环。④关于CAI中的国有企业规则，张金矜认为CAI采用宽泛的国有企业定义，从国有企业的商业行为及相关的政府行为两方面提出规制要求，以回应欧盟对中国国有企业不公平竞争优势之担忧；⑤刘彬、魏薇认为CAI明晰了"涵盖实体"的范围、扩大了商业考量与非歧视待遇义务的外延，重塑了补贴规则的要求，但也存在不足之处。⑥关于CAI中的可持续发展章节，肖军认为在我国已缔结的国际投资条约中，《中欧全面投资协定》在"可持续发展"专章首次规定了有约束力的劳工条款，其正当性通过可持续发展理念予以增强，并借助分歧处理机制的强制性和高透明度提供程序支持，因此具有可执行性。⑦张生、马燕飞讨论了CAI中四种类型的国家间争端解决机制，认为这些国家间争端解决机制呈现全面性、专业性和灵活性的特征，也在一定程度上反映了国家间

---

① 韩永红、李明：《欧盟碳排放交易立法的域外适用及中国应对》，《武大国际法评论》2021年第6期。
② 曹慧：《欧盟碳边境调节机制：合法性争议及影响》，《欧洲研究》2021年第6期。
③ 边永民：《世界贸易组织法视域下欧盟碳边境调节措施的合法性》，《经贸法律评论》2022年第2期。
④ 叶斌：《〈中欧全面投资协定〉与监管权：战略机遇及外部风险》，《国际法研究》2021年第6期。
⑤ 张金矜：《〈中欧全面投资协定〉国有企业规则述评》，《国际经济法学刊》2022年第4期。
⑥ 刘彬、魏薇：《中欧投资协定"涵盖实体"条款研究——兼析中国加入CPTPP的相关挑战》，《武大国际法评论》2021年第6期。
⑦ 肖军：《论〈中欧全面投资协定〉劳工条款的可执行性》，《法学》2022年第9期。

争端解决机制的"回归"。①

在欧盟自贸协定方面,沈伟、方荔讨论了国有企业章节并将美欧进行对比,认为欧式FTA与《全面与进步跨太平洋伙伴关系协定》(CPTPP)等美国主导的FTA在扩张的国有企业定义、趋严的商业考量和非歧视义务方面基本一致;② 赵春蕾关注欧盟自贸协定中的劳工条款,指出将劳工条款纳入自由贸易协定并为之设置争端解决机制的做法日益普遍,美国和欧盟对此已有较为充分的实践,特别是在劳工争端解决机制的设计上分别形成了具有一定影响力的"刚性"和"柔性"范式。③

对于投资补贴,中国学界继续对《欧盟外国补贴条例》进行密切跟踪。胡建国、陈禹锦从规制前提、救济程序和救济手段的比较视角出发分析《欧盟外国补贴条例》与CPTPP/USMCA非商业援助规则之间的不同,这体现出竞争法方法与贸易法方法规制的差异。④ 李本、徐欢颜认为欧盟发布的《外国补贴条例草案》确立了一种全新的审查模式,即针对投资与政府采购的事前监管与依职权审查的事后监管。⑤

对于欧盟外资安全审查,梁咏、谢鑫雨指出实践中"安全或公共秩序"的审查标准极具张力,可能对流向敏感行业、含国有权益和受政府补贴的中国投资进入欧盟市场产生重大影响。⑥ 另外,褚晓、熊灵将欧盟与美国的外资审查机制的异同进行比较,发现对欧盟而言,该条例将使各成员国的外资审查机制逐步趋同,增大投资者的合规成本,并由此影响欧盟国家对外资的吸引力。⑦ 此外,欧盟重要成员国的外资安全审查机制也受到学者关注。⑧

2022年,国内学者密切追踪欧盟在人权制裁机制、供应链法、禁止"强迫劳动"、反经济胁迫和阻断法领域的新进展。关于欧盟全球人权制裁机制,吴培琦指出,作为欧盟单边制裁之一的欧盟全球人权制裁机制的建立,体现了欧盟的单边制裁从国别制裁到专项制裁、从全面制裁到针对性制裁的转型。从全球视角来看,欧盟全球人权制裁机制体现了欧盟与其盟友借所谓人权、民主等议题采取联合自主单边制裁行动。⑨ 王媛媛认为由于目前国家实践分歧明显,习惯国际法上的普遍管辖权并不能为这种域外管辖提供坚实的法律依据。欧盟全球人权制裁机制

---

① 张生、马燕飞:《〈中欧全面投资协定〉中的国家间争端解决机制:内容、特点与影响》,《武大国际法评论》2022年第1期。

② 沈伟、方荔:《欧式自由贸易协定国有企业规制的迭代、特质与启示》,《欧洲研究》2022年第2期。

③ 赵春蕾:《美欧自由贸易协定下劳工争端解决机制的范式分析与经验借鉴》,《国际经济法学刊》2022年第4期。

④ 胡建国、陈禹锦:《欧盟〈外国补贴条例(草案)〉:比较视角》,载程卫东、李以所主编《欧洲法律评论》第6卷,中国社会科学出版社2022年版。

⑤ 李本、徐欢颜:《境外投资补贴的规制动因、审查框架与中国应对——以欧盟〈外国补贴条例草案〉为切入点》,《国际贸易》2021年第11期。

⑥ 梁咏、谢鑫雨:《论欧盟外资审查机制的转型与对策:以竞争力为视角》,《国际经济法学刊》2022年第3期。

⑦ 褚晓、熊灵:《欧盟外资安全审查制度:比较、影响及中国对策》,《国际贸易》2022年第6期。

⑧ 张昕、孟翡、张继行:《德国外资安全审查机制:特征、影响及我国应对举措》,《国际贸易》2022年第8期。

⑨ 吴培琦:《欧盟全球人权制裁机制域外管辖的依据与边界》,《国际法学刊》2022年第1期。

的域外管辖还存在可能侵犯第三国主权、违反不干涉原则以及被滥用的缺陷。[1]

对于欧盟《阻断法》，杨永红对欧盟阻断法与美国域外制裁法的冲突进行了分析和回顾，认为欧盟阻断法陷入难以阻断美国域外制裁的困境，欧盟计划通过促进欧元国际化、推动《反经济胁迫条例》的出台、修改《阻断条例》等方式改变劣势地位，维护欧盟成员国的主权。[2] 漆彤通过分析伊朗梅利银行诉德国电信案，结合对立法宗旨和文本的严格解释，认为欧洲法院佐审官的意见肯定了《阻断法》第 5 条的效力，同时亦指出《阻断法》的制度设计将导致当事人处于两难境地，需要立法机构反思。[3] 此外，中国学者已关注欧盟供应链尽责立法[4]、《反经济胁迫条例（草案）》[5] 等立法新动向，并开展进一步研究。

小结

总体而言，2022 年国内欧盟法研究具有以下特点：第一，研究议题基本涵盖当前中欧关系中的重要欧盟法问题，表现出中国欧盟法学者强烈的问题意识和中国视角；第二，密切跟进欧盟法的立法动态，某些领域的成果发表时间与国际同步，甚至更早；第三，研究议题集中于经济与贸易领域，宪政和基本权利也有所涉及；第四，在成果形式方面，以学术论文为主，学术专著、译著数量较少。

---

[1] 王媛媛：《欧盟制裁机制的转型：欧盟全球人权制裁机制的法律框架、运行机制及缺陷》，《国际法研究》2022 年第 3 期。

[2] 杨永红：《欧盟阻断法与美国域外制裁之法律博弈》，《欧洲研究》2022 年第 1 期。

[3] 漆彤：《欧盟〈阻断法〉的适用困境及其对我国的启示——以伊朗梅利银行诉德国电信案为例》，《财经法学》2022 年第 1 期。

[4] 张怀岭：《德国供应链人权尽职调查义务立法：理念与工具》，《德国研究》2022 年第 2 期。

[5] 孙舒：《欧盟〈反经济胁迫条例（草案）〉的立法设计、适用风险及中国应对》，《江西社会科学》2022 年第 5 期。

2022年中国的欧洲社会文化研究

张金岭　朱　锐[*]

欧洲社会文化研究是中国欧洲研究不可或缺的重要组成部分，长期呈现活跃的研究态势。从学界发表的诸多成果看，2022年中国学界对该领域保持了较高的学术热情，不仅研究议题涉及相关领域的诸多方向，还综合运用了各类研究方法，不断拓展研究边界。

一、2022年中国学界欧洲社会学科研究动态

2022年，中国学界有关欧洲社会的研究涉及议题比较广泛，既包括传统研究议题，比如移民与少数族裔问题、社会福利制度问题，也涉及一些以往学界少有关注的议题，比如爱国主义。综合来看，中国学界有关欧洲社会的研究，多以经验研究和史学视角的梳理探讨为主，而经验材料多借鉴自国外的统计数据与研究成果，缺少基于一手资料的经验研究。值得关注的代表性研究成果如下。

（一）移民与少数族裔问题研究

欧洲移民与少数族裔问题持续受到中国学界的关注。《法国研究》2022年第1期组织了一场"多维视角下2022年法国大选观察与分析"笔谈，相关领域学者就此展开讨论。在2022年法国总统选举期间蹿红的泽穆尔因其激进的移民政策，得到一些极右选民的支持。在王鲲看来，泽穆尔的价值核心就是"法国中心主义"，或曰极端民族主义，他用简单的二分法，将"伟大的法国"和"被移民蹂躏的法国"对立起来，把法国人和移民对立起来，他主张在入籍渠道方面大大收窄，从总量上缩减获得法国国籍的移民数量；对外国人采取更加严厉的政策，如取消外国人居住证自动更新制度；福利补贴方面，希望法国政府调整社会福利政策，取消不缴税的外国人领取各项补助的权利等；提出重塑边境，要求暂停申根区自由流通，建立军人身份的边防队伍，以守护"我们的民族国家"。[①] 张金岭以"何以'平等法国'？"为题撰文表示，诸多不平等问题的交织是形塑当代法国阶层矛盾的主要因素。在2022年大选背景下，法国各方围绕不平等问题提出的诸多主张与动议，是观察和思考当代法国民众权利诉求及其经济社会发展与治理思路的一个窗口。[②]

王子立、黄伊霖从结构性视角考察了德国难民融合的问题。其文章指出，面对大量的难民，近年来德国政府一直致力于探索和推行难民融合措施，以结构性融合为主要和重点融合场域，相关措施包括：大力推行德语与融合课程，着力提升难民德语水平；基础教育与高等教育并进，

---

[*] 张金岭，中国社会科学院欧洲研究所研究员，社会文化研究室主任；朱锐，中国社会科学院欧洲研究所助理研究员。

① 王鲲：《泽穆尔蹿红与法国移民政策》，《法国研究》2022年第1期。
② 张金岭：《何以"平等法国"？》，《法国研究》2022年第1期。

全面提升难民受教育水平；减少劳动力市场障碍，全方位促进难民就业；等等。另外，文章还认为，缓解德国的劳动力短缺是难民融合的直接动力，持续的辩论和争议能够反向推进难民融合。[①]

严庆、齐凯考察了欧洲右翼极端主义浪潮中的种族歧视问题。其文章指出，反对民主、反对平等是右翼极端主义的核心主张，移民、安全、腐败和外交政策是其聚焦的议题。右翼极端主义是欧洲进入新千年后出现的一种新的政治种族主义，呈现当下欧洲种族歧视的制度性、暴力性、对内对外性等特征。欧盟及其成员国尽管做了反对种族主义与种族歧视的努力，但面对右翼极端主义浪潮中普遍而深刻的种族歧视问题，这一努力显得道义正确而实践乏力。[②]

黄亚茜从社会怨恨的视角分析了欧洲穆斯林群体的激进化及其治理问题。其文章指出，欧洲穆斯林群体在社会经济方面的生存困境以及欧洲兴起的反穆斯林"思潮"，促成了该群体怨恨心态的生成，政治参与和社会上升渠道方面的无能感使这种怨恨情绪不断积累，进而通过人际网络和虚拟网络扩散和蔓延，最终在激进主义组织的动员下迎来非理性的怨恨爆发。这一理论视角的政策启示在于，必须从制度和政策层面消除穆斯林群体的"受害者"心理，打破他们寻求发展所遭遇的结构性壁垒，进而真正消除社会怨恨滋生的现实土壤，实现穆斯林群体与非穆斯林群体之间的族群和谐。[③]

（二）社会保障与福利制度研究

国内学界从事欧洲社会保障与福利制度研究的同仁众多，产出比较丰富，但重复性研究的问题也相对突出。在这些研究中，既包括对欧洲层面的综合考察，也包括对国别个案的研究，为可能的比较研究奠定了基础。2022 年此领域内的代表性成果如下。

田德文撰文对欧洲福利建设的经验教训进行了解析。其文章指出，从历史上看，战后欧洲建设"福利国家"的过程是以现代化经济发展为基础的，是在工业化和城市化进程的拉动下实现的。欧洲国家战后福利建设过程中的经验教训对我国促进共同富裕仍有可资借鉴之处：一是共同富裕既是现代化的结果，也是现代化的保障；二是在推进共同富裕的过程中，应注意全面调整政策理念；三是推进共同富裕的同时应不断完善包括税收、社保和转移支付在内的基础性制度安排，灵活运用各种调控手段，强化"橄榄型分配结构"。[④]

丁纯的研究聚焦于社会保障是否必定拖累经济发展这一问题。基于对瑞典、德国、英国和希腊等国家所代表的欧洲社保四大子模式的研究探讨，其文章从社会保障对长期经济宏观运行、消费、劳动力市场、科技创新、财政负担的影响以及社保水平与经济发展适应性等角度逐一分析研判，在此基础上指出，社会保障有利于推动经济长期稳定增长、刺激消费、促进就业、提升人力资本和科技创新能力，其一定拖累经济发展的结论未得到支持。[⑤]

[①] 王子立、黄伊霖：《结构性融合视角下德国难民融合的考察与启示》，《中国人民警察大学学报》2022 年第 7 期。

[②] 严庆、齐凯：《欧洲右翼极端主义浪潮中的种族歧视管窥》，《西北民族研究》2022 年第 5 期。

[③] 黄亚茜：《欧洲穆斯林群体的激进化与治理——基于社会怨恨的视角》，《区域与全球发展》2022 年第 1 期。

[④] 田德文：《解析欧洲福利建设的经验教训》，《人民论坛·学术前沿》2022 年第 16 期。

[⑤] 丁纯：《社会保障与经济发展：来自欧洲的证据和启示》，《社会保障评论》2022 年第 5 期。

在国别研究方面，法国、德国、北欧等国家受到的关注较多，但也有涉及中东欧国家社会保障与福利制度研究的成果发表。张金岭对法国的社会治理实践展开系统研究，在前述《何以"平等法国"？》一文中指出，对于如何应对收入不平等问题，诸多法国大选候选人的政策主张主要是提高最低工资和限制最高工资这两个取向，同时还要普遍提高全民工资；对于如何促进性别平等，一些政策建议涉及家庭、就业等领域内的制度举措，还有人主张在税收制度中取消"夫妻商数"，以及用鼓励代替惩罚，对遵守男女平等的企业减税等；此外，通过税收改革促进社会公平，也是得到法国民众广泛支持的治理不平等问题的思路。张金岭指出，在过去十余年间生育率持续居欧洲首位的法国，家庭一直是促进人口再生产中最为核心的政策单位，也是该国倚重的一个重要的治理平台。在此框架下，法国设有较为完备的以家庭为单位的促进人口再生产的津贴体系，它几乎可以覆盖到一个孩子不同成长阶段的各类需求，同时法国还重视鼓励生育的机制安排与设施建设，从而形成了立体多元的政策体系。法国的诸多政策实践可为我国当下在促进人口再生产方面完善制度设计、统筹政策配套、形成政策合力提供镜鉴。[1] 张金岭还对法国现代家庭政策应对社会问题的内在逻辑及其制度体系进行了研究。其文章表示，法国的家庭政策为回应与家庭相关的社会问题搭建了重要的福利制度框架，从经济补贴、税费减免、制度安排与基础设施建设等多个层面，与其他社会政策形成协同机制，始终突出强烈的社会关怀，积极回应不同时代背景下与家庭有关的社会问题，并推进实现社会公正与社会团结。如何应对财政支持力度不足与实现更为公正的社会团结，将会影响到未来法国家庭政策自身的变革及其回应社会问题的能力建构。[2] 于蓓探讨了法国福利制度中的劳资对等原则。其文章指出劳资对等对于法国政治生活的重要意义在于：它不仅使劳资矛盾降格为社会管理问题，还在福利制度中确认了社团自治的价值，同时还促进了团体平等、协商决策的"社会民主"观念的形成。[3] 田珊珊基于法国个案研究，考察了社保制度安排对劳动关系价值观形成的作用机制。其文章指出，现代社会的制度性安排对劳动关系价值观的形成起到了不可或缺的支撑作用，直接作用于劳动关系的社会保障制度尤为重要。法国"行会化"的社保制度通过差异化原则，体现出对不同行业"集体荣誉"的尊重与捍卫，促使劳动者在面对激烈的社会转型所带来的各种职业冲击和危机中依然能够注重工作的内在价值，社保制度这一重要的文化功能需要在制度设计中得到重视。[4]

齐天骄的专著《德国长期照护服务体系研究——以福利多元主义理论为视角》依据福利多元主义理论，探讨了在德国的长期照护服务体系中国家、家庭、非营利组织和市场四个部门所扮演角色的转变、演变和互动过程。其研究发现，理论对四个部门角色演化所产生的影响各不相同，而顺应新自由主义浪潮的福利改革，并非仅仅是职能收缩，中国在发展长期照护服务体系时也可借鉴德国经验。[5] 刘芳从历史制度主义的视角详细考察了德国长期护理保险制度建立

---

[1] 张金岭：《法国促进人口再生产政策的制度导向及其镜鉴》，《社会保障研究》2022年第3期。

[2] 张金岭：《法国现代家庭政策应对社会问题的内在逻辑及其制度体系》，《中华女子学院学报》2022年第5期。

[3] 于蓓：《法国福利制度中劳资对等原则的引入》，《法语国家与地区研究》2022年第3期。

[4] 田珊珊：《社保制度安排对劳动关系价值观形成的作用机制——以法国为例》，《江苏商论》2022年第11期。

[5] 齐天骄：《德国长期照护服务体系研究——以福利多元主义理论为视角》，中国社会科学出版社2022年版。

的历史过程，提炼萃取了其中的四个深层动力机制：长期护理需求的现代性与传统的制度供给模式的深刻矛盾是制度建立的起点；长期护理需求所引发的民众生存焦虑和福利国家合法性的需要是制度建立的政治社会动因；德国统一的关键节点深刻地改变了决策情境，民主选举推高了在时间上不断累积的决策风险和决策压力；德国福利国家的保守主义特征决定了社会保险的模式选择。① 杨琳琳在其有关德国儿童照顾政策的研究中指出，德国通过慷慨的照顾津贴、完善的照顾时间政策和公共照顾服务体系成为自主家庭主义国家的新进代表。德国儿童照顾政策具有浓厚的普遍主义色彩，这一普遍主义最具有代表性的体现就是儿童获得公共照顾权利的法律化。它施行家庭照顾支持与公共照顾服务并举，涉及经济支持政策、时间支持政策和公共托育服务体系等。国家逐渐增加在儿童照顾中的公共责任，提倡男性分担儿童照顾责任，并通过大力建设公共托育服务体系，保障儿童入托权利的实现。② 金昱茜以"企业—社会给付"的制度属性为线索研究了德国企业补充养老制度的构建与演变，其认为德国建立了以雇主照顾允诺为基础、经由多种实施形式实现对雇员老年保障给付的规则体系。因应社会需求与挑战，进入21世纪以来，该制度先后进行改革，引入工资转换、纯缴费承诺等机制，发展了劳资伙伴模式，力求实现扩面提质目标。③

王健对欧洲国家社会求助制度中的强制工作措施进行了研究。其文章指出，20世纪90年代以来，欧洲国家就以工作换取福利的发展型社会救助制度进行了诸多实践。欧洲发展型社会救助强制受救助者参加工作，背后的法理逻辑可以归纳为，国家角色从社会权的保障者转变成了个人权利的管理者。通过单纯对是否处于准备劳动状态的检查，劳动的义务更多被认为是平衡正义的必要手段：靠大家养活的人应该为大家工作，至少不该以游手好闲作为回报。互惠，而不是传统的生存需求，变成了发展型社会救助的核心理念。国家在提供救济时，通过这种附条件的互惠关系约束受救助者，从而建立了对他们的控制权。因此，发展型社会救助中有关强制有劳动能力者参加工作的规定，也被视为受救助者的"合作义务"。④

另外，代懋有关中东欧国家社会保障制度发展中利益相关者的研究指出，这些国家社会保障制度的发展取决于国际组织、政府、工会和雇主等利益相关者之间的相互作用，不同利益相关者的干预方式和影响程度各不相同。就国际利益相关者来说，由于中东欧国家面临申请加入欧盟的压力以及对贷款援助的需求，因此，欧盟、世界银行与国际货币基金组织对中东欧国家社会保障制度发展产生了较大的影响；而经济合作与发展组织、国际劳工组织和世界卫生组织的政策建议等干预方式对中东欧国家社会保障制度发展的影响力较为有限。就国内利益相关者来说，国内政党多在中东欧国家社会保障制度重建和改革中扮演着重要的角色，而社会伙伴作用有限，政府总是采用各种方式削弱社会伙伴对社会保障制度改革的影响。⑤

---

① 刘芳：《德国社会长期护理保险制度的起源、动因及其启示》，《社会建设》2022年第5期。
② 杨琳琳：《从家庭照顾迈向社会照顾：德国和日本儿童照顾政策及其启示》，《理论月刊》2022年第3期。
③ 金昱茜：《德国企业补充养老制度的构建与演变——以"企业—社会给付"的制度属性为线索》，载宋晓主编《中德法学论坛》第18辑（上卷），南京大学出版社2022年版。
④ 王健：《论发展型社会救助制度中的强制工作措施——以欧洲国家的经验为镜鉴》，《交大法学》2022年第4期。
⑤ 代懋：《中东欧国家社会保障制度发展的利益相关者分析》，《北京航空航天大学学报（社会科学版）》2022年第5期。

（三）教育与终身学习问题研究

2022年，中国学界有关欧洲教育与终身学习政策的研究值得关注。刘云华、马健生的研究对德国基础教育中数字教育战略的一系列措施进行了梳理，包括：提供资金以完善校园数字基础设施建设；各州将数字能力融入教育标准和教学计划之中；从教师的培养和研究两个方面提升教师的数字能力；加强全国性数字教育平台和内容的开发；强化保护师生个人隐私数据。同时，文章指出德国在实施数字教育战略的过程中也面临教育不公平、资金可持续性和资金申请困难、"数字越位"及新冠肺炎疫情下的新危机等挑战。①

李少兰、吴南中对欧盟终身学习政策进行了研究。其文章指出，21世纪以来，欧盟终身学习政策的逻辑表现如下：在政策目标方面，短期服务时代经济发展，长期促进全民终身学习；在政策结构方面，联盟与成员国共同规划、法制化与引导性相结合；在政策执行层面，自上而下成立执行机构，自始至终匹配行动计划；在政策保障方面，采用内部规范量化评价体系，外部加大跨部门交流合作。欧盟终身学习政策在一定程度上带来了更多的机会，但距离其所设想的蓝图仍有一定距离，不应忽视政策带来的"马太效应"。② 陈晓雨的研究指出，欧盟终身学习政策被视为具有强大动力学功能的反社会排斥工具，采取了全面提升教育品质、提升辍学者与低技能青年就业素养、软性治理推进政策转移等举措以应对社会排斥。然而当前欧盟面临终身学习体系构建未达预期、弱势群体政策参与不足、过度关注就业素养等问题，社会排斥现象仍旧突出。未来欧盟需重新定义社会排斥内涵，提高被排斥群体政策参与，强化终身学习体系公平性建设，采取更加多元和针对性的公共政策，促进团结包容，实现充满凝聚力的欧洲。③

（四）爱国主义问题研究

《世界社会主义研究》刊登的一组有关西方国家爱国主义现象的研究值得关注。王慧敏对德国社会中政治家、知识分子和普通民众这三大群体对爱国主义的态度进行了比较分析。其文章指出，政治家基于政治利益支持复兴爱国主义，同时把爱国主义用作政党竞争的工具；知识分子对爱国主义的讨论较为理性，不仅注重批判和反思德国历史上的爱国主义问题，还积极从不同角度重构当代德国爱国主义新模式；普通民众的爱国主义态度日渐开放，能够比较轻松地处理爱国主义情感，而不是像第二次世界大战后初期那样回避爱国主义。总体来看，德国社会逐渐克服了两次世界大战和种族大屠杀所带来的爱国主义阴影，德国人的爱国情感表达随之回归公众视野。同时，德国右翼势力和移民群体的爱国主义态度表明，德国社会要从整体上培养一种低调、开放的爱国主义仍有很长一段路要走。④

陈丹有关英国爱国主义的研究则指出，英国社会对待爱国主义的态度存在明显差异。英国官方对爱国主义的表达较为隐晦，但从相关法律法规、政策以及政治家的讲话等可以看出，英国政府和主流政界很重视培养国民的国家认同感和爱国情感；英国学者、媒体评论人等对爱国主义持谨慎态度和看法；英国普通民众虽然很少在公开场合表达自己的爱国情感，但这种情感

---

① 刘云华、马健生：《德国基础教育的数字教育战略举措与挑战》，《比较教育研究》2022年第3期。
② 李少兰、吴南中：《二十一世纪以来欧盟终身学习政策演变方位与实践反思——基于2000—2020年欧盟终身学习政策的分析》，《成人教育》2022年第11期。
③ 陈晓雨：《反社会排斥：欧盟终身学习政策行动与困境》，《比较教育研究》2022年第4期。
④ 王慧敏：《德国社会三大群体之爱国主义观剖析》，《世界社会主义研究》2022年第3期。

会在特定场合和时间被激发。此外，爱国主义还是英国政府用以治理国家和维护社会稳定的不可或缺的力量和手段。[1]

二、2022年中国学界欧洲文化学科研究动态

2022年，中国学界有关欧洲文化的研究成果同样丰硕，涉及欧洲区域和国家文化政策、文化外交和跨文化交流等诸多议题。其中涌现出更多应用研究成果，如不少学者关注欧洲文化大国的政策实践，探寻可资中国提升国际传播能力的好经验好做法，再如学界对欧洲文化资源保护和开发的研究惯性得到延续，并向数字化版权和文化城市建设等新领域拓展研究边界。许多学者热衷于回溯中欧文化交往与互鉴的历史经验，以图重新彰显中华文明西传与欧洲文明东渐的历史价值，为当代问题寻求解决之道，这或将为中欧关系的健康发展激发新的合作可能。值得关注的代表性成果如下。

（一）区域和国家文化政策研究

欧盟及欧洲国家的文化建设长期受到中国学界的重视。杨友孙在文章中指出，中东欧国家的民族文化自治制度在一定程度上适应了国际社会对少数民族人权保护的要求，也回应了该地区少数民族的诉求，但仍存在较明显的"执行差距"，有的"自治"色彩较弱，政治安抚的意义更为明显。[2]

数字化和绿色转型时代，文化战略为欧洲一体化拓展其深度和广度提供了重要动力来源，文化安全和文化软实力也成为焦点领域。欧盟着力出台更多文化政策，以满足日益增长的经济社会发展需求。与此同时，中国对欧洲文化政策的研究开始进入细分领域。就德国、西班牙等欧洲文化大国综合利用出版业和印刷行业的国际化运营等手段，积极拓展各自的生态文化圈，浙江大学出版社出版了译著《德古意特出版史：传统与创新1749—1999》，全面介绍德国出版机构进行专业化知识生产和国际化发展，促使西方知识与文化占据世界文化主流地位的经验。[3] 曹轩梓则梳理欧洲出版强国的发展经验，提出打造中国出版文化生态圈、摆脱西方文化霸权支配的政策建议。[4] 高海涛、王秋梦开展法国文化产业政策的社会效益评价及财政资助研究，系统总结了文化产业发展进而构建文化体系的成功经验。[5]

（二）文化外交和跨文化交流研究

中国学界注意到欧盟及其成员国在推进欧洲认同过程中，始终重视文化外交，不仅努力将自身打造成文化保护者和促进者，更重视发挥文化在对外关系中的独特作用。张金岭的《法国文化外交的内容与行动》一文被人大复印报刊资料《马克思主义文摘》2022年第1期转载，认为法国通过对外输出其民族文化的代表性成果来巩固和拓展其软实力影响的文化外交模式受到

---

[1] 陈丹：《英国社会的爱国主义观》，《世界社会主义研究》2022年第3期。

[2] 杨友孙：《中东欧国家民族文化自治制度评析》，《世界民族》2022年第4期。

[3] [德] 安娜-卡特琳·齐萨克：《德古意特出版史：传统与创新1749—1999》，何明星、何抒扬译，浙江大学出版社2022年版。

[4] 曹轩梓：《打造以出版为核心的文化生态圈——德国与西班牙经验谈》，《印刷文化（中英文）》2022年第2期。

[5] 高海涛、王秋梦：《法国文化产业政策的社会效益评价及财政资助研究》，《传媒论坛》2022年第3期。

持续关注。① 林迎娟撰文分析了欧盟文化外交战略及其运行机制，结合其文化外交具体项目的调整和优化，在国际行动网络中彰显国际影响力，指出欧盟将增强"欧洲文化国际影响力"作为其文化外交核心目标的实践，以及将文化外交作为加强软实力的资源、推动内外联动发展的工具等对外理念，为中国深入开展文化外交提供了诸多借鉴。② 针对中国对外传播面临的现实问题，冯若谷、刘心怡撰文强调法国对外传播"高级文化"和"多元联盟"的战略理念和历史经验具有启发意义，对他国传播经验本土和全球双重意义的辨析与取鉴，或将成为新时代中国参与构建世界信息传播新秩序的现实选择。③ 周燕、张新木则在文章中指出，法国将国际传播作为其文化外交战略的重要手段，特别是在后疫情时代积极构建国际传播数字网络体系，值得中国关注和借鉴。④

此外，欧盟开展的"伊拉斯谟计划"作为高等教育跨国、跨地区合作的范例，也受到持续关注。倪天昌等以欧洲24个国家为研究对象，基于霍夫斯泰德文化维度的研究框架，采用定性比较分析法探究文化因素对一国社会媒介信任的影响，并探寻何种文化维度或其组合能与一国媒介信任高低产生因果关联。⑤

（三）文化资源保护和开发研究

文化遗产保护思想源自欧洲，意大利、西班牙、法国等欧洲国家的世界遗产数量也名列世界前茅，欧盟及其成员国所采用的政策、举措及所体现的原则、理念为中国文化遗产保护提供了重要参考。张晓玲撰文分析了德国城市管理中的跨文化开放，探讨其对中国处理好城市现代化建设与文化遗产保护的关系的启示。⑥ 刘根固基于对多瑙河流域的经验分析，突出欧洲法制体系下文化遗产整体性保护的原则，以及文化遗产保护与经营开发并行不悖的理念，在其文章中提出黄河流域可借鉴多瑙河流域经验的政策建议。⑦ 刘永孜立足西班牙马拉加市案例，研究欧洲文化与旅游融合的城市更新战略，特别是透过多元文化展示以营造"世界文化之都"与"欧洲旅游之都"的城市更新战略，进一步阐述了文化在旅游业与城市可持续发展中的核心作用。⑧ 杨成玉、葛滨在其文章中研究了法国国家公园建设的缘起和管理原则、机构、机制及其对中国的启示。⑨

---

① 张金岭：《法国文化外交的内容与行动》，人大复印报刊资料《马克思主义文摘》2022年第1期。
② 林迎娟：《欧盟文化外交实践及其启示》，《学术探索》2022年第2期。
③ 冯若谷、刘心怡：《法国对外传播的历史经验与借鉴意义》，《对外传播》2022年第1期。
④ 周燕、张新木：《法国国际传播数字网络探析及对中国国际传播能力建设的启示》，《西安外国语大学学报》2022年第2期。
⑤ 倪天昌、朱润萍、黄煜、陈致烽：《霍夫斯泰德文化维度视域下媒介信任归因的差异探析：基于对欧洲24国资料的考察》，《国际新闻界》2022年第6期。
⑥ 张晓玲：《德国城市管理中的跨文化开放及对我国的启示》，《中国行政管理》2022年第2期。
⑦ 刘根固：《黄河流域历史文化遗产保护与旅游业协调发展策略研究——基于欧洲多瑙河流域的经验分析》，《旅游纵览》2022年第16期。
⑧ 刘永孜：《文化与旅游融合的城市更新战略——基于西班牙马拉加市的案例研究》，《贵州大学学报（艺术版）》2022年第2期。
⑨ 杨成玉、葛滨：《法国国家公园管理经验及启示》，《中国土地》2022年第9期。

（四）古典文化和思想史研究

欧洲古典文化和思想史研究在中国欧洲研究领域始终占有一席之地。张金岭基于法国大革命以来的历史和政治文化演进，回溯了法国极右思潮的起源，并进一步分析了当前国民阵线等极右政治力量的崛起现象。① 《史学月刊》围绕德国历史学家蒙森（Mommsen）提出的罗马化概念，发表了系列学术文章。马锋以叙利亚地区罗马化为例，阐释了西方理性主义哲学和东方宗教信仰主义相互吸收，并实践出兼具东西方文化元素，具有世界主义特征的基督教的历史过程，指出宗教是突破古代世界族性壁垒的重要工具，帝国权力在改变地方文化的同时，也在被地方文化重塑。② 郭磊关注到罗马帝国时期叙利亚文化精英的身份认同，在其文章中强调有关罗马化概念的争辩更多是一种思辨，研究罗马疆域内具体的罗马化问题具有重要的学术意义，有必要将经验主义、思辨和历史主义加以结合。③ 萨宾娜·考夫曼、王娟共同撰文研究了欧洲的花园文化，展现绿色空间设计中文艺复兴、巴洛克或启蒙运动等不同时期的时代精神、政治或宗教信仰及审美观。④

从国别视角看，针对欧洲国家古典文化的研究呈现更加多样和实用的学术面貌。如孙红杰聚焦西方音乐在中国的渗透性传播及其对中国音乐生态和音乐传统的深刻影响，围绕巴洛克时期法国和意大利音乐的关系问题，并结合西方历史经验与中国现实境况，提出处理中西方音乐关系的建议和主张。⑤ 再如苏永超以罗马梅萨驿站重现项目为例，强调意大利古代建筑中关于历史文化的融合为其当代文旅建筑项目提供了丰富的文化来源和审美积淀，并探究了经典意大利文化建筑对中国文旅建筑的启发。⑥

（五）中欧文化交往与互鉴研究

无论是回溯历史，还是着眼当下，中欧文化交往日益成为中国学界开展欧洲文化研究的核心议题之一。2022年中国成功举办冬季奥运会，《文明》杂志推出主题为《世界文明与奥林匹克》的特刊，邀请国际奥委会主席巴赫作序，全面回顾发祥于欧洲的国际奥林匹克体育文化演进史，以及所涉希腊、法国、英国和西班牙等15个欧洲国家与中国的文明交往历程，指出在国际局势的动荡年代，世界比以往任何时候都更需要来自体育文化的凝聚力和奥林匹克价值观。⑦

2022年，还有学者对中欧文化交流和经验互鉴的历史案例进行了研究。杨秋宁以20世纪后期赴德学习和考察的国人游记所反映的对德认知为基础，以德国形象为参照物，探讨了中国人

---

① 张金岭：《法国极右翼政治探源》，《世界知识》2022年第10期。
② 马锋：《罗马化研究的理论反思——以叙利亚地区的罗马化为视角》，《史学月刊》2022年第8期。
③ 郭磊：《罗马帝国时期叙利亚文化精英的身份认同》，《史学月刊》2022年第8期。
④ 萨宾娜·考夫曼、王娟：《欧洲花园文化——花园，时代精神的映射》，《中外文化交流》2022年第1期。
⑤ 孙红杰：《强势外来文化与本土音乐传统——法国巴洛克音乐与意大利音乐的关系态势及现代启示》，《北方音乐》2022年第2期。
⑥ 苏永超：《意大利文化建筑项目对国内文旅建筑的启发——以罗马梅萨驿站重现项目为例》，《城市建筑空间》2022年第7期。
⑦ 托马斯·巴赫等：《世界文明与奥林匹克——历届奥运欧洲举办国与中国的文化交流》，《文明》2022年第Z1期。

面对巨大的社会转型和复杂的文化变革所产生的自我认知，以及中国传统文化中的家国情怀。① 李真基于文化相遇到知识传递的路径，撰文分析18世纪晚期欧洲汉学名著《中国通典》对中医西传的贡献，指出其对中欧知识对话与相互影响的助推，为后疫情时代促进医药文化互鉴提供历史参考。② 刘爽立足于跨文化视野，发掘15世纪至18世纪罗马"圣城"景观在欧亚大陆的复制与改写，强调"山地建城"理念作为罗马城市共性，在海权时代不仅拓展到地中海的"边缘"里斯本及果阿等印度洋沿岸殖民港口，还进入中国澳门，最终于西方遥想中的"真十字之地"展现出一座"水上罗马"的东方形象。③ 着眼于中国瓷文化对欧洲古典陶瓷造型艺术的影响与发展，文静子在其文章中指出中国瓷器风靡欧陆与其所代表的东方文化及独特美学特色相关。④ 陈德用撰文梳理并阐释16世纪末到19世纪初中国园林文化在欧洲的各阶段译介活动，总结中国园林文化成功"走进"欧洲的经验，挖掘其对中国文化"走出去"的当下启示。⑤ 此外，范晓晶、陈姝雨以庞迪我为例，在其文章中回顾了明末清初欧洲传教士将西方技术引入中国，并将中国地理、文化和社会介绍给欧洲的历史，探讨了中华文明西传与欧洲文明东渐对中欧文明互鉴的贡献。⑥

小结

总体而言，2022年中国学界的欧洲社会文化研究较为活跃，研究队伍不断扩大，议题探讨较为全面，也较为深入。相关研究既有对当下时事问题的讨论，也有就某些议题展开的史学梳理，还有从理论上对某些重要社会和文化现象进行的阐释与探讨。

在欧洲社会研究领域，中国学者对移民与少数族裔、社会保障与社会福利等议题均关注较多。在有关就业与失业问题的研究中，学界大多着眼于对政策机制及其背后的制度逻辑的探讨，展现出对欧洲社会研究共同的议题旨趣，同时也对终身学习、爱国主义等议题表现出值得关注的兴趣。

在欧洲文化研究领域，中国学界针对欧洲文化政策、文化资源保护和开发、古典文化和历史等传统议题的研究更加细化和深入，并注重从中欧文化交往与互鉴的历史经验中挖掘和提炼可资当下借鉴的启示，涌现出更多应用研究成果。

总体来看，2022年中国学界坚持将欧洲社会和文化现象置于政治、经济等多重维度中加以观察、思考和研究，延续了本研究领域的多学科属性与跨文化特征，强调社会文化的基础性和结构性作用。另外，就中国学界关注相对集中的有些议题而言，在某种程度上存在低水平重复的研究，而且基于一手调研资料的有关研究偏少。

---

① 杨秋宁：《20世纪70—90年代旅德游记中的德国形象与文化反思》，《中国矿业大学学报（社会科学版）》2022年第6期。

② 李真：《从文化的相遇到知识的传递——论18世纪晚期欧洲汉学名著〈中国通典〉对中医西传的贡献》，《国外社会科学》2022年第2期。

③ 刘爽：《"七丘之城"：从里斯本、果阿到澳门——跨文化视野下15—18世纪罗马"圣城"景观在欧亚大陆的复制与改写》，《美术研究》2022年第3期。

④ 文静子：《中国瓷文化对欧洲古典陶瓷造型艺术的影响与发展》，《天南》2022年第3期。

⑤ 陈德用：《16世纪末到19世纪初中国园林文化在欧洲的译介传播研究》，《上海翻译》2022年第4期。

⑥ 范晓晶、陈姝雨：《庞迪我——中国与西班牙文化的传播者》，《文化月刊》2022年第3期。

2022 年中国的欧洲国别研究

胡　琨　孔　元　彭姝祎　黄萌萌　徐若杰[*]

近年来，区域国别研究在中国学界日益受到重视，区域国别学也于 2022 年被纳入第 14 类交叉学科一级学科目录。欧洲国别研究起步较早，研究队伍较为齐备，基础较为雄厚，学科覆盖较广，尤其是欧洲大国的研究，无论是深度还是广度，都走在中国区域国别研究的前列。

一、英国研究

政治领域的相关研究主要关注英国政党格局的新变化。古力加马力·阿不力孜指出，英国政党政治围绕"脱欧"议题呈现难以弥合的政党纷争和多维度博弈，政党形式多元化降低英国政治效率。[①] 李雪姣指出，英国绿党在传统政治工具与自身异质性特征间寻求平衡，在观念上逐渐"红绿"，在纲领上开始关心现实问题的解决，在组织上不断推进基层民主化，探索出独特的转型道路。[②]

社会领域的相关研究主要关注社会身份、民族认同和种族歧视等话题。韩青玉从国家、民族、种族三个层面，对"脱欧"事件与英国社会身份认同问题间的关系及其背后的历史缘由进行了探讨。[③] 陈玉瑶分析了多民族国家民族凝聚力建设的经验，指出英国从基层"共同体"层面开始逐步向上构建，其共同体政策致力于地方层面的凝聚力建设。[④]

文化领域的相关研究主要关注英国新马克思主义研究的进展。孙秀丽介绍了英国马克思主义研究的新视角，分析了其理论主旨和局限。[⑤] 李昕桐指出由于英国新马克思主义文化研究无法清晰、准确地把握马克思历史唯物主义的真正内涵和逻辑空间及其展开的可能性视域，它至今依旧无法解决文化认同与开放性之间的关系。[⑥]

外交领域的相关研究在基础理论和外交政策两方面都有推进。在基础理论方面，严骁骁分

---

[*] 胡琨，中国社会科学院欧洲研究所副研究员；孔元，中国社会科学院欧洲研究所副研究员；彭姝祎，中国社会科学院欧洲研究所研究员；黄萌萌，中国社会科学院欧洲研究所助理研究员；徐若杰，中国社会科学院欧洲研究所助理研究员。

[①] 古力加马力·阿不力孜：《"脱欧"背景下政党格局多元化对英国政治的影响》，《西部学刊》2022 年第 14 期。

[②] 李雪姣：《绿色政治视域下英国绿党适应性变革及其发展评价》，《当代世界与社会主义》2022 年第 1 期。

[③] 韩青玉：《以"脱欧"事件为窗透视英国社会身份认同问题》，《跨文化研究论丛》2022 年第 5 辑。

[④] 陈玉瑶：《多民族国家民族凝聚力建设探析——以英国、法国和西班牙为中心》，《民族研究》2022 年第 5 期。

[⑤] 孙秀丽：《当代资本主义批判：英国马克思主义研究的新视角》，载复旦大学当代国外马克思主义研究中心编《当代国外马克思主义评论》第 23 辑，上海三联书店 2022 年版。

[⑥] 李昕桐：《英国新马克思主义文化研究的困境评析》，《国外理论动态》2022 年第 5 期。

析了伊恩·克拉克对英国学派理论发展的贡献，指出克拉克重视人文/历史知识对于国际关系研究的非凡价值，超越了国际关系三大范式对理论知识狭隘的理解；① 王梓元阐述了英国安全研究的历史和内容，指出英国的安全研究诞生于19世纪末大英帝国的转型与全球战略竞争的时代背景下，强调历史、文化与规范，重视非物质因素，尤其是战略文化和伦理的作用以及历史案例和实践经验的独特性。②

外交政策研究主要关注英国"脱欧"后外交政策的变化。孙志强、张蕴岭指出英国在"脱欧"后寻求全球性大国地位，并扮演了美国忠实盟友、欧盟区域伙伴、全球贸易大国、"盎格鲁圈"协调者、英联邦领导者、民主价值观维护者等多重角色。③

潘多、王明进指出英欧《贸易与合作协定》确立了英欧未来关系的大方向，但《协定》的达成较为仓促且存在局限性和不稳定性，面临多种被修改、暂停甚至完全被终止的风险。④ 张蓓指出英国脱欧深刻改变了欧盟，推动其内部力量变化和政策调整，也将改变欧美之间的互动方式，对欧美关系发展构成新的挑战。⑤ 孔元分析了英国在俄乌冲突中的作用，指出英国在俄乌冲突中的态度，是基于自身实力和安全利益，对欧洲安全格局深思熟虑的结果，体现出英国试图成为塑造欧洲新安全格局的"领导者"的战略意图。⑥

中国学者对英国在"印太"地区的外交政策也进行了深入分析。司孟韩、徐能武指出，英国加入澳英美安全联盟，虽彰显了自身世界大国的地位，但同时也对其外交产生负面影响，导致与欧盟关系渐行渐远、中英关系受损、对美依赖性增加等后果。⑦ 王传剑、黄诗敬认为，英国南海政策在很大程度上损害了中国周边安全环境的稳定，无助于塑造南海地区的规则与秩序，未来对于南海局势的影响总体有限。⑧ 胡杰指出英国支持"航行自由行动"在给中国的南海维权制造麻烦的同时，也将损害"全球英国"的前景和中英关系大局。对此，中国要坚持"预防为主、区别对待、多管齐下、软硬结合"的方针，从容加以应对。⑨

二、法国研究

国内学界对法国的研究集中于"大选"议题。五年一度的法国总统和议会选举是法国政治生活的核心，《法国研究》组织学者在分析大选背后的政治、经济、社会和外交局势的基础上对大选进行了预测。⑩ 彭姝祎对总统大选结果进行了分析，指出2022年大选进一步重塑法国政

---

① 严骁骁：《等级制·正当性·霸权：伊恩·克拉克对英国学派理论发展的贡献》，《国际政治研究》2022年第3期。
② 王梓元：《历史、文化与规范：英国的安全研究》，《国际政治研究》2022年第3期。
③ 孙志强、张蕴岭：《地位寻求、角色构建与英国脱欧后的对外政策调整》，《欧洲研究》2022年第4期。
④ 潘多、王明进：《〈贸易与合作协定〉与英欧未来关系》，《国际论坛》2022年第6期。
⑤ 张蓓：《英国脱欧对欧美关系的影响》，《国际问题研究》2022年第1期。
⑥ 孔元：《重振领导力：俄乌冲突中的英国战略》，《文化纵横》2022年第3期。
⑦ 司孟韩、徐能武：《澳英美联盟对脱欧后英国外交政策的影响及展望》，《国防科技》2022年第5期。
⑧ 王传剑、黄诗敬：《"印太转向"下英国的南海政策：解析与评估》，《东南亚研究》2022年第5期。
⑨ 胡杰：《英国对南海"航行自由"问题的立场：认知、影响与中国的应对》，《太平洋学报》2022年第2期。
⑩ 慕阳子、张骥、武亦文、王朔、赵永升、王鲲、张金岭：《"多维视角下2022年法国大选观察与分析"笔谈》，《法国研究》2022年第1期。

坛，使之逐步形成中间派、极左翼和极右翼三分天下的格局。受这三股力量夹击，左右翼两大党——社会党和共和党进一步式微。中间派、极左翼和极右翼三大阵营代表着法国的多重面目，折射着法国在地区、代际、民族种族、阶级等方方面面的撕裂。① 在《法国发展报告（2022）》中，学者们对法国主要政党在大选中的表现和法国政党格局的演进进行了分析：吴国庆认为，法国社会党的衰退加速了法国政党格局的结构与重组；张莹对法国左右翼两大民粹主义进行了比较研究，指出两者具有思想和选举行为上的相近性，亦有相似的选民基础，但在价值观等方面存在差异；王琨对2022年大选中的"泽穆尔现象"进行了分析。② 丁一凡则从法国政治体制的分析入手，对马克龙的执政前景进行了预测，他认为，尽管成功连任总统，但由于未获议会多数，马克龙的新任期将面临巨大的政治挑战。③

除大选主题外，学者还对法国的社会、经济、外交等进行了较为全面的分析总结。在国际关系领域，张骥分析了在大国关系深刻复杂调整、中美战略竞争态势形成、欧盟权力结构变动、中美欧正形成新三边关系的背景下，竭力推动欧盟"战略自主"的法国在其中所扮演的角色，指出马克龙在战略文化上承袭了戴高乐主义的基本内涵，从表面看是对戴高乐主义的回归，实则鉴于法国所面临的国际战略格局、大国权力结构以及法国自身的地位和影响力均发生了重大乃至根本性变化，其"战略自主"的指向和路径也发生重大改变，是一种"新戴高乐主义"。④

周顺、何奇松分析了法国的新一轮欧洲核威胁政策，指出，为增进欧洲安全、强化北约的欧洲支柱、彰显本国在欧主导地位，法国曾多次提出欧洲核威慑政策设想，但其欧洲伙伴对此颇为谨慎。2022年的俄乌冲突的爆发为法欧重新思考欧洲核威慑提供了新的挑战与机遇。⑤

三、德国研究

在安全政策领域，郑春荣、李勤基于赫尔曼模型，从领导者驱动、行政人员的倡议、国内重组、外部冲击叠加"历史记忆"等观念因素，探讨了俄乌冲突爆发后德国外交与安全政策转型的问题。他们认为，德国外交与安全政策的转型仍属于外交手段变化的范畴，该过程需要整固。德国民众认知、政党意见分歧、美国因素、欧盟内部分歧以及疫情后的德国经济压力等内外部因素，对德国外交与安全政策转型施加了诸多阻力。⑥

在外交领域，熊炜、姜昊探讨了德国"价值观外交"的演进与特征，指出德国"价值观外交"实际上是德国"后现代认同"和"后民族国家"身份的必然结果。德国国内政治生态、国际秩序变化与默克尔时期"价值观外交"的实践，共同促进德国新政府加速实施德式"价值观外交"。然而，德式"价值观外交"不完全等同于美国"意识形态外交"。德国"价值观外交"是以规范和规则为尺度，特别强调"基于规则"的国际秩序，不赞同整体对抗。此外，德国

---

① 彭姝祎：《法国总统大选与三足鼎立政党格局的形成》，《当代世界》2022年第6期。
② 丁一凡主编：《法国发展报告（2022）》，社会科学文献出版社2022年版。
③ 丁一凡：《法国政治体制及政策对马克龙新任期的影响》，《法语国家与地区研究》2022年第4期。
④ 慕阳子、张骥、武亦文、王朔、赵永升、王鲲、张金岭：《"多维视角下2022年法国大选观察与分析"笔谈》，《法国研究》2022年第1期。
⑤ 周顺、何奇松：《法国新一轮的核威慑政策设想》，《欧洲研究》2022年第4期。
⑥ 郑春荣、李勤：《俄乌冲突下德国新政府外交与安全政策的转型》，《欧洲研究》2022年第3期。

"价值观外交"是其塑造全球秩序的体现，这对中国构建新型国际关系既是机遇也是挑战。[1]

在内政方面，杨解朴从"否决玩家"理论视角出发，探讨德国主要政党在联邦政府、联邦议院和联邦参议院的合作与博弈。她认为，2021年德国"交通灯"政府组阁后，联邦政府的否决玩家增多，增加政党间达成共识的难度。联盟党作为最大议会反对党，借助参议院力量，在立法过程中扮演否决玩家的角色，但能否有效行使否决权，取决于朝野共治的发展、联邦州利益、选民偏好、党内凝聚力等因素。此外，若"交通灯"政府的政策改革速度过缓，无法满足选民诉求，德国政治的稳定性将受到冲击。[2]

在法律层面，王子立指出，近年来德国从传统的移民输出国转变为事实上的移民输入国，但德国移民法律体系演进艰难，逐步开放的过程伴随着保守化倾向。德国移民法律体系的演进可分为初设探索、调整推进、转型重塑、完善规范四个阶段。以劳动力市场需求为演进动力，呈现"拒绝—勉强—积极"的演进趋势。[3] 巫锐认为，德国教育法体系在"教育联邦主义"影响下，形成了以州为主体、联邦与州分工的基本格局，但这也造成了各州教育差异过大的局面。他发现，当前德国教育法体系内出现了不同类型的整合机制，尤其是教育政策协调机构颁布的联合协定，确保了联邦与州、各州之间教育活动的相对协调，该机制极大提升了德国教育法体系的整体稳定性。[4]

在政治哲学领域，温馨探讨了20世纪以来德国思想界的中国观演变。她认为，德国思想界的中国观由传统东方乌托邦，转向欧洲社会经济参照、普遍历史性和共识性交流中的现代中国观，认知立场也由西方中心主义转向理性、普遍性和超越中心主义，这个过程展现了长期以来中德互动的"理性共识"。[5]

四、其他欧洲国家研究

近年来，随着"一带一路"倡议的推进与中欧关系的发展深化，中国学者对其他欧洲国家的关注和研究也逐渐增加，然而不同国别的研究现状差异明显，发展并不平衡。具体来看，意大利研究由于起步较早，在20世纪80年代与90年代经历了快速的发展。中国社会科学院西欧研究所（现为中国社会科学院欧洲研究所）的成立，标志着意大利研究有了明确的目标和方向，同时拥有了固定的人员编制。20世纪80—90年代，中国社会科学院共有7名通晓意大利语的意大利研究专家，包括欧洲研究所罗红波、外国文学研究所吕同六和吴正仪、世界经济与政治研究所戎殿新、哲学研究所田时纲、宗教研究所任延黎、世界历史研究所的陈祥超，组成了当时国内最强的意大利研究队伍。[6] 经过几代学者的共同努力，意大利研究已经形成了扎实的研究基础和稳定的学术团队，学术成果发表相对稳定。中国学界对西班牙和葡萄牙两国的研究也保持了良好的发展势头；自2014年对外经济贸易大学中国葡语国家研究中心成立以来，《葡语

---

[1] 熊炜、姜昊：《"价值观外交"：德国新政府的外交基轴？》，《国际问题研究》2022年第1期。
[2] 杨解朴：《"后默克尔时代"的德国：共识政治与否决玩家》，《欧洲研究》2022年第2期。
[3] 王子立：《德国移民法律体系：演进、逻辑与启示》，《德国研究》2022年第1期。
[4] 巫锐：《德国教育法体系的整合机制及其启示》，《湖南师范大学教育科学学报》2022年第1期。
[5] 温馨：《二十世纪德国思想界的中国观》，《深圳大学学报（人文社会科学版）》2022年第1期。
[6] 参见《社科专访——中国社会科学院欧洲所研究员罗红波：五十年来中国意大利研究的进程与意义》，中国社会科学网，2021年1月31日，http://www.cssn.cn/gjgxx/gj_bwsf/202101/t20210131_5308831.shtml。

国家发展报告》已连续发布了六年，成为这一领域成熟的标志性年度学术成果。北欧国家研究方面，长期以来中国学者的研究主要聚焦在经济、社会福利等方面，政治与国际关系成果数量并不多，且主要与北极议题相关。2021—2022年，上述研究领域的代表性成果概括如下。

2022年8月31日，由中国社会科学院欧洲研究所、中国社会科学院国际合作局、中国欧洲学会意大利分会联合发布，中国社会科学院欧洲研究所孙彦红研究员担任主编的《意大利发展报告（2021—2022）》正式出版。[①] 该书是意大利蓝皮书系列年度报告的第三本，由中意两国学者共同撰写，逐年对意大利政治、经济、社会文化、外交以及中意关系等方面的形势与重大进展进行介绍与分析。从议题来看，中国学者对意大利的研究主要聚焦在以下几类前沿学术问题。一是意大利国内政治格局与社会思潮变化。孙彦红结合2022年意大利全国大选结果，对意大利国内形势变化，可能对意大利国内政治及欧洲一体化走势产生的影响进行动态追踪和深度分析。[②] 部分学者从社会思潮入手，对当前意大利民粹主义的表现、特征和成因展开了解析，[③] 亦有学者对意大利共产党和马克思主义的发展给予研究关注。[④] 二是老龄化等社会危机背景下，意大利社会政策研究。[⑤] 三是中意关系历史和意大利华人华侨研究。[⑥] 四是意大利文学、哲学和法学研究。[⑦]

2022年1月18日，对外经济贸易大学中国葡语国家研究中心发布《葡语国家发展报告（2021）》（蓝皮书）。[⑧] 对外经济贸易大学人力资源处处长、中国葡语国家研究中心副主任刘金兰研究员担任第一主编。蓝皮书通过主报告、特别报告、专题报告、国别报告分别阐述了葡语国家年度经济、社会发展状况和趋势。除此之外，张敏对西班牙工人社会党的理论演进与政策实践，以及当前社会危机和政治思潮发展也进行了系统考察，[⑨] 陈岚、靳呈伟梳理评述了西班

[①] 孙彦红主编：《意大利发展报告（2021—2022）：疫情下"危"中寻"机"的意大利》，社会科学文献出版社2022年版。

[②] 孙彦红：《意大利右翼胜选为欧洲一体化蒙上新阴影》，《当代世界》2022年第10期。

[③] 陈昕彤：《意大利右翼民粹主义政治中的宗教因素探析》，《世界宗教文化》2021年第4期；李宏、奇峰：《意大利民粹政府难民政策分析：动因、成效及影响》，《当代世界社会主义问题》2021年第2期。

[④] 黄璐：《20世纪意大利马克思主义史学概述》，《史学月刊》2022年第7期；李凯旋：《意大利共产党百年社会主义探索：历史嬗变与现实挑战》，《马克思主义与现实》2021年第6期；丁波文、唐海军：《意大利共产党社会民主党化的理论、政策与影响探析》，《科学社会主义》2021年第3期。

[⑤] 李凯旋：《意大利福利资本主义的"新物质匮乏"危机》，《世界社会主义研究》2021年第8期；史猛、程同顺：《老龄化如何影响西方民主政治——基于德国、法国、意大利、希腊的比较分析》，《当代世界与社会主义》2021年第5期。

[⑥] 包含丽、夏培根：《中意建交以来意大利华侨华人社会的变迁——以国家在场理论为中心的分析》，《华侨华人历史研究》2022年第2期；信美利：《20世纪30年代初意大利与中国的经济合作计划》，《世界历史》2021年第4期；杨肯：《双重边缘的自我加压：意大利普拉托华人华侨抗疫经历》，《文化纵横》2021年第2期。

[⑦] 罗智敏：《意大利行政诉讼中原告资格的认定与反思》，《比较法研究》2022年第5期；魏怡：《意大利作家皮埃尔·帕索里尼小辑》，《世界文学》2022年第4期；潘昕培、王福生：《从自治主义到后自治主义：意大利批判理论的历史脉络》，《世界哲学》2022年第4期。

[⑧] 刘金兰、张敏主编：《葡语国家发展报告（2021）》，社会科学文献出版社2022年版。

[⑨] 张敏：《西班牙工人社会党的理论演进与实践探索》，《当代世界》2022年第4期；张敏：《西班牙社会的叠加危机及其政治思潮新动向》，《世界社会主义研究》2021年第9期。

牙学界的中国研究现状。①

中国学界对北欧国家的研究主要聚焦于两类议题。一是北极地区国际形势变动。乌克兰危机爆发后，原北欧中立国芬兰和瑞典加入北约，肖洋的文章讨论了上述国际形势变化对北极地区地缘政治格局的影响。② 二是北欧国家政治生态研究。李宏考察了在欧洲各国民粹政党迅速壮大、欧洲社会民粹化大行其道的背景下，北欧四国集体"左转"，即左翼执政党获得较高政治支持的新现象。③

小结

总体而言，2022年中国的欧洲国别研究具有以下特点：第一，对影响力较大的重要国家，如英、法、德、意等国的研究已趋成熟和全面，研究团队均具一定规模并稳定发展，定期推出年度国别发展报告暨蓝皮书；第二，政党政治在国别研究中占据重要位置，尤其是在法国大选和德国新政府组阁的背景下，政党的轮替与理念变迁成为中国学者关注的焦点；第三，在中美战略竞争态势恶化和中美欧新三边关系形成的背景下，欧洲大国的外交理论的调整和外交政策的走向也是中国学者研究的重点；第四，经贸关系在中国与欧洲国家相互交往中发挥举足轻重的作用，但在具有一定学术影响力的期刊发表中，欧洲国别经济议题的学术论文仍然相对缺乏；第五，对于欧洲中小国家的研究亟待加强，尤其是对于体量较小但影响力不可忽略的国家，如瑞士、荷兰和比利时等，相关研究严重不足。

---

① 陈岚、靳呈伟：《2021年西班牙语国家的中国研究评述》，《国外理论动态》2022年第2期。
② 肖洋：《芬兰、瑞典加入北约对北极地缘战略格局的影响》，《和平与发展》2022年第4期。
③ 李宏：《北欧政党政治左翼化态势及其前景》，《当代世界》2022年第2期。

2022年中国的中东欧研究

韩　萌　鞠维伟*

2022年，中国学界在中东欧研究领域主要关注中东欧的经济转型与复苏、政党政治、社会思潮、地缘政治以及中国—中东欧国家合作五个方面。在中东欧的经济转型与复苏方面，中东欧经济二次转型迫在眉睫，而经济复苏也是机遇与挑战并存。在政党政治方面，中东欧政党制度变化明显，在动荡的内外部形势下，政治危机呈现常态化趋势。在社会思潮方面，近年来中东欧民粹主义崛起，社会心态趋于保守，对西方民主和欧盟秩序构成一定的挑战。在地缘政治方面，中东欧国家与美欧关系更趋紧密，在俄乌冲突影响下，反俄心态持续上升。在中国—中东欧国家合作方面，相关研究则主要聚焦经贸投资、科技创新、人文交流等领域合作，对于与日俱增的外部挑战也给予充分关注。

一、中东欧经济

中国学界主要关注中东欧国家经济转型与复苏，指出数字经济、绿色发展等是赋能中东欧国家经济转型、促进国家加快复苏的关键动力。在数字经济方面，姜琍、张海燕以捷克为研究对象，认为捷克第一次经济转型模式已显疲态，而数字技术是捷克第二次经济转型的关键要素之一。数字化转型不仅可以帮助捷克摆脱建立在廉价劳动力基础上的经济增长模式，而且也顺应了欧洲发展的主流方向。[①] 孔田平认为，中东欧国家需要改变其增长驱动方式，即从投资驱动向创新驱动转变。其中，数字化转型是中东欧国家践行创新驱动模式的关键组成部分，并成为其政府的重点工作方向，通过鼓励先进数字生产技术发展与工业数字化应用，为中东欧国家经济增长打造引擎。[②] 在绿色经济方面，马骏驰以波兰、捷克、匈牙利和斯洛伐克四个中欧国家为对象，认为四国自经济转轨以来，在节能减排、优化能源供给结构等方面已具备一定的积累，有助于继续推进绿色经济转型。同时，依托于欧盟资金支持，该四国绿色经济转型成本也将得到较好控制，绿色发展前景可期。[③] 龙静认为波兰设立了更加积极进取的可持续发展目标和行动计划，并主动推进能源结构的变革，促进其支柱产业的绿色转型，从而为其实现可持续的经济增长创造良好环境和驱动力量。[④]

但也有研究指出当前中东欧国家的发展窘境，认为新冠肺炎疫情和俄乌冲突所造成的负面

---

* 韩萌，中国社会科学院欧洲研究所助理研究员；鞠维伟，中国社会科学院欧洲研究所副研究员、中东欧研究室副主任。

① 姜琍、张海燕：《欧盟绿色和数字化转型与捷克第二次经济转型构想》，《欧亚经济》2022年第2期。
② 孔田平：《增长、趋同与中东欧国家的第二次转型》，《欧亚经济》2022年第2期。
③ 马骏驰：《中东欧新成员国绿色经济转型的优势、挑战与前景——以中欧四国为例》，《欧亚经济》2022年第2期。
④ 龙静：《波兰的可持续发展进程及与中国的合作》，《欧亚经济》2022年第6期。

冲击，使中东欧经济趋于脆弱，阻碍了其经济复苏进程。王效云认为，2020年以来，中东欧国家表现出差异显著的经济韧性，在客观评价不同国家新冠肺炎疫情下经济表现的同时，实证检验了产业结构、全球产业链参与度等结构性因素和抗疫措施严格程度、支持性举措等政策性因素是决定中东欧国家经济韧性水平的核心变量，从而为中东欧国家新冠肺炎疫情冲击下长远发展能力的塑造提供了合理的量化参考。① 孔田平指出，中东欧国家成为高通胀的"重灾区"，其经济发展受到严重冲击。中东欧国家已难以在本国层面对能源和通胀危机采取有效应对。作为一个泛欧现象，缓解危机也需要泛欧解决方案，而在成员国中形成统一意见并最终落实，将是一个复杂和曲折的过程。②

可见，随着中东欧国家经济增长的放缓，原先增长模式的潜力已有所减弱，而中国学者已开始对中东欧新增长模式进行反思。特别是在新冠肺炎疫情持续与地缘冲突加剧的背景下，加快以数字经济与绿色发展为核心的转型已得到中国中东欧研究学者的认同。

二、中东欧政党政治

中国学界大多围绕政局现状与政党发展特点，对当前中东欧国家的政治动荡进行了研究。高歌认为，多数中东欧国家政党制度类型呈多样化态势，主流竞争结构变化程度也有所不同，但政党制度的制度化水平普遍不高，且尚未形成稳定的模式，发展前景不够确定。③ 姜琍指出，中东欧国家在向资本主义转型中面临不平等加剧、寡头崛起和腐败频现等社会治理问题。在此背景下，中东欧政党政治表现出了政治危机常态化、左翼政党总体式微、在欧盟内谋求自主发展等新特征，而导致这一现象的根源在于中东欧国家对于在欧盟的话语权和与西欧国家平等地位的期望与追寻。④ 韦冲霄以代际理论为基础，分析了波兰民主左翼联盟党领导人的代际差异及其带来的政党变化。东欧剧变后，波兰民主左翼联盟党经历了三次代际更替，与第一代领导人相比，新一代领导人受传统左翼思想的影响较小，且敢于改革，给其政党带来了全新的变化。⑤

中国学者对于中东欧政党政治的研究既有对政党发展历程与现状特点的描述与总结，也有基于相关理论对于政党发展规律与趋势的解读，对全景式审视中东欧政党走向提供了多元的研究视角与丰富的内容支撑。随着中东欧政党体系的碎片化以及政党争斗的日趋激烈，跟踪中东欧政党形势变化，深入挖掘其背后的根源将是今后重要的研究问题。

三、中东欧社会思潮

近年来，随着中东欧民粹主义的崛起，中国出现了围绕民粹主义与社会秩序及变革的研究成果。彭枭指出，俄罗斯通过积极施展"政治捕获"，对于弱化中东欧右翼民粹—民族主义政

---

① 王效云：《新冠肺炎疫情冲击下中东欧国家的经济韧性：表现、原因和启示》，《俄罗斯东欧中亚研究》2022年第5期。
② 孔田平：《中东欧：欧洲高通胀"重灾区"如何应对》，《世界知识》2022年第19期。
③ 高歌：《政党权力转换与政党制度变迁——基于中东欧国家政党制度变迁的案例分析》，《俄罗斯东欧中亚研究》2022年第4期。
④ 姜琍：《中东欧政党政治发展变化的特点及根源》，《当代世界》2022年第3期。
⑤ 韦冲霄：《领导人代际差异与左翼政党的变化——基于波兰民主左翼联盟党的分析》，《当代世界与社会主义》2022年第2期。

党对俄裔的排斥起到了积极作用。在笼络右翼民粹政党、培植中左翼主流亲俄政党、影响选民偏好三大策略的作用下，拉脱维亚、爱沙尼亚的民粹政党对俄裔的排斥均较之前有明显下降，说明俄罗斯针对邻国内部政治的捕获策略收到良好结果。① 黄丹琼以匈牙利为研究对象，从历史渊源、国内结构、外部环境和现实冲突等方面，探究了其民粹主义政治极化的本质和动因。社会中下层的极度不满是匈牙利民粹主义崛起的根本条件，而民粹主义政党运用极化的话语体系、意识形态等工具，推动其选民走向极端化，并对西方民主和欧盟秩序构成挑战。② 杨友孙、尹春娇认为，在中东欧国家中，加入欧盟且融入欧洲较好的国家往往有着更强的民粹主义思潮和政治力量，这是因为这些国家的经济、政治参与、新媒体均得到较快发展，但政治制度化与法治化水平却未达到相应高度，因而政府执政危机或内部政治对抗更趋频繁，从而激发了民粹主义的产生及发展。③

中国学者对于中东欧民粹主义问题的研究成果，为人们理解当今中东欧政治与社会文化发展趋势提供了多元化的视角，具有重要的理论价值与时代价值。中东欧民粹主义研究发展至今，仍有很多问题亟须解答，如民粹主义与西方民主如何演变共生；民粹主义未来走向何方；民粹主义政党走上权力舞台，如何继续贯彻反精英立场并保持抗争性。这些问题都应引起国内学界的思考。

四、中东欧地缘政治

中东欧国家与美欧关系一直是地缘政治研究的热点，而随着俄乌冲突的爆发，关于中东欧国家与俄罗斯关系的研究热度也在上升。在对美关系方面，马腾等认为，美国与中东欧国家地缘经济关系总体相对稳定，仅在与匈牙利和希腊的关系问题上出现了明显的变化。在稳定型国家中，美国同波兰、斯洛文尼亚的地缘经济关系表现出小幅下降的趋势，其他国家则呈现小幅波动与上升的特征，而在波动型国家中，美国与匈牙利的地缘经济关系明显改善，与希腊之间则出现先下降、后升高、再下降的波动趋势，而中美全球博弈与中希关系稳步上升对于该波动具有一定的影响。④ 王弘毅认为，作为北约威慑和防御的东部前线，中东欧地区局势的稳定直接关乎美国在该地区乃至欧洲的主导权。从双方当前关系看，以波兰、匈牙利为代表的中东欧国家与美价值观冲突趋于激烈，影响了双方盟友关系的紧密度，这也为中国发展与中东欧国家关系提供了契机。⑤ 在对欧关系方面，余元玲聚焦波兰与欧盟的法治争端，认为波兰与欧盟间存在不同的利益诉求，而不同价值观和发展道路的选择是双方在法治原则上存在重大分歧的根本原因，在此背景下，波兰将寻求欧盟外的依靠和出路，这不仅为中波关系发展提供了有利环

---

① 彭枭：《民粹主义浪潮下中东欧国家俄裔的身份分析——以拉脱维亚和爱沙尼亚为例》，《世界民族》2022年第2期。
② 黄丹琼：《匈牙利民粹主义政治极化》，《现代国际关系》2022年第4期。
③ 杨友孙、尹春娇：《中东欧国家对华政策分化的原因》，《战略决策研究》2022年第6期。
④ 马腾、李一杰、潘娴、胡志丁：《中、美、俄与中东欧国家地缘经济关系的时空演变》，《经济地理》2022年第6期。
⑤ 王弘毅：《中东欧地区大国博弈新态势——兼论中国—中东欧国家合作面临的挑战与机遇》，《国际展望》2022年第2期。

境，而且欧盟为了维护内部团结统一，可能重启《中欧全面投资协定》。① 李心航、严双伍认为，西巴尔干地区国家的入盟进程长期处于停滞不前的状态。为尽快扭转自身在西巴尔干国家影响力下降这一不利局势，近年来，欧盟加大对扩大政策的调整和完善，使西巴尔干国家入盟前景更加可信，并逐步恢复了欧盟在该地区的影响，使西巴尔干入盟进程再度提速。② 在对俄关系方面，沈孝泉认为，"仇俄"的中东欧与美国盟友关系更加紧密，而"老欧洲"同美国关系却日渐松散，欧洲地缘政治格局将从欧、美、俄"三足鼎立"转变为美国、俄罗斯、西欧和中东欧的"四元"新格局。③ 连波认为，俄罗斯虽然是欧盟最重要的能源供应方，但由于各成员国对俄依赖存在差异，因此难以形成统一的对俄能源战略。其中，波罗的海三国虽然对俄天然气进口依赖度较高，但更加强调地缘政治因素的重要性，希望欧盟以更一致和更强势的政策对俄施加压力。④

中东欧地区历来是地缘政治敏感地区，随着国际格局的持续动荡，中东欧作为大国博弈的主战场，其地缘战略重要性将有所上升，而围绕中东欧地缘政治倾向研究的重要性也将进一步凸显。

五、中国—中东欧国家合作

中国—中东欧国家合作的相关研究仍是中国学界的关注议题，中国学者主要围绕经贸投资、科技创新、人文交流等领域合作开展研究。

（一）经贸投资合作

在经贸投资合作方面，赫璐璐、李翠霞利用随机前沿引力模型，测算分析了中国与中东欧国家的乳制品进口贸易效率及其影响因素，结果表明，清关效率、物流基础设施质量、货币自由度、金融自由度、文化距离等因素都对进口效率有着显著影响。⑤ 陈晓倩、陈勇采用PEST方法对影响双方林产品贸易的外部环境因素进行了分析，并以此为依据，提出强化合作制度与政策保障、细化林产品贸易国别策略、拓展林产品贸易价值链以及加强林产品研发合作应成为优化中国—中东欧国家林产品贸易发展的着力方向。⑥ 张婷、徐毅基于2005—2018年中国对中东欧国家直接投资和出口贸易数据，从投机动机视角分析了中国对中东欧直接投资的出口效应。研究结果表明，中国对中东欧的直接投资将有效促进出口贸易，而基于市场寻求与效率寻求动机的投资对于出口效应的作用最为显著。⑦

---

① 余元玲：《"一带一路"视角下欧盟波兰法治之争透视及其应对方法论》，《西南大学学报（社会科学版）》2022年第5期。

② 李心航、严双伍：《欧盟西巴尔干扩大战略的调整及特点》，《湖北师范大学学报（哲学社会科学版）》2022年第1期。

③ 沈孝泉：《欧洲地缘"四元"格局端倪》，《党员文摘》2022年第1期。

④ 连波：《欧盟对俄罗斯能源战略的安全化与安全化困境》，《德国研究》2022年第5期。

⑤ 赫璐璐、李翠霞：《中国与中东欧国家的乳制品进口贸易效率及潜力测算》，《中国乳品工业》2022年第11期。

⑥ 陈晓倩、陈勇：《中国—中东欧国家林产品贸易影响因素PEST分析》，《西部林业科学》2022年第3期。

⑦ 张婷、徐毅：《中国对中东欧OFDI的出口效应研究》，《洛阳师范学院学报》2022年第6期。

（二）科技创新合作

当前，科技创新合作已成为中国—中东欧国家合作的重要内容之一。高扬等以 2011—2020 年 InCites 数据库收录的中国与中东欧国家发表的国际合作论文为研究对象，分析了中国与中东欧国家十年来开展科研合作的变化趋势，并以此为依据，从扩大科研合作规模、拓展科研合作领域、提高科研合作协同方面，为深化科研合作提供了思路。[①] 韩萌等通过构建中国—中东欧科技人才交流潜力指标体系，对中国与中东欧国家科技人才交流潜力及其动态变化趋势进行了量化评估，并结合中东欧国家创新绩效水平和优势产业禀赋，科学划分了中国对中东欧的引才区位框架，为双方打通人才流动渠道，深化科技创新协同给予理论指引和实践支持。[②]

（三）人文交流合作

中国的研究从中东欧国家中文教育入手，分析了中国与中东欧国家人文交流互动的现状与水平。高伟、吴应辉认为，虽然中国与中东欧国家高校合作不断深化，但在中文教育方面，国别差异明显，且普遍存在开设本科专业多、硕博专业少，普适性课程多、特色课程少，本土师资占比多、师资总量少的特点，导致中东欧国家中文高层次人才不足，专业化程度偏低。为了推动中文教育的快速发展，中东欧国家应在推进区域教育、人才等资源共享的同时，强化中文教育学科建设与汉学研究水平。[③] 肖珊等聚焦保加利亚，分析了中文教学在当地的发展现状以及在不同教学阶段呈现的特点，并进一步剖析了中文教学在保加利亚发展中的历史遗留问题和现实挑战，为中东欧国家语言规划的制定与教学方式的优化提供了思路与参考。[④] 此外，鞠维伟建立了一套关于中东欧国家媒体对华报道的指标分析体系，结合大众传媒相关理论分析了波兰、捷克、斯洛伐克、匈牙利对华报道的主要特点，认为中欧国家媒体中国观的形成是其各自国家利益、历史经验、价值观、舆情民意等多种因素互动作用的结果。[⑤]

（四）面临的挑战

随着中美战略博弈加剧，欧洲地缘政治环境恶化，中国—中东欧国家合作面临的挑战与日俱增。王灵桂指出，当前中国—中东欧国家合作所面临的挑战是多方面的，既有美国加大对中东欧的介入，也有欧洲所臆造出的所谓"政治分化论"，还有中东欧不同国家获益诉求迥异，部分国家将合作受益没有达到预期的责任归咎于中国。王灵桂以智库合作视角，从理论创新、正本清源、加强交流、紧跟前沿等方面，为应对合作挑战提供了智库方案。[⑥] 魏民认为，美国连续两届政府奉行全面打压遏制中国的战略，在美反华势力的眼中，中东欧已成为中美博弈的

[①] 高扬、宋征玺、田威、李蕴：《我国与中东欧国家科研合作态势研究》，《世界科技研究与发展》2022 年第 3 期。

[②] 韩萌、姜峰、顾虹飞：《中国—中东欧科技人才交流潜力与中国引才策略研究》，《欧亚经济》2022 年第 5 期。

[③] 高伟、吴应辉：《中东欧高校中文教育发展比较及推进策略》，《云南师范大学学报（对外汉语教学与研究版）》2022 年第 2 期。

[④] 肖珊、徐成慧、廖雅璐、董元兴：《保加利亚中文教学发展现状及前瞻研究》，《国际中文教育（中英文）》2022 年第 1 期。

[⑤] 鞠维伟：《中欧国家媒体的"中国观"：基于媒体报道的分析》，《俄罗斯东欧中亚研究》2022 年第 1 期。

[⑥] 王灵桂：《务实创新引航中国—中东欧国家合作》，《欧洲研究》2022 年第 1 期。

竞技场。此外，俄乌冲突爆发后，欧盟在对华关系上更多屈从于美方压力，加大阻挠中东欧国家同中国友好合作力度，中国—中东欧国家合作所面临的外部环境已从相对宽松期进入了异常严峻期。① 鞠维伟、顾虹飞认为，中国—中东欧国家合作面临国际环境剧烈变化、"弱制度"性、合作议题繁杂等挑战。务实合作本身并不会导致挑战的出现，中国与中东欧国家应从合作制度的薄弱处入手，思考和改进"务实制度主义"中的局限性和不利因素。②

2022年是中国—中东欧国家合作机制建立十周年，具有承前启后、继往开来的特殊历史意义。中国学者对于中国—中东欧国家合作的理论也有了深入思考，例如刘作奎提出了"双边+多边"的理论来研究中国—中东欧国家合作，该理论不仅有助于丰富中国特色外交理念、思路和路径，而且有助于为深化中国—中东欧国家合作机制下双边和多边合作创造条件。③ 作为中欧关系的重要组成部分，以及"一带一路"倡议的生动实践，中国—中东欧国家合作仍有巨大潜力值得双方深入挖掘，而对于中国—中东欧国家合作的研究也依然充满活力，成为中国学术界持续关注的重点领域。

小结

综上所述，2022年中国的中东欧研究具有以下特点。第一，中东欧研究涉及经济、政治、社会文化等多学科领域，涵盖了中东欧民粹主义发展、经济转型与复苏以及中国—中东欧国家合作等重要问题，既顺应了当前国际上关于中东欧研究的热点趋势，又体现着鲜明的中国立场与中国视角，研究的理论性、系统性和时效性等方面持续提升。第二，研究议题广泛，但学科碎片化问题依旧突出，不同学科背景的中东欧学者在研究对象和方法论上缺乏共识，尚未形成"跨学科"合力。第三，国别分布并不均衡，多数研究集中于以维谢格拉德集团为代表的区域性大国，对于小国的作用仍缺乏足够重视，研究体系有待进一步完善。第四，当前中国关于中东欧问题的研究成果形式较为单一，学术论文居多，专著和译著数量相对有限。

---

① 魏民：《迈向第二个十年的中国—中东欧国家合作》，《当代世界》2022年第11期。
② 鞠维伟、顾虹飞：《中国—中东欧国家务实合作助推"一带一路"高质量发展》，《新视野》2022年第1期。
③ 刘作奎：《"双边+多边"理论：对中国—中东欧国家合作的新探索》，《中共中央党校（国家行政学院）学报》2022年第2期。

学科论文选介

● 政治

欧洲国家政党民粹化问题研究
——以北欧地区民粹主义政党为例

任志江　王卓欣[*]

　　当前西方多数国家的社会矛盾较为突出，民粹主义政党凭借对这些问题的关注和回应而崛起，并对传统主流政党发起了挑战。传统主流政党对此做出的反应主要有两种：要么为避免因民粹主义政党所关注的问题在舆论中变得过热而使之受益，选择压制有关议题；要么为排挤民粹主义政党而开始关注外来人口增多等民粹主义政党的核心议题。采取前一种策略的主流政党，被选民认为回避关键问题而导致选票向民粹主义政党流失，采取后一种策略的主流政党则在事实上有一定程度的民粹化。值得注意的是，这种变化趋势在经济状况相对稳定、社会矛盾相对缓和的北欧地区也已出现，表明西方政治越来越趋于激进化。

欧洲协调的礼治基础：一种正向格义的路径

田　野　范尧天[**]

　　作为基于中国传统社会经验提炼出来的概念，礼治意味着人们对以礼义为宗旨的礼制的普遍主动服从。该文遵循正向格义的路径，将礼治这一中国经典概念应用于欧洲情境，以此说明欧洲协调的形成和维系。贯彻于欧洲协调的保守主义坚信传统的宝贵价值，认为传统会带来犹如家庭亲情般的稳定性和约束力，由此构成了欧洲礼治秩序的思想渊源。作为拿破仑战争后欧洲新秩序的礼义基础，正统主义原则对潜在的过度扩张行为加以约束。各国源于对和平的渴望而自愿服从正统主义原则，使欧洲协调对于权力集中的限制具备了内生性的特征。作为维系国际礼治秩序的制度框架，欧洲协调的礼制包含大国同盟和国际会议。通过基于正统主义原则的礼制安排，欧洲各大国之间实现了协商一致与集体性的自我克制。

---

　　[*]　任志江、王卓欣，西南财经大学马克思主义学院。该文原载于《国外社会科学》2022年第1期。
　　[**]　田野、范尧天，中国人民大学国际关系学院。该文原载于《欧洲研究》2022年第1期，是中国人民大学科学研究基金（中央高校基本科研业务费专项资金资助）项目"全球经济周期与世界政治的变革"（项目批准号：19XNQ028）的成果。

国家认同、民族自决与克里米亚"脱乌入俄"的国际合法性

谈 谭 叶 江*

乌克兰1991年独立后一直未能在全体国民中成功构建国家层面的民族认同，克里米亚作为乌克兰境内的自治共和国，其居民更是存在严重的国家认同问题，而且克里米亚与俄罗斯确实存在民族、历史和文化上的"同一性"，这些成为克里米亚"脱乌入俄"的内部推动力。尽管如此，它们都不能为克里米亚"脱乌入俄"提供国际合法性，因为以《联合国宪章》为核心的一系列国际法律文件都对民族自决权作出了规定，主张自决权原则的国际法律文件同时也对行使自决权作出限制——不能违反国家领土完整和边界不可侵犯等原则。十分明显，2014年3月16日"全体克里米亚人公投"不符合现行国际法有关自决权的原则。然而，克里米亚最终还是"脱乌入俄"了，虽然国际社会迄今未承认其合法性，但是其中"民族认同"和"国家认同"因素的作用与影响值得深思。

偏离"欧洲化"：身份管理策略视角下的土耳其外交转型

曾向红 张峻溯**

自冷战结束以来，土耳其与欧洲的关系渐行渐远，呈现偏离"欧洲化"的趋势。通过借鉴社会认同理论中有关身份地位管理策略的相关研究，或可对土耳其偏离"欧洲化"的演变过程及其原因做出新的解释。该文以群体边界的可渗透性、强势群体对弱势群体身份改造的态度为自变量，重构了一个有关弱势身份群体面对强势身份群体的身份管理策略分析框架，并借此对冷战以来土耳其对欧政策的演变历程进行解释。土耳其在面对欧盟时，其身份管理策略经历了身份融入、身份护持、身份创造和身份竞争四个阶段。未来，在西方国家持续对土耳其施加新制裁，以及国内政治改革不断被西方国家否定的背景下，土耳其在面对欧盟时将进一步强化身份竞争策略，其国家身份中的"泛突厥"和伊斯兰属性将会有更多的体现。

---

* 谈谭，上海政法学院政府管理学院；叶江，上海国际问题研究院。该文原载于《学术界》2022年第2期，是2019年国家民委民族研究课题"西欧多民族国家国内各民族的国家认同比较研究"（2019-GME-025）的成果。

** 曾向红，兰州大学中亚研究所；张峻溯，兰州大学政治与国际关系学院。该文原载于《欧洲研究》2022年第1期，是国家社会科学基金专项重大项目（项目编号：21VGQ010）、兰州大学中央高校基本科研业务费定向探索项目（项目编号：21lzujbkydx003）的阶段性成果。

瑞典社会民主党长期执政的历史经验与现实挑战

林德山[*]

纵观瑞典社会民主党百年发展历史，坚持平等而务实的执政理念、独特的经济和社会发展政策体系以及稳固的政治基础是其保持长期执政能力的关键。其所坚持的"人民之家"执政理念将进步主义的平等观念与实用主义的妥协精神结合在一起。基于这一理念，社会民主党在政治和政策议程方面形成了一套独特的政策体系，它们在体现团结与共识的精神的同时，有效地将运用和发挥企业和个人的创造力与社会团结结合在一起。而保持以工人阶级为基础的跨阶级政治联盟为社会民主党提供了长期稳定的政治基础。20世纪70年代以来，面对变化的经济和社会环境，社会民主党失去了其政治主导地位，但依然通过改革显示了自己的特色和政治适应能力，并设法在新的脆弱的左右平衡基础上发挥自己的领导作用。这也为欧洲社会民主主义走出困局提供了有益的经验。

欧盟的法国化趋向及其影响

张　健[**]

近年来，欧盟在一体化发展方向、经济发展理念及战略文化等方面均出现了明显的法国化趋向。一是欧元区的货币政策及欧盟层面的财政政策具有更多的再分配性质，体现法国的团结要求；二是法国根深蒂固的"经济爱国主义"更多转化为欧盟层面的工业政策及保护主义；三是法式概念"欧洲主权""战略自主"正成为欧盟的地缘政治诉求。欧盟的法国化趋向是马克龙政府努力的结果，更与世界形势及欧盟内部变化密切相关，特别是与美国社会、政治生态变化及英国"脱欧"相关。综合看，欧盟的法国化是长期趋势，但亦非线性发展，可能随着法国政府、欧盟内部及世界形势的变化而出现阶段性调整；其最终结果也不确定，欧盟可能更为联邦化，也可能因内部紧张加剧而分裂和倒退。欧盟的法国化发展态势将产生深远的地缘政治影响。

---

[*] 林德山，中国政法大学政治与公共管理学院。该文原载于《当代世界与社会主义》2022年第1期，是2015年度国家社会科学基金重点项目"当代欧洲社会民主主义演变与发展趋势研究"（项目编号：15AKS011）、2020年度国家社会科学基金社科学术社团主题学术活动"中国共产党的百年与国际共产主义运动"（项目编号：20STA042）的阶段性成果。

[**] 张健，中国现代国际关系研究院。该文原载于《现代国际关系》2022年第2期。

绿色政治视域下英国绿党适应性变革及其发展评价

李雪姣[*]

英国绿党企图重构现存政治经济制度的特性，构成了对欧洲现实政治的挑战。从绿色政治视角考察英国绿党历史演进中的适应性变革可以发现，它为在传统政治工具与自身异质性特征间寻求平衡，在观念上逐渐"红绿"，在纲领上开始关心现实问题的解决，在组织上不断推进基层民主化。但对绿党而言，坚持绿色政治向度比关注政党竞争效益更大。因此，尽快建立一套完整的红绿转型理论，加强与绿色运动团体的合作，更有助于其创建一条新型绿色转型道路。

愿景政治视角下的"欧洲主权"构想

曾向红　孟祥毅[**]

身处百年未有之大变局，内外交困的欧盟于2017年提出"欧洲主权"的政治话语，并以"地缘政治委员会"为组织载体，企图塑造作为统一的地缘政治行为体的欧盟力量，积极应对地缘政治的挑战与竞争，开启了欧洲一体化进程中的"愿景政治"。基于愿景政治的理论视角，"欧洲主权"构想的实施可被视为一种变革性的、面向未来的政治过程，其追求在与第三方合作时，或在必要时单独制定计划并付诸行动的能力，以及实施计划所需的政治和物质资源。"欧洲主权"凸显了欧盟在"对内权威"和"对外独立"两重维度的主权性诉求，激发了"超国家主义"和"民族主义"两种理念的嵌套式融合。一个以"欧洲主权"为愿景的欧盟如能成功实现其预期目标，将很有可能对全球地缘政治格局的演变产生重要影响。不过，从短期来看，欧盟实现"欧洲主权"愿景面临诸多挑战。能否有效应对这些挑战，增强欧盟的凝聚力和行动能力，将决定"欧洲主权"的愿景能否实现及其实现的程度。

---

[*] 李雪姣，北京航空航天大学马克思主义学院。该文原载于《当代世界与社会主义》2022年第1期，是2019年度国家社会科学基金青年项目"习近平生态文明思想的世界意蕴与世界影响研究"（项目编号：19CKS032）的阶段性成果。

[**] 曾向红，兰州大学中亚研究所、政治与国际关系学院；孟祥毅，兰州大学政治与国际关系学院。该文原载于《德国研究》2022年第1期，是国家社会科学基金专项重大项目（项目号：21VGQ010）、兰州大学中央高校基本科研业务费项目（项目编号：21lzujbkyjd002）的阶段性成果。

领导人代际差异与左翼政党的变化

——基于波兰民主左翼联盟党的分析

韦冲霄[*]

代际研究是一种常见的社会学研究方法，近年来在政治学领域得到了越来越广泛的运用。根据代际理论，每一特定代际成员的思维方式受到青年时期社会体验的影响。自1991年成立开始，波兰民主左翼联盟党经历了三代领导人的变迁，他们出生于不同的历史时期，在青年时期的社会经历完全不同。因此，这些领导人在政党的管理理念和发展方向上存在明显分歧，导致民主左翼联盟党在不同时期呈现不同的形象。波兰民主左翼联盟党是中东欧左翼党的一个缩影。东欧剧变至今已有30余年，中东欧国家左翼政党大多完成了领导人的代际更替。与从社会主义时期开始从政的第一代领导人相比，新一代领导人受传统左翼思想的影响较小，敢于改革，给左翼政党带来了全新的变化。观察领导人的代际更替是研究中东欧国家左翼政党的一个独特而重要的视角。

民粹主义浪潮下中东欧国家俄裔的身份分析

——以拉脱维亚和爱沙尼亚为例

彭 枭[**]

由于历史恩怨与现实威胁，俄罗斯少数族裔自中东欧转型以来就是一些国家建立独立民族认同的障碍，乌克兰危机后更是被视为潜在分裂国家的"特洛伊木马"。自难民危机以来，俄罗斯通过积极施展"政治捕获"这一隐性的外交手段，在保守主义繁荣的中东欧邻国弱化了右翼民粹—民族主义政党对俄裔的排斥与攻击。该文旨在探讨这一手段在俄裔身份地位提升中的作用。这一针对他国内部的"政治捕获"包括笼络右翼民粹政党、培植中左翼主流亲俄政党，以及影响选民偏好三个策略。通过拉脱维亚和爱沙尼亚两个与俄裔民族矛盾较为严重国家的比较分析，上述三个策略得到验证，两国当前势头最盛的民粹政党对俄裔的排斥均较之前有明显下降。而所在国选民主要的议题需求和政党政治系统的差异性是俄罗斯选择运用何种具体策略的决定性因素。在民粹浪潮下的中东欧，通过多种"政治捕获"策略化解俄裔遭受民族排斥的事实性难题，是俄罗斯实现国家利益和民族利益的重要途径。

---

[*] 韦冲霄，北京大学国际关系学院。该文原载于《当代世界与社会主义》2022年第2期。

[**] 彭枭，上海社会科学院国际问题研究所。该文原载于《世界民族》2022年第2期，是上海市哲学社会科学规划课题"中东欧民粹主义政党的兴起及对中国—中东欧合作的影响研究"（项目编号：2021EGJ003）的阶段性成果。

欧洲右翼极端主义浪潮中的种族歧视管窥

严 庆 齐 凯[*]

第四次右翼极端主义浪潮是理解当下欧洲种族歧视的背景。右翼极端主义具有复杂的称谓，呈现出民粹主义、民族主义、极端主义、本土主义、排外主义、种族主义等多种意识形态复合交织的特征。反对民主、反对平等是右翼极端主义的核心主张，移民、安全、腐败和外交政策是其聚焦的议题。右翼极端主义是欧洲进入新千年后出现的一种新的政治种族主义，呈现当下欧洲种族歧视的制度性、暴力性、对内对外性等特征。欧盟及其成员国尽管做出了反对种族主义与种族歧视的努力，但面对右翼极端主义浪潮中普遍而深刻的种族歧视问题，这一努力显得道义正确而实践乏力。

政党竞争与西方主流政党的民粹化转型

彭 枭[**]

随着当代西方民主运行越发依赖于民众，政党竞争的"盲动性"正在改变代议民主制度，推动民粹主义勃兴，政治动荡不定。主流政党也采取民粹手段，或转型为民粹政党，加剧政党竞争的激烈程度。主流政党的民粹化转型对国家、地区和全球政治都产生了严峻的侵蚀作用。既有研究仅论及主流政党的"软民粹"竞选策略，没有讨论彻底的民粹化转型。从理性选择视角出发，考虑到选民市场的成本与收益以及民粹政党兴起的"供需逻辑"，选举波动性的强/弱与议题所有权的大/小为主流政党民粹化转型提供了四种机制动力，即联合、吸纳、精炼与赋魅。前两种机制分别为水平联合外部力量、吸收外部极端势力，民粹转型均需要在与外部的互动中得以实现，后两种机制分别为精炼所持议题中的民粹芯子、为民粹行动赋魅以增加其正当性，属于主流政党的内部调整。实证研究表明，不同机制动力的发生，在于所在国政党制度与主流政党所持议题等条件的差异。随着媒介技术等种种公民赋权方式的新发展，大众愈发属意于民粹政治，使其逐渐合理化、普遍化，"精英—大众"的权力关系边界随之被颠覆，主流政党的民粹化转型在全球加速形成趋势。

---

[*] 严庆、齐凯，中央民族大学民族学与社会学学院。该文原载于《西北民族研究》2022年第5期，是中央民族大学铸牢中华民族共同体意识研究专项"铸牢中华民族共同体意识的全面教育实践研究"（编号：2021MDZL07）的阶段性成果。

[**] 彭枭，上海社会科学院国际问题研究所。该文原载于《外交评论（外交学院学报）》2022年第3期，是上海市社科规划青年课题"中东欧民粹主义政党的兴起及对中国—中东欧合作的影响研究"（项目编号：2021EGJ003）的阶段性成果。

当代欧洲右翼民粹主义政党的宗教话语与选举动员
——基于大数据的话语分析

张楚楚　肖超伟 *

近年来，欧洲右翼民粹主义政党日益偏好使用宗教话语开展选举动员。该文通过相关性分析，发现欧洲右翼民粹主义政党的宗教话语既非用于回应虔诚基督教选民的宗教诉求，也非宗教冲突加剧引起本土宗教神圣性反弹的结果。基于对欧洲各国右翼民粹主义政党近十年来竞选宣言的大数据话语分析，该文发现，各党在对待特定宗教与世俗主义议题的态度上有所差异，但其宗教话语构建呈现较为相似的规律与逻辑。各党宗教元素的使用并不关乎宗教本身，而是呈现鲜明的政治目的与工具色彩。欧洲各国右翼民粹主义政党制造包括基督徒与世俗主义者在内的欧洲原住民同穆斯林移民之间的对立关系，是其区别于主流政党、彰显批判性与反叛性的"抗议式"选举动员的策略。

数字时代主权概念的回归与欧盟数字治理

宫云牧 **

在数字空间中，欧盟与美国、中国形成非对称相互依赖关系。随着数字技术日益呈现政治化与安全化趋势，欧盟重塑自身对数字空间中安全威胁的认知，而新冠肺炎疫情更是加强了欧盟在数字治理中对地缘政治因素与大国权力博弈的考量。面对数字时代的国际竞争，欧盟推动"主权"概念在政治话语体系中的回归，建构出"数字主权"概念并将其转化为争夺数字权力的工具，以"数字主权"为依据确立欧盟在数字治理中的权威性、自主性与有效性，寻求数据的安全发展与数字技术的自主可控。在"数字主权"的建构过程中，欧盟于全球范围内针对数字服务税展开议程设置权博弈，围绕 Gaia-X 云计划进行决策制定权争夺，以及通过数字治理相关立法来参与偏好塑造权竞争。不过，欧盟"数字主权"政策受到成员国利益分化的掣肘与美国政府、企业的牵制。欧盟较强的市场监管性权力或不利于欧洲本土数字企业的发展，政府干预的政治逻辑与自由开放的市场逻辑之间的张力将影响欧盟"数字主权"建构的成败。

---

* 张楚楚，复旦大学国际关系与公共事务学院；肖超伟，中国人民大学国家发展与战略研究院。该文原载于《欧洲研究》2022 年第 3 期，是 2022 年度中国人民大学交叉科学研究院"揭榜挂帅"科学研究基金项目"学科交叉与交叉科学发展的国际动态、趋势与最新前沿"的研究成果。

** 宫云牧，复旦大学国际关系与公共事务学院、人类表型组研究院。该文原载于《欧洲研究》2022 年第 3 期，是国家社会科学基金重大项目"总体国家安全观视野下的网络治理体系研究"（项目编号：17ZDA106）的阶段性成果。

欧洲民粹主义兴起根源的四种解释范式与政党发展规律

伍慧萍[*]

21世纪以来，国际金融危机和欧债危机引发民族主义回潮，促使民粹主义逐渐深入欧洲政治心脏。左右翼民粹主义均通过排斥"他者"来建构"我们"，以"真正的人民代表"自居，将社会进行道德划分。民粹主义违背了民主的基本原则，直指西方民主体制的弊端，展现出反精英建制、反政治和反智主义的普遍特征，但因所处社会环境和历史进程的特殊性又表现出独有特性。学界关于民粹主义兴起根源的研究可以归纳为文化、政治、经济和政治经济学四种解释范式，采取综合视角，全面考察四种解释范式，有助于在整体上准确把握欧洲民粹主义的勃兴原因与分布态势，并从本质上认识其给欧洲政治与社会带来的深层影响。

德国参与全球卫生治理的路径、特点和动因分析

晋继勇 吴谨轩[**]

如何参与全球卫生治理日益成为世界各国的重要政策议程。作为欧盟最重要的国家之一，德国出于其卫生安全利益诉求、多边主义外交传统和自身在全球发展治理领域的领导力追求，不断提升其在全球卫生治理领域的参与度。德国在2020年发布的《联邦政府的全球卫生治理战略》充分表明，积极参与全球卫生治理已经上升为德国的一项重要外交战略。德国主要通过塑造全球卫生治理议程、完善全球卫生援助体系及推动全球卫生治理机制改革三种路径来参与全球卫生治理。德国的全球卫生治理战略呈现横向化、多边化和多维化的特点，其动因在于强化德国卫生安全、增进德国的外交软实力、促进德国生物产业经济利益以及提高在生物技术领域的国际竞争力。

政党权力转换与政党制度变迁
——基于中东欧国家政党制度变迁的案例分析

高 歌[***]

中东欧国家从共产党领导到多党竞争的政党制度变迁史无前例，国内外学者从不同角度研

---

[*] 伍慧萍，同济大学德意志联邦共和国问题研究所。该文原载于《当代世界与社会主义》2022年第3期。

[**] 晋继勇、吴谨轩，上海外国语大学国际关系与公共事务学院。该文原载于《德国研究》2022年第3期，是2022年度国家社会科学基金重点项目"开展抗击新冠肺炎疫情国际合作研究"（项目号：22AZD110）的阶段性成果。

[***] 高歌，中国社会科学院俄罗斯东欧中亚研究所。该文原载于《俄罗斯东欧中亚研究》2022年第4期。

究该问题，但全景式考察中东欧国家政党制度变迁并进行理论分析的成果尚不多见。该文立足有关政党制度及其变迁的既有理论，结合中东欧国家的实际，围绕政党权力转换这一核心概念建构研究框架，从政党制度性质的变化、政党制度类型的变化、主流竞争结构的变化和政党制度的制度化四个方面阐释中东欧国家政党制度的变迁。该文认为，20世纪80年代末90年代初，中东欧国家几乎同时放弃共产党领导，改行多党制，完成了政党制度性质的转变。其后约30年间，中东欧国家的政党制度类型及其变化呈现多样化态势，多数国家的主流竞争结构发生程度不同的变化，政党制度的制度化水平不高，且没有出现明显的由弱到强的转变。总体来看，多数中东欧国家的多党制虽已建立，但尚未形成稳定的模式，发展前景不够确定。从政党权力转换出发考察政党制度变迁有助于清晰反映变迁过程，但政党制度变迁是多种因素共同作用的结果，对它的深入研究还需考虑除政党权力转换外的诸多因素。

科技变革、阶级与欧洲政党选举投票

祁玲玲　祝宇杭[*]

科技变革推动社会、经济与政治生活的重大变迁。自动化、机器人生产、人工智能等技术的运用给各个职业带来不同程度的职业替代风险，由此产生一批"自动化的失败者"。在欧洲拥有高自动化水平的发达国家，科技变革不仅冲击着工人阶级，而且分化了欧洲中产阶级，并对欧洲各国的政党选举投票格局产生影响。该文分析"欧洲社会调查"最近四轮的数据（2012—2018年）发现，自动化技术带来的职业替代风险升高会普遍加大选民对福利政策的需求，这将增加工人阶级对激进右翼政党与主流左翼政党的拥护，并削弱中产阶级对主流右翼政党的支持，使之转向主流左翼政党，中产阶级也由此出现阶级下行、日渐工薪化的趋势。技术进步带来的冲击成为理解当前欧洲国家政党选举投票结构变迁不可或缺的因素。

何种经济反制措施更具效能？
——以欧盟对美反制为案例的考察

方炯升[**]

经济反制是一国政府在面对他国经济胁迫或其他利用经济杠杆侵犯本国利益的行为时，实施自我保护或回击的对冲性经济外交手段。当前经济反制已经在呈现"武器化相互依赖"态势

---

[*] 祁玲玲，南京大学政府管理学院；祝宇杭，南京大学国际关系学院。该文原载于《欧洲研究》2022年第4期，是南京大学"双一流"建设中长期研究项目"政党运作与政治稳定——'一带一路'沿线65国比较研究"（项目编号：20NJUSKZC13）的阶段性成果。

[**] 方炯升，复旦大学国际关系与公共事务学院。该文原载于《欧洲研究》2022年第4期，是复旦大学国际关系与公共事务学院"优博计划"的阶段性成果。

的世界经济体系中得到广泛运用，但其类别与效能等重要理论问题尚未得到深入探讨。根据反制对象是结构性权力还是关系性权力，以及反制目标是抵制还是保护，可以将经济反制划分为拒止、规避、惩罚与替代四个类别，四类反制措施之间存在效能差异。反制措施应对的胁迫权力可逃逸性越强，或自身成本可控性越强，则其效能越高。欧盟是现阶段实施经济反制的代表性行为体，以其反制美国经济胁迫实践为案例的考察可以证实上述理论推演的准确性。经济反制的理论演绎与欧盟的实践探索，可为其他国家对冲经济胁迫风险的外交行动提供参考。

乌克兰危机以来欧洲核威慑讨论新动向
——基于历史演进的视角

何奇松　傅启浩[*]

历史上法国曾多次设想欧洲的核威慑政策，试图以此保护西欧邻国甚至全欧洲，由此引发了欧洲核威慑讨论，但法国的愿望最终没有实现。2016年特朗普参选美国总统以来，欧洲发起了新一轮核威慑讨论。2022年2月爆发的俄乌冲突令欧洲再次直面核威胁，使得欧洲进一步思考核威慑问题。新一轮的威慑讨论主要集中于欧洲是否需要核威慑、如何建设核威慑和能否跨越历史障碍等几个方面。与历史上的几次讨论相比，此次讨论依然是对美欧关系、欧俄关系和欧洲安全格局变化的回应，也是欧洲追求战略自主的反应，但是新一轮讨论呈现德国积极参与的新特点，这表明德国承担欧盟防务建设重任的决心。虽然德国加强与北约核共享机制间的合作，以及《北约2022战略概念》文件中对北约核联盟的地位再次强调，均给未来欧洲核威慑力量的讨论投下阴影，但是考虑到北约不再具有冷战时代的决定性影响力这一事实，欧洲核威慑的讨论或许将有利于欧洲核力量的建设。

新冠肺炎疫情下的欧洲议会和欧盟成员国议会

张磊[**]

新冠肺炎疫情自2020年春季开始在欧盟范围内逐步蔓延，给欧盟及其成员国带来了前所未有的冲击，不仅对民众的生命健康构成了巨大威胁，而且也给经济和社会带来了沉重打击。欧盟历史上从未面临过规模如此之大、发展如此迅速的健康危机。更为重要的是，新冠肺炎疫情的出现标志着一个全球分水岭，对代议制民主的运作构成了前所未有的挑战。议会受到与企业、学校、宗教场所等机构相同的公共卫生和社交疏离措施的约束。

---

[*] 何奇松、傅启浩，华东政法大学政治学与公共管理学院。该文原载于《德国研究》2022年第4期。

[**] 张磊，中国社会科学院欧洲研究所。该文原载于《人大研究》2022年第9期。

中东欧国家民族文化自治制度评析

杨友孙[*]

冷战结束后，民族文化自治制度出现了复兴的迹象，在中东欧地区，至少有 7 个国家实行了这个制度。总体上看，民族文化自治制度在一定程度上适应了国际社会对少数民族人权保护的要求，也回应了中东欧地区少数民族的诉求。经过 20—30 年的发展，大多数国家的民族文化自治制度已经逐步完善，但总体上存在较明显的"执行差距"。相对来看，匈牙利的民族文化自治制度较为完善，执行得也较好；塞尔维亚、克罗地亚、黑山、斯洛文尼亚次之，爱沙尼亚和拉脱维亚的民族文化自治制度不仅在制度方面十分薄弱，而且在民族文化自治机构职权方面也较为有限，"自治"色彩较弱，政治安抚的意义更为明显。

21 世纪以来西欧共产党衰落现状及成因探析

丁波文　唐海军[**]

西欧共产党自冷战后以来持续衰落，在多国陷入边缘化境地，具体境遇存在一定差异。各党仍在逆境下继续艰难探索 21 世纪社会主义的重振之路，对现行体制和政府开展总体和平式的"弱度抗争"。部分党在一些具体领域、层面取得少许成效，但总体目标并未实现，其客观环境的制约是主因，主观方面也存在不少重大难题。西欧共产党在未来较长时间内还将处于低潮，其重振宏愿仍任重道远。

多民族国家民族凝聚力建设探析：以英国、法国和西班牙为中心

陈玉瑶[***]

强化民族凝聚力是现代国家民族建构的共识性方向和目标，然而国情不同，各国的理念与实践路径存在差异。法国崇尚国家民族的单一性，认为"个体化""公民化"方式才是强化团结与认同的必由之路。因此，"团结"理念贯彻于惠及公民个体的各项社会政策及其精细化；

---

[*] 杨友孙，上海政法学院政府管理学院。该文原载于《世界民族》2022 年第 4 期。

[**] 丁波文，北京第二外国语学院欧洲学院；唐海军，中联部世界政党研究所。该文原载于《教学与研究》2022 年第 9 期。

[***] 陈玉瑶，中国社会科学院民族学与人类学研究所。该文原载于《民族研究》2022 年第 5 期，是 2021 年度"国家社会科学基金社科学术社团主题学术活动资助"项目"21 世纪以来增进'国家民族'凝聚力的国别比较研究"（项目编号：21STA022）的阶段性成果。

西班牙力图构建统一国家框架下各地区、各民族的自治和团结互助，通过"地区间补偿基金"机制落实宪法规定的"团结"原则；英国相信民族凝聚力要从基层"共同体"层面开始逐步向上构建，其共同体政策致力于地方层面的凝聚力建设。全面的国家凝聚力建设在理论路径上至少应该包括三个方面的团结，即公民（人民）的团结、各民族各地区的团结互助、外来移民与本地居民的团结，在实践层面也应从这三个维度进行，三者之间不能互相替代。

新技术革命背景下的欧洲战略重塑
——基于技术主权视角的分析

余南平　冯峻锋[*]

新一轮技术革命对国际竞争产生日益显著的影响，作为一种新型权力，技术在全球范围内进行快速和跨边界的渗透。技术的新特征也给欧洲带来现实的压力，引发欧洲对于技术主权的追求，进而促使新的欧洲一体化向增强欧洲技术能力、技术凝聚力和提升对外安全能力的方向转变。现阶段，欧洲技术主权主要侧重技术产业强化并勾勒技术安全防卫边界，以降低对外依赖度和外来技术权力渗透带来的地缘风险，但欧洲技术主权战略实施空间也受到多种因素的制约。在现实主义回归的背景下，伴随着全球关键技术合作的逐步收紧，技术的主权性和安全性将成为包括欧洲在内的诸多国家的持久性议题，技术政治化也将逐渐走向国际竞争与博弈的中心舞台。

个体动机、制度约束与党团行为
——欧洲议会内激进左右翼党团的参与策略分析

董柞壮　张睿明[**]

欧洲议会内的激进左右翼党团分别采取了合作与对抗的行为策略。基于第六届欧洲议会至今的议员非投票参与行为、投票行为、议会内政策网络关系以及党团变更四类数据，可以发现激进左右翼党团成员在欧洲议会中表现出明显的行为反差。在党团内合作与跨党团合作上，激进左翼党团议员表现出更强的团结合作特征，激进右翼党团议员则表现出更强的消极对抗特征。个体层面的观念与利益两类动机，以及结构层面的各类制度约束能够解释这一差异。激进左翼议员偏好一体化和国际主义的观念动机、欧盟层面的利益动机与稳定的国内选举基础、较少的议会制度约束构成良性循环，塑造了其合作行为；激进右翼议员偏好反一体化与民族主义的观

---

[*] 余南平、冯峻锋，华东师范大学政治与国际关系学院。该文原载于《欧洲研究》2022年第5期，是国家社会科学基金重大项目"全球价值链与新型国际关系构建研究"（项目批准号：20DZA099）的阶段性成果。

[**] 董柞壮，南开大学周恩来政府管理学院；张睿明，复旦大学国际关系与公共事务学院。该文原载于《欧洲研究》2022年第5期，是南开大学文科发展基金项目（项目编号：ZB22BZ0331）的阶段性成果。

念动机、国内层面的利益动机与不稳定的选举基础、较强的议会制度约束形成"对抗性平衡",使得激进右翼表现出"表面合作、本质分裂"的特征。

数字经济时代的个人数据保护:欧美立法经验与中国方案

贾文山　赵立敏*

　　在全球数字经济时代,随着个人信息的可控性和可识别性变弱,跨境数据的流动性增强,个人数据保护面临更加严峻的挑战。个人数据面临隐私与共享、流动与保护、个人权益与公共权益之间的价值冲突。基于不同价值以及对不同数据权益的强调会导致不同的保护政策。欧美国家或基于自由主义理念,或基于经济实用原则,在数据保护上各有偏重。中国的个人数据保护应批判地借鉴欧美经验,在平衡不同数据权益和协调不同数据主体关系时选择一条既符合人性又符合人情,既具中国特色又具有全球通约性的数据保护之路。

中欧非三方合作的演变分析
——基于欧盟"规范性力量"局限性的视角

陈　勇　邹雨君**

　　2005年至今,中欧非三方合作经历了从欧盟首倡,到中国和非洲反应冷淡,再到目前中国与部分欧洲国家在双边关系基础上开展合作的演变,逐渐形成了发展合作与市场化合作并行的模式。该文从"规范性力量"的视角出发,考察欧盟在推行"转变"政策过程中遭遇的外部挑战和内部制约,分析中欧非之间的发展合作规范差异以及欧洲国家的实用主义外交是如何引导三方合作走向"互惠"模式的。通过分析有关中欧非三方合作协商和推进的相关政策文件,该文以"规范性力量"的实践及其制约为线索,展现了欧盟、欧洲国家、中国及非洲围绕国际发展合作规范展开博弈的复杂图景,也为分析存在规范差异的行为体之间如何建立合作共识、探索合作契机打下基础。

---

　　* 贾文山,山东大学、查普曼大学;赵立敏,中盐金坛公司、厦门大学。该文原载于《首都师范大学学报(社会科学版)》2022年第5期,是中国博士后科学基金面上项目"文明冲突论与文明对话论博弈下中国企业跨文化传播中的话语策略研究"(2021M693700)的阶段性成果。

　　** 陈勇、邹雨君,北京大学国际关系学院。该文原载于《德国研究》2022年第6期,是教育部"国别和区域研究专项资金资助"课题"多边合作视角下中欧在非洲国家的第三方市场合作"(项目编号:8201701776)的阶段性成果。

当今西方资本主义制度困境与新变化

赵俊杰 *

  当今西方资本主义制度面临一系列经济、政治、社会和理论困境，集中表现为实体经济失调与国家干预失效、传统建制派失宠与民主政治失灵、福利体系失能与贫富收入失衡、价值观失色与新自由主义失败。西方资本的无序扩张、民主制度退化、政治生态运动失度、乌克兰危机管理失控等因素，是西方社会系统性危机的主要成因。如何看待西方资本主义的制度困境及其新变化、新问题，是时代赋予马克思主义理论工作者的一项重任。

---

  * 赵俊杰，中国社会科学院大学国际政治经济学院、中国社会科学院欧洲研究所。该文原载于《世界社会主义研究》2022年第12期，是中国社会科学院马工程重大项目"后疫情时代中国和世界关系新发展新变化研究"（2021MGCZD019）的阶段性成果。

• 经济

财政规则能促进财政平衡吗？
——基于欧盟成员国数据的经验分析

李一花　李林巍[*]

完善财政规则治理、实现财政可持续是现代财政制度的重要内容。文章根据欧盟委员会财政规则数据集（1995—2015年）构建全口径财政规则强度指数，运用动态面板回归模型实证研究欧盟成员国数值型财政规则对财政平衡的影响。研究发现：财政规则能改善财政平衡，尤其对高赤字政府更加有效。从财政规则的不同特征和类型来看，违规制裁的作用以及预算平衡规则效果最突出。从不同国家结构看，全国性财政规则和中央财政规则在联邦制和单一制国家中均有效，而地方财政规则只在单一制国家中发挥作用。进一步研究发现，纵向财政失衡削弱了财政规则，对财政平衡造成损害。文章的研究对建立适合中国国情的数值型财政规则，尤其是改进地方政府债务限额管理，引导地方政府理性举债和建立负责任的地方财政体系具有重要意义。

全球价值链视角下中欧贸易关系的演进特征及其启示

戴　岭　潘　安[**]

随着全球价值链（GVC）分工体系日益完善，中国与欧盟深度参与GVC分工并互为重要的贸易伙伴。面对新冠肺炎疫情的全球性冲击以及气候危机，中欧深化合作具有迫切需求，而中欧贸易关系的演进特征需要在GVC分工体系下进行回顾。文章在总贸易核算框架与亚洲开发银行跨区域投入产出表的基础上，结合社会网络分析、抗毁性分析等方法，着重分析了2007—2019年中欧增加值贸易关系的演进特征。研究发现：中欧之间的增加值贸易规模不断增长，在GVC分工体系中的相互依赖性明显；中欧在传统贸易网络中的联系最为紧密，但在复杂GVC网络中主要将美国作为中介相联系；在传统贸易网络中，中德保持合作并坚持贸易自由化能有效降低GVC分工中的"断链"风险，但在复杂GVC网络中的作用并不明显。文章提出了在后疫情时代深化中欧贸易关系以及通过GVC分工构建中欧数字合作伙伴、绿色伙伴等启示。

---

[*] 李一花、李林巍，山东大学经济学院。该文原载于《经济社会体制比较》2022年第1期，是山东省社会科学基金重点项目"山东省重大风险防控研究"（项目编号：19BCJ03）、山东省自然科学基金项目"中国环境事权划分研究"（项目编号：ZR2019MG039）的阶段性成果。

[**] 戴岭，浙江大学经济学院；潘安，中南财经政法大学经济学院。该文原载于《经济社会体制比较》2022年第1期，是国家社会科学基金青年项目"全球价值链分工的碳排放转移效应及中国对策研究"（项目编号：19CGJ041）的阶段性成果。

欧美供应链韧性战略的悖论与中国应对

王中美[*]

新冠肺炎疫情以来，以美国、欧盟为首的发达国家加紧了对供应链的审查，并通过一系列强制政策和措施，要重塑更为安全、可持续和风险可控的"供应链"（即"供应链韧性战略"）。这一战略的目标之一就是消除或降低中国的影响，歧视性特点非常突出。供应链韧性战略本身存在无法解决的悖论：紧急状况下的快速恢复与无效率的剩余能力之间的悖论；稳定可靠的供应关系与灵活可变的渠道之间的悖论。考虑到任何供应链的调整和重塑都带来巨额成本，中国仍有很多空间采取更主动的行动。

"一带一路"背景下中国与中东欧国家开展数字贸易的思考

孙玉琴　卫慧妮[**]

数字革命影响全球产业格局，数字贸易已成为中国"数字丝绸之路"的建设重点。中东欧国家是"一带一路"建设的重要区域，其目前同中国的数字贸易规模较小，但整体呈稳步增长态势。数字贸易符合中国与中东欧国家的数字化发展理念，未来将成为"17+1"合作机制的重要内容。中国数字技术竞争优势的凸显、中东欧基础良好的数字市场和中国政府的持续推进将进一步激发双边数字贸易的潜力。然而，中东欧内部存在的数字鸿沟、中国数字平台成本的增加、双边数字贸易治理难题以及欧美的政治阻碍等因素挤占双边贸易的发展空间。中国政府应在化解政治阻碍的同时制定差异化数字贸易战略，加强中国与中东欧国家数字贸易治理政策对接，加大对跨国数字企业的支持力度，促进双边数字贸易的发展。

中欧经贸依赖关系的变化及未来走向

寇蔻[***]

中国与欧盟互为重要的经贸伙伴。由于近年来国际环境的变化以及新冠肺炎疫情的冲击，

---

[*] 王中美，上海国际问题研究院。该文原载于《太平洋学报》2022年第1期，是2020年度国家社会科学基金重大项目"中国特色自由贸易港国际法治研究"（20&ZD205）、上海市浦江人才计划项目"美式标准的国际贸易投资规则的沿革、趋势与中国的应对"（16PJC068）的成果。

[**] 孙玉琴，对外经济贸易大学国际经济贸易学院；卫慧妮，对外经济贸易大学。该文原载于《国际贸易》2022年第1期，是国家社会科学基金项目"'丝绸之路经济带'沿线国家基础设施建设与贸易便利化的经济增长效应研究"（项目批准号：17BJL060）的阶段性成果。

[***] 寇蔻，北京外国语大学德语学院。该文原载于《欧洲研究》2022年第1期，是国家社会科学基金青年项目"百年大变局下中国与欧盟产业链协同发展研究"（项目批准号：21CGJ024）的阶段性成果。

中欧经贸关系面临调整。该文从全球价值链视角出发，基于出口增加值核算方法探究中欧经贸依赖关系的变化及其影响。文章认为，中欧之间单向的非对称性依赖关系有所降低，中国价值链的独立性不断提高，双方在制造业领域价值链高度融合且相互依赖，中东欧国家相比于西欧国家更加依赖中国。尽管欧盟对中国的依赖性上升，但仍占据全球贸易和价值链的优势地位。随着中美竞争加剧以及欧盟对华态度转变，后疫情时代中欧价值链面临短平化、就近化重塑，中欧企业的全球化策略将面临越来越高的政治风险。即便如此，鉴于双方价值链高度融合带来的广泛经济利益关系，经贸关系仍将是中欧关系的压舱石。

欧盟数字治理：理念、实践与影响

薛 岩 赵 柯[*]

在全球科技竞争日益激烈的背景下，近几年来欧盟加速推动数字化转型，提出了"数字主权"的战略理念，在全球引起强烈反响。欧盟在规范数字市场发展方面持续发力，密集出台了一系列新的监管规则，成为全球数字治理规则的制定者、贡献者和引领者。依托于庞大的数字经济市场和先进的技术基础，欧盟将数字治理理念推向世界，产生的影响值得重视：一是在全球数字治理规则制定中的"欧洲色彩"愈加浓重；二是欧盟数字单一市场对全球数字经济格局的塑造力不断提升；三是"消费者主权"正在成为全球数字治理领域的新特征。

新一轮美欧技术经贸协调进程

戴丽娜 郑乐锋[**]

拜登政府上任后积极恢复美欧关系，推进跨大西洋合作进程取得阶段性进展，建立了更为全面系统的贸易和技术领域合作协调机制，并成立了核心机构美欧贸易和技术委员会。该委员会的活动和进展表明，技术已超越传统贸易成为本轮美欧协调的焦点。新一轮美欧技术经贸协调具有规格较高、欧盟话语权提升、聚焦战略新兴与颠覆性技术议题，以及明显的对华指向性等新特征。然而，美欧技术经贸协调能否取得实质性进展，关键还在于美欧能否有效弥合二者在战略、利益、对华认知等方面的分歧。美欧技术经贸协调为推进跨大西洋合作进程创造了一次新的机遇，并将对国际秩序和格局演变产生显著影响，在技术创新、供应链、标准规则制定以及贸易投资等领域对中国科技发展构成严峻挑战。

---

[*] 薛岩，中国传媒大学传播研究院；赵柯，中共中央党校（国家行政学院）国际战略研究院俄罗斯与欧洲研究所。该文原载于《和平与发展》2022年第1期，是国家社会科学基金一般项目"'后危机时代'欧盟的发展前景及其对中欧关系的影响研究"（项目编号：16BGJ058）的阶段性成果。

[**] 戴丽娜、郑乐锋，上海社会科学院新闻研究所。该文原载于《现代国际关系》2022年第2期，是教育部重大课题攻关项目"积极参与全球治理体系改革和建设研究"（20JZD057）、上海市哲学社会科学规划中青班专项课题"互联网全球治理与中国方案供给研究"（2018FZX016）的阶段性成果。

英国脱欧对欧盟服务贸易竞争力的影响分析

孙秀丽*

文章深入剖析了英国脱欧对欧盟服务贸易竞争力的四种影响机制并对可能产生的结果进行了分析；定量分析了英国脱欧对欧盟服务贸易竞争力的直接负面影响，并选取世界银行WDI数据库1999—2017年的数据，采用VAR脉冲响应函数法，预判英国脱欧给欧盟服务贸易竞争力带来的间接负面影响。研究发现，不考虑其他因素的介入，尽管定量分析的结果是负面的，但在四种机制的综合作用下，英国脱欧对欧盟的服务贸易竞争力逐步表现为积极、正向的影响。研究结论为欧盟全面认识英国脱欧的经济后果并采取相应措施提升其服务贸易竞争力提供了理论参考和经验证据，为中国预判、做好应对提供了政策启示。

欧盟"工业5.0"：起源、内容与动因

陈腾瀚**

欧盟近期提出了以"可持续发展""以人为本""弹性经济"为目标的"工业5.0"规划。这一规划是基于德国"工业4.0"和日本"社会5.0"的改进和扬弃。从规划的动因上看，"工业5.0"是欧盟在当前快速社会变革下为数字技术和科研创新提出的新的发展方向，为经济与社会发展提供新的解决方案。"工业5.0"以利好劳动者和产业体系为方向，在吸纳原有产业规划和行动的基础上提出了七项未来行动。欧盟"工业5.0"在本质上反映了全球经济格局变动和新一轮全球化背景下欧盟对于产业经济发展的需求和目标，为其他国家制定新的经济发展战略与政策规划提供了思路和借鉴。

"双碳"目标下中欧绿色金融合作的基础、阻力与对策研究

韩　萌***

环境问题已经成为制约全球社会经济可持续发展的主要因素，而绿色金融作为引导和撬动社会资源流向绿色低碳产业的重要工具和手段，对于促进绿色转型发展发挥着不可替代的作用。

---

* 孙秀丽，广东外语外贸大学商学院。该文原载于《国际经贸探索》2022年第2期。

** 陈腾瀚，复旦大学一带一路及全球治理研究院。该文原载于《当代经济管理》2022年第4期。

*** 韩萌，中国社会科学院欧洲研究所。该文原载于《理论学刊》2022年第2期，是国家社会科学基金"一带一路"建设重大专项"推进绿色'一带一路'研究：理论、评价和战略"（项目编号：18VDL010）、中国社会科学院青年科研启动项目"新形势下深化中国—中东欧国家经贸合作策略研究"（项目编号：2021YQNQD0058）的阶段性成果。

中欧一直都是全球绿色金融发展的倡导者与践行者，双方不仅在绿色金融领域具备领先优势，而且积极致力于开展前瞻性的对接实践探索，为双方合作的深化奠定了良好的前期基础。不可否认，绿色金融自身公益性和盈利性的矛盾、中欧绿色金融标准的差异、地缘政治因素的干扰以及全球经济的低迷限制了中欧绿色金融资源的有效整合，双方协同效益仍难以全面释放。为了让更多金融活水涌入绿色领域，汇聚中欧合力，为实现"双碳"目标注入更大金融动能，中国应采取如下应对措施：完善激励协调机制，拓宽绿色金融供给渠道；推动标准趋同，提升绿色资本对接效率；丰富合作形式，防范美欧"绿色打压"；推广绿色理念，推动全球经济绿色复苏。

欧盟强化对华经贸防御工具的动因、举措、影响及中国应对

胡子南[*]

欧盟正在强化对华经贸防御机制，表明其对中国越来越防范并且在切实采取措施加大对华施压。该文认为其主要原因有以下几点：欧盟意图维护欧洲主权并确保在对华关系上拥有独立决策权；德法将提防制衡中国的理念附加在欧盟对华战略上；欧盟在产业政策上视中国为主要竞争对手。当前欧盟正在构建的是一个涵盖投资监管、出口管制、公司治理、外国补贴审查以及反制裁胁迫的全方位对华经贸防御工具箱，这将产生一系列负面影响，包括强化欧洲对中国"竞争对手"的定位而更加防范中资企业；还可能导致欧美对华政策趋同进而采用统一监管机制。但欧盟也面临多重制约，盲目使用对华经贸防御工具反而可能会损害自身利益。中国应提前准备，通过切实可行的反制措施给欧盟以警告。同时，应深化中欧双边合作来阻止欧美对华经贸政策一致化的倾向。

欧盟财政可持续性评估经验及对我国的启示

李 亮 徐 怡[**]

财政可持续性是财政治理的核心要义，财政可持续性评估对于及时识别财政压力和风险，明确并改进财政治理的薄弱环节具有重要意义。中国的财政可持续性问题一直受到广泛关注，并且随着中国人口结构逐步老龄化以及碳达峰碳中和目标任务的落实，人口老龄化、气候变化等因素必将对中国财政长期可持续性产生显著影响。欧盟已建立起包含财政预算分析、债务分析，同时还兼顾人口老龄化长期影响，涵盖短期、中期、长期的财政可持续性预测评估框架。

---

[*] 胡子南，同济大学外国语学院。该文原载于《太平洋学报》2022年第3期，是国家社会科学基金重大研究专项（项目批准号：20VGQ011）的阶段性成果。

[**] 李亮，中国人民银行荆门市中心支行；徐怡，武汉市武昌区首义路街社区卫生服务中心。该文原载于《地方财政研究》2022年第2期。

借鉴欧盟财政可持续性评估经验，有利于搭建中国财政可持续性评估框架，为完善财政治理、维持良好的财政可持续性奠定坚实基础。

欧盟竞争政策"外溢化"趋势及其对中欧合作的影响

姜云飞*

近年来，欧盟在国际经济交往中日益强调国际竞争，并主动对其竞争政策进行了系统性调整。从监管重心、立法内容和适用范围三个维度来看，欧盟竞争政策都不再聚焦于统一大市场内成员国企业间的竞争，而是不遗余力地将其理念和工具延伸到国际经济交往的国家间竞争当中，在反垄断、合并控制和国家援助控制三个主要领域呈现明显的"外溢化"趋势。竞争政策"外溢化"在欧盟内部具有拓展规则制定经验以应对边境后措施、重塑产业竞争力优势以应对全球竞争、增加成员国权力让渡以促进一体化等深层动因，是其今后较长时期对外经济政策的重要特征。但值得注意的是，欧盟同美国在竞争政策"外溢化"上存在区别，因此，中国在同欧盟的经济交往中面临挑战但也存在合作空间，需要积极妥善地同欧盟保持沟通协调，同时继续推动国内经济改革，以逐步消化未来国际竞争规则调整可能带来的冲击。

数字欧元的典型特征、深层机制与前景分析

宋 鹭 李欣洁 蔡彤娟**

与主权国家央行数字货币相比，欧洲央行更加重视数字欧元在隐私保护、金融稳定、央行主导、统一市场和货币主权等方面的作用，这一典型特征与欧洲央行的运行机制、欧元区的经济结构和欧盟的一体化进程高度相关。但是，数字欧元在不同区域的普及度、欧洲央行的创新能力、法律体系的协调完善和市场条件的统一等方面仍面临挑战，而在批发型CBDC的研发方面已具备比较坚实的基础。数字欧元经历了从"审慎保守"到"积极推进"的转变，如能顺利推行，将为欧洲数字经济战略提供新的推动力，并加速CBDC之间的全球竞争。同时，数字欧元在场景融合、隐私保护、维护市场创新和重视区域差异方面的特征对于数字人民币的发展也具有一定借鉴意义。

---

* 姜云飞，上海社会科学院世界经济研究所。该文原载于《当代世界与社会主义》2022年第2期。

** 宋鹭，中国人民大学国家发展与战略研究院；李欣洁，中国人民大学国际关系学院；蔡彤娟，中国人民大学重阳金融研究院。该文原载于《国际贸易》2022年第4期，是国家社会科学基金项目"央行数字货币对货币政策实施和传导的影响机制研究"（21BJL031）的阶段性成果。

学科论文选介

欧盟对华直接投资新动向及中国应对研究

殷晓鹏　王锋锋　肖艺璇*

在中美战略竞争的背景下，叠加新冠肺炎疫情影响，中国"引进来"与"走出去"战略实施面临的国际环境日趋复杂。欧盟是中国重要的外资来源国，而中国也是欧盟第一大贸易伙伴，因此，深化欧盟对华直接投资与合作，对中国加快构建新发展格局、推进高质量发展意义重大。文章重点分析了欧盟对华直接投资的现状、最新动向和影响因素，结合"一带一路"倡议、RCEP、《中欧全面投资协定》等内容探讨欧盟对华直接投资与中欧经贸合作之间的关系，在此基础上提出优化中欧投资路径的策略，以期实现中欧经贸关系长期稳定发展和扩大中国对外贸易战略空间。

数字贸易开放的战略选择
——基于美欧中印的比较分析

陈　颖　高宇宁**

随着数字贸易成为世界贸易的重要方式，数字贸易治理也已成为世界各国高度重视的议题。但是，全球数字服务贸易壁垒却呈增高趋势，世界主要经济体之间的数字贸易规则呈分化态势。文章结合战略性贸易政策理论，紧跟数字贸易规则的最新进展，重点关注美国、欧盟、中国和印度的数字贸易规则，探讨各国数字贸易发展的战略选择。通过分析发现，美国、欧盟、中国和印度选择了不同的数字贸易开放程度，采取了不同的开放路径。现阶段，在"双循环"新发展格局下，中国应加快推动数字贸易发展，健全数字产业监管体系，构建跨境数据监管体系，逐步实现高水平对外开放。

---

* 殷晓鹏，对外经济贸易大学全球价值链研究院、国际经济贸易学院；王锋锋、肖艺璇，对外经济贸易大学国际经济贸易学院。该文原载于《国际贸易》2022年第4期，是国家社会科学基金重大项目"中国国际投资史研究"（19ZDA059）、对外经济贸易大学研究生科研创新项目"外商退出对企业国际竞争力的影响"（202107）的阶段性成果。

** 陈颖、高宇宁，清华大学公共管理学院。该文原载于《国际贸易》2022年第5期，是中国科协新技术开发中心课题"数字经济与中国高质量发展"（20202662063）、中国科协战略发展部2021年度高端科技创新智库青年项目"全球数字经济发展和治理规则研究"（2021ZZZLFZB1207096）的阶段性成果。

欧盟乡村治理模式与理念的转型

王 战[*]

20世纪80年代后半期，欧盟开启了由外生型向内生型的乡村治理转型，治理模式自20世纪90年代起开始根本性的调整。欧盟从外生型向内生型的乡村治理模式变化可被概述为从"等级制主导的干预"向"合作为主"的变化。自下而上的治理模式是欧盟乡村发展模式转型的核心之一，通过对乡村发展活动中的行动主体、权力结构及决策流程的调整，欧盟与成员国政府在乡村发展中扮演的角色由主导者变为辅助者，原本处于执行层的非政府个人与组织更多承担了政策和行动的决策权。同时，地方政府通过社区进行间接治理，将乡村发展的主导权更多让渡到地方性的群众与组织，极大激励了以农民为主体的乡村发展内生动力的生成。

欧盟绿色转型的实践与经验

孙彦红[**]

在绿色转型方面，欧盟是全球公认的先行者和引领者。经过几十年的努力，欧盟推进绿色转型由"被动应对"逐步发展为"主动引领"，形成了一套全面系统的绿色转型模式，其主要内容包括立法与政策引导、技术创新与碳排放交易体系驱动、绿色金融体系支撑、规则标准的统一与对外推广等。当前，欧盟正借助"欧洲绿色协议"和"适应55"一揽子提案加速推进绿色转型。中国的绿色转型可由欧盟经验中获得启示与借鉴。

欧盟可持续金融促进可持续转型的作用研究
——机制、实践与前景

孙雅雯　孙彦红[***]

可持续金融是欧盟推进可持续转型的重要支撑。该文构建了一个包含可持续金融的多层次视角分析框架，考察了欧盟可持续金融促进可持续转型的作用机制，并基于现实挑战及政策调

---

[*] 王战，武汉大学、华中农业大学。该文原载于《人民论坛》2022年第10期，是财政部2021年度委托课题"欧美产业政策研究"部分成果。

[**] 孙彦红，中国社会科学院欧洲研究所。该文原载于《人民论坛》2022年第10期。

[***] 孙雅雯、孙彦红，中国社会科学院欧洲研究所。该文原载于《欧洲研究》2022年第3期，是国家社会科学基金重大项目"欧洲对外战略调整与中欧美关系研究"（项目编号：21&ZD171）子课题"欧盟对外经贸政策转型研究"、中欧关系研究指南针计划项目"欧盟绿色转型举措重要进展及对我影响研究"（项目编号：KT202201）的阶段性成果。

整分析了欧盟可持续金融的未来前景。研究发现，欧盟通过设计可持续金融发展的宏观战略，自上而下地强化转型外部压力；通过动员公共财政预算并撬动社会投资，自下而上地培育转型动能；通过有效监管转型金融风险并完善可持续金融的标准体系，破除转型的阻力约束。但目前较为激进的转型步伐遭遇现实困境，导致欧盟可持续金融发展面临重重挑战，例如部分标准设定缺乏科学性、投资不足且配置低效、货币政策碳密集特征明显等。为应对这些挑战，欧盟已将循序渐进地推动更适应现状的政策落地作为下一阶段的工作原则。未来，随着相关金融标准设定更科学合理、资本配置更充足高效、货币政策更显"绿化"特征、绿色资本市场联盟的加速推进，欧盟可持续金融支持可持续转型的前景仍然值得期待。

中、美、俄与中东欧国家地缘经济关系的时空演变

马 腾 李一杰 潘 娴 胡志丁[*]

中东欧地区是世界主要大国（中、美、俄）势力的交汇处，研究中、美、俄三国与中东欧国家的地缘经济关系对理解地区及全球的地缘经济格局具有重要意义。文章基于引力模型，构建指标体系，分析了中、美、俄三国与中东欧地缘经济关系的时空演变特征，并运用多元回归模型探讨地缘经济关系间的相互影响。研究结果如下。(1) 国别对比上，中国与中东欧国家的地缘经济关系呈现总体稳定、局部变化、稳步增长的特征；美国与中东欧国家地缘经济关系整体保持稳定，无显著的改善或恶化趋势；俄罗斯与中东欧国家的地缘经济关系具有显著的阶段性特征，且具有显著差异性。(2) 空间格局上，中国与中东欧国家地缘经济关系呈现均匀分布的格局，美俄两国与中东欧国家地缘经济关系均在不同程度上出现了"中心—外围"格局。(3) 主体间相互影响上，中—中东欧与美—中东欧相互之间呈现负相关，中美两国在中东欧地区一定程度上呈现竞争态势，中—中东欧与俄—中东欧、美—中东欧与俄—中东欧之间不存在显著的相互影响。

21世纪欧盟的非洲经贸政策：一项平等化方案？

简军波[**]

21世纪以来，欧盟对非经贸政策调整经历了从《洛美协定》到《科托努协定》再到"后科托努协定"的转变。欧盟通过签署《科托努协定》以调整到期的《洛美协定》，试图改变欧

---

[*] 马腾，杭州师范大学阿里巴巴商学院；李一杰、潘娴，杭州师范大学经济学院；胡志丁，华东师范大学全球创新与发展研究院。该文原载于《经济地理》2022年第6期，是国家社会科学基金重大项目（20&ZD138）、国家自然科学基金项目（41871128）、杭州师范大学环波罗的海国家研究中心重点项目（环波2022001）的阶段性成果。

[**] 简军波，复旦大学中欧关系研究中心。该文原载于《欧洲研究》2022年第4期。

盟对非洲的单边优惠经贸关系，推动双方从"援助者—受援者"关系转向完全"平等"的伙伴关系，其核心方案是推动双方"经济伙伴关系协定"的谈判与签署，"后科托努协定"大体继承了这一经贸政策。然而，20多年来欧盟对非经贸政策调整可能给非洲带来潜在的负面冲击，包括对非洲初步工业化进程、财政资源和社会治理能力、大陆经济一体化及对外关系多元化等造成不同程度的（可能的）损害，并最终加深非洲对欧盟在经济和政治方面的依赖。因此，欧盟对非经贸政策调整与其说是基于自由主义方案的双边经贸关系平等化，不如说是欧盟以"平等"之名，使欧非关系朝着可能实质上更加不平等的方向演进。非洲需要加强自身对欧盟的谈判和交往能力，深入发展和新兴经济体的全面关系，尽可能摆脱对欧盟的依赖，实现欧非间真正平等关系的发展。

欧洲货币联盟会迈向最优货币区吗？
——法国调节学派视角下最优货币区的自我实现

胡　琨　钟佳睿[*]

欧洲货币联盟作为"非完全货币联盟"，其调节模式与积累体系并不完全匹配，因此时刻处于不对称冲击和经济失衡的风险之中。共同货币的引入虽然促进贸易、通胀和失业等一些指标趋同，但未能推动欧元区自动走向"最优货币区"。以劳动生产率和国际收支失衡为主要表现的失衡问题仍然存在，甚至有所加剧，并在国际金融危机的冲击下暴露无遗。基于欧洲推进经济一体化的共识和经济高度一体化的现状，欧盟更多地在技术层面着眼于引发危机的具体问题与制度漏洞，完善与经济积累体系相匹配的调节模式，以维持欧元区宏观经济的稳定运行；却在不经意间引进了共同债券与财政转移支付工具这两个财政联盟的基本要素，从而创造性地撬开了欧盟财政一体化的大门，使欧元区向"最优货币区"迈出了突破性的一步。欧元区的实践也在经验上为解释"内生性"最优货币区假说提供了不同的视角。

---

[*] 胡琨，中国社会科学院大学国际政治经济学院、中国社会科学院欧洲研究所、中国社会科学院中德合作中心；钟佳睿，德国马丁路德哈勒大学法律与经济学院、对外经济贸易大学成都研究院。该文原载于《欧洲研究》2022年第4期，是国家社会科学基金项目"后危机时期欧元区金融体系改革及其启示研究"（批准号：18BGJ006）、国家社会科学基金青年项目"百年大变局下中国与欧盟产业链协同发展研究"（批准号：21CGJ024）的阶段性成果。

欧元国际化战略的转变

赵 柯 毕 阳[*]

欧元自诞生之日起就被国际社会认为可能成为与美元并驾齐驱的国际货币，人们希冀其能打破美元的垄断地位，从而为国际货币体系多元化注入新动力。但现实中，欧元的国际化进程并不顺利，欧洲中央银行2022年6月发布的《欧元的国际地位》显示，欧元在各种国际货币使用指标中的份额平均约为19%，接近历史低点，虽然较前两年有所回升，但仍未恢复到2005—2006年高峰时的水平（24%）。目前欧元的国际化程度显然与欧盟雄心勃勃的"战略自主"不相匹配。近年来，欧盟领导人打破了在政治层面对欧元国际化保持中性立场的传统，开始越来越强调欧元的国际地位应该与欧盟在全球经济和金融中的分量相适应，决心加强欧盟的"金融主权"。欧盟的欧元国际化战略正在从以往的"善意忽视"转变为"积极有为"。

内部市场竞争与国际市场竞争力何以兼得？
——欧盟竞争政策与产业政策关系新趋势探析

孙彦红[**]

近几年，政府与市场关系再次成为欧盟及西欧主要国家的讨论热点，而如何处理竞争政策与产业政策的关系也成为当前欧盟经济界关注的前沿性问题。该文较为系统地梳理了欧盟竞争政策与产业政策的由来与演变，着重剖析了近年来这两项政策的新进展以及两者关系的新发展趋势。总体而言，2008年国际金融危机是欧盟经济政策调整的重要分水岭，此后受到欧债危机及新冠肺炎疫情的影响，欧盟竞争政策与产业政策都经历了深刻变化，两者关系也呈现新的发展趋势与特点，由"主从"框架下客观上的功能互补逐步转变为围绕欧盟整体发展战略的主动的密切协调，两项政策共同致力于在新形势下更好地兼顾维护内部市场竞争秩序与提升国际市场竞争力这两大目标，而这也是欧盟推进"开放性战略自主"的关键所在。作为这两项政策密切协调的集中体现，带有"大项目"特征的"欧洲共同利益重要项目"的落实也值得跟踪研究。

---

[*] 赵柯，中共中央党校（国家行政学院）国际战略研究院；毕阳，中共中央党校（国家行政学院）外交学院。该文原载于《中国金融》2022年第16期。

[**] 孙彦红，中国社会科学院欧洲研究所。该文原载于《德国研究》2022年第4期，是国家社会科学基金重大项目"欧洲对外战略调整与中欧美关系研究"（项目编号：21&ZD171）子课题"欧盟对外经贸政策转型研究"的阶段性成果。

俄乌冲突引发的经济制裁对全球主要经济体的中长期影响研究

马喜立 *

俄罗斯对乌克兰顿巴斯地区采取的特别军事行动引发了美国和欧盟对俄罗斯的经济制裁。该文建立多国动态可计算一般均衡（CGE）模型以探究该经济制裁对世界主要经济体的中长期影响。模拟结果显示：一是俄罗斯宏观经济受到经济制裁的负面影响最大，即在最严重的模拟情景下，2022年以美元计价的俄罗斯国内生产总值（GDP）相对于基准情景下降9.41%；二是世界主要经济体受到的负面影响程度不同，如欧盟经济受到的负面冲击仅次于俄罗斯，美国经济也遭受了轻微的负面影响，中国与世界其他国家和地区并未受到明显的负面影响；三是世界能源、农产品供需格局将发生重大变化，如俄罗斯将大量原出口至欧盟、美国的能源转为出口至中国与世界其他国家和地区，而美国、欧盟、中国将大幅调整能源进口的来源结构；四是制裁还将引发全球性通货膨胀，即全球多数经济体特别是能源净进口的国家和地区，其通胀水平明显高于基准情景。基于上述研究结论，该文归纳出如下政策启示供决策者参考：一是尽快停止对俄经济制裁，推动新型全球化进程；二是推进全球能源体系变革，加速新能源开发与利用；三是反对美国金融霸权地位，推动国际金融体系改革；四是推进创新能力发展，应对经济制裁引发的多重危机；五是巩固"一带一路"建设，促进欧亚经济社会融通发展；六是倡导"人类命运共同体"理念，构建俄乌冲突后的世界安全格局。

欧盟参与美欧贸易与技术委员会的目标与困境

刘宏松　陈荒拓 **

美国—欧盟贸易与技术委员会的成立标志着美欧技术联盟向实体方向发展。欧盟意图在贸易与技术委员会中实现三重政策目标：一是重构全球半导体供应链布局；二是协调技术出口管制政策与行动；三是维持其在国际技术标准领域的领先地位。为此，欧盟与美国在半导体供应链安全、敏感技术出口管制和国际技术标准制定等方面开展了机制化合作。然而，欧盟在与美国的机制化合作中面临对华技术竞争政策差异、技术标准主导权竞争、欧盟出口管制权力的非集中化等困境。这些困境使得欧盟难以在委员会框架下与美国开展深度合作。

---

* 马喜立，华夏银行总行、清华大学经济管理学院。该文原载于《世界经济与政治论坛》2022年第5期，是国家社会科学基金青年项目"制造业服务化对我国价值链升级的指标测度、形成机理及效应分析研究"（19CJY025）、教育部人文社会科学研究青年基金项目"高质量共建'一带一路'进程中对外投资结构优化升级研究"（21YJCZH141）的阶段性成果。

** 刘宏松，上海交通大学国际与公共事务学院；陈荒拓，上海外国语大学国际关系与公共事务学院。该文原载于《德国研究》2022年第4期。

欧盟数字经济发展与中国出口贸易利得及其机制检验

韩 萌 姜 峰[*]

随着网络信息技术的快速发展，数字经济正在影响着社会经济生活的各个领域，给国际贸易也带来了前所未有的变革。为全面提升在数字经济领域的竞争力，欧盟多方位布局数字经济战略，中欧贸易无疑会在这一调整中发生深刻变化。为探明欧盟数字经济发展与中欧贸易联动的内在机理，并为欧盟数字化转型背景下提高中国出口贸易利得提供理论依据与实证支持，在构建欧盟数字经济发展评价指标体系的基础上，采取动态因子分析法对欧盟各国数字经济发展水平进行测算，并实证检验欧盟数字经济发展水平与中国出口贸易增加值之间的关系及其内在作用机制。研究发现，欧盟数字经济水平的发展可显著提升中国对欧出口贸易增加值，中欧的贸易成本与欧盟数字经济水平呈显著负相关；中国对欧出口产品的技术复杂度与覆盖率随着欧盟数字化升级显著提升，这些因素发挥了中介作用，成为提高中国对欧出口贸易利得的关键支撑。鉴于此，中国应提升中欧数字联动，助力贸易降本增效；加大数字经济与实体经济融合力度，推动中欧技术协同创新；拓宽中欧数字通路，促进双方供需对接。

俄乌冲突视角下的俄欧天然气博弈

王树春 陈梓源 林尚沅[**]

俄罗斯与欧盟之间的天然气博弈集中在交易机制、输气管道和企业运营管理三个领域，双方在上述领域的分歧经常酿成争端，引发危机。2022年俄乌冲突的爆发进一步加剧了欧盟天然气危机，俄欧在天然气领域中的相互依赖关系也发生了一定程度的变化，俄罗斯占据上风的局面有所改变，其优势地位有所下降。短期来看，俄欧在天然气领域相互依赖的敏感性和脆弱性程度依旧较高，中断天然气贸易的冲击过大以及双方政策工具箱中缺乏短期可行的低成本替代措施，使得双方暂时不会完全中断贸易关系。长期来看，随着"脱钩"政策逐步落实，双方之间的相互依赖程度将不断下降。但是危机和战争都不能从根本上改变俄欧天然气合作的互利性，只是由于双方对能源安全的内涵有不同的理解，且美国不断干扰双方之间的天然气合作，俄欧在天然气领域将更多呈现竞争性和不确定性。

---

[*] 韩萌，中国社会科学院欧洲研究所；姜峰，中国信息通信研究院产业与规划研究所。该文原载于《中国流通经济》2022年第9期，是国家社会科学基金重大项目"欧洲对外战略的调整与中欧美关系研究"（21&ZD171）、国家社会科学基金项目"一带一路"建设重大专项"推进绿色'一带一路'研究：理论、评价和战略"（18VDL010）、外交部中国—中东欧国家关系研究基金2022年度课题研究项目"新形势下吸引中东欧国家科技人才的路径与实践"（KT202202）、中国社会科学院青年科研启动项目"新形势下深化中国—中东欧国家经贸合作策略研究"（2021YQNQD0058）的阶段性成果。

[**] 王树春，广东外语外贸大学国际关系学院、广东外语外贸大学俄罗斯研究中心；陈梓源、林尚沅，广东外语外贸大学国际关系学院。该文原载于《俄罗斯东欧中亚研究》2022年第5期。

新冠肺炎疫情冲击下中东欧国家的经济韧性：表现、原因和启示

王效云[*]

塑造经济韧性的路径是多样化的，但任何一条路径都离不开结构性因素。对于新冠肺炎疫情冲击下中东欧国家的经济韧性来说，存在四条强化路径，其中不过多依赖旅游业是各条路径共同的前因条件。此外，较高的数字经济竞争力、多样化的经济结构、较高的技术水平以及不过度融入全球产业链，都是塑造经济韧性的关键因素。而较高的财政缓冲也有助于降低疫情对经济的冲击，提高经济的韧性。该文采用核心变量法，对中东欧16个国家面对新冠肺炎疫情冲击的经济韧性从抵抗力和恢复力两个维度进行测度和衡量，根据测度结果，将这些国家划分到七组情景。在此基础上，该文结合现有经济韧性相关问题研究成果，以及新冠肺炎疫情冲击中东欧国家经济的机制和渠道，选取六个可能的经济韧性的前因条件变量，采用模糊集定性比较分析方法（fsQCA）对塑造中东欧国家经济韧性的条件组态进行分析。

欧盟法中个人数据保护与商业利用的平衡模式研究

易 磊[**]

通过阐释个人数据保护与商业利用在欧盟法中的演进，分析欧盟平衡个人数据保护与商业利用的制度方案，可以发现欧盟采取的是在保护个人数据的基础上实现个人数据财产价值的平衡模式。这一模式吸取了欧洲20世纪战争时期的教训，符合当今的欧洲一体化趋势，体现出欧盟对于数据安全的强烈需求。相较而言，中国平衡个人数据保护及其商业利用须基于中国人文主义法律思想，符合《个人信息保护法》规则框架，顺应中国的数字治理政策。

欧盟主权绿色债券：动因、特征与溢出效应

杨成玉[***]

2021年10月欧盟启动2500亿欧元主权绿色债券发行计划，为"下一代欧盟"复苏基金筹集资金，加速以金融促进绿色转型的步伐。欧盟绿色债券引入诸多发行、管理、支出和评估框

---

[*] 王效云，中国社会科学院俄罗斯东欧中亚研究所。该文原载于《俄罗斯东欧中亚研究》2022年第5期。

[**] 易磊，湘潭大学知识产权学院。该文原载于《德国研究》2022年第5期，是2017年度国家社会科学基金青年项目"数据控制者的法律规制研究"（项目编号：17CFX035）的阶段性研究成果。

[***] 杨成玉，中国社会科学院欧洲研究所。该文原载于《德国研究》2022年第5期，是北京市社会科学基金规划青年项目"新时代下'德法轴心'领导力变化及对中欧关系影响研究"（项目编号：20ZGC006）的阶段性成果。

架,为确保绿色项目融资、预防"洗绿"和信息不对称风险制定了强制性规则标准。此举或将在促使欧盟成为全球最大绿色债券发行方的同时,撬动社会资金投向绿色转型领域,有助于欧盟绿色发展和碳中和目标的实现。然而,绿色债券的大规模发行将进一步助力欧盟抢占绿色债券的国际市场份额,在全球绿色发展的规则和标准制定方面赢得话语权,并对外形成更大的绿色转型压力和经贸制约。中国已成为全球最大的绿色债券发行国之一,但在主权绿色债券领域还存在一定的操作空间。未来,以打造中欧绿色合作伙伴关系为契机加强中欧绿色债券合作,是进一步推动绿色标准与国际对接、提高全球绿色治理国际地位和话语权、在全球绿色规制下塑造有利外部经贸环境的务实举措。

欧盟数字欧元的实践进度及前景

李 刚 赵 柯[*]

近年来,欧盟积极开展央行数字货币实践,加快确定数字欧元法律框架、稳步推进数字欧元路线图,并取得显著进展。欧盟加快推进数字欧元战略具有多方面的意图,包括促进数字经济发展、推进单一市场建设等,也是为了应对数字货币时代货币主权竞争、提升欧元的国际化水平。数字欧元在正式发行前还面临不少困难和挑战,如多重目标难以协调、内部数字环境一体化程度低、金融风险应对机制不匹配等。今后,如何实现平衡发展和妥善应对问题,将考验欧盟的政治决断力和意志力。

中国对欧港口投资与中欧互联互通伙伴关系

邹志强[**]

近年来,中国在欧洲国家的港口投资项目日益增多,并与不断拓展的中欧陆海快线、中欧班列等陆海通道建设更为紧密地结合在一起,港口在新时期中欧互联互通中的枢纽角色更加凸显。虽然不乏理性务实的声音,但欧盟对中国港口投资的负面认知日益上升。欧盟主要担心中国的港口投资将会挑战欧洲企业在港口航运领域的市场主导地位,并造成欧盟内部的政治分裂,甚至带来深远的地缘政治影响。中欧应基于互联互通伙伴关系理念推动港口合作,遵循利益融合路径,构建中欧港口合作的多方利益共同体;遵循空间融合路径,实现中欧双多边港口合作的协调融通;遵循议题融合路径,致力于实现安全与发展议题和政治与经济议题的相互促进。

---

[*] 李刚,中国人民大学国际关系学院;赵柯,中共中央党校(国家行政学院)国际战略研究院。该文原载于《现代国际关系》2022年第11期,是"中国人民大学2021年度拔尖创新人才培育资助计划"的研究成果。

[**] 邹志强,复旦大学国际问题研究院。该文原载于《太平洋学报》2022年第12期,是上海市社会科学规划一般课题"中美在中东地区的新基建竞争及对策研究"(2022BGJ008)的研究成果。

欧盟推进数字服务税的动因、困境及展望
——兼论欧盟财政分权困局对我国数字税治理的政策启示

王玉柱　高　璐[*]

数字经济发展正在改变全球税收形态。由于数字业态的特殊性，数字业务市场所在地和征税地背离成为数字经济的常态化特征。国际数字巨头利用税收"洼地"进行转让定价的逃避税行为，使得欧盟遭遇严重税基侵蚀。欧盟财政分权模式的结构性矛盾也因此越发突出。由于全球税收治理政策阶段性达成一致，短期内欧盟征收数字税进程暂时搁置。从中长期看，受欧美之间非对称产业竞争以及欧盟成员国之间复杂的税权关系的影响，未来欧盟数字税改革议程仍可能适时重启，并将被赋予更为重要的产业协同功能。欧盟数字税治理过程中出现的各类政策协调困境为中国制定和优化数字税规制提供了重要启示。以征收中央数字税为过渡性解决方案，不断完善稽征制度和技术手段，研究确立基于消费地原则的省际数字税分配制度，是中国深化税制改革的重要发展方向。

中德经贸关系50年：成就、问题与前景

丁　纯　陈芊凝[**]

中德建交50周年以来，中德经贸关系不断发展和成熟，已成为中德关系的压舱石。该文从贸易、投资、技术合作与经贸规制建设四个方面总结梳理了中德经贸关系建立至今的发展成就，发现双边经贸关系具有互利共赢、合作竞争并存以及引领中欧经贸合作的特点。双边经贸领域存在的主要争议问题涉及贸易保护、知识产权保护、投资保护、市场准入及公平竞争等方面，这主要是两国理念、意识形态、体制、发展道路不同，经济发展和产业升级速度存在差异，高新技术竞争引发的博弈，以及欧盟和美国等因素的影响所致。该文对中德经贸合作的未来持谨慎乐观态度，认为双边合作竞争态势将持续，美国、欧盟等因素仍将影响双边经贸发展，两国应该努力求同存异，促进双边经贸更上一层楼。

---

[*] 王玉柱、高璐，上海国际问题研究院。该文原载于《德国研究》2022年第6期，是国家社会科学基金重大项目"全面建设社会主义现代化新阶段我国发展环境研究"（项目号：21ZDA004）的阶段性成果。

[**] 丁纯，复旦大学欧洲问题研究中心、复旦大学世界经济研究所、复旦大学一带一路及全球治理研究院；陈芊凝，复旦大学经济学院。该文原载于《德国研究》2022年第6期，是国家社会科学基金项目重大研究专项（项目批准号：20VGQ012）的阶段性成果。

● 国际关系

欧美对华政策协调：态势、动因与前景

严少华[*]

随着中国的持续崛起以及中美竞争格局的形成，中国因素在跨大西洋关系中的重要性更加凸显。为了应对中国崛起、巩固跨大西洋关系以及维护在国际秩序中的主导地位，欧美加快了对华政策协调的步伐，试图围绕意识形态、经贸投资、科技创新以及全球治理等议题协调共识并采取更加一致的行动。当前欧美对华政策协调也有别于过去"美主欧从"的模式，呈现更具竞争性、更机制化和更全面的新特点。在协调的过程中，欧美对华政策出现了一定的趋同，但分歧也显露无遗。欧美对华认知与政策分歧、欧盟"战略自主"倾向以及"特朗普主义"遗产的影响都将对欧美协调的深度和效果构成制约。中美欧三方都是当今国际体系中至关重要的力量，三方合作对国际秩序稳定和应对全球性挑战意义重大。欧美协调应摒弃冷战思维，着眼于共处与合作而非竞争与对抗。

"双边+多边"理论：对中国—中东欧国家合作的新探索

刘作奎[**]

中国—中东欧国家合作是中国特色大国外交的创新之举，更是"一带一路"倡议在欧洲地区实施落地的亮点。中国—中东欧国家合作的相关实践务实、有效、双赢，但相关理论探讨尚处于起步阶段。现有理论视角包括整体合作外交、务实制度主义、区域公共产品、包容性区域主义等均试图把握和总结中国—中东欧国家合作的特点，但仍无法涵盖合作实践发展的全貌。基于上述理论的优势和不足，可以尝试提出"双边+多边"理论，深入分析其内涵、战略价值及有待完善之处。加强对中国—中东欧国家合作理论化分析，不仅有助于丰富中国特色外交理念、思路和路径，而且有助于深化对中国—中东欧国家合作的正确认知，增信释疑，为进一步推动该机制下的双边和多边合作创造条件。

---

[*] 严少华，复旦大学国际问题研究院。该文原载于《国际问题研究》2022年第1期，是外交部中欧关系研究"指南针计划"2021年度课题的阶段性成果。

[**] 刘作奎，中国社会科学院欧洲研究所。该文原载于《中共中央党校（国家行政学院）学报》2022年第2期。

中国—中东欧国家务实合作助推"一带一路"高质量发展

鞠维伟　顾虹飞 *

务实制度主义的核心是以合作利益为导向，自愿参与和灵活开放为其重要特征。中国与中东欧国家通过设施互联互通、绿色发展、人文交流、健康合作等多样化的务实合作机制，切实推动了共建"一带一路"高质量发展，但也面临包括国际环境剧烈变化、"弱制度"性、合作议题比较繁杂等新的挑战。为此，未来中国与中东欧国家务实合作助推"一带一路"高质量发展的基本策略与路径包括：通过双边主义、地区主义和多边主义三轮驱动完善组织机制和规则约束性；推动多层级合作，分散议题压力，激发大国的合作引导力；促进民心相通，推进高质量的务实合作。

英国脱欧对欧美关系的影响

张　蓓 **

英国脱欧不仅是英国国内的重大政治事件和欧洲一体化发展的重要节点，也对欧美关系产生了重要影响。英国脱欧前在欧美关系中占据特殊地位，既是欧美沟通的重要桥梁，又能塑造欧盟发展方向以契合美国利益。英国脱欧深刻改变了欧盟，推动其内部力量变化和政策调整，也将改变欧美之间的互动方式，对欧美关系发展构成新的挑战。世界百年未有之大变局下欧美关系正经历深刻调整，而英国脱欧也成为这一过程中的重要内部变量。

欧盟互联互通政策的"泛安全化"及中欧合作

刘作奎 ***

随着"全球门户"倡议的提出，欧盟在全球互联互通领域的参与进入一个新的阶段。当前欧盟互联互通战略出现显著的"泛安全化"趋势，即互联互通产品内容扩大化，强化对互联互通产品投资的安全审查，突出意识形态和价值观划线，同中国争夺话语权，等等。中欧在互联互通领域合作有着较大的互补性，但在欧盟互联互通战略"泛安全化"的背景下，双方合作也面临诸多挑战。进一步加强中欧合作须研究好"全球门户"倡议的进展，与欧盟的合作应逐渐

---

* 鞠维伟，中国社会科学院欧洲研究所中东欧研究室；顾虹飞，西安外国语大学国际关系学院。该文原载于《新视野》2022 年第 1 期。

** 张蓓，中国国际问题研究院欧洲研究所。该文原载于《国际问题研究》2022 年第 1 期。

*** 刘作奎，中国社会科学院欧洲研究所。该文原载于《理论学刊》2022 年第 1 期，是国家社会科学基金重大项目"欧洲对外战略的调整与中欧美关系研究"（项目批准号：21&ZD171）的阶段性成果。

从"少而大"的项目模式转向"多而小"的项目模式,积极促进双方的经验交流和分享,利用好现有的中欧互联互通合作平台,充分发挥运输领域特别是中欧班列的作用,客观看待美欧在互联互通领域的合作。

北约对华政策调整走势及其影响

许海云[*]

北约在世纪之交开启对华交往,在特朗普政府上台后大幅调整对华政策。北约调整对华政策的根源在于以下几个方面。(1)国际政治经济结构变化;(2)北约将亚太安全视为全球安全使命的一部分;(3)以美国为主导的北约决策机制失衡;(4)北约延续并扩大冷战思维;(5)在新冠肺炎疫情后,北约对华敌意增加。北约对华政策调整不利于国际政治、经济与安全结构建构,不利于亚太区域安全与稳定。中国要准确、系统、完整地认识北约对华政策调整,趋利避害,坚持合作共赢和对外开放,坚定维护国际多边主义,以实际行动打破北约的围堵与打压。

北极问题演化及其对世界政治经济格局影响的研究

崔 健 李诗悦 李振福[**]

近年来,随着北极地区的经济价值和战略地位逐渐升高,北极问题的世界政治经济色彩越来越浓厚。从与北极问题相关的国家和国际组织对国际航线和资源能源等领域的影响以及越来越多的国家制定北极相关战略政策等方面来看,北极问题对世界政治经济格局影响的范围不断扩大。同时,从美俄、东北亚地区、欧盟等国际地位的变化来看,北极问题对世界政治经济格局影响的程度也在不断加深。在此作用下,世界政治经济重心将会进一步向北转移。世界大国在未来都会与北极问题形成千丝万缕的联系,如果不抓住机会积极争取北极权益、不关注和不重视北极问题的发展趋势,势必会丧失占据下一轮世界政治经济格局转变优势地位的机会。

务实创新引航中国—中东欧国家合作

王灵桂[***]

作为中欧关系的重要组成部分,中国—中东欧国家合作为中欧之间的深入对话、交流、合

---

[*] 许海云,中国人民大学历史学院。该文原载于《太平洋学报》2022年第1期,是国家社会科学基金一般项目"后冷战时期欧洲安全架构中的多元化模式研究"(17BGJ049)的阶段性成果。

[**] 崔健、李诗悦,吉林大学;李振福,大连海事大学。该文原载于《太平洋学报》2022年第1期,是国家社会科学基金重大项目"东亚历史海域研究"(18ZDA207)、教育部人文社会科学重点研究基地重大项目"中日韩国家关系新变化与区域合作战略"(16JJDGJW006)的阶段性成果。

[***] 王灵桂,中国社会科学院。该文原载于《欧洲研究》2022年第1期。

作搭建了平台，对于深化中欧全面战略伙伴关系发挥了积极作用。中国—中东欧国家合作在成立后的九年时间里，取得了令人瞩目的成就：第一，务实合作推动经贸往来持续升温；第二，人文交流夯实民心相通根基；第三，制度创新提升专业化平台服务功能；第四，政策对接释放驱动新潜能。然而，中国—中东欧国家合作仍面临多重挑战：第一，美国加大对中东欧地区的介入；第二，欧洲一些人就中国—中东欧国家合作臆造出所谓"政治分化论"，声称中国与中东欧的合作会阻碍欧盟形成一致的对外政策；第三，欧亚大陆地缘政治异常复杂，中东欧国家易受美欧力量的左右；第四，中东欧国家在国情、国家利益和合作意愿方面存在巨大分歧。为了克服前所未有的挑战，需要各国团结协作。

拜登政府上台后欧盟—美国的对华政策协调：动因、领域与障碍

赵光锐[*]

中美欧是当今世界三大力量中心，中美欧三边关系在塑造新的世界秩序中扮演着关键性角色。拜登政府上台后，欧美对华政策协调不断强化并呈现机制化发展的趋势。欧美在把跨大西洋联盟作为应对中国崛起和全球权力变迁的基石方面达成了基本共识，优先致力于在市场规则、高端技术和产业升级方面协同"规锁"中国，并形成了初步的合作机制。同时，欧美也试图在人权和社会发展模式方面打造新的跨大西洋价值观联盟，在人权问题上联合对华施压，在地缘政治上进一步协调各自的"印太战略"。但是欧美也存在诸多长期性、结构性的矛盾以及新的方向性分歧，欧美对华政策协调将是有限度的。中国应对欧美对华政策协调的基本策略，是通过主动塑造良性竞争的中美关系引领中欧关系，以稳定和务实合作的中欧关系促进中美关系，底线是坚决防止欧美形成新的"反华同盟"。

中东欧地区大国博弈新态势

——兼论中国—中东欧国家合作面临的挑战与机遇

王弘毅[**]

在地缘安全、能源、价值观等方面，美国、以德国为主要代表的欧盟国家以及俄罗斯在中东欧地区有着广泛而重要的利益。三者的互动关系呈现美俄博弈主导中东欧安全形势、美德（欧）联合制俄但共识有限、美德（欧）对中国在中东欧的经济介入保持警惕但难以形成合力

---

[*] 赵光锐，南京大学国际关系学院。该文原载于《德国研究》2022年第1期，是2020年度国家社会科学基金一般项目（项目号：20BGJ056）的阶段性成果。

[**] 王弘毅，北京外国语大学欧洲语言文化学院教育部国别和区域研究培育基地、北京外国语大学中东欧研究中心。该文原载于《国际展望》2022年第2期。

三个特征。随着中美竞争的持续，美德（欧）与以波兰、匈牙利为代表的中东欧国家在价值观上的分歧扩大，美德（欧）对俄罗斯的地缘政治攻势升级，中东欧地区的大国力量格局发生了新的变化。美国对中国的战略围堵压力持续加大，以德国为代表的欧盟国家对中东欧国家的控制力不断降低，俄罗斯反"守"为"攻"回应西方威胁，而德国新政府和新一届欧盟委员会对华政策更加突出价值观因素，导致中国—中东欧国家合作面临的地缘政治压力总体上有增无减。但是，美欧内部也并非铁板一块，以德国为代表的欧盟国家在中东欧控制力的弱化以及美欧与波兰、匈牙利等国关系的恶化，也为持续推进中国—中东欧国家合作带来了潜在机遇。以上因素作为影响中东欧国家对华政策的重要变量，需要受到密切关注。

"泛安全化陷阱"及其跨越

张　超　吴白乙[*]

安全概念及其适用范围是国际关系学界长期以来争论的焦点之一。冷战结束后，传统安全的边界被打破，非传统安全领域议题越来越多地占据国家安全和国际关系议题的中心地位。国家行为体追求绝对安全状态和无节制扩充安全议题，可能造成资源的错配和浪费，导致国内政治的保守化和国际交往的封闭趋向，最终反而不利于实现安全目标，从而掉入"泛安全化陷阱"。当前，国际上少数国家表面上以"国家安全"为由干扰国际合作，实则推行单边主义和保护主义政策，对全球多边主义秩序规则、国际合作、大国关系造成严重冲击，其消极影响不可低估。党的十八大以来，中国的安全体系和能力建设取得了重要成就，形成了总体国家安全观的理论体系。作为新兴大国，中国同时面临复杂的安全形势和较大的发展压力。中国应以总体国家安全观为指导，理性平衡好安全与开放、发展之间的关系，审慎塑造安全议程，防止落入"泛安全化陷阱"。同时，中国在国际上应坚决反对滥用安全概念的行为，在新兴全球性议题上高举合作旗帜，推动经济全球化和国际关系民主化的持续发展，积极推动国际安全治理机制改革和创新，为构建人类命运共同体凝聚广泛共识作出积极贡献。

嵌入式关系视角下的中欧互联互通

鞠维伟[**]

中欧互联互通具有悠久的历史基础和重要的现实意义。在中欧交往史上，从古至今，互联互通是中欧关系发展历史中的重要内容，推动了双方经济繁荣和文明交往互鉴。该文通过"嵌入式"关系的研究视角，从中欧互联互通的历史以及现实情况出发，论述了中欧互联互通的"嵌入式"关系所在的基础具有历史必然和欧洲因素；中欧互联互通体系中，存在"专用性"，

---

[*] 张超、吴白乙，中国社会科学院欧洲研究所。该文原载于《国际展望》2022年第2期。
[**] 鞠维伟，中国社会科学院欧洲研究所。该文原载于《首都师范大学学报（社会科学版）》2022年第2期。

即"不可分离性";经济与政治因素对中欧互联互通都具有影响和作用,而且两者不能够"脱嵌";最后,提出了推进中欧互联互通的政策建议。

从派生性关系到独立性关系？
——解析中欧关系的基本特征与发展逻辑

宋晓敏[*]

70余年来,中欧关系的发展经历了从派生性走向独立性的过程。它既受到国际格局变化等体系性因素的影响,也受到突破国际结构的局限、基于自身需要独立发展关系的内在动力的驱使。中国从欧洲获取资本与技术来发展经济,推动改革开放;欧洲则通过贸易等方式在中国扩大市场,借助政治合作来影响中国的发展道路,进而扩大全球的影响力。双方互有所求,彼此借重,共同发展。在突破冷战格局到主动影响国际结构的互动中,中欧从伙伴关系走向"全面战略伙伴关系",其独立性日益凸显。然而,在世界百年未有之大变局和世纪疫情的影响下,国际体系进入深度变革时期。随着欧盟对华认知发生重要变化,将中国定位为"谈判伙伴、经济竞争者和制度性对手";美国"联欧制华"战略层层推进,在贸易、技术、安全等领域打压中国,中欧关系的发展面临竞争与冲突加剧的挑战。中国应深入认识和把握双方关系的内在动力和发展逻辑,保持战略自信和定力,积极开展对欧工作,进一步加强中欧关系的韧性。

中欧蓝色伙伴关系研究
——基于区域间主义视角

李雪威　李鹏羽[**]

中欧蓝色伙伴关系是中国和欧盟在海洋领域建立的制度化联系,也是区域间主义中的准区域间主义的表现。以国家与区域组织互动的视角研究中欧蓝色伙伴关系,既拓宽了中欧关系的研究空间,也丰富了准区域间主义理论的研究。在区域间主义既有研究的基础上,结合中欧关系的特点,归纳中欧准区域间主义五大功能,即平衡、理念多元化、制度建设、议程设置以及规范扩散,各项功能都具有全球层面和区域层面两层效用。通过五大功能研究框架,对中欧蓝色伙伴关系的实践进行考察可知,中欧准区域间主义各项功能均能发挥效用,但其全球层面和区域层面的功效并不总是具有一致性,中国与欧盟执行具体功能的功效也有差别。深化中欧蓝色伙伴关系仍存在诸多挑战,中国应继续加强中国—欧盟层面的务实合作,创新合作模式,强化区域间对话机制,提高议题贡献度,提升海洋话语权。

---

[*] 宋晓敏,中国社会科学院欧洲研究所。该文原载于《国际政治研究》2022年第2期。

[**] 李雪威,山东大学国际问题研究院海洋战略与发展研究中心;李鹏羽,山东大学东北亚学院。该文原载于《欧洲研究》2022年第2期。

欧盟印太战略构想：动因、内涵及意义

房乐宪　王玉静[*]

  印太地区正在成为塑造 21 世纪国际秩序的关键区域。在此背景下，欧盟于 2021 年 4 月发布关于"印太地区合作战略"的结论文件，9 月正式发布《欧盟印太合作战略》，为欧盟的"印太战略"构想搭建了政策框架。欧盟出台"印太战略"构想主要基于欧盟与印太地区经济的相互依赖性、共同面临的全球性挑战及欧盟对印太地区的安全关切，并与一些欧盟成员国的直接推动和欧洲对中国的认知变化密切相关。欧盟试图从深化经济联系、应对共同挑战、扩大安全与防务接触三个主要维度对欧盟与印太伙伴的合作进行部署，展现了强调原则与价值观的结合、重视广泛性和包容性合作，以及关注分层次合作与次区域定位的特点，也体现了"有原则的务实主义"这一对外行动基本纲领。欧盟"印太战略"构想对欧盟及其成员国、印太地区国家与区域组织、跨大西洋关系及中欧关系都具有重要影响，欧盟相关举措及其新动向值得持续关注。

欧盟"印太战略"的生成逻辑、战略内涵与影响研判

赵宁宁　付文慧[**]

  目前，"印太"已经取代"亚太"，成为国际政治中最流行的话语。2021 年 9 月，为应对印太地区地缘政治经济新态势、拓展自身战略利益和提升战略自主，欧盟正式发布了针对印太地区的政策方针文件《欧盟印太合作战略报告》，内容涉及经济贸易、区域治理、安全防务与人权价值观等多个领域。欧盟"印太战略"呈现区域界定的独特性、战略理念的延续性、推进路径的自主性等特点。欧盟"印太战略"的发布和推进，不仅攸关欧盟自主能力建设和地区战略利益维护，还将使得印太地区地缘政治竞争与合作形势更加复杂化，从而影响中国外交政策实施与周边安全。

---

[*] 房乐宪，中国人民大学欧洲问题研究中心；王玉静，中国人民大学国际关系学院。该文原载于《欧洲研究》2022 年第 2 期，是教育部人文社会科学重点研究基地重大项目"多重危机背景下欧盟的全球战略及其对大国外交的含义研究"（项目编号：20JJDGJW001）的阶段性成果。

[**] 赵宁宁、付文慧，华中师范大学政治与国际关系学院。该文原载于《德国研究》2022 年第 2 期，是 2019 年度国家社会科学基金重点项目（项目编号：19AGJ003）、2022 年华度中师范大学创新训练项目（项目编号：S202210511044）的阶段性成果。

战略议程转变与美国对盟友政策的重塑
——以五眼联盟限制华为 5G 为例

刘江韵　齐为群[*]

自 2016 年后，美国将与中国的竞争放到了战略议程的重要位置，而科技与经济领域成了主要的侧重点。该文以五眼联盟为研究对象，探讨美国如何塑造英国、澳大利亚、新西兰以及加拿大等同盟国在限制华为 5G 项目的政策选择。该文发现在美国的战略议题发生转变后，其盟国也相应地做出了调整，在不同程度上配合美国，这说明美国有较强的塑造盟友政策的能力。美国的盟友基于成本—收益调整政策是其应对华为 5G 项目的主要动因，这其中与美国存在相应的讨价还价，而美国也会依据这些盟国的战略价值，进行相应的回应，使其配合主要的战略议程。

印度和法国战略伙伴关系的新动向、动因与前景分析

程智鑫[**]

2018 年以来，印度和法国战略伙伴关系出现了一些新动向，两国延续并深化了在军事、经贸等领域上的长期合作，而且双边战略合作进一步扩展到太空、新能源、反恐、网络安全、印度洋区域治理等新领域。法国为了推进"印太战略"和维护海外领土的安全需要加强与印度的合作，印度则希望通过加强与法国的合作保障自己在印度洋地区的战略利益并加强自身与欧盟的关系。此外，印度和法国在美国"印太战略"、中国崛起、国际秩序格局的深刻变化等问题上有着相同的战略认知。因此，印法双边关系的深化符合两国的战略利益，这也为未来两国继续深化双边甚至多边合作奠定了基础。但是印度和法国在战略重心、对华战略认知上存在一定的分歧，印度当前的外交战略与军事战略将对印法双边关系的深化形成一定的制约。

俄乌冲突下德国新政府外交与安全政策的转型

郑春荣　李　勤[***]

俄乌冲突爆发后，朔尔茨总理在 2022 年 2 月 27 日联邦议院特别会议上宣布向乌克兰提供

---

[*] 刘江韵，上海外国语大学；齐为群，山东大学、中国人民大学。该文原载于《太平洋学报》2022 年第 5 期，是国家社会科学基金重点项目"美国对华战略调整下的'五眼联盟'转型与我国对策研究"（项目批准号：20AGJ005）的阶段性成果。

[**] 程智鑫，中国人民大学。该文原载于《太平洋学报》2022 年第 5 期，是教育部人文社会科学研究规划基金项目"'一带一路'背景下亚洲地区合作的发展演变趋势与中国方略研究"（20YJAGJW001）的阶段性成果。

[***] 郑春荣，同济大学德国问题研究所/欧盟研究所；李勤，同济大学外国语学院。该文原载于《欧洲研究》2022 年第 3 期，是国家社会科学基金重大研究专项（批准号：20VGQ011）的阶段性成果。

致命性武器并大幅增加国防开支等一系列举措,标志着德国外交与安全政策迎来"历史性转型"的重要时刻。该文基于赫尔曼的分析模型对德国新政府外交与安全政策转型及其动因展开分析。研究发现,德国新政府外交与安全政策的转型属于外交手段变化的范畴,这一"质变"固然离不开俄乌冲突作为重大外部冲击施加的影响,但不可忽略的是其他因素对这一政策变化的推动,如"克制文化"约束作用的弱化、朔尔茨的驱动、外交与安全领域相关政治行为体的倡议、民众在运用军事手段和对俄政策上立场的变化,加上其他外部压力,如美国对德国增加防务投入的长期施压、自特朗普执政以来的"战略回缩",以及欧盟加强战略自主的努力。这些国内外因素在带来推动力的同时,也对德国外交与安全政策转型的落地施加了诸多阻力,以致这一转型仍将是一个需要整固的过程。无论如何,德国新政府外交与安全政策的转型将给欧洲内部的安全合作、欧俄及欧美安全关系产生深远影响。

当前国际格局变化的特点和全球治理体系建设的方向

杨洁勉[*]

当前的国际格局正处于从多极化趋势向多极格局确立转型的关键期,并处于新的世界秩序和全球治理体系之前夜。权力对比与平衡的变化是国际格局演变的决定性因素,而2008年国际金融危机、新冠肺炎疫情和俄乌冲突等"意外"事件及其国际应对在量变向质变转换的过程中发挥重要的催化作用。推动形成基本稳定、相对平衡的国际新格局需要多轮反复的冲击变化和与之相伴的战略运筹以及理论反思、创新,多极格局观反映了非西方群体对强权政治的否定和对公正政治的追求,代表了新国际格局观的发展方向。国际格局与全球治理互为因果,并具有多维和双向作用。在国际格局关键转折期,全球治理体系改革和创新将成为国际社会的主要议程,涉及体系建设的顶层设计、治理机制的建设路径、各种方案间的交流磨合等。发展中国家将自近代以来首次在全球治理体系建设中发挥全面和重要的作用,中国有责任也有义务为促进国际格局转型和全球治理体系建设贡献力量。

地区一体化组织间的规范扩散与竞争
——以欧盟—东盟关系为例

巩潇泫　贺之杲[**]

随着以欧盟、东盟为代表的地区一体化组织在国际关系中的作用日益提升,地区一体化组织的互动关系成为国际关系研究的重要议题。除了制度建设和利益塑造外,规范扩散也成为地

---

[*] 杨洁勉,上海国际问题研究院学术咨询委员会。该文原载于《欧洲研究》2022年第3期。

[**] 巩潇泫,天津外国语大学国际关系学院;贺之杲,中国社会科学院欧洲研究所。该文原载于《教学与研究》2022年第6期。

87

区一体化组织间互动的关键维度。规范扩散与规范本土化塑造了地区一体化组织的规范互动进程，并外溢到地区一体化组织间的关系。在欧盟—东盟的规范互动过程中，双方在经济规则和规范方面呈现合作主导的态势，在机制规则和建设领域呈现竞争主导的态势，在人权规范方面呈现对抗主导的态势。

欧盟对外战略转型与中欧关系重塑

金 玲[*]

在国际权势转移背景下，国际力量对比发生重大变化，国际秩序面临重塑。欧洲一体化和欧盟长期赖以发挥的自由主义秩序和国际框架面临结构性挑战，地缘政治冲突暴露了欧盟力量模式的脆弱性，欧盟对外战略加速转型。在实现战略自主和维护欧洲主权的战略目标下，欧盟对外战略表现出显著的地缘战略转向，其长期坚持和推动的全球化立场正日益被选择性全球化所取代，价值观被纳入地缘战略框架并完成全域链接，成为欧盟地缘政治博弈的重要领域。欧盟对外战略转型将深刻改变中欧关系的基本逻辑，不仅决定中欧关系未来的竞合甚或冲突，还将深刻影响格局重塑和秩序重构的进程和方向。

芬兰、瑞典加入北约对北极地缘战略格局的影响

肖 洋[**]

北极地区安全格局从冷战后"一超多强"的金字塔型格局，转变为以北极北约国家与俄罗斯为两端，以芬兰、瑞典为缓冲带的哑铃型格局。因此，北约对俄罗斯地缘围堵的关键，在于如何将北欧中立国拉入北约阵营，从而构建遏制俄罗斯的"环波罗的海安全圈"，以增大俄核心经济区所面临的地缘安全风险，完成北极的北约化。北极逐渐展现出作为联动欧亚美三大洲安全格局的战略价值，北欧不再是欧洲的边缘地带，而是北极地缘战略格局的核心地带。北欧国家选择追随北约的战略，既是俄美战略对抗的压力使然，亦是西方国家身份的内在推动，更与其领导人及党派对俄欧美战略互动趋势的综合预判相关。瑞典和芬兰加入北约，将进一步动摇北极地缘战略格局的脆弱均势。

---

[*] 金玲，中国国际问题研究院欧洲研究所。该文原载于《外交评论（外交学院学报）》2022年第4期。

[**] 肖洋，北京第二外国语学院政党外交学院。该文原载于《和平与发展》2022年第4期，是国家社会科学基金一般项目"'冰上丝绸之路'倡议下北极经济发展的国际协调机制研究"（项目批准号：19BGJ076）的阶段性成果。

法国的新一轮欧洲核威慑政策设想

周　顺　何奇松[*]

为增进欧洲安全、强化北约的欧洲支柱、彰显法国在欧洲的主导地位，法国多次提出欧洲核威慑政策设想，但最终都未能实现。特朗普政府执政期间，美欧关系发生较大调整，欧洲更加质疑美国与北约保护欧洲的决心与诚意。美俄退出双边军控条约，使欧洲重回美俄核对峙的前沿。马克龙提出法国的新一轮欧洲核威慑政策设想，希望与欧洲伙伴进行战略对话及联合核演习，以培育共同的核战略文化，推进欧洲核威慑进程。但欧洲国家层面的反应极为谨慎。欧洲普遍的反核立场是法国推行欧洲核威慑政策设想的"拦路虎"。2022年俄乌冲突为法国与欧洲重新思考欧洲核威慑提供了新的挑战与机遇。

欧盟发展援助中的环境政策融合论析

张　超　唐毓璇[**]

欧盟是全球环境治理领域的领头羊，也是发展援助资源的重要贡献者。在过去近半个世纪中，欧盟着力推进环境议题同发展援助政策和实践的融合，通过加强机制协调与能力建设、丰富援助工具和增加援助支出等方式，形成了一套推进环境政策与发展援助相融合的经验做法。尽管欧盟在推进环境政策与发展援助融合的过程中仍存在一些不足，但通过这一进程，欧盟不仅巩固了其在全球环境治理领域，特别是气候变化领域中的领导地位，也达到了帮助受援国保护和改善环境并最终维护自身环境安全的目的。欧盟的政策和实践，为中国等其他国家推进环境政策与发展援助的融合提供了借鉴。

---

[*] 周顺，上海政法学院政府管理学院；何奇松，华东政法大学政治学与管理学院。该文原载于《欧洲研究》2022年第4期。

[**] 张超，中国社会科学院欧洲研究所；唐毓璇，上海对外经贸大学国际发展合作研究院。该文原载于《德国研究》2022年第4期，是2021年国家社会科学基金重大项目"欧洲对外战略调整与中欧美关系研究"（项目编号：21&ZD171）、2021年上海市哲学社会科学规划课题一般项目"全球化进程受阻下的次区域生产网络构建与第三方市场合作"（项目编号：2021BGJ003）的阶段性成果。

转变中的欧盟对华经济外交

——从"以商促变"到"负责任共存"

赵 柯 毕 阳*

  欧盟对华经济外交已发生重大转变，正在从"以商促变"的旧框架进入"负责任共存"的新框架。欧盟认为，"以商促变"的旧框架导致中欧经济利益分配失衡，欧盟作为相对收益较少的一方既无法有效保障自身的经济安全，又无法推动中国按照西方意愿进行变革。因此，欧盟推出"负责任共存"新框架，旨在通过重塑多元化、本地化的经贸网络，推出更具针对性的贸易投资工具，以及加强西方国家的对外经济政策协调，应对中国的所谓"系统性竞争"。新框架具有浓厚的价值观色彩，对抗性明显加强，但其不寻求改变中国，不愿对华经济脱钩，在给中欧关系调整带来挑战的同时也提供了发展机遇和合作空间。"负责任共存"的新框架是被动防御型的，其有效性不仅取决于欧盟的政策执行力度，在很大程度上也取决于中国的对欧政策，中国应对的关键在于持续扩大中欧在双边和全球层面的共同利益，"锁定"中欧关系的"战略性"。因此，我们既要坚持中欧经贸合作，又要推动中欧绿色发展战略的对接，并扩展全球经济治理层面的合作。

欧盟"全球门户"战略及其对"一带一路"倡议的影响

吴 昊 杨成玉**

  为弥补国际经济地位持续下降、应对后疫情时代经济转型困境、重塑地缘经济与政治影响力，欧盟推出"全球门户"战略，旨在凭借经济力量在全球互联互通合作中强调所谓"民主价值观"，通过基础设施投资向"志同道合"伙伴国输出话语体系和规则标准，最终形成制度性优势。虽然战略的实施受宏观经济基本面拖累，资金落实效果存疑，在合作对象国存在"接地气"困难，但其将通过强调价值观引领、推广欧式规则标准、挤占全球海外融资资源、突出地缘对抗等外溢效应，对"一带一路"倡议形成排他性政治条件、设置高标准壁垒、加大海外融资难度、稀释国际影响力等潜在影响。中国需坚持开放包容原则，妥善处理与"全球门户"战略的关系。

---

* 赵柯，中共中央党校（国家行政学院）国际战略研究院俄罗斯与欧洲研究所；毕阳，外交学院。该文原载于《国际展望》2022年第5期。

** 吴昊，全球化智库；杨成玉，中国社会科学院欧洲研究所。该文原载于《国际问题研究》2022年第5期，是国家社会科学基金重大项目"欧洲对外战略调整与中欧美关系研究"（项目编号：21&ZD171）、北京市社会科学基金规划青年项目"新时代下'德法轴心'领导力变化及对中欧关系影响研究"（项目编号：20ZGC006）的成果。

学科论文选介

北约战略转型：动力、趋势及政策影响

徐若杰[*]

新版战略概念文件的发布，标志着北约未来10年大战略方向的确定。一是应对大国地缘政治竞争成为北约最为优先的战略目标，以"泛安全化"方式整合安全政策成为北约未来应对安全风险的新方式；二是重申北约在欧洲安全体系中的主导地位，暂时厘清了北约—欧盟在欧洲防务供给体系中的关系；三是战略扩张突破跨大西洋地理界线，将亚太地区作为战略扩张重点方向。新一轮北约战略转型的启动，将重塑欧洲和亚洲地区安全秩序，推动大国战略竞争向着"泛安全化"和混合性方向发展。北约战略转型受到四方面限制因素的影响，包括联盟对俄强硬政策共识的持久性、美国东西两个方向的战略平衡、美欧矛盾与分歧再次爆发的隐患和美欧亚太利益的差异。在对华政策方面，应对中国崛起带来的"系统性挑战"，已被纳入北约未来战略规划，北约亦保留了对华建设性政策接触空间。北约战略转型启动，给中国周边安全和国家利益维护带来了不容忽视的风险。未来中国与北约关系将会呈现"有限竞争、非敌非友"的非结构性状态，多种因素将限制双方关系向着对抗方向发展。中国应精准把握和利用对自身有利的战略空间，妥善管控北约新一轮战略转型带来的负面影响。

《贸易与合作协定》与英欧未来关系

潘 多 王明进[**]

2020年1月底，英国正式退出欧盟，双方关系进入过渡期。尽管受到英国脱欧延迟和新冠肺炎疫情的双重冲击，但英国和欧盟仍在不延长过渡期的情况下谈判达成《贸易与合作协定》（以下简称《协定》），就双方未来关系达成一致。《协定》通过四个支柱确定了双方未来关系的基本框架，分别为自由贸易协定；双方在广泛的经济、社会和环境方面的合作伙伴关系；在公民安全方面的新伙伴框架；《协定》治理框架，即对整个协定的执行和管理专门订立的框架条款。《协定》的签订避免了英国无协议脱欧对英欧关系的冲击，最大限度地保证了英欧关系向后脱欧时代的过渡，规定了双方未来关系的大方向，它的签署意味着英国已经退出欧盟单一市场和关税同盟以及所有欧盟政策和国际协议，英欧关系将在新的起点开始新的发展。但受双方谈判意愿和时间的限制，《协定》的达成较为仓促且存在局限性和不稳定性，面临多种被修改、暂停甚至完全终止的风险。《协定》的签署意味着英欧关系的巨大转向，其对双方关系的影响将随着时间的推移日渐显露出来。

---

[*] 徐若杰，中国社会科学院欧洲研究所。该文原载于《欧洲研究》2022年第5期，是2021年度国家社会科学基金重大项目"欧洲对外战略调整与中欧关系研究"（项目编号：21&ZD171）的阶段性成果。

[**] 潘多，中国人民大学欧洲问题研究中心、北京外国语大学国际关系学院；王明进，北京外国语大学国际关系学院。该文原载于《国际论坛》2022年第6期，是2017年度教育部人文社会科学重点研究基地项目"退欧背景下英国与欧盟关系及其对中国的影响"（项目批准号：17JJDGJW013）的阶段性成果。

从亚洲战略到"印太战略"：欧盟全球战略重心的转移及逻辑

丁　纯　罗天宇[*]

2021年发布的《欧盟在印太地区的合作战略》在一定程度上标志着欧盟全球战略重心的转移，也反映了欧盟对亚洲区域关注的变化。欧盟亚洲战略经历了从经济利益—政治安全—大国竞争的逻辑转变。当前欧盟的"印太战略"继承了亚洲战略对大国竞争的强调，在谋求战略自主的同时展现出配合美国战略的特征。但欧盟内部的分歧限制了"印太战略"的效力，俄乌冲突的爆发进一步减弱了欧盟的战略自主性，加强了其对美国的依赖。对欧盟战略变化逻辑的理解有助于中国处理与欧关系。

乌克兰危机背景下的俄罗斯北极能源开发：效能重构与中国参与

赵　隆[**]

在乌克兰危机长期化、扩大化和复杂化的冲击下，全球能源治理陷入市场原则和非市场化干预的路径博弈，政治共识与权力争夺的目标落差，以及气候安全让位于能源安全议程的多重困境。面对国际油气贸易加速"去俄罗斯化"，以及非市场化措施频繁介入和能源议价权、市场份额争夺持续加剧，俄罗斯尝试拓展北极能源开发的价值效能、权力效能、安全效能和试点效能，通过资源变现增强危机"承载韧性"，发展替代市场提升卖方话语权，强化"能源—航道"发展的正向联动适应新安全态势，打造可再生能源发展试验区。受此影响，中国参与俄北极能源开发合作面临政治和商业场景的全方位变化，而优化互动格局和丰富合作主体，强化技术平台建设并探索可再生能源议程，成为提升中俄北极能源合作潜力的重要内涵，以及适应全球能源秩序变革的切入点。

---

[*] 丁纯，复旦大学；罗天宇，清华大学。该文原载于《太平洋学报》2022年第11期，是国家社会科学基金重大研究专项（20VGQ012）的阶段性成果。

[**] 赵隆，上海国际问题研究院。该文原载于《太平洋学报》2022年第12期，是国家社会科学基金一般项目"科技竞争的全球图景和中国'创新伙伴关系'的推进逻辑研究"（2020FRXG80）、上海市哲学社会科学规划中青班专项课题"人类命运共同体思想与新时代中国的全球治理观研究"（2020FXZ003）的阶段性成果。

• 法律

后"Schrems Ⅱ案"时期欧盟数据跨境流动法律监管的演进及我国的因应

杨 帆[*]

"Schrems Ⅱ案"对以隐私权和数据保护为核心构建的欧盟数据跨境流动规则体系产生重大影响,它要求无论使用何种数据跨境流动工具,都必须确保第三国能够提供与欧盟同等的保护水平。在该案的影响下,《欧盟基本权利宪章》在数据保护领域的地位进一步提高,保障措施的适用愈发严苛,欧洲数据保护委员会在数据保护领域将扮演更重要的角色,数据跨境流动欧盟法规则与国际贸易法的不兼容问题日益凸显。欧盟虽然结合 Schrems Ⅱ案的判决完善了对数据跨境的法律监管,但依然没有减少外界对其监管合理性的质疑。中国对数据跨境流动的监管存在配套立法不健全、规则可操作性差、多元价值失衡、缺乏内外联动的"中国方案"等问题。对此,应完善中国相关立法,加强中欧国际合作,共同引领构建数据跨境流动的国际规则。

欧盟阻断法与美国域外制裁之法律博弈

杨永红[**]

欧盟阻断法以 1996 年《阻断条例》的产生为开端,目的是阻止美国制裁法在欧盟的域外适用,其本质是公法上的冲突法。起初,《阻断条例》更多地作为欧盟应对美国域外单边制裁的工具之一,起到谈判砝码与法律宣示的作用,美国自愿限制域外适用其制裁法避免法律冲突。但 2010 年欧盟支持包括次级制裁在内的美国对伊制裁,导致美国域外单边制裁急速发展并在全球扩散。2018 年后,欧盟与美国在对伊制裁问题上分歧严重,欧盟阻断法与美国域外制裁法的冲突进入高峰阶段,二者冲突的案例激增。欧盟成员国法院一方面缩小解释《阻断条例》的适用事项,降低冲突概率;另一方面承认《阻断条例》阻止当事人服从美国域外制裁法,但为避免造成欧盟个人或实体的重大损失,允许他们遵守美国域外制裁法。在两者的冲突中,《阻断条例》仅在针对《赫尔姆斯-伯顿法》第三篇的效力上发挥了一定的阻断作用。当前,欧盟阻断法陷入难以阻断美国域外制裁的困境,欧盟计划通过促进欧元国际化、推动《反经济胁迫条

---

[*] 杨帆,浙江理工大学法政学院。该文原载于《环球法律评论》2022 年第 1 期,是 2021 年度浙江省哲学社会科学规划课题"后疫情时期欧盟主导的国际投资争端解决机制改革及对我国的影响"(21NDQN238YB)的阶段性成果。

[**] 杨永红,西南政法大学国际法学院。该文原载于《欧洲研究》2022 年第 1 期,是司法部国家法治与法学理论研究项目"经济制裁与反制的国际法研究"(19SFB2057)的阶段性成果。

例》的出台、修改《阻断条例》等方式改变劣势地位，维护欧盟成员国的主权。中国作为美国域外制裁的受害者，可借鉴欧盟的经验与教训，采取多个途径、多项措施应对美国域外制裁，以更好地维护中国主权，保护中国个人与实体的合法权益。

欧盟宪政秩序的挑战与危机
——基于波兰法治危机案的考察

程卫东[*]

自2015年底开启的波兰司法改革，引发了一场事关波兰国内法治并波及整个欧盟宪政秩序的深刻而持久的危机。从危机的形成与演变过程来看，这两个危机的形成与扩大，大体可归为三方面的原因：一是波兰与欧盟对波兰司法改革的不同认知与定性；二是欧盟处理成员国国内法治危机的权威性与工具不足，未能及时有效解决波兰法治危机；三是波兰在应对欧盟措施时，对欧盟宪政秩序的基础提出了质疑。波兰法治危机不仅代表波兰内部政治与法律变迁及波兰与欧盟对这一变迁的不同认知与定性，而且全面、深刻地揭示了欧盟宪政秩序内在的一些深层次、根本性的矛盾与冲突。波兰法治危机对欧盟宪政秩序形成了重大冲击，但总体上看，欧洲一体化的逻辑仍然成立，只是由于欧盟宪政秩序中的根本问题短期内无法解决，其宪政秩序中的矛盾与冲突仍将不可避免。

迈入无人驾驶时代的德国道路交通法
——德国《自动驾驶法》的探索与启示

张韬略　钱榕[**]

为保持德国汽车工业的国际领导者地位，德国于2021年5月通过《自动驾驶法》，再次修订《道路交通法》和《机动车强制保险法》。《自动驾驶法》允许L4级别智能汽车在德国公共道路指定区域运营，并规定了相应的技术要求、行驶条件和数据处理规则。该法还创设了技术监督员制度，将其纳入保有人强制责任保险的被保险人之列。作为德国自动驾驶法律制度的又一次深化与创新，该法虽仍有不足，但也为中国自动驾驶立法提供了值得借鉴的经验与教训。

---

[*] 程卫东，中国社会科学院欧洲研究所。该文原载于《欧洲研究》2022年第1期。

[**] 张韬略、钱榕，同济大学法学院。该文原载于《德国研究》2022年第1期，是教育部人文社会科学规划基金项目"智能汽车的数据商业化利用法律问题研究"（项目号：21YJA820032）、上海市科委重点计划课题"智能驾驶治理原则及机制研究"（项目号：20511101703）、上海市级科技重大专项——人工智能基础理论与关键核心技术（项目号：2021SHZDZX0100）、中央高校基本科研业务费专项资金资助（项目号：22120210221）的阶段性成果。

德国移民法律体系：演进、逻辑与启示

王子立*

德国近年来从传统的移民输出国转变为事实上的移民输入国，其移民法律体系演进艰难，伴随着长久的争议和保守化倾向。这是一个国家从移民输出国转变为移民输入国后，其移民法律体系演进必经的范式。从非移民国家到移民国家，德国在接纳外来移民问题上经历了漫长的转变过程，移民法律体系的演进历程可分为初设探索、调整推进、转型重塑、完善规范四个阶段。这一历程遵循持续受保守化影响的逐步开放的演进规律，以劳动力市场需求为演进动力，呈现"拒绝—勉强—积极"的演进趋势。上述逻辑阐释能够为中国移民法律体系的构建与完善提供如下宏观性的启示：体系构建坚持法治移民建设的基本方向，立法重点以技术移民为优先和主要着力点，主体法律移民法典的出台条件与时机当前尚不成熟。

全球首部人工智能立法：创新和规范之间的艰难平衡

金 玲**

欧盟委员会出台的人工智能法案突出欧盟的道德和价值标准，试图在规范和创新之间实现平衡。与《通用数据保护条例》一样，欧盟希望通过法案实现在人工智能领域内的规范性霸权，弥补自身目前面临的技术短板，在人工智能领域内成为中美之外独立的第三支力量。欧盟积极推动法案出台，除了提升竞争力考量外，也是在新形势下追求数字主权的地缘战略选择。

欧盟对国有企业补贴的定性和量化分析
——论国家援助"市场经济经营者测试"等规则的适用

周 牧***

欧盟的国家援助制度是控制补贴数额、提升补贴针对性、维护内部市场公平竞争，从而提升欧盟经济整体竞争力的重要制度。构成国家援助的要素之一是企业获得竞争"优势"。这一概念与其他国际补贴控制制度相似："优势"在 WTO 制度下定义为"利益"，在 CPTPP 下定义为"非商业援助"，都是指成员国政府赋予企业在正常市场环境下无法获得的经济利益。相较

---

* 王子立，中国人民警察大学移民管理学院。该文原载于《德国研究》2022 年第 1 期，是 2021 年度国家民委民族研究青年项目"德国土耳其裔政策的经验教训研究及启示"（项目号：2021-GMC-049）、2021 年度中国人民警察大学国家社会科学基金培育课题"德国移民融合研究"（项目号：ZRJJPY202102）的阶段性成果。

** 金玲，中国国际问题研究院欧洲研究所。该文原载于《人民论坛》2022 年第 4 期。

*** 周牧，中国社会科学院。该文原载于《欧洲研究》2022 年第 2 期。

于其他制度，欧盟国家援助制度具有更丰富的实践经验和制度内涵，其适用于但不针对国有企业。界定和量化"优势"的"市场经济经营者测试"和"普遍经济利益服务补偿规则"等相关规则与国有企业补贴案例密切相关。对于其他不具备相关内涵的补贴控制制度而言，欧盟的制度安排值得研究和借鉴。

欧式自由贸易协定国有企业规制的迭代、特质与启示

沈 伟 方 荔*

国有企业章节的出现是新近自由贸易协定（FTA）发展的新趋势。欧盟与美国同为国有企业章节的积极倡导者，但是欧盟所循路径与美国有所不同，有其特色。欧盟的经济模式和历史传统决定其对国有企业的倚重与谨慎并存的思路。欧式FTA与《全面与进步跨太平洋伙伴关系协定》（CPTPP）等美国主导的FTA在扩张的国有企业定义、趋严的商业考量和非歧视义务方面基本一致。但是，欧式国有企业章节的透明度条款体现了竞争法实体性规范的意蕴，而美式透明度条款侧重于为争端解决提供程序性保障。此外，美欧FTA在国有企业补贴规则上差异较大。美式FTA独创了非商业援助条款，欧盟则未在FTA中加入专门适用于国有企业的补贴规则，而是从域内的外国补贴立法起步，适时推动国际规则的形成。从渊源和流变来看，欧式国有企业章节起源于FTA竞争政策规制，逐步完成碎片化向体系化、原则向规则的转变。欧盟内部较早确立了国有企业适用竞争法、竞争政策的一般原则，并制定了适用于国有企业的国家援助控制、透明度等规则，其法治经验也部分输出至FTA中。这对中国完善国有企业制度、产业政策及竞争政策，具有重要的借鉴意义。

德国供应链人权尽职调查义务立法：理念与工具

张怀岭**

2021年《德国供应链法》是近年欧美供应链人权与环境保护立法的典型代表。该法既体现了德国纠正供应链人权保障软法机制失灵的客观需求，也展示了其在该领域树立"德国样本"的主观意愿。规制理念上，该法选择强制性特别立法的方式将人权与环境权益之保护纳入立法目的。实施上，该法依赖监管部门的公共执行机制。规制工具上，企业供应链一般性尽职调查

---

* 沈伟，上海交通大学法学院；方荔，北京金诚同达（上海）律师事务所。该文原载于《欧洲研究》2022年第2期，是国家社会科学基金重大项目"美国全球单边经济制裁中涉华制裁案例分析与对策研究"（项目编号：21&ZD208）的阶段性成果。

** 张怀岭，西南财经大学法学院。该文原载于《德国研究》2022年第2期，是国家社会科学基金一般项目"对等原则视域下我国外资'国家安全'审查国别因素研究"（项目编号：19BFX159）、司法部2018年度国家法治与法学理论研究项目"欧盟及其核心成员国外资并购安全审查法律风险与对策研究"（项目编号：18SFB3035）的阶段性成果。

义务与类型化的具体行为义务构成核心实体工具，而特别诉讼担当、联邦经济与出口控制局的监管职权和行政惩罚措施构成了核心程序性工具。影响上，该法规定的法律义务会通过合同、行为准则等方式进行"传递"，不仅将提高中资企业合规成本与诉讼风险，与中国《反外国制裁法》形成冲突，而且也会诱发跟随性立法，威胁中国供应链与产业链安全。对此，微观层面，需要完善企业合规制度，依法保障雇员权益，积极履行企业社会责任；宏观层面，则应完善中国涉外法治体系，强化《反外国制裁法》的实施机制，遏制《德国供应链法》的不当域外适用。

欧盟《通用数据保护条例》域外适用条件之解构

陈咏梅　伍聪聪[*]

近年来，现代技术得到飞速发展，互联网的无界性、数据传输的跨境性、数据处理的全球性客观上决定了各国对数据的保护超越其国境。对于数据保护法的域外适用，欧盟通过《通用数据保护条例》（GDPR）和《关于 GDPR 地域范围的第 3/2018 号指南》，扩展并更新了原《欧盟数据保护指令》基于属地管辖的原则，综合采用了"设立机构"标准、"目标指向"标准以及"因国际公法而导致的适用"，明确了欧盟数据保护法域外效力的界限。在立法层面，由于对数据处理行为发生地的认定存在技术上的困难，中国可以考虑将"设立机构"标准和效果原则相结合，以此确定《个人信息保护法》的域外效力。另外，可以通过与国外数据保护机构的执法合作来确保国内法域外适用的实施效果。

欧盟制裁机制的转型：欧盟全球人权制裁机制的法律框架、运行机制及缺陷

王媛媛[**]

近年来在国际关系中，单边制裁的数量、范围和理由持续扩展，对国际法提出了新的挑战。作为欧盟单边制裁之一的欧盟全球人权制裁机制的建立，体现了欧盟的单边制裁从国别制裁到专项制裁、从全面制裁到针对性制裁的转型。从全球视角来看，欧盟全球人权制裁机制体现了欧盟与其盟友借所谓人权、民主等议题采取联合自主单边制裁行动。在国际法上，单边制裁长

---

[*] 陈咏梅、伍聪聪，西南政法大学国际法学院。该文原载于《德国研究》2022 年第 2 期，是国家社会科学基金重大项目"美国全球单边经济制裁中涉华制裁案例分析与对策研究"（项目编号：21ZD&208）、司法部法治建设与法学理论研究一般项目"RCEP 中的数字经济规则及其争端解决机制研究"（项目编号：21SFB2027）的阶段性成果。

[**] 王媛媛，中国政法大学国际法学院、全国人大常委会法制工作委员会研究室。该文原载于《国际法研究》2022 年第 3 期。

期存在争议。一直以来，欧盟以单边制裁构成反措施为依据论证其单边制裁符合国际法。然而，作为专项制裁的欧盟全球人权制裁机制构成了对国别制裁的制度突破，既有的反措施理论无法为其提供国际法依据。普遍管辖也同样无法为欧盟全球人权制裁机制提供合法性基础。欧盟全球人权制裁机制面临合法性、法律确定性以及人权保障等危机，可能构成国际不法行为。一方面，受制裁影响的国家可以采取反措施维护其国家利益；另一方面，受制裁影响的个人或实体可以通过欧盟司法审查机制维护其合法权利。

欧盟《反经济胁迫条例（草案）》的立法设计、适用风险及中国应对

孙 舒[*]

"经济胁迫"是美欧近期新提出的法律概念，意图将贸易竞争对手的合法经贸措施非法化。欧盟基于这一概念制定了《反经济胁迫条例（草案）》，旨在借助该法规增加其在国际贸易博弈中的法律工具。《反经济胁迫条例（草案）》是针对所谓"第三国经济胁迫"设计的以威慑为核心、包含两个阶段下多种反制措施的法律制度。但是，由于存在法律、外交和经济成本等诸多限制因素，该法在未来的实施中不可避免地面临合法性、有效性和高成本等风险。虽然欧盟声明该法不针对任何第三国，且该法的真实效力有待观察，但是该法的发布仍对中国产生了潜在不利影响。因此，中国应综合利用立法和司法手段，应对欧盟《反经济胁迫条例（草案）》的生效和实施。

美欧数字服务税规则博弈探析

刘宏松 程海烨[**]

在《双支柱解决方案2021年》通过之前，国际社会尚未形成与数字经济发展相匹配的国际税收规则体系。欧盟为应对成员国之间的恶性税收竞争，提出征收欧洲统一的数字服务税，但遭到部分成员国的反对。法国、意大利、西班牙等欧盟成员国为应对经济数字化税收挑战，选择单边开征数字服务税。美国主张在既有国际税收规则中推动数字服务税改革，并借助"301调查"向单边征收数字服务税的部分国家施压。围绕数字服务税规则，美欧展开博弈。尽管美欧在《双支柱解决方案2021年》中就数字服务税规则达成一致，但双方的分歧仍未完全消除。新国际税收改革方案中与数字服务税相关的规则还存在诸多缺陷，面临潜在的风险。在此背景下，欧盟将继续寻求在新国际税改规则中体现数字经济特质；美国和欧盟将努力促成各国国内税法与新国际税改规则的衔接；双方将为构建符合自身数字服务税规则偏好的税收监督机制展开博弈。

---

[*] 孙舒，中国政法大学国际法学院。该文原载于《江西社会科学》2022年第5期。

[**] 刘宏松，上海交通大学国际与公共事务学院；程海烨，上海外国语大学国际关系与公共事务学院。该文原载于《欧洲研究》2022年第3期。

欧盟《数字服务法案》探析及对我国的启示

陈珍妮[*]

在信息技术发展的背景下，欧盟近年来采取了一系列立法举措，议会通过了《数字服务法案》。其创新之处在于分类分级地确立数字服务提供商的义务，针对超大型网络平台作出了特殊规定，且统一了平台对非法内容和虚假信息传播控制的责任标准，将会对欧盟的数字贸易、平台企业和用户产生潜在的巨大影响。同时，这也为中国提供了经验与教训，立足于数字服务规制尝试的探索，应注重于更体系化地进行治理规制，更科学化地制定相应标准，更公平化地平衡好各方利益。

欧盟外资安全审查制度：比较、影响及中国对策

褚晓 熊灵[**]

《欧盟外资审查条例》于2019年3月通过，2020年10月正式实施，奠定了欧盟外资安全审查制度的核心。文章系统总结了《欧盟外资审查条例》的主要内容和显著特点，并将欧盟与美国的外资审查机制的异同进行比较，接着分别从欧盟和中国两个角度分析了欧盟外资审查制度带来的影响。研究发现：对欧盟而言，该条例将使各成员国的外资审查机制逐步趋同，增大投资者的合规成本，并由此影响欧盟国家对外资的吸引力；对中国而言，该条例将给中国对欧投资造成阻碍，并影响中国与欧盟的产业合作。最后，文章从国家和企业两个层面提出中国的应对之策。

欧盟数据财产权的制度选择和经验借鉴
——以欧盟《数据法》草案切入

司马航[***]

欧盟委员会于2022年2月23日公布的《数据法》提案为数据界权提供了数据访问权的开

---

[*] 陈珍妮，浙江大学光华法学院。该文原载于《知识产权》2022年第6期，是国家社会科学基金重大项目"网络化开放创新范式下企业知识产权市场化保护与价值转化机制研究"（项目批准号：21&ZD142）的阶段性成果。

[**] 褚晓，吉林大学经济学院、商务部国际贸易经济合作研究院；熊灵，武汉大学国际问题研究院。该文原载于《国际贸易》2022年第6期，是国家社会科学基金重点项目"新形势下我国稳外资的思路及对策研究"（19AJY021）的阶段性成果。

[***] 司马航，中南财经政法大学知识产权学院、德国马克斯-普朗克创新与竞争研究所。该文原载于《德国研究》2022年第3期，是高等学校学科创新引智计划（111计划）"新时代科技革命与知识产权学科创新"（项目号：B18058）的阶段性成果。

放使用思路。《数据法》草案的颁布以实施 20 年的《数据库指令》、屡遭质疑的数据生产者权和促进公共数据共享的《数据治理法》为基础，从数据排他权限缩、数据访问权赋权和数据合同矫正三个主要方面切入，提出了利于欧洲单一市场构建和推进欧洲高度数据共享的产权方案及实现路径。赋权的数据保护模式在中国虽备受追捧，但在付诸实践的过程中却问题重重。结合中国产业现状，严格限制数据所有权的客体范围，并以数据访问权为数据所有权的权利限制制度，是有利于中国数据要素市场建立的制度选择。

信息存档中的个人信息保护义务豁免

——基于欧盟实践的评析与借鉴

贺文奕[*]

对出于公共利益的信息存档行为，给予一定程度的个人信息保护义务豁免——这既关乎人类共同记忆的保存，也关涉信息提供与信息自由，同时也是信息价值延续与发掘的基础。豁免并不意味着可以在信息存档中完全忽视个人信息权利，而是要遵循利益平衡原则，实现个人权益与公共利益的协调。在豁免规则的具体构建方面，可以从法律适用、行为要件、主体范围、权利内容四方面进行分析。

"碳中和"立法：欧盟经验与中国借鉴

——以"原则—规则"为主线

冯　帅[**]

以"原则—规则"为主线，可将欧盟"碳中和"立法内容简化为原则、规则两部分，以便厘清内在结构和基本逻辑。从原则上来看，欧盟立法以环境完整性、灵活性和不伤害为出发点，既主张环境治理体系化，也强调法律追求与社会现实相呼应，形成了颇具特色的立法向度；从规则上来看，侧重于碳交易、资金及监测、报告和评估，彰显了碳交易之于减排的重要性，并以绿色财政和绿色金融为支柱、政府监管为保障，建立了较全面的规范系统。中国正积极探索相关立法，在结合当前国情、现有立法及经济社会发展状况的基础上，亦可确立人与自然生命共同体和协同治理两大原则"束"，一方面坚持人与自然和谐共生，另一方面在"央—地"互动下探求政府和非政府的作为空间，同时构建并强化碳交易、资金及监测、报告和评估三大规则"群"，通过市场和非市场机制来保障"碳中和"目标的实现。

---

[*] 贺文奕，中国政法大学。该文原载于《档案学通讯》2022 年第 4 期。

[**] 冯帅，四川大学法学院。该文原载于《环球法律评论》2022 年第 4 期，是 2021 年度四川省社会科学规划项目"欧盟'碳中和'立法及其启示研究"（SC21FZ023）的成果。

"一带一路"视角下欧盟波兰法治之争透视及其应对方法论

余元玲[*]

"一带一路"背景下，欧盟和波兰都有着非常明显的区位优势和地缘政治地位。《中欧全面投资协定》被欧洲议会冻结，给中欧关系和国际形势增添了诸多不稳定性因素，同时也反映了欧盟内部存在的矛盾和分歧。欧盟波兰法治争端历经6年有余仍未平息，表明欧盟内部危机不断，问题重重。这两起看似无关的事件，值得高度关注。基于"一带一路"视角，中国需在以下方面积极作为，为构建人类命运共同体贡献力量：第一，坚持人类命运共同体的全局观，维护好中欧、中波关系；第二，谨慎对待欧盟波兰争端，保持客观中立，发出中国声音；第三，加强与欧盟核心成员国的双边合作，适时推动《中欧全面投资协定》重启；第四，积极对接波兰经济发展规划，持续推动中波经贸合作；第五，大力推动RCEP（《区域全面经济伙伴关系协定》）落地实施，多渠道破解"一带一路"困局。

论《中欧全面投资协定》劳工条款的可执行性

肖 军[**]

在中国已缔结的国际投资条约中，《中欧全面投资协定》在"可持续发展"专章首次规定了有约束力的劳工条款，其正当性通过可持续发展理念予以增强，并借助分歧处理机制的强制性和高透明度提供程序支持，因此具有可执行性。这些条款下的实体义务可分为与现有国内法相关和基于国际劳工公约的义务两大类。后者包含三项环环相扣的义务：缔约方应有效实施已批准的劳工公约、应努力争取批准其尚未批准的劳工公约，以及在尚未批准核心劳工公约时，应尊重和实现其所体现的基本原则。在未来执行这些条款时，对于中国未承诺批准的核心劳工公约，其所体现的国际劳工标准是否以及该如何通过"尊重基本原则"义务约束缔约方，是最可能引发分歧的法律争点，可考虑从劳工条款本身的解释和相关核心劳工公约所体现的基本原则内涵两个层面予以解决。

---

[*] 余元玲，重庆交通大学国际学院、欧洲研究中心。该文原载于《西南大学学报（社会科学版）》2022年第5期，是重庆市国际化特色项目"重庆与中欧班列沿线国家产学研合作平台建设"、重庆交通大学欧洲研究中心基金重点项目"'一带一路'背景下高等院校研究生层次中波、中德'三导师制'人才联合培养模式研究——以重庆高校为例"（2022ESC04）的阶段性成果。

[**] 肖军，武汉大学国际法研究所。该文原载于《法学》2022年第9期。

《中欧全面投资协定》国有企业规则述评

张金矜*

《中欧全面投资协定》（CAI）国有企业规则的达成既源于中欧双方对国有企业规则的共同需求，也得益于双方对竞争中立认知的相对一致。CAI 国有企业规则采用宽泛的国有企业定义，从国有企业的商业行为及相关的政府行为两方面提出规制要求，以回应欧盟对中国国有企业不公平竞争优势之担忧。就 CAI 国有企业规则的影响而言，其不仅为中国国有企业循序渐进改革提供了必要空间，而且对国有企业国际规则的重塑与发展作出重要贡献。

双碳目标下碳捕集与封存的立法规制：欧盟方案与中国路径

康京涛　荣真真**

碳捕集与封存（CCS）技术是碳减排和气候变化治理的有效工具，目前中国尚未出台专门的 CCS 法律。欧盟 CCS 研发处于世界领先地位，伴随 CCS 应用国际法律障碍的消除和 CCS 能源与气候变化政策的驱动，欧盟基于二氧化碳封存生命周期建立了以许可为核心的监管框架和以欧盟碳排放交易体系（EU-ETS）为主导的激励机制。实践表明，欧盟 CCS 法律框架存在责任制度过于严格、激励机制不健全、公众参与机制缺失等问题，这些成为欧盟推动 CCS 发展的法律障碍。鉴于双碳目标和 CCS 项目扩大示范的需要，中国 CCS 的规制必须从政策转向法律。中国应在总结欧盟 CCS 法律框架经验和不足的基础上，创设以监管与促进并重的双阶法律体系，一方面构建以二氧化碳封存生命周期为中心的监管框架预防 CCS 的风险，另一方面完善以消解 CCS 资金短缺为目标的多元激励机制促进 CCS 发展，同时改进公众参与机制消解公众对 CCS 的风险疑虑。

---

* 张金矜，首都经济贸易大学法学院。该文原载于《国际经济法学刊》2022 年第 4 期，是司法部重点课题项目"习近平法治思想指导下涉外法治体系完善的结构化分析"（21SFB1006）的阶段性成果。

** 康京涛，西安财经大学法学院；荣真真，根特大学法学院。该文原载于《德国研究》2022 年第 5 期，是教育部人文社会科学重点研究基地重大项目"生态文明语境下环境法的体系化发展研究"（项目号：19JJD820003）的阶段性成果。

欧洲的权利经济转型
——基于对欧洲公司可持续性尽责法的考察

叶 斌 杨昆灏[*]

  通过将人权和环境等可持续发展目标嵌入公司治理和供应链管理，欧洲公司可持续性尽责法势必推动欧洲的权利经济转型——从公司社会责任到强制性公司尽责义务。人权和环境不仅是欧洲社会市场经济的保护对象，还将成为市场经济运行的基本要素。权利经济的转型根植于欧洲价值观，将推动形成人权和环境等可持续发展目标的全新落实方式和执行机制。作为欧洲权利经济转型的法律框架，欧洲公司尽责法面临欧盟法的合法性关切，以及与欧盟法基本原则的不兼容风险，这将影响法律的实施效果。同时，欧洲公司尽责法将对第三国行为体施加域外效应，并在民事问责实践中进一步加剧司法管辖权积极冲突。对此，中国应以开放性态度继续参与国际工商业与人权立法，适时完善中国式的公司尽责法律体系，并补足应对外国法域外效应的法律工具箱。这将有助于中国积极应对欧洲公司尽责法潜在影响，并助力中国式现代化和经济社会的全面高质量发展。

WTO规则的"三元悖论"与诸边贸易协定：困局与破解

刘 斌 刘玥君[**]

  由于国际生产分工的深化与经济体相对实力的变迁，多边贸易体制中共识、普遍规则与严格执行"三原则"出现不可调和的矛盾，当前WTO谈判陷入困局。诸边贸易协定通过简化谈判议题、缩小成员范围的方式，为破解全体成员"协商一致"下"一揽子协定"难以达成的僵局创造了新思路。但诸边贸易协定也存在一些弊端，目前封闭式诸边贸易协定的排他性侵蚀了最惠国待遇原则，而开放式诸边贸易协定面临"关键多数"难以达成的困境。WTO改革的关键是平衡好"公平"与"发展"的关系，既要发挥中美欧等贸易大国的引领能力，保障协定公平有效；又要基于特殊和差别待遇原则，激励更多发展中国家参与。作为WTO核心成员，中国应正确处理中美关系，稳固中欧关系，选择性引领开放式诸边贸易协定，主动加入封闭式诸边贸易协定，积极推动诸边贸易协定多边化进程，赢得国际经贸规则制定的主动权。

---

  [*] 叶斌，中国社会科学院欧洲研究所；杨昆灏，欧洲大学学院法律系。该文原载于《欧洲研究》2022年第6期，是中国社会科学院欧洲研究所创新工程"百年变局下的欧洲转型研究"的阶段性成果。

  [**] 刘斌，对外经济贸易大学国家对外开放研究院、中国世界贸易组织研究院；刘玥君，对外经济贸易大学中国世界贸易组织研究院。该文原载于《欧洲研究》2022年第6期，是教育部哲学社会科学研究重大课题攻关项目"全球经贸规则重构背景下的WTO改革研究"（项目编号：21JZD023）、国家自然科学基金面上项目"贸易开放、国内运输成本与南北经济差距"（项目编号：72173020）、2022年对外经济贸易大学课程思政研究课题"习近平新时代中国特色社会主义思想融入全球经济治理课程建设研究"（项目编号：74223301）的阶段性成果。

个人数据反对权的欧盟范式及中国方案

梅　傲　谢冰姿[*]

个人数据反对权是加强数据主体对自身数据自觉自控的一项重要权利，其运行机制兼顾权益保护与数据自由，体系定位与其他数据权利具有紧密的内在联系和行权逻辑。作为个人数据权利保护的先行者，欧盟率先采取赋权模式建立起较为成熟的个人数据反对权制度，为世界提供了最为典型的立法例。通过梳理欧盟个人数据反对权的设权历程、剖析其实施效果可以发现，个人数据反对权的权能范围和行权规则有待进一步明确和细化，以增强权利的适用性。中国现行立法并未对个人数据反对权作具体规定，但在多处均有所涉及，具备构建该权利的现实基础和立法资源。为提高个人数据保护水平，中国可借鉴欧盟个人数据反对权之策，从权利体系、权利功能及权利内容出发，构建本国特色个人数据反对权。

欧盟企业数据共享制度新动向与中国镜鉴
——基于欧盟《数据法》提案的解析

曾彩霞　朱雪忠[**]

鉴于数字经济具有动态经济、平台经济和生态经济等新特征，数据已成为数字市场准入的关键壁垒，垄断者有较强动力封锁数据，对市场创新和竞争生态产生严重的抑制效应。因此，促进企业数据共享是释放数据要素价值、赋能数字经济建设的重要举措。欧盟发布的《数据法》提案将企业数据共享作为重要内容，确立了企业对用户、企业对企业、企业对公共部门三种场景下的数据共享规则，提出了数据必要性原则，数据最小化原则以及公平、合理和非歧视原则，充分考量了不同市场主体的市场力差异，试图通过限制"守门人"企业的市场力量，保护用户和中小微型企业等弱势市场主体的权利并减少数字鸿沟。中国可借鉴欧盟在企业数据共享方面的新举措，构建跨部门、多主体、多流向的横向数据共享机制，确定企业数据共享合同的基本原则，提高互操性以解决数据共享技术问题，以及健全数据共享中的商业秘密保护制度。

---

[*] 梅傲、谢冰姿，西南政法大学争端解决国际竞争力研究中心。该文原载于《德国研究》2022年第6期，是重庆市社会科学规划项目"'一带一路'倡议下中国企业海外发展的域外法律保护问题研究"（项目编号：2019YBFX026）的阶段性成果。

[**] 曾彩霞，同济大学法学院；朱雪忠，同济大学上海国际知识产权学院。该文原载于《德国研究》2022年第6期，是国家社会科学基金一般项目"平台型企业拒绝交易数据行为的规制研究"（项目号：21BFX107）的阶段性成果。

● 社会历史文化

二十世纪德国思想界的中国观

温 馨*

德国思想界的中国观是影响德国社会整体中国观生成及演变的重要思想来源。与19世纪西方世界负面、贬抑的中国观基本立场不同，20世纪德国思想界对中国的认知呈现丰富的深度和广度，明显折射了20世纪全球化发展和现代性影响的历史时代特征。通过中德跨文化哲学和全球史相结合的研究可知，20世纪德国思想界对中国形成的一套基本看法和观点在历史语境、社会变迁、认知主体等多种因素作用下经历了由传统东方乌托邦到欧洲社会经济参照、普遍历史性和共识性交流中的现代中国的观念转向，其中国观的认知立场也经历了由西方中心主义到理性、普遍性和超越中心主义的历史转向。20世纪德国思想界的中国观具备明显的现代性和文明变迁的历史转向特征，特别体现了德国思想界对全球化与整体性的追求，以及德国与中国实现互动的"理性的共识"。回顾和总结20世纪德国思想界的中国观，实证中国在德国思想史发展中的参与及互动，能够为全球化时代的中国形象建构、中国与世界的互相尊重借鉴提供理论尝试和历史启示。

中欧国家媒体的"中国观"：基于媒体报道的分析

鞠维伟**

该文通过对一段时期内中欧四国（捷克、波兰、匈牙利、斯洛伐克）部分主流媒体涉华报道的主要内容、对华评价、信息来源、议题设置以及对双边关系的态度等进行指标分析发现，当前中欧四国媒体的中国观非常复杂：政治和社会文化议题呈现明显的负面态度；经济上兼具正负两方面态度；在中美矛盾冲突日益激烈的背景下，中欧国家媒体并没有出现"站队美国"的倾向；在科技领域，承认中国在网络技术和数字经济领域的进步和领先地位。中欧国家媒体中国观的一个重要出发点是在发展对华关系中获得实际利益，中国的国际影响力对本国会产生何种作用。中欧国家媒体中国观的形成是其各自国家利益、历史经验、价值观、舆情民意等多种因素互动作用的结果。该文从"议程设置论"角度探讨了中欧媒体中国观的呈现方式以及中

---

* 温馨，西安外国语大学欧洲学院。该文原载于《深圳大学学报（人文社会科学版）》2022年第1期，是教育部人文社会科学研究一般项目"20世纪德国思想界的多元中国观及历史转向研究"（21XJCZH003）的阶段性成果。

** 鞠维伟，中国社会科学院欧洲研究所。该文原载于《俄罗斯东欧中亚研究》2022年第1期，是国家社会科学基金一般项目"中东欧国家的'中国观'构建研究"（18BGJ087）的阶段性成果。

欧媒体中国观的代表性问题，即媒体是反映本国精英的中国观还是反映大众的中国观。

从家庭照顾迈向社会照顾：德国和日本儿童照顾政策及其启示

杨琳琳*

儿童照顾体现了照顾责任在国家与家庭及两性之间的分工，目前投资取向的社会照顾政策成为近些年来福利国家社会政策的一个新转向。中国与德国、日本在儿童照顾方面具有相似的政策安排，均推崇以家庭为核心的照顾主体，但是在政策实施上却呈现不同的路径。德国通过慷慨的照顾津贴、完善的照顾时间政策和公共照顾服务体系成为自主家庭主义国家的新进代表；日本在少子化危机促使下进行幼托政策的整合与改革，成为东亚国家中整合型社会照顾政策的发展雏形。有鉴于此，在幼有所育的民生目标指导下，中国应及时更新政策价值理念、精准照顾对象、完善照顾政策内容、建立多元照顾协同机制，促进家庭照顾转向社会照顾。

反社会排斥：欧盟终身学习政策行动与困境

陈晓雨**

欧盟终身学习政策被视为具有强大动力学功能的反社会排斥工具。其先后历经《马斯特里赫特条约》《里斯本战略》《欧洲2020》三个时期，采取了全面提升教育品质、提升辍学者与低技能青年就业素养、软性治理推进政策转移等举措以应对社会排斥。然而当前欧盟面临终身学习体系构建未达预期、弱势群体政策参与不足、过度关注就业素养等问题，社会排斥现象仍旧突出。未来欧盟需重新定义社会排斥内涵，提高被排斥群体政策参与，强化终身学习体系公平性建设，采取更加多元和针对性的公共政策，促进团结包容，实现充满凝聚力的欧洲。

---

* 杨琳琳，南京理工大学马克思主义学院。该文原载于《理论月刊》2022年第3期，是2017年度国家社会科学基金重大招标项目"中国残疾人家庭与社会支持机制构建及案例库建设"（17ZDA115）、江苏省社会科学基金一般项目"苏南地区社会组织参与社会治理的创新机制研究"（21ZZB005）的阶段性成果。

** 陈晓雨，华东师范大学教育学系。该文原载于《比较教育研究》2022年第4期，是华东师范大学教育学部第七届科研基金项目"反社会排斥：欧盟终身学习政策的行动与困境研究"（项目编号：ECNUFOE2022KY136）的阶段性成果。

学科论文选介

迈力克默号事件与冷战初期联邦德国对新中国的贸易政策（1949—1952）

陈弢[*]

1951年4月发生的迈力克默号事件是冷战初期联邦德国（西德）对华贸易的一个关键事件，体现了这一时期从西欧到中国复杂的贸易网络的发展情况。该事件不仅使西德企业的对华业务遭到极大打压，也几乎中断了方兴未艾的西德东亚航线。在西德贸易主权没有完全恢复的情况下，美国的强大压力和西德政府自身的战略考量是西德对华实施严厉贸易禁运措施的重要原因。与此同时，西德政府也为日后发展与中国的经贸关系保留了一扇门户。

等级制·正当性·霸权：伊恩·克拉克对英国学派理论发展的贡献

严骁骁[**]

伊恩·克拉克作为当代英国学派代表人物之一，对英国学派国际关系理论发展作出了重要贡献。从英国学派的研究议程来看，他重新诠释传统英国学派话语中的国际秩序与正当性，以此为基础发展了一种英国学派的霸权理论。在研究方法论上，克拉克运用的历史社会学路径，发扬了英国学派历来重视发掘历史知识对国际关系研究重要价值的传统。此外，针对美国国际关系学界的批评，克拉克的回应是回归古典英国学派的国际思想史研究传统，聚焦于概念史研究路径。他对于正当性、霸权等概念的阐述，对批判和反思国际关系研究的非历史性与非时空性有着重要意义。克拉克的学术思想凸显了英国学派重视人文/历史知识对于国际关系研究的非凡价值，超越了三大范式对理论知识狭隘的理解。

法国促进人口再生产政策的制度导向及其镜鉴

张金岭[***]

如何推进配套政策与支持措施改革，以激发育龄人群生育意愿，是中国实现"三孩"新政目

---

[*] 陈弢，同济大学德国问题研究所。该文原载于《德国研究》2022年第2期，是国家社会科学基金青年项目"冷战时期联邦德国对华经济外交研究（1949—1990）"（项目编号：17CSS030）的阶段性成果。

[**] 严骁骁，上海社会科学院国际问题研究所。该文原载于《国际政治研究》2022年第3期，是国家社会科学基金一般项目"中美竞争背景下欧洲战略自主建设的动态研究"（项目编号：21BGJ050）的阶段性成果。

[***] 张金岭，中国社会科学院大学政府管理学院、中国社会科学院欧洲研究所/马克思主义与欧洲文明研究中心。该文原载于《社会保障研究》2022年第3期，是中国社会科学院欧洲研究所创新工程"欧洲大国与次区域模式比较研究"（2021OZSA02）的阶段性成果。

标的关键。过去十余年间生育率持续居欧洲首位的法国，在鼓励生育方面所探索的一系列机制举措值得借鉴。家庭一直是法国促进人口再生产中最为核心的政策单位，也是该国倚重的一个重要的治理平台。面向家庭的诸多政策有效地贯通多个社会领域，有助于应对相关社会问题、提升公共服务、维系社会平等与团结等。在此框架下，法国设有较为完备的以家庭为单位的促进人口再生产的津贴体系，它几乎可以覆盖到一个孩子不同成长阶段的各类需求，同时法国还重视鼓励生育的机制安排与设施建设，从而形成了立体多元的政策体系。法国的诸多政策实践可为中国当下在促进人口再生产方面完善制度设计、统筹政策配套、形成政策合力提供镜鉴。

收入分配调节、社会保障完善与生育率回升

——低生育率阶段的欧盟经验与启示

王丛雷　罗　淳[*]

欧盟地区较早进入低生育率阶段并出现了一定的生育率回升，该文以2000—2020年欧盟27个国家为样本的实证分析发现：总体上看，样本国家的基尼系数与总和生育率显著负相关，而社会保障支出与总和生育率显著正相关；随着总和生育率的提高，基尼系数降低对总和生育率提升的促进作用从不显著转变为显著并持续增强，而社会保障支出增加对总和生育率提升的促进作用在不同的生育率水平下均显著；基尼系数和社会保障支出对总和生育率的影响具有相互强化的交互效应，即基尼系数降低会强化社会保障支出增加对总和生育率提升的促进作用，社会保障支出增加也会强化基尼系数降低对总和生育率提升的促进作用。相比现有文献，该文主要进行了以下拓展和深化：一是基于欧盟地区的实证分析为在低生育率阶段收入分配平均化和社会保障完善可以显著促进生育率提升提供了经验证据，二是通过分位数检验和交互效应分析进一步明确了基尼系数和社会保障支出影响总和生育率的机制。该文认为在低生育阶段可以通过调节收入分配和完善社会保障促进生育率提升，有利于在促进共同富裕中实现生育和人口高质量发展，建议要在通过高质量经济发展为持续提高生育质量提供物质保障的基础上，不断缩小收入差距和加大生育支持，进而有效提升整体生育率。

解析欧洲福利建设的经验教训

田德文[**]

欧洲是世界上贫富差距相对较小的地区。从历史上看，二战后欧洲建设"福利国家"的过

---

[*] 王丛雷、罗淳，云南大学经济学院。该文原载于《西部论坛》2022年第2期，是国家社会科学基金项目（20BRK031）的阶段性成果。

[**] 田德文，中国社会科学院俄罗斯东欧中亚研究所。该文原载于《人民论坛·学术前沿》2022年第16期，是中国社会科学院马克思主义理论学科建设与理论研究工程项目"习近平'文明观'与'人类命运共同体'理念的世界意义与国际影响研究"（2019mgczd004）的阶段性成果。

程是以现代化经济发展为基础的，是在工业化和城市化进程的拉动下实现的。随着经济增长速度降低，欧洲各国社会不平等的程度也都有所提高。但是，由于已经有了比较完善的社会再分配理念、制度和政策，欧洲总体而言仍能较好地控制贫富差距扩大的势头。欧洲国家最大的共性是相对而言都属于"小国寡民"。但其战后福利建设过程中的经验教训对中国促进共同富裕仍有可资借鉴之处：一是共同富裕既是现代化的结果，也是现代化的保障；二是在推进共同富裕的过程中，应注意全面调整政策理念；三是推进共同富裕应不断完善包括税收、社保和转移支付在内的基础性制度安排，灵活运用各种调控手段，强化"橄榄型分配结构"。欧洲"福利国家"的危机提示我们，应严格防范这些制度可能出现的可持续性危机。

社会保障与经济发展：来自欧洲的证据和启示

丁　纯[*]

为研究社会保障是否必定拖累经济发展，该文首先选取欧洲由"福利国家"向"竞争国家"转型时期，以欧洲社保四大子模式代表国家瑞典、德国、英国和希腊为分析对象，从社会保障对长期经济宏观运行、消费、劳动力市场、科技创新、财政负担的影响以及社保水平与经济发展适应性等角度逐一分析研判；接着，对欧盟全体成员国（含英国）社会保障与经济发展的关系进行实证分析，研究结果表明，社会保障有利于推动经济长期稳定增长、刺激消费、促进就业、提升人力资本和科技创新能力，其一定拖累经济发展的结论未得到支持；最后，提出了对中国社保发展的启示，即立足国情，社保与经济发展相互适应，顺应时代对社保的要求，强化社保对人力资本的增能作用，避免重蹈欧洲国家泛福利化的弯路。

语言、民族国家建构和国家语言政策

菅志翔　马　戎[**]

在近代"民族国家"建构的历史过程中，语言文字作为人类社会最重要的信息交流工具成为群体认同的文化基础并发挥了特殊的凝聚作用，被视为现代"民族"进行政治与文化建构的关键要素。确定并推行国家通用语言，是构建现代国家公民政治认同和建立全国统一劳动力市场的文化基础。在近代民族国家建构的过程中，各国政府为了强化全体国民的政治与文化认同，各自根据具体国情制定并推行了本国语言政策，这些政策实践中展现的利弊得失，也为我们提供了宝贵经验和教训。无论是理解和学习其他文明，还是不断对自身文明传统的再认识，语言和语言变迁史分析都将始终是我们必须关注的重要研究领域。

---

[*] 丁纯，复旦大学欧洲问题研究中心、复旦大学经济学院。该文原载于《社会保障评论》2022年第5期，是国家社会科学基金重大研究专项（20VGQ012）的阶段性成果。

[**] 菅志翔，浙江大学社会学系；马戎，北京大学。该文原载于《学术月刊》2022年第9期。

非常规就业、劳动力市场二元化与社会保障制度的重新定位
——向"后工业社会"转型中的欧洲社会保障制度

张 浚[*]

20世纪80年代以来，欧洲劳动力市场灵活化持续发展，非常规就业不断增长，这种变化发生在欧洲向"后工业社会"转型的过程中。非常规就业的增长是充分就业在欧洲终结的结果之一，与欧洲国家应对就业问题的社会政策改革紧密相关。尤其是在欧洲大陆国家，渐进的社会保障制度改革起到了保护核心劳动力和维持欧洲经济竞争力的作用，但同时也带来劳动力市场二元化的结果。新冠肺炎疫情暴发之前，欧洲国家采取了一些措施，试图解决非常规就业者社会保障不足的问题，但并未从根本上改变劳动力市场和社会保障制度的二元结构。新冠肺炎疫情之下，欧洲应对新冠危机的举措优先保护常规就业，进一步强化了核心和边缘劳动者之间的社会分化。

乌克兰难民危机与欧盟难民庇护政策的范式转变

吕 蕊[**]

俄乌冲突导致数百万乌克兰难民涌入欧盟，极大地考验着欧盟以《都柏林公约》为核心的难民庇护政策。欧盟处理乌克兰难民危机的方式与应对叙利亚难民危机迥然不同，展现了前所未有的团结与一致，呈现了范式的转变。安全导向取代经济导向是促使欧盟难民政策发生重大转变的动因。为此欧盟不惜通过激活《临时保护指令》、筹措资金、协调职能部门行动来救助难民。救助难民成为欧盟坚定支持乌克兰和同俄罗斯开展暗战的主要举措。欧盟处理乌克兰难民危机的方式为全球难民治理提供了可供效仿的模式，其过程管理经验及对安全和发展议题的关注将在未来难民问题的治理上继续发挥作用。欧盟的难民庇护政策转型或"范式转变"是欧盟团结应对难民危机的先例，但并非欧盟难民庇护的新常态，极有可能是难以复制的孤例。

---

[*] 张浚，中国社会科学院欧洲研究所、中国社会科学院中德合作中心。该文原载于《欧洲研究》2022年第6期。

[**] 吕蕊，同济大学政治与国际关系学院。该文原载于《欧洲研究》2022年第6期。

● 国别

"价值观外交"：德国新政府的外交基轴？

熊 炜 姜 昊[*]

德国新政府提出的"价值观外交"是对默克尔政府开启的"价值观外交"的延续和继承，是作为后现代和后民族国家的德国成功转化身份的必然结果。德国国内政治生态、国际秩序变革和默克尔时期"价值观外交"实践的正向激励，都会促进德国新政府加速推进德式"价值观外交"。但德国的"价值观外交"不完全等同于"意识形态外交"，它给中德关系发展带来的既有机遇也有挑战。未来针对德国新政府对华政策中的"价值观外交"，中国应在坚持"红线"的基础上，注重从积极面入手，明确双方在多边主义规则和制度方面的共同点，争取相互合作以塑造更具包容性的国际秩序。

德国新政府上任后的中德关系新动向

张 浚[**]

2021年德国大选并没有改变德国政党政治的基本格局，新一任总理朔尔茨上任，维持德国政治的稳定和延续性依然是德国政治精英和民众的普遍期待。新政府执政之后，以欧洲一体化和跨大西洋伙伴关系为支柱的德国外交政策的基本立场不会发生根本变化，但是，德国和欧盟显然希望能够减少对美国的依赖，推行更加独立的外交政策并谋求更加平等的伙伴关系。德国不会成为美国遏制中国的盟友，但同时，德国新政府对华态度也极有可能更加强硬，推动中德关系和中欧关系的稳步发展需要更多的政治智慧和外交努力。

---

[*] 熊炜，外交学院区域与国别比较外交研究中心、外交学院外交学系；姜昊，外交学院区域与国别比较外交研究中心。该文原载于《国际问题研究》2022年第1期，是国家社会科学基金重大项目"地缘政治风险预测的理论与方法研究"（项目编号：17ZDA110）、中央高校基本科研业务费外交学院重大项目"欧盟对外经贸谈判中的德国因素研究"（项目编号：3162019ZYKA04）的阶段性成果。

[**] 张浚，中国社会科学院欧洲研究所。该文原载于《人民论坛》2022年第4期。

"边缘的兴起":对当代德国政党体制变动的解析

张佳威　吴纪远[*]

德国正式进入后默克尔时代,与16年前相比,政党体制的剧烈变动是当前时期最突出的特征之一。联盟党和社民党的统治基础被严重侵蚀,以往的主导地位逐渐失去;而先前在联邦层面位处"边缘"的一众小党则实力不断提升,逐渐接近权力中心。对此,文章从政党类型学的理论视域出发,围绕政党能力的发生机制,提出了分析德国政党体制变动的全新架构。文章认为,在应对新兴技术和各类危机的"冲击"中,基于不同组织体系和意识形态的德国各主要政党选择了差异化的战略,致使其所处的国家与社会间权力结构位置发生变化,逐渐具有了新的能力生产逻辑。从结果上看,以全民党的卡特尔化和利基党的群众化为表征的双向权力运动,成为当代德国政党体制变动的关键进程。

英国对南海"航行自由"问题的立场:认知、影响与中国的应对

胡　杰[**]

英国对南海"航行自由"问题的认知,主要体现在法理、政治和历史三个层面上。英国对这一问题的理解,顺应了其一贯对国际海洋法的原则主张和海洋利益诉求,它谋求利用该问题提升"脱欧"后在印太的影响力。同时,英国有意在南海"航行自由"问题上采取模糊表述,以便在中美之间保持平衡。英国支持"航行自由行动"在给中国的南海维权制造麻烦的同时,也将损害"全球英国"的前景和中英关系大局。对此,中国要坚持"预防为主、区别对待、多管齐下、软硬结合"的方针,从容加以应对。

21世纪英国共产党推动英国走向社会主义的理论与实践探索

吕　进　冯　帆[***]

英国共产党自成立之初就宣称党的目标是在英国实现社会主义,并始终坚持为实现这一目

---

[*] 张佳威,华东政法大学政治学与公共管理学院;吴纪远,复旦大学国际关系与公共事务学院。该文原载于《德国研究》2022年第1期,是2020—2021年度复旦大学陈树渠比较政治发展研究中心基金项目的阶段性成果。

[**] 胡杰,武汉大学。该文原载于《太平洋学报》2022年第2期,是国家社会科学基金一般项目"权力变迁视域下美英对二战后世界海洋秩序的塑造研究"(20BGJ046)的阶段性成果。

[***] 吕进、冯帆,重庆大学马克思主义学院。该文原载于《世界社会主义研究》2022年第2期,是"新征程加强思想政治引领研究"(2021ZTZD16)的阶段性成果。

标而奋斗。进入 21 世纪以来,英共立足现实、坚持不懈,对推动英国走向社会主义进行了新的理论和实践探索:理论方面,深化了替代性经济政治战略思想,全面阐述了英国走向社会主义的"三步走"规划,即增强选举力量、左翼政府掌权、最终实现社会主义;实践方面,英共主要从参加选举活动、发展社会运动、助力国际共运等层面进行了探索。当前,英共发展面临诸多困难,内外部环境的限制致使英国走向社会主义的道路充满挑战。

塞浦路斯劳动人民进步党的理论发展与实践探索

冯 燚[*]

21 世纪以来,作为少数在资本主义国家通过议会选举实现参政和执政的马克思主义政党,塞浦路斯劳动人民进步党坚持马克思列宁主义原则,坚定社会主义发展方向,注重从理论、制度和党群关系等方面进行治党建党探索。该党的政治实践主要表现为支持塞浦路斯加入欧盟,主张通过两族两区联邦制解决塞浦路斯问题,坚决开展反殖反霸和维护世界和平的斗争,积极应对新冠肺炎疫情对社会经济发展造成的负面影响。2021 年 7 月塞劳进党二十三大胜利召开,表明该党是一个富有生命力和创造力的马克思主义政党,在国家政治生活中将继续扮演重要角色,但若要在未来政治实践中实现更大的突破,依然面临诸多现实挑战。

希腊民粹主义政党的历史演变和发展态势

游 楠 史志钦[**]

当代希腊政党政治一直与民粹主义相伴随,近年来希腊民粹主义左翼和右翼力量的发展趋势又出现了新变化。2019 年,左翼民粹主义政党激进左翼联盟下台,极右翼民粹主义政党的代表金色黎明党力量式微,未能进入议会。希腊左右翼民粹主义政党经历了四个发展阶段,两者的差异体现在对"人民"的解读、政策立场、对欧洲怀疑论的理解和采用民粹主义的话语方式上面。希腊最新一届议会选举结果表明,希腊民粹主义的发展变化使得希腊政党制度的分裂性降低,且其变化在欧洲民粹主义整体发展趋势中具有独特性。该文基于"需求—供给"框架剖析影响希腊民粹主义政党兴衰的因素,对其未来发展进行预测,认为希腊民粹主义可能会出现某种周期性,会持续影响希腊民主,且左翼民粹势力影响更持久,当前希腊国内外面临诸多挑战也可能会引发希腊民粹主义势力的反攻。

---

[*] 冯燚,宁夏大学中国阿拉伯国家研究院、陕西师范大学历史文化学院。该文原载于《世界社会主义研究》2022 年第 2 期,是国家社会科学基金青年项目"美国对中东的援助及对我国的启示"(18CGJ025)的阶段性成果。

[**] 游楠,北京科技大学马克思主义学院;史志钦,清华大学国际关系学系。该文原载于《当代世界社会主义问题》2022 年第 1 期,是国家社会科学基金青年项目"欧洲议会党团对'一带一路'倡议政策差异比较研究"(19CGJ015)的阶段性成果。

"后默克尔时代"的德国：共识政治与否决玩家

杨解朴 *

2021年"交通灯"政府组阁后，德国联邦政府内否决玩家的数量增多、意识形态差距加大，相较于大联合政府，执政三党达成共识的难度增加，尤其是在三党政策定位差距较大的经济政策和气候环保领域，实施政策变革的难度更大。联邦议院中的反对党受到其议席数量的限制，对联邦政府提出的议案很难实施否决，但可通过相关法律程序就某项法案涉嫌违宪向联邦宪法法院提起诉讼，从而有可能阻断相关法案的通过。出于政党竞争的需要，联盟党会借助联邦参议院在立法过程中扮演否决玩家的角色，但其能否行使否决权受到共识政治下朝野共治的发展方向、联邦州的利益、选民的偏好、党内凝聚力等多种因素的影响。面对德国经济社会中的问题和挑战，如果"交通灯"政府政策变革速度过缓，无法满足选民诉求，执政党会因此失去选票，德国政治的稳定性将受到冲击。该文尝试从共识政治与否决玩家的理论视角出发，结合"交通灯"政府治下政治派别多元化增强的现实状况，探讨德国主要政党在联邦政府、联邦议院和联邦参议院进行合作与博弈的可能性，分析德国政治决策中共识与否决的变化趋势以及"后默克尔时代"德国政治的发展前景。

匈牙利民粹主义政治极化

黄丹琼**

近年来，民粹主义在世界舞台迅速崛起，在中东欧地区发展尤为迅速强势。中东欧地区的民粹主义以匈牙利最为典型，对欧盟现存秩序造成冲击。该文从历史渊源、国内结构、外部环境和现实冲突等方面，探究民粹主义政治极化的本质和动因。社会中下层的极度不满是民粹主义政治极化的根本原因。民粹主义政党运用各种工具，包括极化的话语体系、意识形态，加之领导人独特的政治个性，推动选民走向极端化。难民问题促使民粹主义向狂热的极右翼势力转化，对西方民主和欧盟秩序构成挑战。

---

* 杨解朴，中国社会科学院欧洲研究所、中国社会科学院中德合作中心。该文原载于《欧洲研究》2022年第2期。
** 黄丹琼，复旦大学国际关系与公共事务学院。该文原载于《现代国际关系》2022年第4期。

右翼民粹主义政党在新冠肺炎疫情中的危机话语策略分析
——以德国选择党、奥地利自由党与瑞士人民党为例

唐艋[*]

该研究结合话语—历史分析法与语料库语言学方法，对德国选择党、奥地利自由党与瑞士人民党在新冠肺炎疫情中的危机话语策略进行了分析与比较，并探究了其危机话语策略相似与相异的原因。研究发现，三个右翼民粹主义政党的危机话语策略存在很大程度的相似性，它们均弱化公共卫生危机，致力于将新冠肺炎疫情提升到经济危机或政治经济危机的维度；同时，瑞士人民党与德国选择党及奥地利自由党在论证策略、危机负责人建构和语言手段等方面又存在差异。

从"铁娘子"到"默大妈"：欧洲女性领导人领导风格差异及其根源

翟化胜[**]

为解释欧洲女性领导人之间的风格差异及其根源，该文提出的理论框架基于印象管理理论，将领导风格同个性有限剥离，认为其塑造通常是为了应对社会刻板印象而进行的性别身份管理，其效果深受决策情境的影响。在偏好能动性的情境中，强化男性化领导能够有效扭转他者的偏见；在偏好集体性的情境中，强调女性化或双性化领导，重视沟通与合作能取得良好效果。决策情境的偏向由议题特性和战略文化决定。撒切尔执政时期的英国，高政治领域议题凸显，受冲突型战略文化主导，形成了偏好能动性的决策情境，促使撒切尔选择"铁娘子"式领导风格；默克尔执政时期的德国，低政治领域议题凸显，合作型战略文化盛行，形成了偏好集体性的决策情境，促使默克尔采取"默大妈"式领导风格。

---

[*] 唐艋，四川外国语大学。该文原载于《德国研究》2022 年第 2 期，是重庆市社会科学规划项目"话语制度主义视角下德语国家右翼民粹主义政党危机话语策略比较研究"（项目编号：2020QNYY73）的阶段性成果。

[**] 翟化胜，中国政法大学全球化与全球问题研究所。该文原载于《德国研究》2022 年第 2 期，是国家社会科学基金重大项目"百年变局下全球化进路与人类命运共同体构建研究"（项目号：21&ZD173）、国家社会科学后期资助项目"世界文明的多元发展与互鉴研究"的阶段性成果。

默克尔时代的德国经济与中德经贸合作展望

李颖婷　廖淑萍[*]

2005—2021 年，德国在前任总理默克尔的领导下实现稳定的经济增长，进一步巩固贸易投资地位，并保持较低的失业率和债务率。德国强劲的工业实力和独特的经济金融体系是推动经济增长、激发创新活力的重要因素。然而，默克尔执政期间未能解决德国基建修缮不及时、新经济发展不完善、区域经济增长不均衡等一系列新老问题，因此，把握绿色经济和数字化转型将成为德国新政府推动经济发展的重点方向。多年来，中德形成了积极、稳定、务实的交流与合作模式。展望未来，中德应继续开展务实合作，共同维护国际市场环境，强化双边经贸合作，深化各领域交流，推进双边金融合作，助力中德合作迈上新台阶。

中意建交以来意大利华侨华人社会的变迁
——以国家在场理论为中心的分析

包含丽　夏培根[**]

论文从"国家在场"理论视角，探讨了意大利华侨华人人口统计特征的变化、意大利华侨华人社会组织的发展与媒介作用，以及"国家在场"对意大利华侨华人社会发展变迁的影响。自 1970 年以来，意大利华侨华人社会在人口结构、社会组织两方面展现出日益显著的变化特征与发展特点。意大利"国家在场"、中国"国家在场"及中意两国外交关系，皆对意大利华人社会的发展变迁产生深刻影响。开放、包容的国家政策与良好的外交关系能够促进意大利华侨华人社会的稳定、良性发展，使华侨华人群体受益于双边合作的同时也为双边合作发挥作用。基于中意两国长期维系的和平友好关系，意大利华侨华人在中意"一带一路"倡议合作、构建人类命运共同体及中国的新发展格局中将发挥重要的桥梁纽带作用。

---

[*] 李颖婷，北京大学经济学院博士后流动站、中国银行股份有限公司博士后科研工作站；廖淑萍，中国银行研究院。该文原载于《国际经济合作》2022 年第 3 期。

[**] 包含丽，温州大学华侨学院；夏培根，新加坡国立大学文学暨社会科学院。该文原载于《华侨华人历史研究》2022 年第 2 期，是浙江省哲学社会科学新兴（交叉）重大项目"具身视角的华侨华人家国情怀形成与培育机制研究"（22JCXK02ZD）、2021 年度温州大学侨特色研究项目"海外华文学校对公共外交的贡献机制研究"（WDQT21-YB008）的阶段性成果。

学科论文选介

法国国际传播数字网络探析及对中国国际传播能力建设的启示

周 燕 张新木[*]

后疫情时代加强和改进国际传播能力建设，是当前中国学界亟待关注的战略问题。法国将国际传播作为其文化外交战略的重要手段之一，近年来，法国通过调整文化外交战略，积极构建国际传播数字网络体系，对加强和改善中国国际传播建设具有一定的借鉴和参考价值。该研究基于文化外交理论，爬梳法国文化外交战略的历史变迁，揭示后疫情时代法国文化外交的数字网络体系，分析并探讨新时代中国国际传播能力提升的新路径。

历史、文化与规范：英国的安全研究

王梓元[**]

安全研究在英国拥有深厚的历史传统。英国的安全研究诞生于19世纪末大英帝国的转型与战略竞争的背景下。第一次世界大战以后，作为国际关系学科的分支，英国的安全研究设置了以战略研究、裁军研究为主的研究议程，对国家安全这一议题的发展具有开创意义。在一个世纪的知识积累中，英国的安全研究在学科体系和学术研究方面逐步形成了突出历史、文化与规范研究的特色。具体而言，英国的国家安全研究重视非物质因素（尤其是战略文化和伦理）的作用以及历史案例和实践经验的独特性。与美国的安全研究相比，英国的安全研究在方法上强调反思性而非科学性，追求历史经验的特殊性而非经验现象中的普遍规律。

丹麦共产党对社会主义的探索及衰落原因

白 虎 陈金祥[***]

丹麦共产党对社会主义进行了长期的艰辛探索，经历了革命斗争阶段、冷战环境下探索新道路阶段和冷战后的艰难维持乃至衰亡阶段。丹共对社会主义的探索重点是围绕和平过渡到社

---

[*] 周燕，南京大学外国语学院、河海大学外国语学院；张新木，南京大学外国语学院。该文原载于《西安外国语大学学报》2022年第2期，是国家社会科学基金重大项目"中国与世界主要国家的国家语言能力比较研究"（项目编号：19ZDA299）的阶段性成果。

[**] 王梓元，外交学院国际关系研究所。该文原载于《国际政治研究》2022年第3期。

[***] 白虎，东华大学马克思主义学院；陈金祥，中共中央对外联络部当代世界研究中心。该文原载于《当代世界与社会主义》2022年第3期，是"历史唯物主义视野下的生命数字化治理研究"（项目编号：21YJC710003）的阶段性成果。

会主义积极开展反对资本主义的斗争。但是，丹共对社会主义的探索并未达到其预期，甚至可以说以失败告终。其失败的主要原因包括党内长期的思想混乱和组织路线斗争、社会民主党和社会主义人民党的制约以及自身在国际共运中的政策立场失误等，其衰落的客观条件与西欧多数共产党相似。

奥地利共产党探索社会主义的阶段性特征

杨 扬 章德彪[*]

奥地利共产党探索社会主义的历程可分为三大阶段：第一阶段以革命斗争为重心，在本国政坛确立了一定的地位；第二阶段以和平过渡到社会主义的探索为重点，基本以失败告终，该党日益走向边缘化；第三阶段以战略收缩为主，致力于重大转型与变革，在个别地方的具体实践中取得一定成果。奥共百年社会主义的探索历程展示了该党的多重面貌与特点，在一定程度上揭示了西方国家共产党的演进轨迹，深刻表明共产党能否成功在于是否真正实现了马克思主义的本土化和时代化。

法国左翼政党联合的历史演变和现实挑战

吴韵曦[**]

独特的历史文化、政治制度和社会结构塑造了法国政党林立、变动频繁和选举合作的鲜明特点。从第三共和国到第五共和国，左翼联合是法国左翼政党扩大政治影响和实现政治目标的重要手段。左翼联合的形式涵盖选举合作、议会合作和执政合作，构建全国性选举联盟对于左翼政党赢得大选尤其重要。社会党和共产党是法国两大传统左翼政党，两党关系长期是左翼联合的核心问题。在法国政党格局新一轮变革的进程中，"不屈法国"组建的左翼联盟面临竞争力和稳定性的严峻挑战。

---

[*] 杨扬，西南大学马克思主义理论研究中心、江西师范大学马克思主义学院；章德彪，中国劳动关系学院。该文原载于《当代世界与社会主义》2022年第3期，是"改革开放以来中国共产党政党外交研究"（项目编号：SWU1909018）的阶段性成果。

[**] 吴韵曦，中国政法大学马克思主义学院。该文原载于《当代世界社会主义问题》2022年第2期，是中国政法大学钱端升杰出学者支持计划资助项目的阶段性成果。

学科论文选介

后科尔宾时期英国工党改革及其面临的多重挑战

郑海祥[*]

2019 年英国大选结束后，工党渐进地推进着自我革新。工党以严格的政党管理为基础重塑政党形象，以谨慎的意识形态策略为依托推进政治议程。工党选择渐进式改革策略，既是破解大选后其结构性困境的现实需要，也受到自身现代化改革成功经验的历史启迪，还遵循了英国政治文化基因的内在要求。但工党的改革面临多重挑战。在政党管理层面，工党组织管理精英主义特征与普通党员要求实现政党民主化的愿望存在紧张关系，其内部派系主义和权力博弈的暗流依然涌动。在政治战略层面，工党重建"选举—专业型政党"的事业仍有大量基础工作需要完成，重建选民联盟的任务也非常艰巨。在政治理念和政治议程方面，工党内部关于政治议程的内容尚存分歧，且政治议程的意识形态轮廓仍不清晰。

德国反极端主义的"软策略"探微

杨友孙[**]

自 2001 年"9·11"事件以来，反恐成为国际重要事务，但德国的反极端主义政策却超越了反恐政策力度，成为欧盟乃至世界上反极端主义的典型国家。德国反极端主义政策主要采取"软策略"或"软方法"，即以预防、干预为主，以限制、打击为辅的思路，通过联邦政府、州政府、社会组织联动，从前中端发力，对极端主义展开多层次、多领域、多样化的防控。但德国反极端主义政策也出现了联邦政府统领、协调能力较弱、反极端主义泛化，以及"战斗性民主"理念加强的特征。今后，德国反极端主义政策将进一步强化，但其面临的问题是，如何在加大反极端主义政策力度的同时，将其规模和力度控制在"必要"的范围之内。

德国的库尔德裔移民政治活动及其对德国对土耳其政策的影响

王丹逸[***]

库尔德问题是当前德国—土耳其关系中的一大关键议题。库尔德裔移民的政治活动是该议题发展的主要推动力。在德国的库尔德裔移民通过大规模游行示威、暴力袭击等手段迅速引起

---

[*] 郑海祥，南京大学马克思主义理论专业博士后流动站、浙江师范大学马克思主义学院。该文原载于《当代世界社会主义问题》2022 年第 2 期。

[**] 杨友孙，上海政法学院政府管理学院。该文原载于《德国研究》2022 年第 3 期。

[***] 王丹逸，复旦大学国际关系与公共事务学院。该文原载于《德国研究》2022 年第 3 期。

德国社会对库尔德问题的关注，随后通过文化宣传和政治合作等方式，使库尔德问题与德国人权外交理念结合，进而持续影响德国对土政策。库尔德裔移民及其他德国国内行为体所形成的压力迫使德国政府重视这一议题，并形成了在库尔德裔移民与土耳其政府之间寻求平衡的对外政策方针。

地位寻求、角色构建与英国脱欧后的对外政策调整

孙志强　张蕴岭[*]

国家的寻求地位行为会导致国家对外政策的调整。在具有等级特征的国际体系中，国家会根据自身实力和客观环境，寻求合适的国家地位。在确定地位目标后，国家会匹配相应的角色，并面对国际观众和国内观众进行角色扮演。而国家的角色扮演，就是国家对外政策选择及调整的过程。从地位寻求到角色构建再到对外政策调整的整个传导链条，是国家在与国际、国内观众互动的情境下，其对外行为的逻辑自洽过程。该文建构了一个整体解释框架，意在阐释国家的地位寻求、角色构建与对外政策调整三者之间的作用机理以及传导机制。按照该框架的解释，英国在脱欧后寻求全球性大国地位，并扮演了美国忠实盟友、欧盟区域伙伴、全球贸易大国、"盎格鲁圈"协调者、英联邦领导者、民主价值观维护者等国家角色，由此带来对外政策的显著调整。

德国外资安全审查机制：特征、影响及我国应对举措

张　昕　孟　翡　张继行[**]

近年来，随着中国对外开放的不断深化，双向投资为加快推动构建"双循环"新发展格局发挥了重要作用，然而欧美等发达国家愈加趋紧的外资安全审查为中资企业对外投资带来了重重障碍。其中，自2017年以来多次收紧外资安全审查的德国，成为率先加强外资控制的欧盟成员国之一，对于中资企业的投资活动亦产生了较大的影响。文章从发展脉络、审查部门、审查范围、审查程序几个方面，对德国外资安全审查机制进行梳理并发现，其具有审查要求更为严格、审查行业不断扩充、审查门槛持续降低、中资企业指向明确、审查期限逐步延长等特征趋势，对中资企业赴德投资产生了五大影响——打压投资信心、限制投资领域、构成投资障碍、关注国有企业、加剧投资不确定性。为了实现中德乃至中欧未来的投资合作良好发展，文章提出要从以下五个方面进行应对：加强投资研判，增强风险防范意识；留意关键领域，积极应对审查；关注政策变化，优化股权结构；规范主体行为，发挥民企优势；加强对外沟通，秉持长远谋略。

---

[*] 孙志强，山东大学国际问题研究院英国研究中心；张蕴岭，山东大学国际问题研究院。该文原载于《欧洲研究》2022年第4期。

[**] 张昕，北京联合大学商务学院；孟翡，浙江理工大学经济与管理学院；张继行，中国贸促会研究院市场研究部。该文原载于《国际贸易》2022年第8期。

从 2022 年总统大选看法国社会党的衰落

王 康 余科杰[*]

2022 年法国总统大选第一轮结果公布，社会党候选人得票率创历史新低，其发展前景令人担忧。社会党衰落的表层原因是其竞选主张存在问题、联盟策略失败以及政治信誉下滑；深层次因素是社会党长期存在的意识形态空洞、党组织分裂、阶级基础缺失、理论与实践断裂等问题。此次法国社会党的惨败可看作欧洲社会民主主义政党在当今所遇困境的一个缩影，折射出了社会民主主义政党存在的整体问题。

从左右之争到民粹主义与技术官僚主义之争
——基于 2022 年法国选举政治的分析

李济时 杨怀晨[**]

2022 年法国总统选举和议会选举表明，民粹主义政治势力已经对传统政治格局构成全面挑战，同时出现了左右翼民粹主义之争、民粹主义内部的极端派与温和派之争。传统的左右翼意识形态都无法有效应对当代的问题，技术官僚主义作为一种替代品主导着法国的政治舞台，但它不仅没有成为对抗民粹主义的利器，反而成为民粹主义进一步发酵的诱因。法国政治格局已经从左右之争演变为民粹主义和技术官僚主义之争，其中既有全球化冲击、新的社会经济格局冲击和特殊事件的影响，又有本国政治传统和政治体制的原因，与法国右翼民粹主义的主流化也密切相关。法国主流政治的未来不能寄托于不再牢固的"共和阵线"，必须凝聚新的共识才能改变社会撕裂的趋势。

新民族主义视域下的法国身份政治镜像

姜程淞[***]

全球化和新自由主义刺激了新民族主义在欧洲国家的兴起和传播。面对全球化的经济影响

---

[*] 王康，外交学院外交学与外事管理系；余科杰，外交学院。该文原载于《当代世界社会主义问题》2022 年第 3 期，是北京市社会科学基金重点项目"中国共产党政党外交理论与实践"（19ZGA001）的阶段性成果。

[**] 李济时，山东大学欧洲研究中心；杨怀晨，山东大学政治学与公共管理学院。该文原载于《欧洲研究》2022 年第 5 期，是国家社会科学基金项目"欧美民粹主义的发生机理和发展趋势研究"（项目编号：17BZZ075）的阶段性成果。

[***] 姜程淞，澳门科技大学社会和文化研究所。该文原载于《欧洲研究》2022 年第 5 期，是国家社会科学基金重大项目"海外华人与人类命运共同体研究"（项目编号：21&ZD022）的阶段性成果。

以及穆斯林移民人口结构的剧烈变化，法国身份政治的焦点由少数群体的身份政治转变为主流社会的身份政治。难民危机和新冠肺炎疫情加剧了法国主流群体与少数群体、边缘群体的对抗，白人的身份政治得以强化。法国主流群体对可能失去文化和身份优势感到焦虑和担忧，是形成新民族主义身份政治的关键因素。社会运动成为主流群体表达其身份政治的方式。该文试图描绘在难民危机后、法国大选的背景下，法国主流社会的身份政治现状。研究发现，"本土主义—民族主义"、"右翼民粹主义"和"种族主义"是法国新民族主义身份政治的主要类型。"反觉醒"运动、"黄背心"运动和"认同"运动分别是政治精英、工人阶级和底层民众，以及极端组织身份政治的表达。

"印太转向"下英国的南海政策：解析与评估

王传剑　黄诗敬[*]

作为"后脱欧时代""全球英国"构想的一项关键战略举措，近年来英国强势启动了"向印太倾斜"的进程，并对其南海政策做出了一系列重大调整，主要表现为突出南海"威胁"感知、强化选边站位的政策导向，增强地区军事存在、提升武力介入的政策效度，入局印太安全架构、积极拉拢南海问题"当事国"等。这些政策动向既是"全球英国"构想下战略重心调整的客观需求，也是维系和发展英美两国特殊关系的必然结果，更是巩固和拓展南海地缘战略利益的现实需要。英国的南海政策的变化将在很大程度上损及中国周边安全环境的稳定，但却无助于塑造南海地区的规则与秩序，未来对于南海局势的影响总体有限，对此中国需要准确认知并妥善应对。

从"超脱"到"碰撞"：德国对华政策50年

熊　炜[**]

该文提出的"经济地缘—政治地缘"的分析框架，以中德在经济和政治两个维度上的相对位置和距离的变化来解释德国对华政策在过去50年中的调整和变化。两国在建交后长时间内在政治地缘方面相对超脱，外交政策服务于稳定和积极地推进经贸关系的目标，德国对华政策呈现鲜明的"务实"特征。但随着德国将政治地缘从欧洲扩展到全球，并开始从全球政治地缘结构中寻找德国的全球性大国定位和崛起路径，德国对华政策中经济维度的利益越来越多地受制于政治安全维度的考量，体现为默克尔执政后期的"价值观外交"和"交通灯"政府的"时代

---

[*] 王传剑，天津师范大学政治与行政学院；黄诗敬，中国人民大学国际关系学院。该文原载于《东南亚研究》2022年第5期。

[**] 熊炜，外交学院外交学与外事管理系。该文原载于《欧洲研究》2022年第6期，是国家社会科学基金重大项目"地缘政治风险预测的理论与方法研究"（项目编号：17ZDA110）的阶段性成果。

转折"。中德经济纽带维系政治关系稳定性的作用会持续减弱。因此，中国应更为积极地寻求与德国在政治地缘上的共同利益，主动引导和塑造中德关系向符合中国利益的方向发展。

俄乌冲突下德国的"时代转折"
——基于历史记忆影响的分析

郑春荣　李　勤[*]

历史记忆对德国外交决策的重要性，体现在由其衍生的"克制文化"始终影响着战后德国外交与安全政策走向上。俄乌冲突爆发前，历史记忆对德国外交决策的克制作用依旧凸显，导致"交通灯"联合政府更倾向于运用外交政策手段解决冲突。俄乌冲突爆发后，德国政治行为体在外交与安全领域敢于突破历史束缚，作出提升国防支出和打破武器出口"禁忌"的决定，这可以归因于德国政客和选民群体的代际更替、人口社会结构的变化以及新世纪以来新危机、新议题接连不断，以致历史记忆对德国外交决策的克制作用有所弱化。无论如何，历史记忆对今后德国外交与安全政策的制定和实施仍具有不可忽视的意义，德国的"时代转折"受历史记忆"残留"的制约，并非能一蹴而就，而是需要较长时间才有望真正落地。

西班牙当前社会危机及其应对

朱　锐[**]

近年来，资本主义的制度性缺陷在西班牙加速显现，该国在就业、贫困、人口和不平等等方面所呈现的问题也是欧洲各国面临的普遍性挑战。资产阶级精英阶层主导国家发展导致社会逐渐失衡并丧失凝聚力，加之两党政治失灵失调、地方发展放任自由，社会政策边缘化、公共服务私有化，公共利益受到严重损害。对此，西班牙首先谋求修复和重塑"社会契约"，继而加大社会公共投资，力求抓住欧盟新一轮社会权利建构的契机，在局部领域开启渐进式社会改革，但重重阻碍下其治理前景堪忧。实践表明，制度因素始终是西班牙无法跨越的障碍，仅凭社会治理难以扭转系统性的危机局面。

---

[*] 郑春荣，同济大学德国问题研究所/欧盟研究所；李勤，同济大学外国语学院。该文原载于《德国研究》2022年第6期，是国家社会科学基金重大研究专项（批准号：20VGQ011）的阶段性成果。

[**] 朱锐，中国社会科学院欧洲研究所。该文原载于《世界社会主义研究》2022年第12期，是中国社会科学院创新工程项目"欧洲大国与次区域模式比较研究"（2021OZSA02）的阶段性成果。

● 综合、新兴与交叉学科

"碳中和"目标下的欧盟能源气候政策与中欧合作

江思羽[*]

碳中和目标下的欧盟能源气候政策具有以下主要特点：应对气候变化和能源转型是核心目标与关键途径；切实提高减排雄心，立法保障目标实现；强化可再生能源与能源效率目标，聚焦建筑、交通和工业等领域以落实减排任务；突出碳定价在减排中的作用，通过碳边境调节机制防止"碳泄露"。欧盟旨在通过引领理念、技术和规则成为全球低碳领导者，能源转型与气候行动是其实现经济复苏的重要抓手。中欧互为重要的气候合作伙伴，在碳中和目标、中美合作局限与地缘政治因素的共同作用下，双方在气候能源领域的竞合关系进一步凸显，碳定价与绿色债券正在成为中欧合作的焦点领域。展望未来，中欧应加强在国际气候谈判中的立场协调，共同维护与构建公平合理的气候治理多边机制；重视第三方市场合作，支持发展中国家应对气候变化的能力建设与绿色融资；促进在以市场工具应对气候变化方面的协调合作，共同引领和制定相关国际标准与规则；积极开展绿色技术创新与研发合作，为世界提供更广泛的技术解决方案。

全球气候治理的混合格局和中国参与

于宏源　李坤海[**]

联合国在全球气候治理格局中曾处于中心位置，但由于联盟格局的多元化、大国政治权威的不稳定性、气候政治议题范畴的分散，其地位出现动摇。而联合国外的气候治理实践却在不断发展，集中体现在国际组织等治理平台的"气候化"、气候共同体的网络化和市场路径的低碳创新等方面。从两者互动的逻辑关系来看，气候治理的联合国内外二元轨道在气候治理起始、发展和成熟转型的不同阶段既存在积极互动，也存在消极互动。两种路径具有互补优势，较为理想的发展趋势是构建一种政治信号与社会、市场之间动态平衡的稳定机制。中国在联合国与联合国外混合驱动的复杂局势中既可获益，也面临更多竞争压力，需要坚持联合国与联合国外、政治与市场的统筹进路。

---

[*] 江思羽，中国社会科学院世界经济与政治研究所。该文原载于《国际经济评论》2022年第1期。

[**] 于宏源，上海国际问题研究院比较政治和公共政策研究所；李坤海，上海财经大学法学院。该文原载于《欧洲研究》2022年第1期，是国家社会科学基金项目"拜登上任以来中美碳外交关系的非线性变化和应对研究"（项目编号：21BGJ054）、国家重点研发计划项目"气候变化风险的全球治理与国内应对关键问题研究"课题一（2018YFC1509001）的阶段性成果。

欧盟碳边境调节机制下中国钢铁行业的碳配额分配策略

齐绍洲　徐珍珍　杨芷萱*

欧盟启动碳边境调节机制将会影响中国钢铁行业的成本效率，鲜有研究从碳市场角度考虑如何应对其导致的负面影响。基于此，该文构建了两种价格可变的资源分配模型，从碳市场角度研究在短期和长期中国减缓欧盟碳边境调节机制负面影响的碳配额分配策略。该文以中国各省份钢铁行业为例进行成本效率评估和碳配额分配，研究发现：（1）在短期中国碳价格不变和长期中国碳价格上涨情况下，欧盟碳边境调节机制将会导致行业成本效率下降；（2）中国出口到欧盟的钢铁产品数量越多则中国钢铁行业成本效率下降的幅度越大，中国碳价格水平越高则钢铁行业的成本效率越稳定；（3）通过碳市场优化配额分配能有效缓解欧盟碳边境调节机制的负面影响；（4）在优化碳配额的同时进行能源消费量调整，能够获得对配额总量影响较小的方案。该文研究结论为中国完善碳市场政策、有效应对欧盟碳边境调节机制的挑战提供了有益的政策启示。

欧盟参与全球海洋塑料垃圾治理的进展及对中国启示

李雪威　李鹏羽**

目前全球海洋塑料垃圾治理呈现治理碎片化凸显且整合需求上升、多利益攸关方共同参与的发展态势，欧盟受外部和内部因素驱动，积极参与全球海洋塑料垃圾治理。全球主义路径下，欧盟重视联合国环境规划署的核心地位，与主要大国协同领导，建立双多边伙伴关系，对区域俱乐部进行能力建设。区域主义路径下，欧盟实现了区域海洋环境治理一体化，出台专门的塑料战略，强化多利益攸关方治理。但现阶段美国单边主义行动、基于规则的塑料垃圾治理理念缺乏支持、成员国治理的进度不统一、新冠肺炎疫情等都给欧盟的海洋塑料垃圾治理带来了挑战。借鉴欧盟的经验并结合本国实际，中国应完善海洋塑料垃圾治理体系，加强社会公众参与度，推动区域海洋塑料垃圾治理以及全球塑料协定的达成，构建海洋垃圾治理全球伙伴关系。

---

* 齐绍洲，武汉大学经济与管理学院；徐珍珍，武汉大学气候变化与能源经济研究中心；杨芷萱，碳排放权交易湖北省协同创新中心。该文原载于《资源科学》2022年第2期，是国家社会科学基金重大项目（18ZDA107）的阶段性成果。

** 李雪威，山东大学东北亚学院、山东大学国际问题研究院海洋战略与发展研究中心；李鹏羽，山东大学东北亚学院。该文原载于《太平洋学报》2022年第2期，是国家社会科学基金重大项目"东北亚命运共同体构建：中国的思想引领与行动"（18ZDA129）的阶段性成果。

欧央行应对气候变化的路线图

边卫红　张培涵 *

近年来，气候变化给全球经济金融体系带来诸多危害，气候问题引发国际高度关注。气候变化带来的物理风险和转型风险，给各国央行维持金融稳定带来挑战，也对货币政策传导和实施带来干扰。根据欧央行的测算，如果不解决气候变化问题，到2050年气候脆弱性投资组合的违约概率可能会增加30%，到21世纪末欧洲的GDP可能会下降10%。鉴于气候变化对经济增长、金融稳定等带来的深远影响，各国央行纷纷积极采取应对举措，尝试将气候因素纳入政策框架之中。

欧盟碳治理的最新进展、经验总结及相关启示

汪惠青　魏天磊 **

欧盟是全球最早开展碳治理的地区，在应对气候变化领域长期处于领先地位。通过对欧盟碳治理的发展进行系统梳理，该研究认为，欧盟在碳治理方面取得的成就主要得益于欧盟在碳减排问题上始终重视发挥政府与市场的减排作用，对内制定统一的应对气候变化相关政策，对外积极推动应对气候变化国际合作。但是，受经济发展疲软、政治架构复杂、奉行气候单边主义等因素影响，近年来欧盟在应对气候变化领域的领导力持续下降。当前中国正处于推动实现碳达峰、碳中和目标的关键阶段，参考欧盟碳治理的经验和问题，该研究为中国落实碳减排任务提出了相关建议。

俄罗斯清洁能源转型及中俄合作展望

陈小沁 ***

在全球能源转型背景下，近年来俄罗斯对国际社会应对气候变化的倡议做出了积极回应，确保生态安全已上升为国家战略。在确认可再生能源的安全性、经济性和可行性的同时，俄罗

---

* 边卫红，中国银行研究院；张培涵，中央财经大学管理科学与工程学院。该文原载于《中国金融》2022年第8期。

** 汪惠青，北京大学经济学院、中国银行研究院；魏天磊，国家发展和改革委员会经济与国防协调发展研究中心。该文原载于《西南金融》2022年第5期，是中国博士后科学基金资助项目"'碳中和'目标下气候投融资发展的实践路径研究"（项目编号：2021M693532）的阶段性成果。

*** 陈小沁，中国人民大学国际关系学院。该文原载于《太平洋学报》2022年第6期，是中国人民大学"中央高校建设世界一流大学（学科）和特色发展引导专项资金"（KYGJA2021002）的阶段性成果。

斯将以平衡、渐进的方式实现本国能源产业的转型，意图在此过程中瞄准、进入世界高科技市场具有自身特色的专长领域，以维系和巩固其能源大国地位。中俄在向清洁能源转型、参与全球气候治理方面存在基本共识，两国在低碳技术创新、核能治理、氢能源产业发展、可再生能源电网互联互通、森林生态固碳和国际碳交易市场融合等领域大有可为。当前，全球气候变化治理与能源转型合作已成为新时代中俄全面战略协作伙伴关系的重要组成部分，这不仅为两国绿色发展注入新动能，并将更加自主地塑造全球能源转型的形态与合作方式。

欧盟气候治理的"另一半"叙事：女性出场与议程设置

赵 斌 唐 佳[*]

全球气候政治的公平正义离不开社会性别观照，探析女性参与全球气候治理及其行动逻辑，具有深远的学理价值和现实意义。在性别平等和气候变化立法等问题领域，欧盟长期处于前沿地位，具有一定的代表性和典型性。该文从区域议程设置视角出发，结合传播学和国际关系研究，对欧盟女性参与气候治理的实践进行过程追踪，发现欧盟女性通过"公共议程—政策议程—区域议程"这三个阶段来参与气候治理，而"叙事者出场""价值维护""溢出效应"分别是这三个阶段中的关键环节。由于成员国偏好差异，欧盟女性气候政治的制度化建设任重道远。在妇女事业发展、社会公正、国家治理和全球治理进程中，给予性别观照应有的理论深化及实践生长空间，或将是值得长期关注的研究领域。

中欧绿色合作伙伴关系探析

汪万发[**]

中欧领导人在 2020 年宣布建立中欧绿色合作伙伴关系、创立中欧环境与气候高层对话机制，这成为中欧绿色合作的一个里程碑。中欧领导人的政治领导是打造中欧绿色合作伙伴关系的根本保证，中欧环境与气候高层对话机制等制度则是推进中欧绿色合作伙伴关系建设的重要支撑。中欧绿色合作伙伴关系日益成为引领中欧合作的新引擎，正在丰富、深化中欧全面战略伙伴关系。然而，中欧绿色合作伙伴关系建设面临领导权摩擦、发展空间竞争等挑战。展望未来，深化中欧绿色合作伙伴关系建设的关键在于推动生态文明建设与《欧洲绿色新政》的有效

---

[*] 赵斌、唐佳，西安交通大学马克思主义学院国际问题研究中心。该文原载于《德国研究》2022 年第 3 期，是 2019 年度国家社会科学基金青年项目"新时代中国气候外交的理论基础与实践路径研究"（批准号：19CGJ043）、第二批陕西省"高层次人才特殊支持计划"（哲学社会科学、文化艺术类）青年拔尖人才支持计划的阶段性成果。

[**] 汪万发，中国人民大学国际关系学院。该文原载于《德国研究》2022 年第 3 期，是国家社会科学重大研究专项"推动绿色'一带一路'建设研究"（项目编号：18VDL009）、中国人民大学 2021 年度拔尖创新人才培育资助计划的阶段性成果。

对接，充分发挥中欧领导人的政治领导作用，实现中欧双方中长期绿色发展战略的互动和协同。

美、日、德能源战略比较与借鉴意义

梁亚滨*

能源安全是国家安全的重要组成部分，能源战略是实现能源安全的关键。世界上很多国家都高度重视本国能源战略。美国、日本和德国是全球三大发达国家，也均是能源消费大国。由于在能源禀赋、消费结构和来源方面存在巨大差异，美、日、德三国的能源战略在内容和方式上各具特色：美国能源战略受霸权利益驱动，日本能源战略强调供给多元化和科技助推能源独立，德国则高度重视可再生能源、实施绿色能源战略。深入研究美、日、德的能源战略异同，对于中国能源战略的实施具有重要启示。

欧盟碳边境调节机制的外溢影响与我国的应对措施

汪惠青　王有鑫**

欧盟推出的碳边境调节机制可能会影响全球经贸格局和应对气候变化合作，引起各界关注。通过构建环境扩展多区域投入产出模型和可计算一般均衡模型，对欧盟碳边境调节机制的外溢影响进行分析，并探讨其本身存在的问题，能够为中国应对碳边境调节机制提供思路。研究表明：碳边境调节机制对规避中欧贸易隐含碳的作用有限，对中国宏观经济的影响有限，一定程度上会削弱中国钢铁和铝行业企业的竞争力。中国须积极推动高碳行业低碳转型、健全碳交易市场、完善碳核算方法并加强国际合作，以应对碳边境调节机制的挑战。

---

* 梁亚滨，中共中央党校（国家行政学院）国际战略研究院。该文原载于《人民论坛·学术前沿》2022年第13期，是中共中央党校（国家行政学院）创新项目（2022年）"当代国际政治的发展趋势与面临的主要挑战"的阶段性成果。

** 汪惠青，北京大学经济学院；王有鑫，中国银行研究院。该文原载于《金融理论与实践》2022年第8期，是中国博士后科学基金第69批面上资助项目"'碳中和'目标下气候投融资发展的实践路径研究"（2021M693532）、国家社会科学基金社科学术社团主题学术活动资助项目"新冠肺炎疫情背景下我国产业链转型升级与金融支持研究"（20STA060）的阶段性成果。

新兴技术视域下的网络空间"碎片化"探究

黄 颖*

人工智能、第五代移动通信技术、区块链与物联网等新兴技术在推动网络空间互联互通的同时,也因其与基础设施不兼容、资源分配不均衡和网络治理效率不匹配等问题,加速了网络空间碎片化。鉴于新兴技术对网络空间行为体赋权过程的不均衡性,各行为体在网络治理理念、治理议题和治理模式等层面上的冲突与博弈日益加剧,致使全球网络空间共同价值观、国际规范和制度安排存在严重缺失。在这一进程中,网络空间权力结构不断调整,国家网络安全与主权面临严峻挑战,网络地缘政治博弈日趋复杂,导致网络空间全球治理陷入巨大困境。中国应积极构建"网络空间命运共同体",开展双多边网络治理合作,加快发展网络信息技术,推动建立多边、民主、透明的全球互联网治理体系,以重塑网络空间全球秩序。

科技安全化与泛安全化:欧盟人工智能战略研究

宋黎磊 戴淑婷**

在安全化倾向的影响下,科技领域的竞争与合作越来越多地受到权力关系、利益关系和价值关系中的安全要素约束。在以人工智能为代表的新兴技术领导力的竞争中,美西方国家正试图以技术发展军事安全能力,并从规范、制度、权力多个方面保护人工智能技术价值链与产业链的安全,隐藏着一定的泛安全化风险。欧盟倾向于将中国视为长期竞争对手和安全风险对象,尽管在经济领域与技术全球治理领域双方具有合作共识,但对技术主权的保护仍是影响科技合作关系走向的重要变量。针对美西方通过泛安全化维护科技体系优势地位的行为,中国提出科技安全是总体安全观的重要组成,应尊重并关照各方合理安全关切,持续建设开放型世界经济,维护全球产业链供应链稳定。

---

* 黄颖,中国社会科学院欧洲研究所。该文原载于《国际政治研究》2022 年第 4 期,是中国博士后科学基金第 15 批特别资助(站中)项目"全球数字主权视域下的数字碎片化研究"(资助编号:2022T150722)、中国社会科学院博士后创新项目、德国北莱茵-威斯特法伦州文化科学部资助项目"中国基础设施的现代性及其全球建构效应"(Infrastructures of China's Modernity and Their Global Constitutive Effects)的阶段性成果。

** 宋黎磊、戴淑婷,同济大学政治与国际关系学院、同济大学欧洲研究中心。该文原载于《德国研究》2022 年第 4 期,是 2019 年度国家社会科学基金项目"欧亚互联互通'瓶颈地带'的机制博弈与中国应对研究"(项目号:19BGJ041)、2021 年度同济大学学科交叉联合攻关首批示范项目"中美欧人工智能发展与治理的比较研究"的阶段性成果。

欧盟对俄罗斯能源战略的安全化与安全化困境

连 波[*]

冷战后，欧盟试图在其边缘建立包括能源生产国、过境国和消费国在内的能源大市场，实现"区域能源自给"。欧盟将俄罗斯视为"待帮助的改革对象"，致力于能源治理"规范性权力"的东扩。其间，欧盟对俄能源战略面临着安全化启动困境（安全化或非安全化），但非安全化占据上风。随着"规范性权力"东扩受阻，欧盟将俄罗斯确认为"存在性威胁"。在互动中，欧盟对俄能源战略出现明显的安全化互动困境（精英与大众、施动者与指涉对象），2022年俄乌冲突则加剧了这种困境。欧盟为此采取了前所未有的对俄能源替代甚至脱钩战略，对俄能源战略安全化完成。但这并不意味着欧盟对俄能源安全的实现，欧盟仍面临安全化的结果困境（安全的常态化或不安全的常态化）。

中欧氢能竞争与合作新态势及中国应对

李雪威　李鹏羽[**]

氢能是欧盟未来可再生能源结构的核心。为了重振气候治理领导力、保障能源战略自主、实现经济绿色复苏，欧盟出台氢能战略大力支持氢能发展。虽然欧盟在氢能应用场景和标准规范制定方面居于世界领先地位，但是，由于中国在氢能经济性方面拥有巨大潜力，欧盟与中国的竞争意图明显。欧盟扩大投资支持氢能研发和应用，扩大基础设施规模，大力开发海外市场，并将氢能纳入其"碳边境调节机制"，提前布局与中国开展竞争。同时，中欧在双多边机制层面、技术层面和第三方市场层面的氢能合作潜力巨大。中国应加快氢能应用场景拓展，支持中欧技术交流；在氢能领域提升规则制定权，加强中欧标准规范合作；持续强化氢能的经济性优势，开拓中欧第三方市场合作。

---

[*] 连波，上海对外经贸大学国际关系系。该文原载于《德国研究》2022年第5期，是国家社会科学基金青年项目"美国'印太战略'下的印度战略行为及其影响研究"（项目编号：20CGJ031）的阶段性成果。

[**] 李雪威，山东大学东北亚学院、山东大学国际问题研究院海洋战略与发展研究中心；李鹏羽，山东大学东北亚学院。该文原载于《德国研究》2022年第5期，是山东省社会科学基金项目"山东省推进中韩全球海洋中心城市建设合作研究"（项目编号：22CGJJ02）的阶段性成果。

海外基建竞争与欧盟"全球门户"计划

李 远 巩浩宇[*]

  作为国际公共产品，基础设施互联互通不仅与经济发展息息相关，同时也在国际上面临激烈的竞争。2018年以来，欧盟加大对海外基建的投入力度，并于2021年启动"全球门户"计划。该计划是欧盟对原有地区合作倡议的整合与升级，突出全球性与地缘性的战略考量，在重点领域、合作原则、融资方式等方面对欧盟的海外基建合作模式进行了明确规划。在当前国际基建合作主导权竞争激烈的背景下，美、日、欧作为主要基建计划的发起方，高度关注所谓"高质量"与"软性"基建，渲染合作的规则与价值观驱动，并在地缘重心、战略意图及优势资源上呈现勾连、协同态势。欧盟致力于将"全球门户"计划打造成战略性的全球基建合作平台，但在未来执行中仍将受到自身能力及外部环境的多重影响。其未来走向可能呈现"追随""对冲""借力"等多重图景。中欧双方应加强基建领域合作，坚持践行真正的多边主义，为世界经济发展和国际社会共同进步贡献力量。

欧俄能源关系的沿革、动因与乌克兰危机的影响
——聚焦天然气领域

丁 纯 罗天宇[**]

  乌克兰危机使能源，尤其是天然气成为西方与俄罗斯实施制裁与反制裁的主要博弈领域，并衍生出一系列危机和问题。要想全面评估和预测欧俄能源之争的结果和影响，需要回顾和探究欧俄能源合作的历史经纬和动因。该文首先从欧俄能源关系发端的冷战时期开始，对欧俄能源关系的历史脉络进行回顾；其次，从地缘关系、欧盟能源供应保障与欧盟绿色能源政策三个视角入手，探究欧俄能源关系的衍变动因；最后，展望能源关系对欧俄关系的影响和前景。显然乌克兰危机重塑了欧俄之间的地缘关系并影响了美欧俄三边关系。随着北约重要性的再次提升，美国在欧洲事务的话语权得到加强，欧洲借能源关系缓和对俄关系的设想基本破灭。欧盟将降低对俄能源依赖并加速能源转型，但欧盟战略自主的能力已然遭到削弱。

---

[*] 李远、巩浩宇，山东大学国际问题研究院。该文原载于《国际展望》2022年第6期，是国家社会科学基金一般项目"'一带一路'规则软联通的评价指标体系研究"（21BGJ028）的阶段性成果。

[**] 丁纯，复旦大学欧洲问题研究中心、复旦大学"一带一路"及全球治理研究院；罗天宇，清华大学社会科学学院国际关系学系。该文原载于《欧洲研究》2022年第6期，是国家社会科学基金重大项目（批准号：20VGQ012）的阶段性成果。

新书选介

● 专著

【西欧激进右翼政党与欧洲一体化的政治化】
玄理著
社会科学文献出版社，2022年1月

内容简介
欧盟面临多重危机的影响，激进右翼政党作为疑欧势力中最具代表性的政治团体，是欧洲一体化政治化的重要推动者。激进右翼政党为何会推动欧洲一体化的政治化？它们在政治化欧洲议题时采取了何种政治策略？这给欧洲政治生态带来了怎样的影响？该书从后功能主义理论视角入手，分析西欧激进右翼政党推动欧洲一体化政治化的动机、策略和影响，考察当下欧洲社会民情和政党政治的演变趋势，探讨民意、认同和政党政治因素对于欧洲一体化进程的重要意义。

作者简介
玄理，法学博士，毕业于山东大学政治学与公共管理学院，同济大学德国问题研究所博士后，同济大学德国研究中心研究员。主要研究方向为欧洲政党政治、民粹主义等。在CSSCI来源期刊发表多篇文章。主持中国博士后科学基金面上资助项目。

【极右翼阴影下的欧洲左翼政党】
杨云珍著
社会科学文献出版社，2022年1月

内容简介
该书以新自由主义政策引发的全球化和欧洲一体化为背景，以2008年的金融危机、2009年的欧债危机和2015年的难民危机为案例，将欧洲的政党政治置于多重的历史背景中加以考察和分析，进而指出危机的根源为极右翼思潮抬头以及其为极右翼政党崛起提供了政治机会。极右翼政党的崛起使欧洲主流左翼政党面临前所未有的困境。基于此，该书聚焦探讨极右翼政党力量的上升给欧洲左翼政党带来的影响，并分析了欧洲左翼政党在极右翼政党阴影下的艰难现状，以及双方正进行着怎样的博弈。最后，在政党竞争的语境中，思索欧洲左翼政党在"阴影"下的未来和前景。

作者简介
杨云珍，同济大学马克思主义学院副教授、德国研究中心研究员，浙江（嘉兴）中外政党研究中心学术委员会委员。主要研究方向为比较政治学、政党政治。主持国家社会科学基金项目2项、外交部"中欧关系指南针计划"委托项目2项、同济大学中央高校基础科研业务费资助项目2项、同济大学智库项目2项。出版专著《当代西欧极右翼政党研究》，在《国外社会科学》《国际关系研究》《比较政治学研究》等学术期刊上发表相关论文20余篇。

【遗忘与记忆：多国视野下的历史反思与德国记忆文化建构】
孟虹主编
中国人民大学出版社，2022年1月

内容简介
该论文集为国家社会科学基金重点项目"德国联邦议会与'记忆文化'建构研究（1900—2015）"的阶段性研究成果。在第二次世界大战胜利即将迎来75周年之际，中国人民大学于2019年11月举办"战后德国记忆文化建构发展"国际论坛，论文集主要收录了与会专家和学者的学术论文。来自中国、德国、法国、美国、俄罗斯、匈牙利、波兰等国家的国际关系学、历史学、政治学、文化学、社会学等领域的专家学者，围绕"遗忘与记忆""战争与和平""反思与展望"等主题，结合历史与现实、内政与外交、集体记忆与国家认同、国别区域与全球视角，深入探讨了战后德国历史反思路径，及其对相关国家与德国关系发展和全球格局建构的影响，分析了德国以史为鉴，为防范重蹈历史覆辙而建构的多元化记忆文化的特点与成效，剖析了德国对于"二战"、犹太人大屠杀与强制劳工等赔偿问题的解决之道，以及德国历史反思模式对于欧洲、中国和全球记忆文化建构的影响。

作者简介

孟虹，曾在浙江大学、洪堡大学、柏林自由大学和柏林工业大学任教，并曾在德国联邦议院担任科学研究员。获同济大学日耳曼文学学士学位、歌德学院大语言学士学位、柏林工业大学教育学和柏林自由大学汉学硕士学位、柏林工业大学哲学博士学位。目前任职于中国人民大学外国语学院德语系和德国研究中心，兼任中国人民大学欧洲研究中心和清华大学中欧研究中心客座研究员、中国德国史研究会常务理事、中国欧洲学会德国研究分会理事、中德友好协会理事等职。研究重点包括中德关系、德国社会与文化发展和欧洲一体化。现主持国家社会科学基金重点项目"德国联邦议会与记忆文化建构研究（1990—2015）"。

【欧洲碳中和 2050】

何继江等著

社会科学文献出版社，2022 年 1 月

内容简介

2019 年 8 月至 2020 年 2 月，清华大学社会科学学院能源转型与社会发展研究中心组织了欧洲能源转型考察。考察国家包括瑞典、芬兰、挪威、丹麦、爱沙尼亚、拉脱维亚、德国和波兰等国。该书基于为期近 16 个月的欧洲能源转型考察万里行活动，从欧洲 2050 年碳中和目标的设定、欧洲碳税和碳市场、欧洲绿色金融机构的筹资与投资、北欧电力市场、欧洲主要国家能源转型政策等多个方面，通过翔实的案例，介绍欧洲主要国家碳中和 2050 能源系统图景。针对这些考察实践，该书从宏观视角、实践、政策和应用等几个层面，探讨了欧洲一系列能源转型发展实践及其深远意义。

作者简介

何继江，博士，清华大学社会科学学院能源转型与社会发展研究中心常务副主任，担任中国能源研究会能源互联网专委会副秘书长、中国电动汽车充电技术与产业联盟副理事长、电能替代产业发展促进联盟专家委员会委员、中国电机工程学会用电与节电专业委员会第五届专业委员会委员等。研究方向：能源转型、土地荒漠化防治、应对气候变化、低碳发展、低碳技术转移。先后负责和参加科技部、国家发改委、国家能源局关于应对气候变化和能源政策的十余项科研项目。作为清华大学与联合国荒漠化防治公约"可再生能源促进生态恢复与可持续生计"（REPER）合作项目的负责人，具体负责该项目工作组运作。

【德国长期照护服务体系研究——以福利多元主义理论为视角】

齐天骄著

中国社会科学出版社，2022 年 2 月

内容简介

该书依据福利多元主义理论，探讨德国的长期照护服务体系中国家、家庭、非营利组织和市场四个部门所扮演的角色如何各自转变、演变、相互影响的问题。研究发现，在长期照护服务体系建立之前，福利多元主义理论已或多或少地渗入德国的照护服务领域。随着福利多元主义理论同长期照护服务体系越发紧密地结合，体系中四部门所承担的职责发生了一定程度的转变或演变。而理论对四部门职责演化所产生的影响各不相同。顺应新自由主义浪潮而进行的福利国家改革，并不仅仅是国家职能收缩那么简单。从德国的长期照护服务体系来看，国家在这一改革中转变了职能。因此，如果说德国长期照护服务体系的发展演变是以福利多元主义理论为蓝本，或许更为恰当。

作者简介

齐天骄，法学博士。中国社会科学院欧洲研究所《欧洲研究》编辑、中国人民大学欧洲问题研究中心兼职研究员。主要研究领域为欧洲社会政策、德国社会保障制度。参与教育部重大课题、中国社会科学院重点项目及其他政府部门委托课题。该书是中国人民大学欧洲问题研究中心基地研究成果。

【欧洲联盟与中国】
赵伯英著
东方出版社，2022年3月

内容简介

该书论及欧洲一体化、欧洲联盟、中欧关系等方面，探讨"欧洲统一"的源流、欧洲一体化理论、欧盟成员国的主权让渡、欧盟的超国家治理等重要理论问题，分析欧元的诞生和前景、共同防务建设、全方位外交、欧盟改革进程、欧洲与认同等问题，评析欧盟债务危机的成因、应对措施和欧盟的体制问题。该书分为"进程与理论""波折与进展"两编，收录了《"欧洲统一"的源流及历史遗产》《欧洲一体化理论及其未来》《坎坷但坚定前行的欧元》《欧盟致力推进共同防务建设进程》等文章。

作者简介

赵伯英，法学博士，中共中央党校（国家行政学院）文史教研部教授，博士生导师。享受国务院政府特殊津贴，中央直接联系高级专家以及资深翻译家称号获得者。主要著作（包括主编和合著）有《文化历史二十讲》等11部。主要译著（包括合译）有《美国梦》《媒介社会学》《音乐移动群星——霍金传》《政府论两篇》等10部。在中外刊物上发表论文50余篇。

【欧盟经济】
张新生　吴侨玲编著
北京大学出版社，2022年4月

内容简介

欧盟作为当今世界上最大的区域性贸易集团，不仅是区域经济一体化的先驱，也是最成功的范例。欧盟是中国第二大贸易伙伴，中国在2020年跃升为欧盟的第一大贸易伙伴。同时，欧洲是"一带一路"倡议的重要地区。在"一带一路"倡议下，中国的企业"走出去"，开拓欧洲市场，需要了解欧洲的经济政策、欧洲统一大市场及其营商环境。因此，研究和考察欧盟在经济一体化进程中采取的政策和措施不仅十分必要，而且具有现实意义。

该书主要介绍欧洲经济一体化的背景、欧洲经济一体化进程中所实施的重要的共同政策，以及这些政策对欧盟及其成员国经济发展的影响等方面，主要内容包括欧盟概况、欧洲经济一体化理论、欧盟的主要经济政策，以及欧洲经济一体化进程中的重大成就等。

作者简介

张新生，中国轻工工艺品进出口商会副秘书长。1984年至1998年，任对外经济贸易部（现商务部）欧洲司副处长，从事中国对欧共体（现欧盟）的经贸工作。1993年12月至1995年12月，在澳大利亚墨尔本皇家理工大学学习，获工商管理硕士学位。1984年至1988年任中国驻外使馆商务随员。1999年至今，在中国轻工工艺品进出口商会工作。2007年，作为第一译者与吴侨玲合作翻译出版《国际营销和出口管理》。2012年与吴侨玲合作编著出版教材《国际市场营销》。

吴侨玲，北京大学经济学院教授，北京大学欧洲研究中心副主任，从事欧盟经济和国际市场营销学的教学科研工作。北京大学—中国银行欧盟经济与战略研究中心副主任及研究员，中国欧洲学会理事。曾获得北京大学优秀教学奖、北京大学经济学院优秀教学奖等。先后在澳大利亚墨尔本大学、奥地利维也纳大学、德国柏林自由大学等做访问学者。主持并完成2项教育部人文社会科学研究项目。在经济管理类核心期刊上发表欧盟经济等论文。2007年，与张新生合作翻译出版《国际营销和出口管理》一书。2012年，与张新生合作编著出版教材《国际市场营销》。

【希腊与欧洲一体化】
宋晓敏著
中国社会科学出版社，2022年4月

内容简介

1981年1月1日，希腊正式加入欧共体。这是第二次世界大战结束后希腊历史上最为重要的国际事件，对其政治制度、经济结构、社会政策，乃至对外关系、国际地位产生了深远的影响。该书借助"欧洲化"的理论分析框架，以经济政策、养老金政策和外交政策为例，深入探讨了欧洲一体化对希腊的影响。尽管"欧洲化"为希腊实现民主政体的巩固、西方身份的确立，以及现代化转型发挥了重要的作用，但希腊固有的制度特性，例如，政治庇护主义和中央集权、政府主导的混合市场经济模式、"失序的社团主义"等导致"欧洲化"存在相当大的局限性。欧洲主权债务危机爆发后，希腊和欧盟的关系何去何从、孰是孰非，也成为争论的焦点。而希腊加入欧盟40多年来的历程表明，其民族国家的稳定与发展受益于欧洲一体化。

作者简介

宋晓敏，法学博士、编审。中国社会科学院欧洲研究所《欧洲研究》总编辑、中国社会科学院希腊拉斯卡瑞德斯基金会中国研究中心研究员、英国兰卡斯特大学访问学者。研究领域为国际关系与希腊政治等，主要学术成果发表在《经济社会体制比较》、《国际政治研究》、*Contemporary World* 等期刊上。

【欧洲议会左翼党团的历史演变和影响研究】
游楠著
时事出版社，2022年4月

内容简介

该书以欧洲议会中的左翼党团为研究对象，分别介绍三大左翼党团——社会党和民主主义者进步联盟党团（S&D）、欧洲联合左派-北欧绿色左翼联盟党团（GUE/NGL）和绿党与欧洲自由联盟党团（Greens/EFA）的概况；概述欧洲议会左翼党团的形式发展过程和演变特点，分析欧洲议会党团的产生、嬗变和运行机制，探讨三大左翼党团在议会内外的主要功能、重要作用及其在欧洲和国际政治上的影响力。同时，该书对中欧之间党际交流和中国与欧洲左翼党团的交流史进行梳理，对中国对外党际交流有一定的现实指导性。最后，该书对欧洲左翼党团自身优劣势进行分析，对其发展趋势和面临的挑战进行分析和总结，并对其未来进行前景展望。

作者简介

游楠，北京科技大学马克思主义学院讲师，法学博士，清华大学政治学流动站博士后。主要研究方向为欧洲政党政治、政党外交、中欧关系和马克思主义中国化等。主持国家社会科学基金项目1项，参与编著著作3部，以访问学者身份赴希腊雅典拉斯卡瑞德斯基金会从事中欧关系研究。在国内外主流刊物和媒体发表多篇学术文章和报纸时评，多篇被SSCI、CSSCI、北大中文核心、中国人文社会科学期刊A刊收录，主要学术成果刊登于《当代世界与社会主义》、《理论视野》、《当代世界社会主义问题》、《理论月刊》、*Global Times*、*China Daily* 等。

【德国在欧盟角色的演变：从科尔到默克尔】
杨解朴著
社会科学文献出版社，2022年5月

内容简介

该书以两德统一以来德国在欧盟的角色作用为研究对象，结合现实主义、自由制度主义和建构主义的理论，假设分析德国外交政策的变化。根据上述理论假设以及相关的影响因素和问题领域，该书结合德国外部环境的变化和国内政治结构的改变，分析导致其在欧盟角色发生变化的主观动因与客观因素，探讨德国在欧洲领导权的有限性和制约因素；针对欧洲目前面临的问题与挑战，以及德国国内和欧盟层面的制约因素，分析德国作为文明力量在处理欧盟经历的多重危机中发挥的作用，并对德国未来在欧盟的地位和作用进行了预测。

作者简介

杨解朴，法学博士，中国社会科学院欧洲研究所研究员，中国社会科学院中德合作中心主任，国家社会科学基金项目主持人、国家高端智库重点研究课题主持人，并作为成员参与多项国家社会科学基金重大项目。同时任中国德国友好协会理事、中国欧洲学会德国分会副会长。其相关成果获中国社会科学院优秀科研成果奖（合著）、中国社会科学院优秀信息对策奖等。

【英美关系中债权政治的效用及其战略启示】

康欣著

中国社会科学出版社，2022年5月

内容简介

该书呈现了美国在英美霸权转移过程中，将债权渗透至货币、贸易、军事—政治领域，与英国交换权力的历史面向。以债权政治的视角解释了英美权力更迭过程中如何"化敌为友"，分析了英美经验对中美贸易、货币政策的现实启示，从而为中国制定债权战略提供参考。

作者简介

康欣，博士，副教授。毕业于复旦大学国际政治系，现任职于上海理工大学外语学院、上海公共外交研究院，研究方向为中美金融关系与公共外交。在《世界经济与政治》《美国研究》《复旦学报（社会科学版）》等期刊上发表论文十余篇，主持并完成国家社会科学基金青年项目1项，参与科技部、教育部多项课题的科研工作。

【欧洲启蒙时期的理性观比较研究——以法国、德国为例】

宋清华　霍玉敏著

中国社会科学出版社，2022年5月

内容简介

法国的启蒙理性兴起于文艺复兴运动，是一种抽象的理性，倡导抽象原则；亦是一种批判的理性，指向社会与政治。德国的启蒙理性直到18世纪才登上历史舞台，是一种超现实的抽象，强调理性与信仰的和谐；亦是一种理性的批判，追求理性王国的目标。法德启蒙理性观存在不同的逻辑进路，二者在理论和精神气质上存在较大的差异。法德启蒙理性对现代民族国家的形成和发展具有重要影响。该书对法德启蒙理性的研究具有重要的参考价值。

作者简介

宋清华，哲学博士，现为河南科技大学教授、硕士研究生导师、思想政治教育专业河南省省级重点学科带头人和学位点负责人、洛阳市道德教育研究基地负责人。兼任中国马克思主义哲学史学会理事、河南省教育厅教学指导委员会委员。主要从事西方价值哲学和西方政治哲学研究。在《浙江学刊》《浙江社会科学》《齐鲁学刊》《江淮论坛》等刊物上发表论文80余篇，出版专著3部，主持省部级社会科学基金项目多项。

霍玉敏，河南科技大学马克思主义学院副教授、硕士研究生导师，中国人民大学法学硕士。先后在《成人教育》《理论导刊》等刊物上发表论文20余篇，主持或参与省部级课题多项。参编著作7部，相关参编著作获河南省社会科学优秀成果奖二等奖。

【危机与转型——百年变局下的欧盟发展战略】

赵柯著

西苑出版社，2022年6月

内容简介

英国著名政治学家塞缪尔·芬纳在其史诗级的巨著《统治史》中这样描述欧洲：自从西罗马帝国灭亡之后，欧洲的突出特征就是它从来没有停止前进的步伐，它总是躁动不安，总是跃跃欲试……欧洲大陆仿佛在全力追求什么，但这种追求却又永无止境，追求之路没有特定的终点。的确，今天的欧洲"躁动"依然，仍旧在联合的道路上四处奔跑，但却始终找不到方向。没有人能说得明白处处以"欧洲"自居的欧洲联盟到底是一个什么样的政治组织；也没人知道作为战后一次大胆而又充满想象力的制度实验，一体化的联合之路又会把欧洲带向何方。2016年6月，欧盟在10年之后发布了第二份全球战略文件。对于欧盟自身的处境，序言以略带忧伤的笔调写道："我们联盟的目的，甚至是联盟的存在，正在受到质疑。"面对外部世界的重重危机和内部民众不断上升的质疑情绪，欧洲的精英们显得不再那么自信。当今世界面临百年未有之大变局，那么作为一支牵动全球格局变动的战略力量，欧盟的未来会是怎样呢？该书的初衷就是尝试对这一问题进行回答。

作者简介

赵柯，中共中央党校（国家行政学院）国际战略研究院俄罗斯与欧洲研究所副所长、副教授，中国欧洲学会理事，主要研究方向为当代欧洲经济与政治、国际政治经济学，出版专著《德国马克的崛起——货币国际化的政治经济学分析》《如何成为拯救欧洲的英雄》，在《世界经济与政治》《欧洲研究》等期刊上发表多篇学术论文。

【法国社会保障制度——碎片化及改革：以养老制度为例】
彭姝祎著
中国社会科学出版社，2022年6月

内容简介

法国的社会保障制度以高度"碎片化"著称，是"碎片化"福利国家的典型。该书从利益集团的角度出发，以退休制度为例，尝试解答下列问题：法国高度碎片化的社会保障制度成因何在；在福利国家从20世纪70年代起普遍陷入财政危机的背景下，这样一种制度安排如何恶化了危机；利益集团的阻挠如何使必要的改革寸步难行；法国政府如何破解"碎片化"的制度难题，进而一步一步推进改革。

作者简介

彭姝祎，国际政治学博士，中国社会科学院欧洲研究所研究员，中国欧洲学会法国研究会副会长；中国社会保障学会国际社会保障研究分会副秘书长。主要译作有《资本主义、社会主义、生态：迷失与方向》《电影和历史》，合译作品有《欧洲一体化史：1945—2004》《多极世界与第五国际》《资本主义的危机》。

【百年变局与欧洲经济外交】
陈新　朱景鹏主编
中国社会科学出版社，2022年6月

内容简介

该书是海峡两岸欧洲研究学人学术交流产出的第三部学术著述。该书以两个议题为主轴：一是以新冠肺炎疫情危机为背景，探索欧盟组织结构、治理转型、政策因应，以及成员国的国家战略选择；二是以经济外交理念作为出发点，探讨欧盟与区域间经贸关系之发展与问题、研析经贸法制、经济主权、外国投资与货币主权竞争。全书共收录20篇论文，分为上编与下编，其中上编定名为"新冠肺炎疫情与大变局"，共有9篇论文；下编定名为"大变局与欧洲经济外交"，共有11篇论文。

作者简介

陈新，法学博士，研究员，博导生导师。

现任中国社会科学院欧洲研究所副所长、中国—中东欧研究院（布达佩斯）执行院长。兼任中国欧洲学会副会长、新兴经济体研究会副会长、中国欧洲学会中东欧研究分会副会长、中国欧洲学会欧洲经济研究分会会长、中国国际经济关系学会常务理事。曾担任中国政府与欧盟委员会的合作项目"中国—欧盟欧洲研究中心项目（ESCP）"中方主任。主要研究领域是中欧经贸关系、欧洲经济，以及中东欧研究。近年来主要代表作有《中国与欧洲国家经贸关系评估报告（2017年）》《冯德莱恩能否带领欧盟走出危机阴影》《深析当前欧洲的地缘政治焦虑》《大变局下中欧全面投资协定的多重意义》。

作者简介

朱景鹏，德国基森大学政治研究所社会科学博士，现任东华大学公共行政系欧盟让·莫内讲座教授兼副校长、欧盟研究中心主任。主要研究领域为全球化与区域研究、全球化与地方治理研究、两岸关系与中国研究、欧洲联盟与欧洲统合研究。

【欧洲传播思想史（修订版）】

许正林著

上海人民出版社，2022年7月

内容简介

传播学作为一个独立的学科诞生于美国，但其思想根源却在欧洲。欧洲思想家将传播作为人和社会存在方式的观念，可远溯古希腊并贯穿于整个欧洲思想史始终，渗透于政治学、哲学、伦理学、宗教学、社会学、经济学、文学、语言学等不同学术领域中。该书以古希腊至20世纪各时代思想巨子为主要考察对象，试图从几千年的时间跨度和广阔的人文社科背景上，勾勒出欧洲传播思想发展演变的全景景观，是中国学人第一部较完整的西方传播思想史的研究著作。作者以个性解读的方式，取精探幽，有助于开阔读者视野，有助于推动传播思想研究的深入。

作者简介

许正林，上海大学影视学院副院长、教授、博士生导师，温州大学特聘教授，国家社会科学重大课题"当代中国文化国际影响力的生成研究"首席专家，教育部"马工程"建设项目首席专家，上海市新闻传播学专业教学指导委员会副主任，中国广告学术委员会常务理事、中国广告教育研究会副会长、广告教育专业委员会常务理事，中国老舍研究会常务理事。现任中国广告主研究院院长。出版著作多部，发表论文数十篇。多年来致力于新闻传播史论、文学史论、广告史论等方面的研究。

【垂直分工体系下的中欧贸易关系研究】

高运胜著

上海人民出版社，2022年7月

内容简介

该书基于世界投入产出（WIOD）、贸易增加值（TiVA）等数据库与总贸易核算方法（WWZ）等研究方法，多维测算了中欧垂直专业化分工的水平与结构、网络演化、贸易差额与国内增加值、国际竞争力、出口复杂度、贸易隐含碳等指标体系，并从福利效应、全球价值链地位提升、贸易壁垒跨越等视角展开实证检验。同时，结合中欧全面投资协定（CAI）的签署，进一步探讨未来中欧深度合作与高水平对外开放的重要意义与制约因素，并结合特征事实与实证分析结果，对如何进行中欧贸易结构优化、相关企业全球价值链地位与贸易利益提升提出对策建议。

该书在中美贸易摩擦不断深化、新冠肺炎疫情全球蔓延并逐渐常态化的背景下，在强化中欧经贸合作维持产业链和供应链的安全稳定性、通过改善商品结构提升贸易利益等方面具有一定的研究价值，为进一步巩固中欧全面战略合作伙伴关系、发展中欧贸易关系等研究提供了良好的参照。该书作为国家社会科学基金项目的结题报告成果，围绕中欧垂直专业化分工背景下的贸易利益分配与商品结构调整两个视角进行了理论阐述、指标测度与经验验证。

作者简介

高运胜，上海对外经贸大学国际经贸学院三级教授、副院长、博士生导师，上海世界经济学会国际贸易专业委员会主任，上海市国际贸易学会副秘书长、常务理事，2015年获得宝钢优秀教师奖。主要研究方向为全球价值链的测算实证和中欧经贸关系领域，在《数量经济技术经济研究》《中国工业经济》《统计研究》《财贸经济》《国际贸易问题》《科研管理》《经济学家》《世界经济研究》等杂志发表论文50余篇。主持并完成国家社会科学基金应用经济学一般项目与国家社会科学基金重大项目子课题，以及其他省部级课题20余项。

【"一带一路"倡议下中国和中东欧贸易关系研究】

燕春蓉著

上海财经大学出版社，2022年8月

内容简介

该书主要基于作者的教育部人文社会科学项目的研究成果，进一步拓展和丰富了相关的研究内容。作者运用翔实的数据和经济学实证分析方法，在"一带一路"倡议的大背景下，研究近年来中国和中东欧的贸易关系。全书分为四个部分：首先，对中国与中东欧近年来的贸易关系和发展情况进行梳理；其次，运用实证方法分析"一带一路"倡议对中国与中东欧的贸易影响和传导机制，以及"一带一路"倡议下中国与中东欧的贸易效率和贸易潜力；再次，对中国与中东欧的货物贸易互补性和竞争性进行评估，并对中国与中东欧的货物贸易比较优势进行研究；最后，对中国与中东欧的服务贸易进行总结。该书为"一带一路"倡议下，如何加强中国与中东欧国家的经贸合作提供了有益的参考。

作者简介

燕春蓉，经济学博士，上海第二工业大学经济与管理学院副教授，硕士研究生导师，中国服务贸易协会专家理事，上海市国际服务贸易行业协会理事。主要研究领域：国际贸易关系、国际服务贸易、贸易与环境。先后赴德国柏林经济学院、美国克莱蒙特研究大学、加州州立大学蒙特利湾分校访学。参与和主持过国家社会科学基金项目、国家自然科学基金项目、教育部人文社会科学项目等多项国家、省部级项目，在《世界经济研究》《财贸研究》等期刊发表论文十余篇。

【欧洲法律评论（第六卷）】

程卫东　李以所主编

中国社会科学出版社，2022年8月

内容简介

该书收录了欧盟宪政秩序的挑战与危机、荷兰法院的战略性气候之诉、《中欧全面投资协定》的开放与平衡、欧盟《外国补贴条例（草案）》、欧盟外资审查机制的竞争性建构与中国对策等论文，以及2019年、2020年《欧盟竞争政策报告》。

作者简介

程卫东，国际法学博士，中国社会科学院欧洲研究所研究员，中国欧洲学会常务理事，中国欧洲学会欧洲法律研究会会长，中国国际私法学会理事，法国保罗塞尚艾克斯-马赛第三大学博士后研究人员。现从事欧盟法研究，主要研究方向为欧盟对外贸易法、欧盟内部市场的法律保障及欧盟宪政，主要著作有《国际融资租赁法律问题研究》、《中国竞争法立法探要：欧盟对我们的启示》（主编）、《欧盟法律创新》（主编）、《欧洲宪政》（译著）等，发表中英文论文、研究报告40余篇。

李以所，中国社会科学院欧洲研究所副研究员，主要从事欧洲问题尤其是欧洲法律的研究。

【中东欧转型 30 年：新格局、新治理与新合作】

高歌主编

社会科学文献出版社，2022 年 8 月

内容简介

中东欧地区是一个地缘政治概念，其外延随时间而变动，该书讨论的范畴是冷战时期的东欧国家和前南国家。该书着重阐述了 20 世纪东欧剧变与冷战结束的因果关系，以及其后中东欧国家在"回归欧洲"进程中所面临的一系列问题及解决之策。该书作者均为中国社会科学院俄罗斯东欧中亚研究所的研究人员，他们力图突破国际政治研究的西方视角和大国视角，从深入剖析和深刻理解中东欧入手，在厘清中东欧国家对促进欧洲一体化和国际政治新发展所作出的贡献的同时，更加准确地把握未来国际政治发展的新趋势，从而为推进中国与中东欧国家的合作和"一带一路"建设提供参考。

作者简介

高歌，中国社会科学院俄罗斯东欧中亚研究所转型和一体化理论研究室主任、研究员、博士生导师。中国俄罗斯东欧中亚学会常务理事、国务院发展研究中心欧亚社会发展研究所特聘研究员。研究方向为中东欧国家政治与外交。出版专著《东欧国家的政治转轨》，主编《从"16+1"到"一带一路"：合作·发展·共赢》，参与撰写《中东欧转型 20 年》《中东欧转轨 25 年观察与思考》《原苏联东欧国家政治转轨比较研究》《曲折的历程：中东欧卷》《欧洲的分与合：中东欧与欧洲一体化》等多部著作。

【动荡欧洲背景下的德国及中德关系】

郑春荣主编

社会科学文献出版社，2022 年 9 月

内容简介

该书为中国欧洲学会德国研究分会第十六届年会论文集，年会主题即为"动荡欧洲背景下的德国及中德关系"。近年来，欧洲面临一系列危机的冲击，包括欧债危机、乌克兰危机、难民危机、暴恐危机、英国"脱欧"危机。这些危机对德国国内政治、经济、社会的发展及其在欧盟的角色与地位，以及德国的外交与安全政策（包括中德关系）都产生了深远影响。该书各篇论文作者为德国研究分会会员，从德国内政、外交政策和中德关系等几个方面，分析动荡欧洲背景下，德国在各个领域和各个层面的表现，以期研判未来德国在欧洲与世界上的定位。

作者简介

郑春荣，博士，教授、博士生导师、博士后合作导师，同济大学外国语学院党委书记，同济大学德国研究中心主任，同济大学德国问题研究所/欧盟研究所所长，《德国研究》主编、《德国发展报告（德国蓝皮书）》主编。现任中国欧洲学会副秘书长、上海欧洲学会副会长、上海国际关系学会常务理事。主要研究方向：德国政治制度，外交与安全政策，欧洲一体化，中德、中欧及中美欧关系。主持国家社会科学基金重大研究专项和一般课题、上海哲学社会科学规划项目，以及外交部、教育部、上海市教育委员会等委托课题十余项。迄今在国内外核心期刊发表论文 120 余篇，出版著作 24 部（专著 2 部、编著 3 部、主编 11 部、参与主编 5 部、译著 3 部）。

【中东欧国家经贸专题研究】

尚宇红等著

经济科学出版社，2022 年 10 月

内容简介

该书以"后疫情时代"中国—中东欧的经贸合作为重点，从中国—中东欧双边贸易不平衡状态出发，研究中国—中东欧服务贸易合作机遇与挑战、中东欧国家人工智能产业发展、中东欧国家优势产业资源、中东欧国家间主要产业关联及优势资源发掘等，从多个角度分析

中国与中东欧贸易投资合作的机遇和策略，并从企业角度研究了中东欧国家税收法律对中国企业海外投资的影响及应对。

该书以习近平主席在第二届"一带一路"国际合作峰会论坛上提出的绘就高质量共建"一带一路"的"工笔画"为指导思想，通过构建相关模型和数据分析，对中国与中东欧的贸易和投资潜力进行深入挖掘，以期通过中东欧这个"示范区"提升中国与"一带一路"沿线国家贸易投资整体水平。通过对中东欧整体以及国别进行研究，实现中国对中东欧贸易投资合作的"精准"施策，为找到促进双边贸易投资合作路径提供重要的依据。

作者简介

尚宇红，上海对外经贸大学国际经贸学院教授，副院长，硕士研究生导师，中东欧研究中心主任。西北大学理学博士，复旦大学应用经济学博士后，主要研究方向：国际贸易与国际投资、中东欧经济与贸易。先后赴美国纽约市立大学研究生中心、斯洛文尼亚卢布尔雅那大学经济学院访学。

【默克尔时代的德国：2005—2021年中国的德国研究文选】

郑春荣主编

社会科学文献出版社，2022年11月

内容简介

该书为论文集，由导论和期刊论文组成。导论系统总结了"默克尔时代"的德国在政治、经济、社会文化及外交领域所呈现的特征，对于我们把握未来德国发展具有启示意义。论文集收录2005年至2021年9月中国学者发表在核心期刊上的学术论文，分为政治卷、经济卷、社会文化卷和外交卷。书中全方位回顾"默克尔时代"的德国的内政外交，系统总结默克尔时代中国学者的典型研究，以促进中国相关研究的发展。而德国在其国内治理上的改革举措以及创新做法，也将为国家有关部门制定政策提供重要的参考。因此，该书具有重要的学术价值和现实意义。

作者简介

郑春荣，博士，教授、博士生导师、博士后合作导师，同济大学外国语学院党委书记，同济大学德国研究中心主任，同济大学德国问题研究所/欧盟研究所所长，《德国研究》主编、《德国发展报告（德国蓝皮书）》主编，现任中国欧洲学会副秘书长、上海欧洲学会副会长、上海国际关系学会常务理事。主要研究方向：德国政治制度，外交与安全政策，欧洲一体化，中德、中欧及中美欧关系。主持国家社会科学基金重大研究专项和一般课题，上海哲学社会科学规划项目以及外交部、教育部、上海市教育委员会等委托课题十余项，迄今在国内外核心期刊发表论文120余篇，出版著作24部（专著2部、编著3部、主编11部、参与主编5部、译著3部）。

【中国与中东欧合作的发展与机遇】

刘华著

中国社会科学出版社，2022年12月

内容简介

该书主要论述欧债危机后，中国与中东欧国家合作的发展与现状，重点考察中国与中东欧国家合作面临的机遇与挑战，并分析其原因。从政治、经贸、人文交流等方面提出进一步推动中国与中东欧国家合作的路径与建议。

作者简介

刘华，博士，毕业于中国人民大学国际政治专业，比利时荷语布鲁塞尔自由大学（VUB）联合培养博士，欧盟伊拉斯谟项目访问学者，现任山西大学政治与公共管理学院副教授、党建研究中心研究员。主要教学科研领域包括国际政治经济学、欧洲一体化研究、中欧关系研究等，先后主持国家社会科学基金项目、人文社会科学研究项目、外交部中国—中东欧国家关系研究基金项目、共青团中央重点研究项目等国家级、省部级项目多项，在核心期刊发表论文多篇。

● 研究报告

【波兰发展报告（2021）】
黄承锋　余元玲主编
雷洋　杨既福副主编
社会科学文献出版社，2022年2月

内容简介

该书总报告和分报告分别重点分析了2019—2020年波兰政治、经济、外交的发展特征与趋势。2019年，波兰法律与公正党赢得众议院多数席位，2020年，总统杜达实现连任。未来波兰政府政策将保持连续性，但是波兰社会的分裂尚未得到弥合，波兰政治重组尚在进行中。法律与公正党政府将继续执行扩大社会福利的经济政策。2019年，波兰经济继续保持增长势头，但受新冠肺炎疫情的影响，2020年，波兰经济陷入衰退，结束了自1992年以来经济持续增长的历史。2019—2020年波兰延续疑欧、亲美和反俄的外交政策。中波建立全面战略伙伴关系以来，两国政治交往日益密切，贸易合作成果显著，人文交流日益频繁，中波关系也得到提升。但是两国关系在发展过程中仍然存在一些问题，例如，中波双方政治方面合作不够深入，基础设施不能满足实际需求，科技合作形式单一；中波经贸关系存在波中贸易逆差过大，双边贸易额在两国对外贸易总额中所占比重较小、贸易结构单一等问题。

作者简介

黄承锋，重庆交通大学副校长，欧洲研究中心主任，教授，博士生导师，入选重庆市首批英才计划"名家名师"名单。研究领域为交通发展战略、国际交通发展战略。发表学术论文50余篇，主持国家、国际合作项目十余项，著有《运输经济学导论》《区域交通发展与管理》等。

余元玲，重庆交通大学副教授，欧洲研究中心常务副主任。主要研究方向为环境与资源保护法、国际经济法。近年来，在《经济评论》《甘肃社会学家》等核心刊物发表论文十余篇，公开出版著作3部。

雷洋，重庆交通大学副教授，欧洲研究中心国际经贸所所长。研究领域为国际运输通道、交通地缘政治等。近年来在《中国工程科学》《世界地理研究》《综合运输》等重要刊物发表论文十余篇，获省部级奖励2项。

杨既福，博士，重庆交通大学讲师，党政办公室副主任。主要致力于高等教育国际化发展战略研究，近年来在《山东社会科学》《江苏高教》《人民论坛》刊物发表与高等教育国际化相关的论文十余篇。

【欧洲能源转型万里行】
何继江等著
社会科学文献出版社，2022年2月

内容简介

2019年8月至2020年2月，清华大学能源转型与社会发展研究中心组织了欧洲能源转型考察。考察国家包括瑞典、芬兰、挪威、丹麦等北欧四国，爱沙尼亚、拉脱维亚、立陶宛等波罗的海三国，以及德国和波兰。考察团在德国中北部考察的是驾驶电动汽车，进行了长达三千多公里的充电设施实地考察。该书基于为期19个月的欧洲能源转型考察万里行活动，对欧洲主要国家能源转型情况进行介绍，包括零碳电力系统的竞赛、欧洲电气化公路、瑞典交通能源转型、瑞典垃圾分类及能源化利用、丹麦生物质能源转型、瑞典生物质清洁供热等，并探讨了对于中国能源转型实践的借鉴意义。该书收录了对欧洲国家能源转型情况的考察研究报告，共12章，涉及电力、供热、建筑、生物质能源、垃圾能源化、电动汽车、电气化公路、自行车等内容。

作者简介

何继江，博士，清华大学社会科学学院能源转型与社会发展研究中心常务副主任，并担任中国能源研究会能源互联网专委会副秘书长、中国电动汽车充电技术与产业联盟副理事长、电能替代产业发展促进联盟专家委员会委员、中国电机工程学会用电与节电专业委员会第五届专业委员会委员等。研究方向：能源转型、土地荒漠化防治、应对气候变化、低碳发展、低碳技术转移。先后负责和参加科技部、国家发改委、国家能源局关于应对气候变化和能源政策的十余项科研项目。作为清华大学与联合国荒漠化防治公约"可再生能源促进生态恢复与可持续生计"（REPER）合作项目的负责人，具体负责该项目工作组运作。

【中东欧国家交通运输国别报告】

刘作奎 雷小芳主编

中国社会科学出版社，2022年3月

内容简介

该报告分为总报告与国别报告两个部分。国别报告介绍了中东欧国家交通发展概况（交通发展战略、主要交通方式、行业优劣势分析）、交通运输国际合作情况（与周边国家双、多边交通运输合作），以及与中国的交通合作情况（现状与存在的问题）。

总报告对中国—中东欧国家交通合作的潜力、问题、风险进行了分析，并给出了相关对策建议。中国与中东欧国家在港口、城市交通基础设施建设、多式联运、航空、交通相关产业等领域具有较大合作潜力，与次区域间的交通倡议对接空间较大。但在中国与中东欧国家互联互通领域合作不断深化的进程中也面临一些干扰因素：欧盟设立的安全审查机制和市场壁垒、美国的地缘政治排挤，以及中东欧国家内部的政党政治等风险。基于中国—中东欧国家交通合作现状与面临的挑战，为推进中国—中东欧国家交通合作进一步发展，该报告提出了深化与中东欧国家地方政府间的城市交通合作、提升与中东欧及欧盟整体层面交通倡议对接的可能性、加强中东欧地区的国别研究智库建设等对策建议。

作者简介

刘作奎，历史学博士，中国社会科学院欧洲研究所副所长、创新工程项目首席专家，"百千万人才工程"人选"有突出贡献中青年专家"，兼任中国—中东欧国家智库交流与合作网络秘书长、中国—中东欧研究院副院长、中国社会科学院希腊中国研究中心执行主任，主要研究领域为中欧关系、欧美关系、中东欧问题，以及中国—中东欧国家合作等。先后在德国曼海姆大学、日本青山学院大学、波兰国际事务研究所、拉脱维亚国际事务研究所做访问学者，其研究成果多次获得中国社会科学院创新工程重大科研成果奖，获得中国社会科学院优秀对策信息特等奖和一等奖。发表学术论文近百篇。

雷小芳，交通国际合作事务中心主任、副研究员，中国民航局安全能力建设项目评审专家。长期从事交通国际合作交流工作，创立的交通运输国际智库是交通运输新型智库联盟副理事成员单位、"一带一路"国际智库合作委员会理事成员单位，参与组织第二届联合国全球可持续交通大会等多场重大主场外交活动，主持亚洲合作基金、亚太经济合作组织（APEC）等重要项目20余项，负责多项国家国际发展合作署援外人才培养项目。

【欧盟对非洲政策研究（国家智库报告）】

赵雅婷著

中国社会科学出版社，2022年3月

内容简介

欧盟对非洲政策始于欧共体对非加太国家的发展援助政策，1993年，欧盟正式成立后，欧洲一体化进程加速，欧盟机构话语权逐步提升。从2000年《科托努协定》签署到2007年《欧非联合战略》发布，再到2020年欧盟推出对非洲的新战略，最后到2022年第六届欧非峰会的召开，反映出欧盟对非洲政策从实施"规范性外交"到追求"战略自主"的演变。新形势下，欧盟将利用与非加太国家的全新《伙伴关系协定》和欧非领导人峰会机制，进一步巩固欧非关系，维持对非影响力。该书分为三个部分：第一部分梳理了欧盟/欧共体对非政策的历史演化脉络；第二部分论述了欧盟与非洲在政治、经济、援助、安全和社会文化等领域合作的内容、方式与效果；第三部分在展望欧盟对非洲政策走势的基础上，着重探讨了中国与欧盟在非洲的利益关系与未来前景，以期探索中欧共促非洲发展之道，促进中非关系行稳致远。

作者简介

赵雅婷，法学博士，政治学博士，中国社会科学院西亚非洲研究所（中国非洲研究院）助理研究员。2007—2017年就读于中国人民大学国际关系学院，分别获得法学学士、硕士与博士学位。2014年9月至2015年6月受国家留学基金委资助前往比利时布鲁塞尔自由大学进行联合培养，于2017年6月获得政治学博士学位。主要研究领域为非洲国际关系、非洲发展问题，侧重于中非关系、欧非关系，以及国际对非援助研究。出版专著《21世纪欧盟对非洲援助的政治导向研究》，在《教学与研究》《国际论坛》《当代世界》等期刊发表学术论文十余篇，参与多项国家社科基金项目及部委课题。

【中东欧国家发展报告（2021）】

赵刚主编

林温霜　董希骁副主编

社会科学文献出版社，2022年4月

内容简介

该书包括"总报告"、"专题报告"、"国别报告"和"附录：2020年中东欧国家大事记"四部分，全方位、多角度地展现了2020年中东欧地区政治、经济、社会、文化等各领域发展的全貌，同时重点关注该地区过去一年中发生的一系列热点问题，如2020年新冠肺炎疫情影响下中东欧国家的经济发展状况、中国—中东欧国家出版合作现状、北马其顿与保加利亚的历史争议及其对北马其顿入盟进程的影响等。从中东欧整个地区到中东欧16个国家，从横向和纵向两个维度，对政治、经贸、外交、安全、社会、文化，以及对华关系等领域的基本情况和重要事件进行探讨，全面审视了2020年中东欧各国的发展现状与趋势。

作者简介

赵刚，教授，博士生导师，北京外国语大学副校长，北京外国语大学中东欧研究中心、波兰研究中心主任。主要从事波兰及中东欧区域问题研究。

林温霜，教授，北京外国语大学欧洲语言文化学院副院长，北京外国语大学中东欧研究中心副主任、保加利亚研究中心主任。主要从事保加利亚国别问题研究。

董希骁，教授，博士生导师，北京外国语大学欧洲语言文化学院副院长，北京外国语大学中东欧研究中心副主任、罗马尼亚研究中心主任。主要从事罗马尼亚国别问题研究。

【意大利发展报告（2021—2022）：疫情下"危"中寻"机"的意大利】

孙彦红主编

社会科学文献出版社，2022年6月

内容简介

如果说2020年全年意大利都在新冠肺炎疫情及其引发的经济社会危机中被动"挣扎"，那么2021年则是该国主动在"危"中寻"机"，并且取得显著成绩的一年。2021年，欧洲中央银行前行长德拉吉任总理的

"技术-大联合政府"上台,既缓解了国际社会对意大利将提前大选的担忧,客观上也为该国各政党解决内部问题提供了重要"窗口期"。这一年,德拉吉政府在防控新冠肺炎疫情的同时着力推进生产性投资和结构性改革,旨在解决国家体系的一系列深层次问题。虽然疫情下的全面复苏步履艰难,但是意大利的确正朝着促进经济社会全面可持续发展的方向迈进:新冠肺炎疫苗接种快速推进、防疫措施取得相对突出成效、国家复苏与韧性计划如期落地实施、经济实现较强劲复苏、社会形势整体趋于改善。在外交上,德拉吉政府全面回归欧洲主流,着力巩固与法、德两国关系,同时借助担任G20轮值主席国的主场外交优势积极推行多边主义、提升自身国际影响力。该书的总报告以"'危'中寻'机':疫情下艰难复苏的意大利"为题,从政治、经济、社会、外交、中意关系等方面勾勒出2021年度意大利的发展概貌,对意大利国内各领域及中意关系发展做出梳理、剖析与展望。

关于2021年的意大利形势,该书的分报告从政治、经济、社会、外交四个方面做了较为系统的回顾与分析。在国内,德拉吉政府"励精图治",着力推进新冠肺炎疫苗接种和国家复苏与韧性计划落地,均取得了突出成绩,经济社会复苏的表现颇为抢眼。在外交上,德拉吉政府旨在提升意大利在欧盟内话语权和国际影响力的一系列努力亦取得积极成效。

在专题篇,该书重点关注的内容包括意大利港口体系的特点与当前挑战、疫情冲击下的意大利时尚产业、意大利养老金体系及近年来改革历程、近年来意大利高等教育课程体系的改革与创新、意大利文化遗产保护的制度与政策法规演进、近年来意大利劳动法改革等。这些题目要么涉及当前意大利国内正发生的重要变化,要么与意大利自身及

中意关系的发展前景密切相关,对这些问题进行梳理和剖析有助于我们更深入地理解当前意大利各领域的发展状况。

总体而言,该书反映了意大利2021年的整体形势、重大事件以及在重要领域的进展,并且对中意关系与中意合作的新发展做了较为深入的阐述与分析。

该书延续中意合作的方式,除了国内学者,还邀请了来自意大利知名智库和大学的多位有分量的专家撰稿,以便读者更加全面客观地把握意大利各领域及中意关系的发展。

作者简介

孙彦红,经济学博士,中国社会科学院欧洲研究所研究员、欧洲经济研究室主任、博士生导师,中国欧洲学会意大利研究分会秘书长,意大利政治、经济与社会研究所(EURISPES)外籍学术委员。主要研究领域为欧洲经济、欧盟及其成员国产业政策,意大利研究、中欧/中意经济关系。主要学术成果有《意大利发展报告(2020—2021):新冠肺炎疫情冲击下的意大利》《意大利发展报告(2019—2020):中国与意大利建交50年》《新产业革命与欧盟新产业战略》《变化中的意大利》《意大利公共债务问题评析》《欧盟产业政策研究》等。

【"脱欧"后英国的非洲政策及前景(国家智库报告)】

朱伟东著
中国社会科学出版社,2022年6月

内容简介

"全球英国"对外政策理念成为英国"脱欧"后处理对外关系包括对非洲关系的一项重要指导原则。具体而言,在政治方面,英国会进一步扩大与非洲的伙伴关系,更加重视推行英国的"民主、法治、人权"等价值观以及"以规则为基础的国际秩序"理念;在经济方面,会更加重视开拓非洲市场,采取更多具体措施拓展与非洲的贸易与投资;

在和平安全方面，会继续扩大在非洲的军事存在，深化与非洲的安全合作；在文化方面，会更加重视在非洲传播其价值观，提升英国在非洲的软实力。从英国对非政策走势及中英战略关系来看，未来中国和英国在非洲既有合作的机遇，也面临竞争的挑战。影响未来中英在非洲关系的因素主要包括"西方因素"、"非洲因素"以及中英战略关系的发展。为正确应对未来中英在非洲的关系，中国需要准确把握"西方因素"中的机会，积极寻求与英国"求同存异"，重视"非洲因素"的作用，加强自身对非工作机制建设。

作者简介

朱伟东，法学博士，中国社会科学院西亚非洲研究所（中国非洲研究院）非洲法律研究中心主任、研究员，中国社会科学院大学教授、博士生导师。自 2008 年起，先后在剑桥大学法学院进行博士后研究，在首尔国立大学法学院任访问研究员。被评为湖南省青年骨干教师、湖南省 121 人才工程第三层次人选、国务院政府特殊津贴专家。主要研究领域包括非洲法、非洲国际关系、国际私法、国际商事仲裁等。先后出版专著、译著、智库报告十余部，参编著作十余部，在 Journal of African Law（《非洲法杂志》）、Penant（《贝南文集》）、Journal of South African Law（《南非法律杂志》）、Journal of Private International Law（《国际私法杂志》）、《西亚非洲》等国内外期刊、报纸发表各类文章 200 余篇。先后主持非洲法方面的国家社会科学基金课题 3 项、外交部中非联合计划课题 2 项，主持中国社会科学院西亚非洲研究所创新项目、重点课题、中非联合交流课题多项。

【法国发展报告（2022）】
丁一凡主编
戴冬梅副主编
社会科学文献出版社，2022 年 10 月

内容简介

法国是全球性大国之一，在印度洋、太平洋、加勒比地区和南美洲拥有海外领地。法国是联合国常任理事国，在联合国等多边组织里起着重要的作用，在欧洲一体化方面也发挥着特殊的作用。法国本身的发展具有欧洲发达国家的一些共同特点，分析法国的发展变化能使我们更好地理解欧洲发达国家。该书为法国蓝皮书系列的第 5 辑，由法国研究领域的多位专家执笔，分为总报告、分报告、政治篇、经济篇、社会篇、外交篇和资料篇。

2021 年，法国的政治、经济和社会治理模式继续遭遇严峻的内部和外部挑战。与此同时，法国精英在应对上展示了一定的韧性和活力。

法国政治生态的多极化趋势更加明确，传统的精英治国模式疲态尽显。从 2022 年总统大选第一轮结果看，马克龙相对 2017 年的支持率下降，以勒庞为首的极右翼和以梅朗雄为首的极左翼上升势头明显。"政坛黑马"泽穆尔表现亮眼。两大传统党派共和党和社会党进一步式微。法国为宗教极端势力和其他极端思潮提供了土壤。激进化趋势造成反恐难度增大。但马克龙最终成功连任表明，维护政局和政策的稳定性和可预测性，是法国新老精英的不二选择。经济社会层面，马克龙政府积极回应民众诉求，稳妥推进各项改革议程，并有力应对新冠肺炎疫情冲击。虽然有些经济痼疾并未得到根本缓解，但法国经济于 2021 年复苏明显。在对外政策上，法国继续全方位出击，维护其全球大国地位和影响力。以欧洲政策为主要着力点，马克龙积极推动欧洲战略自主，最大限度促进法国的地区和全球利益。

该书由北京外国语大学区域与全球治理高等研究院、法国研究中心、中国欧洲学会法国研究分会共同策划。

作者简介

丁一凡，中国欧洲学会法国研究分会会长、研究员，主要从事国际政治和世界经济研究。毕业于北京外国语学院法语系，后赴法国学习。获波尔多政治学院学士，波尔多大学法学院政治学硕士、博士。曾在美国约翰·霍普金斯大学国际关系研究院做访问学者。曾在北京外国语大学任教，在新华社国际部和《光明日报》国际部任编辑，任《光明日报》驻巴黎首席记者，任国务院发展研究中心世界发展研究所副所长。现为国务院发展研究中心世界发展研究所研究员、外交部国际经济与金融咨询委员会委员、商务部咨询委员会委员、教育部国别与地区研究专家组成员、中国世界经济学会副会长、全国政协参政议政人才库专家、中国欧洲学会常务理事等。出版过《民主悖论》《欧债危机启示录》《欧元时代》《跌宕起伏的中欧关系——从文明对话到战略伙伴》等中文专著10部，《全球化危机与中国式解决方案》(Crisis of Globalization and Chinese Solution) 英文专著1部，编著《权力二十讲》，发表学术论文十余篇，在全国性报纸、杂志上发表文章数百篇，用英文、法文在国内外杂志上发表数十篇文章。

戴冬梅，北京外国语大学法语语言文化学院院长、教授，学术刊物《法语国家与地区研究》副主编，中国欧洲学会法国研究分会副会长。毕业于北京外国语大学、巴黎政治学院、巴黎第一大学与巴黎第三大学。历史学博士、外交学硕士、法语语言文学硕士。主要研究方向为法语教学、中国法语传播史和法国对外政策。发表《法国外语教育政策与教学体系考察》《法语的对外推广》等学术论文30余篇。

【欧洲发展报告（2020—2021）】
冯仲平　陈新主编
社会科学文献出版社，2022年12月

内容简介

2020年突如其来的新冠肺炎疫情和英国最终脱欧，给欧洲带来双重冲击。该书通过总报告以及有关分报告，从欧盟、成员国和专题等不同视角围绕这两条主线展开分析。

该书指出欧洲国家未能有效防控新冠肺炎疫情，一方面源于疫情初期未能认识到疫情的危险程度；另一方面也暴露了欧盟本身特殊的治理体系的结构性缺陷。之后，在疫情并未根除的情况下，欧洲各国政府为了保经济，仓促解除限制措施，导致疫情不断蔓延且多次"复发"。新冠肺炎疫情对欧盟的打击是多方面的。首先，欧盟内部凝聚力遭受严重考验。近年来欧盟力量受损主要是因为各种挑战和危机打击了其凝聚力，新冠肺炎疫情让欧盟内部"东西、南北"的矛盾和分歧进一步凸显。在疫情一波又一波的肆虐下，欧洲经济不仅出现了二战以来最大幅度的衰退，其复苏进程也受到严重干扰。虽然欧盟机构最终批准了7500亿欧元的复苏计划，并将未来7年的预算用于经济复苏与"数字和绿色发展"，但复苏之路将不会一帆风顺。从整体上看，欧洲经济或将在较长时间处于"低增长、低通胀、高赤字、高债务"的运行周期。疫情给欧盟社会带来了深刻影响，改变了原有的生活与工作秩序，健康与经济成为各国社会舆论讨论的焦点，"不确定性"成为欧洲民众最为普遍的认知状态。

2020年英国最终完成了脱欧程序，并且在最后一刻与欧盟确立了未来经贸关系的新框架。对于英国和欧盟来说，表面上看双方各取所需，都声称自己是"赢家"，但英国脱欧对英欧双方的冲击，以及在地缘政治方面的影响还将继续显现。

欧盟面对复杂的地缘环境和全球格局变化，提出实施开放式战略自主。战略自主已经从传统的安全和防务领域扩大到更多的领域，欧盟密集出台数字战略、《人工智能白皮书》《外国补贴白皮书》《欧盟甲烷排放战略》等文件，大力推动经济主权、技术主权、数字主权和绿色新政的建设。

2020年的中欧关系成为欧洲实施战略自主的一个尝试。尽管受到疫情的影响，对中欧关系而言，2020年依然是个"大年"，双边关系在诸多领域取得进展。中欧克服疫情带来的困难，创新沟通和会晤方式，以保持领导人之间交流渠道的畅通；开拓绿色和数字合作新领域，以新共识推动中欧关系新发展；如期完成《中欧全面投资协定》谈判，为中欧经贸关系提供新的法律框架；中欧贸易逆势上扬，彰显合作韧性，中国超过美国，成为欧盟第一大货物贸易伙伴。

作者简介

冯仲平，中国社会科学院欧洲研究所所长，中国—中东欧研究院（布达佩斯）院长，中国—中东欧国家智库交流与合作网络理事长，研究员，博士生导师，《欧洲研究》主编；中国欧洲学会会长，中国国际关系学会副会长，中国世界政治研究会副会长（兼秘书长），教育部国别和区域研究专家委员会委员，中国人民外交学会理事。主要研究领域为欧洲战略问题、欧洲一体化、中欧关系、欧美关系、北约、中国外交等。

陈新，法学博士，研究员，博导生导师。现任中国社会科学院欧洲研究所副所长、中国—中东欧研究院（布达佩斯）执行院长。兼任中国欧洲学会副会长、新兴经济体研究会副会长、中国欧洲学会中东欧研究分会副会长、中国欧洲学会欧洲经济研究分会会长、中国国际经济关系学会常务理事。担任中国政府与欧盟委员会的合作项目"中国—欧盟欧洲研究中心项目（ESCP）"中方主任。主要研究领域为中欧经贸关系、欧洲经济以及中东欧研究。近年来主要代表作有《中国与欧洲国家经贸关系评估报告（2017年）》《冯德莱恩能否带领欧盟走出危机阴影》《深析当前欧洲的地缘政治焦虑》《大变局下中欧全面投资协定的多重意义》。

● **学术资料**

【感知中德人文交流：中德人文交流优秀案例合辑】
董琦主编
同济大学出版社，2022年9月

内容简介

2021年，同济大学中德人文交流研究中心以"民心相通、行稳致远"为主题，面向中德两国征集中德人文交流优秀案例，受到社会各界的广泛关注与支持。最终，41个优秀案例被收录进《感知中德人文交流：中德人文交流优秀案例合辑》，以中德对照、图文并茂的形式结集出版。书中集中呈现了近年来中德人文交流取得的重要成果，涵盖了中德人文交流对话机制的各个主要领域，全方位展现了中德人文交流广阔而丰富的发展空间，兼具故事性、传播性、创新性和典型性，以一个个鲜活的活动和项目串联起中德人文交流的累累硕果，凸显了其中的感动瞬间、成功实践与丰硕成果，为进一步完善中德高级别人文交流对话机制、拓宽交流领域和深化合作内容提供了新思路、新路径、新渠道，贡献了大量经验成果和创新模式。

作者简介

董琦，同济大学副校长，同济大学浙江学院党委副书记、院长。长期从事德国问题和比较教育研究，并从事管理工作，主持过多项部级课题。

学术机构介绍

安徽大学欧洲联盟研究中心

一、机构介绍

安徽大学欧洲联盟研究中心是安徽省人民政府外事办公室和安徽大学合作共建的研究型智库，2015年筹建，2016年2月正式成立，2017年6月入选教育部国别和区域研究备案中心。在2020年举行的教育部高校国别和区域研究工作评估中，安徽大学欧洲联盟研究中心被评为备案中心Ⅱ类建设单位，进入全部420家参评单位的前30%。

中心按照开放原则汇聚校内外人才智力资源，按照合作原则开展跨学科理论研究与对策研究，旨在以高起点、国际化的视野，建设一个学科综合、队伍一流、管理先进的集学术研究、人才培养、政策咨询、国际交流为一体的实体化学术机构。中心聘请知名专家组建学术委员会，以项目为牵引组建经贸、外交、政治、人文四个研究模块。现有专兼职人员39名，其中，校内23名，政府、企业、科研院所兼职人员12名，外籍学术顾问4名。

中心在实体化建设、咨政服务、科学研究、学科建设、国际合作等方面取得长足发展，被纳入安徽大学"双一流"建设计划，与安徽大学社会与政治学院合作培养"国际事务与国际关系"应用型本科人才，与安徽大学外语学院合作招收培养"区域国别研究"研究生（硕士层次）。近3年，中心获批国家社会科学基金项目4项、外译项目1项，教育部人文社会科学项目1项，教育部国别和区域研究项目3项，发表高水平学术论文、出版专著译著多部。中心经外交部批准承办"中法建交55周年纪念活动"，承办中国欧洲学会年会等高层次学术会议。

二、代表性研究成果和在研课题

（一）代表性研究成果

（1）译著

［奥］戴维·弗格森：《罗伯特·福琼——植物猎人》，李亚蒙、宋丽娟译，尹建龙校译，北京师范大学出版集团 安徽大学出版社2022年版。

（2）论文

尹建龙：《从重商主义到自由贸易：企业家群体与英国工业化时期贸易政策的转型》，《社会科学战线》2022年第5期。（人大复印报刊资料《世界史》2022年第8期全文转载）

魏孝稷：《"帝国史"范式无法解读中华文明》，《历史评论》2022年第2期。

魏孝稷：《可以"文明史"范式应对"帝国史"范式的局限性》，《历史教学》（上半月刊）2022年第3期。

（二）在研课题

序号	课题名	主持人	课题类型	课题编号
1	欧洲各国"去极端化"改造政策的执行效果和经验教训	尹建龙	教育部2022年高校国别和区域研究竞争性课题	2022-N38

续表

序号	课题名	主持人	课题类型	课题编号
2	桐城派与中西文明互鉴	卢志宏	2022年度安徽省高校科学研究重点项目	—
3	基于语料库的改革开放以来核心政治话语德译传播与接受研究	靳亚男	2022年度安徽省高校科学研究重点项目	—
4	法语外宣新闻中人类命运共同体理念的话语建构机制研究	高航	2022年度安徽省高校科学研究重点项目	—
5	欧洲各国"去极端化改造"政策研究	沈昊凌	2021年度安徽省高校科学研究项目（研究生创新项目）	YJS20210064

中国国际问题研究院欧洲研究所

一、机构介绍

中国国际问题研究院创立于1956年，是中华人民共和国外交部直属的专业研究机构。中国国际问题研究院的欧洲研究所先后使用"西欧研究室""欧盟研究部"等名称，主要研究领域涉及欧盟、欧洲各国政治经济外交安全形势及政策、欧洲一体化动向、区域发展、北约及中欧关系等重大区域与国别问题。除向相关部门提供高质量研究报告外，近年来，欧洲所还承担多项国家高端智库课题，所内研究人员在国内外不同期刊发表学术论文计50余篇。欧洲所与国内外智库和高校、欧洲国家驻华机构进行密切合作和交流，并以多种形式积极开展公共外交活动。

中国—中东欧国家全球伙伴中心中方秘书处由国研院欧洲所承接，是中国—中东欧国家合作机制下发起成立的新型合作平台，以提供智力支持和交流平台为目标。自2019年成立以来，该中心已完成调研、交流和培训等多项任务。

二、代表性研究成果和在研课题

（一）论文

1. 金玲：《全球首部人工智能立法：创新和规范之间的艰难平衡》，《人民论坛》2022年第4期。

2. 张蓓：《英国脱欧对欧美关系的影响》，《国际问题研究》2022年第1期。

3. 金玲：《欧盟对外战略转型与中欧关系重塑》，《外交评论（外交学院学报）》2022年第4期。

4. 陈晓径：《欧盟重塑能源系统与中欧科技合作》，《科技中国》2022年第6期。

5. 金玲：《"全球北约"的亚太转向与前景展望》，《当代世界》2022年第9期。

6. 徐刚、杨博文：《中国—中东欧国家合作10年：评估与思考》，《欧亚经济》2022年第5期。

7. 姜胤安：《中国参与北极油气能源合作的进展挑战与应对》，《国际石油经济》2022年第

12 期。

8. 吴妍：《德国可再生能源发展加速提级》，《科技中国》2022 年第 12 期。

9. 金玲：《欧洲形势：多重变局 一波三折》，载中国国际问题研究院编《国际形势和中国外交蓝皮书（2021/2022）》，世界知识出版社 2022 年版。

10. 石岩：《中欧关系：逆风稳航 共创新局》，载中国国际问题研究院编《国际形势和中国外交蓝皮书（2021/2022）》，世界知识出版社 2022 年版。

11. 许钊颖：《欧盟公布〈芯片法案〉，增强半导体领域技术主权》，《国际人才交流》2022 年第 12 期。

（二）课题

外交部"指南针"课题 2 项、中国—中东欧国家全球伙伴中心年度课题 1 项。

三、机构要闻

2022 年 2 月 24 日，金玲、陈晓径参加"欧非中关系：当前的机遇与挑战"线上研讨会。

2022 年 7 月 6 日，中国国际问题研究院欧洲研究所与法国国际关系研究所举行年度政策对话会。

2022 年 11 月 1 日，崔洪建、魏民、杨博文代表中国国际问题研究院欧洲研究所及中国—中东欧全球伙伴中心出席塞尔维亚"一带一路"研究所第二届"贝尔格莱德智库"论坛。

2022 年，中国国际问题研究院欧洲研究所接谈英、法、德等欧洲多国及欧盟机构驻华外交官、商会代表、专家学者等数十人次。

中国现代国际关系研究院欧洲研究所

一、机构介绍

（一）机构概况

中国现代国际关系研究院欧洲研究所，是专门从事欧洲综合研究的科研机构。主要研究领域为欧盟研究（欧洲一体化、欧盟对外关系、共同外交与安全政策及观念、欧盟成员国关系、欧盟与北约关系、欧安组织的发展及其作用）；欧洲经济研究；国别研究（重点研究英、法、德、意等国的政党政治、经济与社会问题、内外政策、社会思潮）；中东欧以及西巴尔干地区经济、政治与社会转型；中欧关系。欧洲研究所还承担中国现代国际关系研究院国际关系专业欧洲方向的专业课教学与研究生指导工作。

地址：北京市海淀区万寿寺甲 2 号　邮编：100081

电话：+8610-88547325

传真：+8610-68418641

（二）现任主要领导

张健　博士

中国现代国际关系研究院院长助理兼欧洲研究所所长、研究员、博士生导师。2003 年毕业于武汉大学，获历史学博士学位。主要从事欧洲一体化、欧盟对外关系、欧美关系及中欧关系等问题研究。在《现代国际关系》等核心期刊发表论文 40 余篇。

陈旸　博士

中国现代国际关系研究院欧洲研究所副所长、副研究员。2011 年毕业于华东师范大学，获世界史博士学位，攻读博士学位期间获国家留学基金委资助，赴德国进修一年，目前主要研究领域为德国研究、欧洲外交与安全及北约等，在《现代国际关系》等核心期刊发表多篇学术论文，在各大媒体平台发表时评近百篇。熟练掌握英语、德语。

曲兵　博士

中国现代国际关系研究院欧洲研究所所长助理、副研究员。主要研究英国问题及中欧关系。在《现代国际关系》《欧洲研究》等核心期刊发表学术论文十余篇。

李超　博士

中国现代国际关系研究院欧洲研究所所长助理、副研究员。主要研究德国问题及欧盟外交、中欧关系等。在《现代国际关系》等核心期刊发表学术论文十余篇，撰写时评近百篇。

中国社会科学院欧洲研究所

一、机构介绍

（一）机构概况

中国社会科学院欧洲研究所（前身为西欧研究所）成立于 1981 年 5 月，是专门从事欧洲政治、经济、法律、社会、文化、国际关系、国别和区域等研究的国家级科研机构。

欧洲研究所目前设有欧洲政治研究室、欧洲经济研究室、欧盟法研究室、欧洲社会文化研究室、欧洲国际关系研究室、欧洲国别研究室、中东欧研究室 7 个研究室，以及《欧洲研究》编辑部和行政及科研办公室。欧洲研究所承担中国社会科学院国际政治经济学院欧洲研究系专业课教学与研究生指导工作，同时设有博士后流动站，并接收国内外访问学者。中国欧洲学会和中国世界政治研究会挂靠在欧洲研究所，学会秘书处设在该所内。院级智库中国—中东欧国家智库交流与合作网络以及中国—中东欧研究院由欧洲研究所代管，秘书处或办公室设在欧洲研究所。两家院级海外研究中心——葡萄牙科英布拉中国研究中心和希腊拉斯卡瑞德斯基金会中国研究中心也由欧洲研究所代管运营。

地址：北京市建国门内大街 5 号　邮编：100732

电话：+8610-85195736（科研、外事、学生培养）

　　　+8610-85195734（行政）

传真：+8610-65125818

电子邮箱：gongzuo@cass.org.cn

网址：http://ies.cass.cn

（二）现任主要领导

所长：冯仲平

中国社会科学院欧洲研究所所长、中国—中东欧研究院（布达佩斯）院长、中国—中东欧国家智库交流与合作网络理事长、研究员、博士生导师、《欧洲研究》主编；中国欧洲学会会长、中国国际关系学会副会长、中国世界政治研究会副会长（兼秘书长）、教育部国别和区域研究专家委员会委员、中国人民外交学会理事。主要研究领域为欧洲战略问题、欧洲一体化、中欧关系、欧美关系、北约、中国外交等。

副所长：陈新

法学博士、研究员、博士生导师。现任中国社会科学院欧洲研究所副所长、中国—中东欧研究院（布达佩斯）执行院长。兼任中国欧洲学会副会长、新兴经济体研究会副会长、中国欧洲学会欧洲经济研究分会会长、中国欧洲学会中东欧研究分会副会长、中国国际经济关系学会常务理事。

纪委书记、副所长：董文柱

曾就读于国防科技大学和北京大学，分别取得工学学士和公共管理硕士学位。先后在军队和中国社会科学院科研局、俄罗斯东欧中亚研究所工作。曾任中国社会科学院科研局院学术委员会办公室副主任，科研局综合处处长兼学部主席团办公室主任；俄罗斯东欧中亚研究所所长助理兼办公室主任，所纪委书记、副所长。2022年3月任欧洲研究所纪委书记、副所长。

副所长：刘作奎

历史学博士，研究员，博士生导师，中国社会科学院欧洲研究所副所长，创新工程项目首席专家，"百千万人才工程"国家级人选"有突出贡献中青年专家"，兼任中国—东欧国家智库交流与合作网络秘书长、中国—中东欧研究院副院长、中国社会科学院希腊中国研究中心执行主任，主要研究领域为中欧关系、欧美关系、中东欧问题以及中国—中东欧国家合作等。

（三）学部委员

周弘

比较历史学博士，研究员，博士生导师，中国社会科学院学部委员、国际学部主任、前任欧洲研究所所长，中共第十二、十三届全国人大代表，人大外事委员会委员。

裘元伦

1960年毕业于上海社会科学院，曾任中国社会科学院世界经济与政治研究所副所长、中国社会科学院欧洲研究所所长、中国欧洲学会会长，现任中国社会科学院学部委员、北京外国问题研究会副会长。

（四）主要研究部门

1. 欧洲政治研究室

主要研究领域包括：欧洲政治思想及政治理论；欧洲政治一体化理论与实践；欧盟政治制度与政治运行机制；欧洲主要国家的政治体制、决策模式与政府政策；政党与政党模式的发展变迁；政治思潮的发展演变及其对欧洲政治的影响；欧洲主要国家与欧盟的政治形势；欧盟和欧洲主要国家的对外政治关系等。

2. 欧洲经济研究室

主要研究领域包括：欧洲经济理论与政策；欧洲经济一体化与世界经济；欧元的发展对欧洲内外的影响；欧洲经济改革与创新机制；欧洲主要国家经济制度与发展模式；欧美经济制度与发展模式的比较；欧盟对外经济贸易关系；中欧经贸关系。

3. 欧洲社会文化研究室

主要研究领域包括：欧洲一体化理论与实践；欧洲社会模式与社会治理；欧洲社会思潮与

社会运动；欧洲社会政策与社会保障制度；欧洲民族、宗教、移民问题；欧洲文化多样性与欧洲认同；欧洲社会变迁与结构调整、全球化与欧洲民族国家转型；欧洲文化教育政策；中欧文化关系。

4. 欧盟法研究室

主要研究领域包括：欧盟法的形成与发展、性质及相关理论；欧盟宪政与行政法；欧洲市场一体化中的法律问题；欧盟法与成员国法律的关系与协调；欧盟对外关系法；欧盟国际贸易法；欧盟国际投资法与投资争端解决机制；欧盟的海洋政策及其国际法实践；中欧关系中的法律问题。

5. 欧洲国际关系研究室

主要研究领域包括：欧洲国家及欧盟对外关系；欧洲国家及欧盟的外交政策；欧洲内部的国家间关系；欧盟以及欧洲国家与世界主要国家和地区关系；中国与欧盟及欧洲国家关系。

6. 欧洲国别研究室

主要研究领域包括：英、法、德等欧洲主要国家政治、经济和社会制度，对外关系与外交政策，政治、经济、社会与外交模式比较。

7. 中东欧研究室

主要研究领域包括：中国和中东欧国家合作；中东欧与"一带一路"；中东欧国家的欧洲化；中东欧国家的政治、经济和社会转型；中东欧地缘政治的演化；巴尔干民族主义与冲突；巴尔干国家构建与国际治理。中东欧研究室还承接中国—中东欧国家智库交流与合作网络的实际工作，积极推进中国—中东欧国家合作框架下的智库合作。

（五）智库和研究中心建设

1. 中国—中东欧国家智库交流与合作网络

"中国—中东欧国家智库交流与合作网络"成立于2015年12月。它是中国—中东欧国家合作总体框架下推进智库合作的高端平台与新型机制，秘书处设在中国社会科学院欧洲研究所。

网址：http://www.16plus1-thinktank.com/

2. 中国—中东欧研究院

"中国—中东欧研究院"为非营利有限责任公司，是非营利纯公益法人机构，由中国社会科学院在匈牙利注册成立，中国社会科学院欧洲研究所具体承办，总部设在匈牙利首都布达佩斯。"中国—中东欧研究院"坚持务实合作的原则，积极寻求与中东欧国家智库合作，并以匈牙利为依托，在中东欧开展实地调研、合作研究、联合出版、人员培训、系列讲座、开展招标课题研究等。

网址：www.china-cee.eu

地址：1052 Budapest Petöfi Sándor utca 11

邮箱：office@china-cee.eu

电话：+3615858690

3. 中国社会科学院科英布拉中国研究中心

中国社会科学院科英布拉中国研究中心（以下简称"中国研究中心"）是国家主席习近平正式访问葡萄牙时见签协议之一。2018年12月4日，在习近平主席同葡萄牙总理科斯塔见证下，中国社会科学院时任院长谢伏瞻与葡萄牙科英布拉大学校长席尔瓦签署《双方共建中国社会科学院葡萄牙科英布拉大学中国研究中心》的合作协议。该中心是中国社会科学院海外中国研究中心之一，致力于推动中国社会科学院与葡萄牙科研机构之间的学术交流。为落实中葡两国元首会晤成果，该中心努力构建和发展中葡之间高水平、高质量、高规格的国际学术交流平台，开展多种形式的学术交流活动。

联系人：张敏，中方执行主任

邮箱：zhangmin@cass.org.cn

4. 中国社会科学院—拉斯卡瑞德斯基金会中国希腊研究中心

中国社会科学院—拉斯卡瑞德斯基金会中国希腊研究中心（以下简称"希腊研究中心"）是中国社会科学院同希腊拉斯卡瑞德斯基金会共同成立的研究中心。2019年11月11日，在习近平主席同希腊总理米佐塔基斯见证下，中国社会科学院时任院长谢伏瞻与希腊拉斯卡瑞德斯基金会主席帕诺斯·拉斯卡瑞德斯签署《双方共建中国社会科学院希腊中国研究中心》的合作协议，该协议列入习主席访问希腊的16项成果清单。11月12日，谢伏瞻院长和帕诺斯·拉斯卡瑞德斯主席在比雷埃夫斯为该中心揭牌。希腊研究中心充分发挥自身的学科和资源优势，开展形式多样、内容丰富、具有自身特色的高层次学术交流与合作，为中希合作、"一带一路"高质量发展和中希文明交流作出贡献。

联系人：刘作奎，执行主任

邮箱：liuzk@cass.org.cn

（六）主要出版物

1. 《欧洲研究》（双月刊）

《欧洲研究》创刊于1983年，为中国人文社会科学核心期刊、中文核心期刊、中文社会科学引文索引（CSSCI）来源期刊，由中国社会科学院欧洲研究所主办，是中国目前唯一面向国内外公开发行的专门研究欧洲问题以及相关国际问题的学术刊物。自2013年起，入选国家社会科学基金资助期刊。

网址：http://ies.cass.cn/cn/periodical/

邮箱：cjes@cass.org.cn

电话：+8610-85195738/65135017

2. 《欧洲蓝皮书：欧洲发展报告》

《欧洲发展报告》是中国社会科学院欧洲研究所和中国欧洲学会共同编辑出版的有关欧洲形势发展的年度报告，始办于1997年。

3. *Working Paper Series on European Studies*

Working Paper Series on European Studies 是由中国社会科学院欧洲研究所编辑出版的不定期英文刊物，主要刊登该所学者、访问学者及研究生撰写的有关国际问题和欧洲问题的英文工作论文。

二、代表性研究成果和在研课题

（一）代表性研究成果

欧洲政治研究代表作

1. 杨祖功、顾俊礼等：《西方政治制度比较》，世界知识出版社1992年版。

2. 胡康大：《英国的政治制度》，社会科学文献出版社 1993 年版。

3. 吴国庆：《当代法国政治制度研究》，社会科学文献出版社 1993 年版。

4. 闫小冰、邝杨：《欧洲议会：对世界上第一个跨国议会的概述与探讨》，世界知识出版社 1997 年版。

5. 胡康大：《欧盟主要国家中央与地方的关系》，中国社会科学出版社 2000 年版。

6. 顾俊礼主编：《西欧政治》，经济科学出版社 2001 年版。

7. 顾俊礼主编：《欧洲政党执政经验研究》，经济管理出版社 2005 年版。

8. 周弘、［德］贝娅特·科勒-科赫主编：《欧盟治理模式》，社会科学文献出版社 2008 年版。

9. 张磊：《欧洲议会中的党团政治》，北京大学出版社 2013 年版。

10. 傅聪：《欧盟气候变化治理模式研究：实践、转型与影响》，中国人民大学出版社 2013 年版。

11. 吴国庆：《法国政治史（1958—2017）》，社会科学文献出版社 2019 年版。

12. 杨解朴：《德国在欧盟角色的演变：从科尔到默克尔》，社会科学文献出版社 2022 年版。

欧洲经济研究代表作

著作类：

1. 裘元伦：《稳定发展的联邦德国经济》，湖南人民出版社 1988 年版。

2. 裘元伦：《裘元伦文集》，上海辞书出版社 2005 年版。

3. 裘元伦：《欧洲的经济改革》，中国社会科学出版社 2013 年版。

4. ［意］焦瓦尼·斯帕多利尼：《缔造意大利的精英——以人物为线索的意大利近代史》，戎殿新、罗红波译，世界知识出版社 1993 年版。

5. 戎殿新、罗红波：《中小企业王国——意大利》，经济日报出版社 1996 年版。

6. 罗红波主编：《欧洲经济社会模式与改革》，社会科学文献出版社 2010 年版。

7. 罗红波、孙彦红主编：《变化中的意大利》，社会科学文献出版社 2017 年版。

8. 王鹤主编：《欧洲一体化对外部世界的影响》，对外经济贸易大学出版社 1999 年版。

9. 王鹤：《欧洲经济货币联盟》，社会科学文献出版社 2002 年版。

10. 杨伟国：《欧元生成理论》，社会科学文献出版社 2002 年版。

11. ［荷］雅克·佩克曼斯：《欧洲一体化：方法与经济分析》，吴弦、陈新译，中国社会科学出版社 2006 年版。

12. 薛彦平：《欧洲工业创新体制与政策分析》，中国社会科学出版社 2009 年版。

13. 孙彦红：《欧盟产业政策研究》，社会科学文献出版社 2012 年版。

14. 孙彦红：《新产业革命与欧盟新产业战略》，社会科学文献出版社 2019 年版。

15. ［法］让-弗朗索瓦·艾克：《战后法国经济简史》，杨成玉译，中国社会科学出版社 2020 年版。

论文类：

1. 裘元伦：《欧洲前途系于联合与改革——从全球化、一体化、现代化三个视角考察》，《欧洲研究》2003 年第 5 期。

2. 张敏:《欧洲一体化进程中的劳动力市场演变机制》,《欧洲研究》2006 年第 6 期。

3. 吴弦:《从"共同贸易政策"看"欧洲模式"——谈谈一体化中的"欧洲化"取向及其法律保障体系》,《欧洲研究》2008 年第 1 期。

4. 王鹤:《论欧盟的经济力量》,《欧洲研究》2008 年第 4 期。

5. 陈新:《欧洲一体化与乌克兰的道路选择》,《欧洲研究》2014 年第 6 期。

6. 陈新:《欧盟 2015 年贸易政策及对中国的影响》,《欧洲研究》2016 年第 1 期。

7. CHEN Xin, "CAI: China Is Ready, How Is about Europe," *Asia Europe Journal*, Issue 1, Volume 1, 2022.

8. 孙彦红:《意大利公共债务问题评析》,《欧洲研究》2015 年第 2 期。

9. Kun HU, "The Institutional Innovation of the Lender of Last Resort Facility in the Eurozone," *Journal of European Integration*, Vol. 36, Issue 7, 2014, pp. 2-15 (627-640).

10. 胡琨、钟佳睿:《欧洲货币联盟会迈向最优货币区吗?——法国调节学派视角下最优货币区的自我实现》,《欧洲研究》2022 年第 4 期。(人大复印报刊资料全文转载)

11. 杨成玉:《反制美国"长臂管辖"之道——基于法国重塑经济主权的视角》,《欧洲研究》2020 年第 3 期。

欧洲社会文化研究代表作

1. 陈乐民:《"欧洲观念"的历史哲学》,东方出版社 1988 年版。

2. 陈乐民:《20 世纪的欧洲》,生活、读书、新知三联书店 2007 年版。

3. 陈乐民、周弘:《欧洲文明扩张史》,东方出版中心 1999 年版。

4. 陈乐民、周弘:《欧洲文明的进程》,生活、读书、新知三联书店 2003 年版。

5. 周弘:《福利的解析——来自欧美的启示》,上海远东出版社 1998 年版。

6. 周弘主编:《国外社会福利制度》,中国社会出版社 2004 年版。

7. 周弘:《福利国家向何处去》,社会科学文献出版社 2006 年版。

8. 周弘主编:《认识变化中的欧洲》,社会科学文献出版社 2013 年版。

9. 周弘等:《促进共同富裕的国际比较》,中国社会科学出版社 2021 年版。

10. 马胜利:《争取社会主义和民主——饶勒斯评传》,中国社会科学出版社 1996 年版。

11. 顾俊礼主编:《福利国家论析:以欧洲为背景的比较研究》,经济管理出版社 2002 年版。

12. 马胜利、邝杨主编:《欧洲认同研究》,社会科学文献出版社 2008 年版。

13. 邝杨、马胜利主编:《欧洲政治文化研究》,社会科学文献出版社 2012 年版。

14. 田德文:《欧盟社会政策与欧洲一体化》,社会科学文献出版社 2005 年版。

15. 张金岭:《法国人文化想象中的"他者"建构:基于里昂的一项民族志研究》,社会科学文献出版社 2018 年版。

16. 张金岭:《多元法国及其治理》,中国社会科学出版社 2019 年版。

欧盟法研究代表作

1. 程卫东:《欧洲市场一体化:市场自由与法律》,社会科学文献出版社 2009 年版。

2. 程卫东:《欧洲法律评论》第 1—6 卷(第一主编),中国社会科学出版社 2016 年、2017 年、2018 年、2019 年、2021 年、2022 年分别出版。

3. 程卫东主编：《欧洲法律创新》，社会科学文献出版社 2008 年版。

4. 程卫东主编：《中国竞争法立法探要：欧盟对我们的启示》，社会科学文献出版社 2006 年版。

5. 《欧洲联盟基础条约——经〈里斯本条约〉修订》，程卫东、李靖堃译，社会科学文献出版社 2010 年版。

6. ［美］约瑟夫·威勒：《欧洲宪政》，程卫东、李靖堃、吴倩岚、周弘等译，中国社会科学出版社 2004 年版。

7. 叶斌：《比较法视角下的 2005 年海牙选择法院协议公约研究》，中国社会科学出版社 2013 年版。

8. ［英］弗朗西斯·斯奈德编著：《欧洲联盟与中国（1949—2008）：基本文件与评注》，李靖堃、叶斌、刘衡译，李靖堃校译，社会科学文献出版社 2013 年版。

9. 刘衡：《国际法之治：从国际法治到全球治理——欧洲联盟、世界贸易组织与中国》，武汉大学出版社 2014 年版。

10. 刘衡、谢琼：《欧盟对华海洋政策与实践：早期发展和新动向》，中国社会科学出版社 2018 年版。

11. 李以所：《德国的经济治理经验——从法律视角的考察与分析》，中国社会科学出版社 2015 年版。

国别研究代表作

1. 赵俊杰、高华主编：《北狼动地来？——北约战略调整与欧盟共同防务及其对中国安全环境的影响》，中国社会科学出版社 2011 年版。

2. 赵俊杰：《欧洲难民危机专题研究报告》，中国社会科学出版社 2016 年版。

3. 张敏：《西班牙经济与政治》，社会科学文献出版社 2015 年版。

4. 裘元伦、张敏等：《欧盟国家经济改革的理论与实践》，社会科学文献出版社 2013 年版。

5. 张敏：《巴斯克分离主义与西班牙政府的反民族分离政策》，《中央民族大学学报（哲学社会科学版）》2019 年第 6 期。

6. 彭姝祎：《法国社会保障制度——碎片化及改革：以养老制度为例》，中国社会科学出版社 2022 年版。

7. 彭姝祎：《从戴高乐到马克龙：法国的非洲政策变化轨迹与内在逻辑》，《西亚非洲》2019 年第 2 期。

8. 彭姝祎：《试析法国政党格局的解构与重组——政党重组理论视角下的审视》，《当代世界与社会主义》2020 年第 2 期。

9. 胡琨：《德国社会市场经济模式及战后经济政策变迁刍议》，《欧洲研究》2014 年第 2 期。

10. ［德］约阿辛姆·阿尔格米森：《汉斯·蒂特迈尔：构建德国和欧洲经济秩序的一生》，胡琨等译，社会科学文献出版社 2021 年版。

11. 孙艳：《欧盟参与科技创新国际合作的机制和经验》，《国际经济合作》2014 年第 12 期。

12. 孙艳：《欧盟生态创新绩效评析》，《欧洲研究》2016 年第 6 期。

13. 孙艳：《坚持胸怀天下 不断推动构建人类命运共同体》，《红旗文稿》2021 年第 24 期。

14. 孔元：《帝国—封建和主权国家的知识转型：以欧洲法学史为中心的考察》，《学术月刊》2020 年第 3 期。

15. 孔元：《普遍性叙事的"东方"悖论：反思与超越》，《学术月刊》2022 年第 1 期。

16. 徐若杰：《北约战略转型：动力、趋势及政策影响》，《欧洲研究》2022 年第 5 期。

17. 黄萌萌：《德国开放性难民政策的成因与挑战》，《理论视野》2016 年第 1 期。

18. 黄萌萌：《"政治环境"视角下德国政党格局的新变化》，《欧洲研究》2018 年第 6 期。

国际关系研究代表作

1. 陈乐民：《战后西欧国际关系（1945—1984）》，生活·读书·新知三联书店 2014 年版。

2. 潘琪昌主编：《欧洲国际关系》，经济科学出版社 2001 年版。

3. 曹慧：《欧盟气候变化政策：内部决策与国际谈判的关系》，德国兰伯特出版社（Lambert Publisher）2012 年版。

4. 赵晨：《论欧洲联盟的民主》，中国社会科学出版社 2018 年版。

5. 赵晨、赵纪周、黄萌萌：《叙利亚内战与欧洲》，中国社会科学出版社 2018 年版，英国罗德利奇出版社 2021 年版（英文版）。

6. 赵晨等：《跨大西洋变局——欧美关系的裂变与重塑》，中国社会科学出版社 2021 年版。

中东欧研究代表作

1. 孔田平主编：《维谢格拉德集团的嬗变与中国 V4 合作》，中国社会科学出版社 2015 年版。

2. 刘作奎：《国家构建的"欧洲方式"——欧盟对西巴尔干政策研究（1991—2014）》，社会科学文献出版社 2015 年版。

3. 黄平、刘作奎等：《中国—中东欧国家（16+1）合作五年成就报告：2012—2017 年》，社会科学文献出版社 2018 年版。

4. 孔田平：《冷战后俄罗斯的中东欧政策及其影响》，社会科学文献出版社 2018 年版。

5. 刘作奎：《欧洲与"一带一路"倡议：回应与风险（2019）》，中国社会科学出版社 2019 年版。

6. 吴白乙、霍玉珍、刘作奎主编：《中国—中东欧国家合作进展与评估报告（2012—2020）》，中国社会科学出版社 2020 年版。

7. 刘作奎、鞠维伟等：《中国与捷克的战略伙伴关系：现状、前景、问题及对策》，中国社会科学出版社 2016 年版。

8. 刘作奎、Ágnes Szunomár 等：《中国和匈牙利的全面战略合作伙伴关系：历史、现状、前景及政策建议》，中国社会科学出版社 2018 年版。

9. 刘作奎、宋晓敏等：《中国和希腊的全面战略伙伴关系：现状、前景及政策建议》，中国社会科学出版社 2019 年版。

10. 刘作奎、韩萌等：《中国—中东欧国家地方合作研究报告（2020）》，中国社会科学出版社 2021 年版。

11. 宋晓敏：《希腊与欧洲一体化》，中国社会科学出版社 2022 年版。

(二) 在研课题

2021—2022 年立项课题：

序号	课题名	主持人	课题类型	课题编号
1	欧洲对外战略调整与中欧美关系研究	冯仲平	国家社会科学基金重大项目	21&2D171
2	新冠疫情冲击下美欧资本主义的现状、制度困境及发展趋势研究	赵俊杰	国家社会科学基金重点项目	21AGJ003
3	大变局下欧盟的国际地位与作用及对我影响研究	陈新	国家社会科学基金重点项目	22AGJ013
4	组织与制度互动视角下的中东欧政党政治与"民主倒退"研究	马骏驰	国家社会科学基金年度项目	21CGJ023
5	国际海底资源开发争端解决机制研究	刘衡	国家社会科学基金年度项目	22BGJO22
6	"双碳"背景下中欧构建国际绿色经济循环的实现路径与长效促进机制研究	韩萌	国家社会科学基金年度项目	22CGJ028
7	美欧"互联互通倡议"对共建"一带一路"的影响研究	张超	国家社会科学基金年度项目	22CGJ043
8	西班牙社会问题治理研究	朱锐	中国社会科学院青年科研启动项目	2023YQNQD055
9	德国"时代转折"与中德关系走向	黄萌萌	中国社会科学院青年科研启动项目	2023YQNQD056

部委委托项目 4 项：

序号	课题名	主持人	课题类型	课题编号
1	欧洲推行价值观贸易对我影响及对策	冯仲平	商务部委托项目	—
2	欧洲单一市场对我国建设全国统一大市场的借鉴与启示	孙彦红	商务部委托项目	—
3	欧盟绿色转型举措重要进展及对我影响研究	孙彦红	外交部委托项目	—
4	当代欧洲民族问题治理的挑战及其镜鉴研究	张金岭	国家民委委托项目	—

中国社会科学院委托课题 2 项：

序号	课题名	主持人	课题类型	课题编号
1	国际形势与中国外交及台港澳问题	冯仲平	美国所委托课题	—
2	中国与周边国家关系研究	陈新	中国边疆研究所委托课题	—

其他横向课题 4 项：

序号	课题名	主持人	课题类型	课题编号
1	新形势下中国对欧话语构建与国际传播经验案例研究	冯仲平	当代中国与世界研究院	—
2	中东欧研究报告	陈新	中国银行匈牙利分行	—
3	俄乌冲突下欧洲能源政策对我企业在欧洲可再生能源开发的机遇和挑战	陈新	龙源电力海外投资公司	—
4	习典明理	黄平	清华大学出版社	—

另有国家社会科学基金重大专项项目（内部）1 项；国际调研项目新立项 1 项；继续推进中国社会科学院重大项目 2 项，即未来大国 15 年研究项目和"一带一路"项目；继续推进中国社会科学院基础课题研究项目 8 项。

2021—2022 年结项课题：

序号	课题名	主持人	课题类型	课题编号
1	"一带一路"倡议框架下中欧产能合作研究	杨成玉	国家社会科学基金年度项目	17BGJ008
2	"一带一路"倡议框架下中国与中东欧国家合作模式研究	孔田平	国家社会科学基金年度项目	17BGJ030
3	"一带一路"背景下中国与一体化组织的外交政策研究	贺之杲	国家社会科学基金年度项目	16CGJ017
4	法国多元文化主义的当代困境及其治理研究	张金岭	国家社会科学基金年度项目	16BMZ096
5	欧洲养老金制度改革及其对我国的借鉴意义研究	彭姝祎	国家社会科学基金年度项目	16BGJ067
6	德国在欧盟地位和作用的变化及中国对欧政策研究	杨解朴	国家社会科学基金年度项目	16BGJ064
7	中东欧国家的"中国观"构建研究	鞠维伟	国家社会科学基金年度项目	18BGJ087

续表

序号	课题名	主持人	课题类型	课题编号
8	欧洲"选举年"后美欧关系走向及对我影响研究	黄萌萌	国家社会科学基金年度项目	17CGJ018
9	后危机时代的欧盟机构改革与欧洲一体化的未来	贺之杲	院青年科研启动项目	2020YQNQD00122
10	中国的环境援助政策与实践研究	张超	院青年科研启动项目	2020YQNQD00123
11	波兰政党政治现状与成因探析	马骏驰	院青年科研启动项目	2020YQNQD00125
12	国际金融危机后欧洲主要国家经济结构变迁	杨成玉	院青年科研启动项目	2020YQNQD00124
13	制度变迁中的新成员国与欧洲一体化——以匈牙利为例	陈思杨	院青年科研启动项目	2020YQNQD00121

三、学生培养

欧洲研究系

欧洲研究系以中国社会科学院欧洲研究所为依托，成立于1983年。

欧洲研究系现有博士生指导教师11人；硕士生指导教师11人。现任系主任为欧洲研究所所长、博士生导师冯仲平教授。

2022年硕、博士研究生共有7位新生，其中硕士研究生3人，博士研究生4人。硕、博士研究生共毕业9人，其中1人出国。

2022年，欧洲研究系开设的课程如下。

欧洲研究基础（一）。包括欧洲研究导论、欧洲一体化理论、欧洲经济一体化理论、法律创新与欧洲一体化、欧洲文化多样性与一体化思想、欧盟环境治理与欧洲一体化、大国关系与欧洲一体化、科技创新与欧盟绿色经济增长、欧盟产业政策与产业战略、欧洲货币一体化与欧洲货币联盟、欧洲文化多元主义、欧盟利益集团导论等。

欧洲基础研究（二）。包括欧洲大国关系与欧洲一体化、欧盟法治若干基本问题分析、中东欧与国际秩序、中国中东欧合作、欧洲货币一体化与欧洲货币联盟、中东欧的区域经济合作、欧盟环境治理与欧洲一体化、欧洲文化多样性与一体化思想、用系统思维方法研究中欧关系、欧盟全球价值链地位与对外经贸政策调整、中国—中东欧国家合作、欧盟利益集团导论、多重危机下的欧洲政治与外交转型、英国与欧洲安全结构转型等。

欧洲名著选读。包括《新教伦理与资本主义精神》《意大利文艺复兴时期的文化》《20年危机（1919—1939）》《政府论》《政治经济学的国民体系》《社会契约论》《论法的精神》《历史哲学》《包容他者》《经济发展理论》《旧制度与大革命》《英宪精义》《大转型》等。

欧洲社会文化研究。包括欧洲社会文化研究导论、欧洲社会政策与欧洲一体化、欧洲国家劳动力市场转型、欧洲移民问题与难民危机、欧洲福利制度研究、欧洲社会转型与民粹主义思潮、欧洲民族与宗教问题、欧洲社会治理、欧洲文化政策、欧洲疑欧主义、20世纪的欧洲观念等。

学术规范与论文写作。包括欧洲研究漫谈、国际问题研究方法与论文写作、中欧关系研究方法、复杂系统与中欧关系、史学研究方法、研究问题的设定与方法选择、政治学研究方法、经济学研究方法、社会学研究方法、比较研究方法刍议、学术论文写作等。

地址：北京市建国门内大街5号　邮编：100732
电话：+8610-85195736
网址：http://ies.cass.cn/

中国欧洲学会

一、机构介绍

（一）机构概况

中国欧洲学会成立于1984年，前身为西欧经济研究会（1978—1984年）和中国西欧学会（1984—1992年）；1993年改名为"中国欧洲学会"。学会主管单位是中国社会科学院，挂靠单位为中国社会科学院欧洲研究所。

中国欧洲学会是由国内从事欧洲政治、经济、社会、法律、国际关系及历史与文化研究和教学的团体和个人自愿结成的全国性、学术性、非营利性社会组织，致力于推动中国欧洲问题研究和教学事业的发展。

中国欧洲学会目前有十个分支机构：欧洲经济研究分会、欧洲政治研究分会、欧洲法律研究分会、欧洲一体化史研究分会、英国研究分会、法国研究分会、德国研究分会、意大利研究分会、中东欧研究分会和欧盟研究分会。

学会通过网站、微信公众号、工作通讯等方式与会员保持经常性联系；每年举行各种学术研讨和工作交流活动；向社会各界和政府部门提供有关欧洲问题的咨询服务，增进中国人民对欧洲事务的了解，推动中欧关系的发展；积极开展国际学术交流，架构中欧文化交流的桥梁。

自成立以来，学会以加强国内欧洲学界的学术交流和学术出版为己任，与欧洲研究所合作首创"中欧大使论坛"，此论坛后成为中国学者与欧盟对话的重要渠道；每年举办的学术年会是国内欧洲研究学界最重要的学术交流平台之一；与欧洲所合作出版的《欧洲发展报告》，是学界最早也是最重要的蓝皮书之一。近年来，学会推动各分会相继出版年度国别系列蓝皮书：《德国发展报告》《英国发展报告》《意大利发展报告》《法国发展报告》，在学界获得较好的反响。

全国各地的会员撰写并出版了众多内容丰富的高水平学术专著、论文及其他形式的研究报告，翻译出版了许多国外学者的欧洲研究成果。这些成果是中国人民了解当代欧洲的必读书籍和高等院校的教学用书。

（二）组织架构

中国欧洲学会的最高权力机构是会员代表大会，每五年召开一次。2021年8月，学会如期举行换届选举大会，经投票选举产生了第十届理事会。随后召开了理事会会议，选举产生新的常务理事会。会议推选周弘为中国欧洲学会荣誉会长，选举冯仲平为会长，选举佟家栋、徐明棋、宋新宁、丁纯、陈新、吴志成、邓翔和崔洪建为副会长，选举宋晓敏为秘书长、郑春荣为副秘书长。

中国欧洲学会会员为学术机构、高校、政府有关部门和新闻出版单位等领域从事欧洲问题研究和教学工作的学者和专家，以及社会各界的其他研究人员。会员分为单位会员和个人会员，目前有33家单位会员，个人会员500人左右。

历任会长有徐达琛、李琮、陈乐民、裘元伦、周弘；历任名誉会长有宦乡、伍贻康。

二、机构要闻

1. 2022年，中国欧洲学会在民政部、社团主管单位和代管单位的领导下，以习近平新时代中国特色社会主义思想为指导，认真贯彻落实党的二十大精神，增强"四个意识"、坚定"四个自信"、坚决做到"两个维护"，基于中国社会科学院主管的全国性学术团体的定位，积极开展各项工作。2022年6月，学会参加民政部社会组织评估，获评3A级。2022年，学会再次荣获"国家社会科学基金学术社团主题学术活动资助"。

2. 2022年11月4日，第12届两岸欧盟研究学术论坛"新地缘变局下欧盟新政的契机与挑战"在线上举行。中国欧洲学会精心组织会员单位20名资深专家学者进行主旨发言，共同探讨欧洲的变化和全球变局，为海峡两岸的学术交流、凝聚学术共识作出了有益的贡献。学会副会长陈新研究员参与主编的第三本"两岸欧洲研究丛书"《百年变局与欧洲经济外交》简体和繁体中文版顺利出版，在海峡两岸收获好评，为推进海峡两岸的学术交流作出了重要贡献。

3. 2022年11月5日，中国欧洲学会2022年年会在北京召开。此次会议由中国欧洲学会主办，山东大学政治学与公共管理学院、山东大学欧洲研究中心、中国社会科学院欧洲研究所承办。来自北京大学、清华大学、中国人民大学、北京外国语大学、中国政法大学、外交学院、南开大学、复旦大学、同济大学、华东师范大学、上海外国语大学、华东理工大学、上海对外经贸大学、南京大学、武汉大学、山东大学、四川大学、中山大学、吉林大学、广东外语外贸大学、西安外国语大学、香港中文大学（深圳）、中共中央党校（国家行政学院）、国务院发展研究中心、中国国际问题研究院、中国现代国际关系研究院、上海社会科学院和中国社会科学院等高校和科研机构的百名专家学者齐聚一堂，以"欧洲转型与中欧关系"为主题，探讨百年变局下的欧洲转型与中欧关系发展。

4. 2022年1月17日，中国欧洲学会英国研究分会与北京外国语大学、社会科学文献出版社合办《英国发展报告（2020—2021）》发布会；11月19日，与北京外国语大学英国研究中心、《欧洲研究》编辑部联合举办"多重风险挑战下的英国政治、经济、社会形势"学术研讨会。

5. 2022年6月18日，中国欧洲学会欧洲政治研究分会举办"俄乌冲突背景下的欧洲政治变化"学术研讨会；12月10日，举办2022年年会暨"欧洲一体化向何处去"学术研讨会。

6. 2022年6月30日，中国欧洲学会欧洲经济研究分会与中国社会科学院欧洲研究所联合举办2022年年会暨"俄乌冲突背景下的欧洲经济形势与前景"学术研讨会。

7. 2022年6月30日，中国欧洲学会法国研究分会举办"法国研究分会理事会换届大会暨2022年学术年会"，主题为"法国政局与俄乌冲突对欧洲一体化的影响"；8月25日，与中国社会科学院欧洲研究所"欧洲社会文化"学科团队共同举办第四届"国际社会文化比较研究"学术研讨会，主题为"新形势下全球社会思潮的变化与挑战"；11月12日，同北京外国语大学法语学院教育部备案法国研究中心、社会科学文献出版社等机构联合举办《法国发展报告（2022）》发布会，并组织召开了"新时期法德关系与欧洲一体化"学术研讨会。

8. 2022年8月30日，中国欧洲学会意大利研究分会与社会科学文献出版社共同主办了《意大利发展报告（2021—2022）：疫情下"危"中寻"机"的意大利》发布会暨"变化世界中的中意合作"双边研讨会（线上加线下）。会后，多家重要媒体做了报道。

9. 2022年11月11日，中国欧洲学会中东欧研究分会和西安外国语大学联合主办"2022年年会暨第二届中国与中东欧国家合作西部论坛"。

10. 2022年11月19—20日，中国欧洲学会德国研究分会与中国社会科学院中德合作中心、欧洲研究所以及深圳技术大学等共同举办中国欧洲学会德国研究分会第17届年会暨"回顾与展望——中德建交50周年"学术研讨会；11月30日，德国研究分会与中国社会科学院中德合作中心、中国社会科学院欧洲研究所以及德国阿登纳基金会北京代表处共同举办了"中德关系的回顾与展望"国际研讨会（线上）；12月7日，德国研究分会与中国社会科学院中德合作中心、欧洲研究所创新工程"百年变局下的欧洲转型研究"创新集群联合主办"德国形势年终研讨会"。

11. 2022年11月26日，中国欧洲学会欧洲一体化史研究分会召开分会年会，主题为"世界大变局与欧洲一体化"。

12. 2022年11月27日，中国欧洲学会欧盟研究分会与复旦大学欧洲问题研究中心联合主办"欧洲科技创新与产业转型"学术研讨会；12月2—3日，与复旦大学欧洲问题研究中心、德国艾伯特基金会上海代表处联合主办"中欧医疗和长期护理保障的未来"学术研讨会。

在"国家社会科学基金优秀社科学术社团奖励性补助"的资助下，中国欧洲学会进行资源整合，搭建交流平台，积极推动本社团与下设分会、会员机构等发挥智库作用，围绕党和国家关心的理论和现实问题，开展分析与对策研究，为政府部委、地方部门提供咨询服务；举办各类学术活动，在引导学术研究、推动学术交流和咨政建言上取得突出成效。

地址：北京市建国门内大街5号 邮编：100732
电话：+8610-85195740（中国欧洲学会秘书处）
电子邮箱：caes-sec@cass.org.cn
网址：http://caes.cass.cn/
微信公众号：中国欧洲学会订阅号

北京外国语大学英国研究中心

一、机构介绍

（一）机构概况

北京外国语大学英国研究中心是1989年在教育部的支持与英国文化委员会资助下成立的。在英语语言文学学科下招收"英国社会与文化""英国研究"专业硕士研究生，2012年起招收"欧洲研究"方向博士研究生。2011年，中心获批教育部国别和区域研究培育基地。英国研究中心积极拓宽研究领域，构建多元开放的英国研究平台，推进基地向服务国家需要的新型智库转型，建设综合性的英国问题研究机构，同时将研究范围拓展到欧洲一体化、英国与英联邦和前殖民地国家关系等领域。2018年，英国研究中心入选CTTI来源智库，2020年进入Top10，成为中国当代英国问题研究的重要学术机构。

（二）组织架构

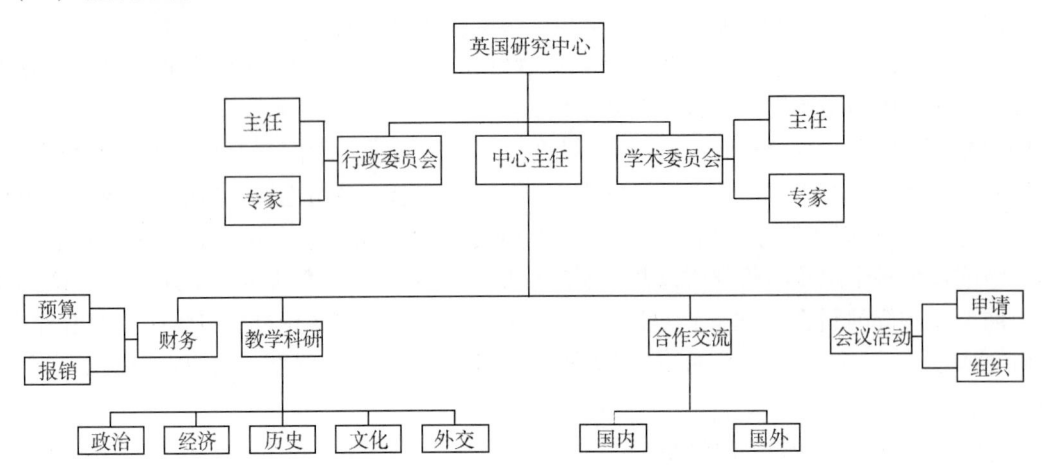

```
                        英国研究中心
                             |
        ┌──主任──┐                    ┌──主任──┐
        |       |──行政委员会──中心主任──学术委员会──|       |
        └──专家──┘                    └──专家──┘
                             |
   ┌─────────┬──────────┬──────────┬──────────┐
┌预算┐     财务      教学科研     合作交流    会议活动  ┌申请┐
└报销┘                                                └组织┘
                  ┌──┬──┬──┬──┐     ┌──┬──┐
                  政 经 历 文 外     国内 国外
                  治 济 史 化 交
```

中心主任：王展鹏，北京外国语大学英语学院副院长，教授、博士生导师；北京外国语大学区域与全球治理高等研究院副院长。

（三）主要研究方向和研究特色

该中心主要致力于英国政治、历史、社会、文化、外交、经济等领域的教学与研究。中心发展定位逐渐明确为人才培养和科学研究并重，以服务国家外交战略、国家和地方经济社会发展为导向，建设以英国对外关系、英国政治、英国文化为重点的涵盖英国政治、经济、社会等领域的多学科、跨学科、综合性的英国问题研究机构，同时将研究范围拓展到欧洲一体化、爱尔兰研究等领域。

（四）智库和研究中心建设

英国研究中心建设呈现以下特点。

（1）形成了以中心教师为主体，校内外学者广泛参与的研究团队。团队由校内教师20余人、校外兼职专家近20人组成；校内正高级职称专家十余人，很多是国内英国政治、外交、法律、文学、传媒、教育等领域的顶尖学者。

（2）中心的学术研究聚焦英国政治、对外政策领域的重大现实问题，同时在中英人文交流的历史和现实领域产出了众多原创性成果。例如，中心围绕"脱欧"这一重大事件，开展多领域、多学科研究。在该领域，先后主持国家社会科学基金项目、教育部人文社会科学基地重大项目等课题十余项，发表高质量论文20余篇。

（3）中心大力推进咨政服务能力建设和智库转型。面向国务院研究室、教育部、外交部、财政部等部委，提交20多篇咨政报告、研究报告，多篇获得采纳，多次参加咨询会，提供咨政建议。在《人民日报》、《光明日报》和中央电视台等媒体发表相关文章，接受采访200余次。

（4）中心积极构建多元开放的英国研究平台，与国内外学术机构、团体深度互动。自2012年起，每年与中国欧洲学会英国研究分会联合举办学会年会或关于英国内外政策、中英关系的全国性学术研讨会1—2次。与英国高校、智库和其他机构开展了一系列合作。例如，在英国使馆资助下举办学术研讨会、赴英开展智库交流；与兰卡斯特大学建立教师发展和人文交流学生培养项目，与多所英国大学建立双博士、双硕士项目，借助全球区域国别学共同体等平台与英国高校开展合作。

（五）主要出版物

《英国蓝皮书：英国发展报告》。英国研究中心 2013 年首次组织编写《英国发展报告》，2015 年进入蓝皮书系列，已出版 9 册。目前由北京外国语大学区域与全球治理高等研究院、英国研究中心以及中国欧洲学会英国研究分会共同组织编写，逐年对英国政治、经济、社会、文化、外交等方面的形势做出勾勒、分析与判断。《英国发展报告》多次获得中国社会科学院"优秀皮书奖""优秀皮书报告奖"。

二、代表性研究成果和课题

（一）代表性研究成果

1. 徐瑞珂等："America and the Special Relationship: The Impact of the Trump Administration on Relations with the UK," *British Politics*, 2021.

2. 王展鹏、吕大永：《英国"脱欧"与中英关系的未来》，《当代世界》2020 年第 6 期。

3. 王展鹏：《百年大变局下英国对华政策的演变》，《欧洲研究》2020 年第 6 期。

4. ［英］蒂利亚德：《伊丽莎白时代的世界图景》，裴云译，华夏出版社 2020 年版。

5. 王展鹏：《全民公投、选举政治与脱欧僵局》，《红旗文稿》2019 年第 5 期。

6. 王展鹏、张茜：《脱欧背景下英国权力下放的演变及其影响》，《欧洲研究》2019 年第 4 期。

7. 徐瑞珂等："Comparing the Anglo-American and Israeli-American Special Relationships in the Obama Era: An Alliance Persistence Perspective," *Journal of Strategic Studies*, 2016.

8. 王展鹏、夏添：《脱欧公投与英国国家身份变迁》，《武汉大学学报（哲学社会科学版）》2019 年第 1 期。

9. 徐瑞珂：*Alliance Persistence within the Anglo-American Special Relationship*, Palgrave Macmillan, 2017.

10. 徐瑞珂："Institutionalization, Path Dependence and the Persistence of the Anglo-American Special Relationship," *International Affairs*, 2016.

11. 石同云：《英国工人阶级银幕形象及其文化诠释》，南开大学出版社 2015 年版。

12. 章晓英：《英国主流媒体与政府在气候变化问题上的互动关系——以〈经济学家〉（1980—2013）为例》，《国际论坛》2014 年第 4 期。

13. 张剑：《中英文化的碰撞与协商：解读威廉·燕卜荪的中国经历》，《深圳大学学报（人文社会科学版）》2014 年第 1 期。

14. 王展鹏、刘绯主编：《解析英国及其国际地位的演变》，世界知识出版社 2013 年版。

15. 章晓英：*The Economist's Construction of Globalization (1985-2010): A Narrative Analysis with a Chinese Perspective*，世界知识出版社 2012 年版。

（二）代表性科研项目

近年来，中心承担英国政治、对外关系、文学文化、历史等领域的国家社会科学基金项目；外交部、教育部等部委规划课题、委托课题以及北京市人文社会科学课题 20 余项。例如，"英国对华决策新发展及其对中英关系的影响研究"（2016年国家社会科学基金项目），"脱欧公投后英欧关系走向及其影响研究"（2017年中欧关系"指南针"项目）；"两次英使访华间（1793—1816）中英对彼此建构之比较"（2017年北京市哲学社会科学基地项目）；"文化唯物主义与英国马克思主义文学批评"（2019年国家社会科学基金后期资助项目）；"英国现代主义对中国古典文明的美学阐释研究"（2020年国家社会科学基金项目）。

三、学生培养

经过30多年的探索，中心形成了多学科、跨学科英国研究人才培养模式，为当前区域国别学交叉学科建设积累了经验。建立了本硕博贯通的英国政治、经济、社会、文化课程体系，迄今培养毕业硕士、博士研究生200余人，为我国英国研究的开展培养了众多人才，为推动我国英国问题的教学与研究、培养英国学研究的专业人才作出了重要贡献。

英国研究中的课程设置包含政治学、国际关系、历史学、社会学、文化研究等学科的基本理论和研究方法；英国政治、外交、社会、文化、经济等领域的知识；英国内政、外交等重要现实问题；中英关系新发展。

中心所培养的毕业生活跃在高等院校、科研机构、出版、新闻、经贸等部门，他们以英语基本功扎实、知识面广、独立科研能力强而深受用人单位的好评。目前，中心每年招收8—10名硕士研究生；1—2名欧洲研究方向博士研究生。除研究生课程外，中心还为本科学生开设英国社会与文化、英国电影分析等课程。

外交学院欧洲研究中心

外交学院欧洲研究中心成立于1994年2月，是我国高校较早成立的专门从事欧洲问题研究的学术机构之一。外交学院周尊南教授、朱立群教授先后担任中心主任，现任中心主任为外交学院国际关系研究所赵怀普教授。中心成立近30年来，积极开展欧洲问题的研究和教学活动，不断加强国内外学术交流，成为国内较有影响力的欧洲研究中心之一。现为中国欧洲学会单位会员，赵怀普教授和熊炜教授担任学会理事。

近年来，外交学院欧洲研究中心坚持对欧洲一体化和欧盟综合研究的传统和特长，加强对欧盟政治、经济、法律及内外关系等方面的探索和课程开发，目前已建立较为完善的综合课程体系。主要课程包括"欧洲政治经济与外交""欧盟研究""欧洲经济研究""中欧关系研究""欧美关系研究""欧盟法"。课程形式多样，多为本科生和硕士研究生开设，其中欧洲政治经济与外交是本科生必修课，面向博士研究生开设欧盟专题研究和外交学与中欧关系两门方向课。

针对21世纪初欧洲一体化的新形势和新特点，中心在坚持对欧盟做综合研究的基础上更加关注欧盟政治、经济与对外关系的新动向，并相应地开展了课题研究，发表了一批较有影响力的研究成果。主要著作有《观念、制度与政策——欧盟软实力研究》《全球视野下的欧盟共同外交和安全政策》《欧盟多层治理与政策》《国际体系与中欧关系》《英国与欧洲一体化》《统一以后的德国外交政策（1990—2004）》《当代美欧关系史》（2012年荣获北京市第12届哲学社会科学优秀成果奖一等奖）《欧盟政治与外交》《变革中的国际秩序与中欧关系》等。还出版了3卷本的《欧洲联盟法典》，这是国内外唯一一套准确介绍欧洲联盟法律制度和集反映欧共体—欧盟全部基础条约于一体的中文译本。

中心积极开展国内外学术交流，与国内主要的欧洲研究学术机构保持密切联系与合作，积极参加与欧洲伙伴共同申报的联合项目，如亚洲网络（Asia Link）、国际关系方法论培训班等。中心曾多次主办学术会议和研讨会，如"中欧全面战略伙伴关系：回顾与展望""伊战后的欧美关系""欧债危机与中欧关系"等。中心还积极参加外交学院与欧洲高校校际学术交流计划，开展双向讲学等活动。

随着中国与欧盟关系的发展，进一步加强对欧洲研究的建设，将对我国的对外开放和社会主义建设事业具有极其重要的意义。外交学院欧洲研究中心将继续开拓奋进，不断为推动我国的欧洲研究事业作出贡献。

中国人民大学欧洲问题研究中心

一、机构介绍

（一）机构概况

中国人民大学欧洲问题研究中心成立于1994年9月，系中国人民大学原国际政治系和国际经济系联合成立的系属研究中心，于1999年12月进行重新组建。2000年12月中心被批准为"教育部人文社会科学重点研究基地"。2005年，中心被欧盟委员会授予"让·莫内最佳欧洲研究中心"称号。2012年1月被教育部批准成立区域和国别研究培育基地中国人民大学欧盟研究中心。2017年5月被教育部批准成立中欧人文交流研究中心。中心现任主任为杨慧林教授，学术委员会主任为陈岳教授。中心主要有欧洲政治与外交、欧洲经济与货币联盟、欧洲联盟法、欧洲文化与宗教研究、欧洲社会政策研究5个研究方向，结合多学科背景、利用多学科研究方法进行相关研究并积极提供智库支持。主要学术带头人和研究人员包括杨慧林、宋新宁、陈岳、黄卫平、彭刚、黄燕芬、房乐宪、王义桅、闫瑾、罗天虹等。

（二）现任主要领导

学术委员会

主席：陈岳

委员：周弘、宋新宁、石坚、冯仲平、张小劲、黄燕芬、丁纯、闫瑾

二、在研课题

序号	课题名	主持人	课题类型	课题编号
1	多重危机背景下欧盟的全球战略及其对大国外交的含义	房乐宪	教育部人文社会科学重点研究基地重大项目	20JJDGJW001
2	欧洲社会思潮的变化及其对欧洲一体化的影响	段忠桥	教育部人文社会科学重点研究基地重大项目	17JJDGJW010
3	欧洲经济一体化的新动向与中欧经贸合作研究	彭刚	教育部人文社会科学重点研究基地重大项目	17JJDGJW012
4	退欧背景下英国与欧盟关系及其对中国的影响	王明进	教育部人文社会科学重点研究基地重大项目	17JJDGJW013

续表

序号	课题名	主持人	课题类型	课题编号
5	多重危机背景下的欧洲一体化与德国的政策走向	Maximilian Mayer	教育部人文社会科学重点研究基地重大项目	17JJDGJW011
6	乌克兰危机下欧盟与北约关系之走向	王义桅	教育部人文社会科学重点研究基地重大项目	15JJD810022
7	欧盟国家关于限制言论和新闻自由的理论及实践研究	闫瑾	教育部高校国别和区域研究项目	GBQY2022WT-80
8	国外百年政党治国理政经验教训研究	陈岳	教育部高校国别和区域研究项目	GBQY2022WT-82
9	欧洲主要媒体、智库情况及涉华舆论动态研究	王义桅	教育部高校国别和区域研究项目	GBQY2022WT-81
10	法国、英国、德国等欧洲国家对外援助及对我启示研究	闫瑾	教育部高校国别和区域研究项目	GBQY2022WT-79
11	欧盟战略自主的内涵、政策及对中欧关系的影响	闫瑾	教育部高校国别和区域研究年度项目	2021-N60
12	中美欧之多边主义比较研究	徐莹	教育部高校国别和区域研究年度项目	2021-N05
13	美欧绿色贸易壁垒及对策研究	关孔文	教育部高校国别和区域研究年度项目	2022-N51
14	后疫情时代"17+1"合作支点区域研究：以西巴尔干区域为中心的考察	王义桅	教育部高校国别和区域研究项目	2020-N34

北京大学欧洲研究中心

一、机构介绍

欧洲研究在北京大学具有优良传统，20世纪60年代以来，在欧洲语言、文学、历史、哲学、法律、经济等研究领域，北京大学在全国科研机构中处于领先地位。1978年中国实行对外开放的政策之后，北京大学同欧洲大学和学术机构的交流和联系稳步发展，从事欧洲研究的学者迅速增加，日益成熟。现今北京大学人文社会科学领域的教研人员中，有几百位学者曾在欧洲学习或访问，多人获得欧洲大学的博士学位。目前，有100余位学者从事同欧洲研究相关的教学和科研活动，为本科生和研究生提供了200余门相关课程。这些经验丰富、学术素养高、学术能力强的欧洲研究学者，已经承担起许多科研项目（其中很多为国家项目），出版了多部关于欧洲研究的专著。基于北京大学的欧洲研究传统，在欧洲研究重要性日益凸显的背景下，为进一步推进北京大学的欧洲研究活动，北京大学于1996年12月成立了北京大学欧洲研究中心。中心成员包括北京大学社会科学各专业欧洲问题教学与科研的骨干力量。中心的宗旨是组织与协调各学科对欧洲问题的教学与研究，通过与国内相关学者的联系及与欧洲学术界的交流，加强北京大学欧洲研究的教学与科研，培养欧洲研究的人才。自中心成立以来，以北京大学欧洲研究中心为单位，承接、完成了多项国家和国际合作科研项目，出版了多部专业学术著作，经常性地召开国际、国内学术会议，并向国家呈报了多项政策建言。进入21世纪后，世界局势发生了剧烈变化，欧洲一体化前景遭遇前所未有的冲击，欧洲在世界秩序中的位置也面临重大调整，这些问题既与欧洲或欧盟本身有关，也与新的全球政治、经济、地缘政治环境有关，它们都构成了中国国家战略的分析场域。在中国国家战略的框架之下，中欧关系前所未有地重要。如何在新时代思考欧洲、理解中欧关系，是我们面对的一个重要挑战。中心会聚人才，砥砺前行，以专业的姿态和奋进的精神面对挑战，为中国的欧洲研究作出更大的贡献。

二、代表性研究成果

（一）专著

1. 张新生、吴侨玲编著：《欧盟经济》，北京大学出版社2022年版。

（二）论文

1. 段德敏：《〈佛罗伦萨史〉与"马基雅维利式民主"的再考察》，《浙江学刊》2022年第2期。

2. 段德敏、邢昌新：《个体自由与民族认同的融合——盖尔纳自由民族主义理论再审视》，《天津社会科学》2022年第1期。

3. Demin Duan, "'Seek Harmony but not Uniformity'–Machiavelli's Political Thought in the Chinese Context," in Jun-Hyeok Kwak, ed., *Machiavelli in Northeast Asia*, Routledge, 2022.

三、机构要闻

（一）会议与讲座活动

2022年，北京大学欧洲研究中心开展了多次讲座活动，如2022年7月12日北京大学欧洲研究中心与北京大学国际合作部共同邀请奥地利人文科学研究院的伊万·克拉斯特耶夫（Ivan Krastev）教授作线上讲座，题目为"俄乌冲突如何改变欧洲"（How Russia-Ukraine Conflict is Changing Europe），线上200余名师生参加了讲座。此次讲座由北京大学欧洲研究中心主任段德敏主持。

2022年7月16日，北京大学欧洲研究中心还主办了欧洲思想文化论坛"现代政治的概念缘起"，来自北京大学、复旦大学、南开大学、对外经济贸易大学、中国传媒大学等多所高校的专家学者济济一堂，共同打造了高质量、高水平的欧洲思想史研究学术盛宴，近300名师生参加了此次论坛。

（二）中心动态

1. 中心领导班子换届

2022年2月，北京大学欧洲研究中心完成领导班子换届的全部程序，由北京大学政府管理学院长聘副教授（研究员）、中国欧洲学会常务理事段德敏担任中心主任，北京大学经济学院教授吴侨玲、北京大学国际关系学院副教授项佐涛担任中心副主任。

2. 中心兼职研究员聘任

2022年上半年，北京大学欧洲研究中心聘任中国社会科学院欧洲研究所副研究员张磊为中心兼职副研究员，聘任苏州大学政治与公共管理学院讲师田晨阳为中心兼职助理研究员。

北京外国语大学欧洲语言文化学院

一、机构介绍

（一）机构概况

1. 欧洲语言文化学院

欧洲语言文化学院的历史可以上溯到20世纪50年代，先后经历波捷语系、波捷罗语系、东欧语系和欧洲语言系等发展阶段，于2007年正式更名为欧洲语言文化学院（以下简称"学院"）。70年来，学院不断发展壮大，现已开设25个语种专业，是我国欧洲非通用语种最为齐全的教学和科研单位。

截至2022年10月，学院共有专任教师65人，其中教授8人、副教授16人；共有外国文教专家20余人。除此之外，还有中外籍名誉教授7人、客座教授9人。

2007年，欧洲非通用语种专业被批准列入教育部、财政部第一批高等学校特色专业建设点；2010年，欧洲语言文学学科被增列为北京市重点学科。学院于1988年获准设立欧洲语言文学硕士点和博士点，涵盖学院各个专业。2021年，本科生、研究生在学规模近600人。

由学院负责建设的北京外国语大学中东欧研究中心是教育部国别和区域研究培育基地，于2017年入选CTTI来源智库名单。此外，学院还负责建设12个教育部备案国别和区域研究中心。

地址：北京市海淀区西三环北路2号　邮编：100089

电话：+8610-88816315

网址：https://europe.bfsu.edu.cn/xygk/xyjj.htm

2. 北京外国语大学中东欧研究中心

2007年9月，北外成立的中东欧研究中心，是国内高校第一个以"中东欧"命名的国别区域研究机构。2011年，北京外国语大学中东欧研究中心入选首批教育部国别和区域研究培育基地。10年来，作为教育部国别和区域研究培育基地，北外中东欧研究中心积极服务于"中国—中东欧国家合作"和"一带一路"建设，紧紧依托北外语言学科的优势与特色，充分发挥中东欧语种齐全的集群效应，高度重视团队建设，坚持基础性研究与应用对策研究并举，关注中东欧国家和区域热点问题，在学术研究、政策咨询、人才培养、国际交流、语言服务和信息建设等方面形成了鲜明特色，取得了丰硕成果。

2017年，时任中心主任丁超教授领衔申报的"中国与中东欧国家文化关系史研究"获批2017年度国家社会科学研究基金重大招标项目；自2016年起，中心连续出版的《中东欧国家发展报告》被纳入社会科学文献出版社"蓝皮书"系列，为中国社会各界及时、准确地了解中东欧各国发展现状，提供了第一手资料；2016年开始举办的"北外中国中东欧人文交流论坛"已经成为中心重要的学术品牌；2017年，北外中东欧研究中心成功入选CTTI来源智库。

电话：+8610-88815700

邮箱：ccees@bfsu.edu.cn

网址：cees.bfsu.edu.cn

（二）现任主要领导

1. 欧洲语言文化学院

院长：柯静

北京外国语大学欧洲语言文化学院院长，教授、博士生导师，教育部国别和区域研究备案中心北京外国语大学巴尔干研究中心主任，中国中东欧国家智库交流与合作网络理事，首都女教授协会理事。主要研究领域为阿尔巴尼亚语言文学、巴尔干研究等。

副院长：林温霜

北京外国语大学欧洲语言文化学院副院长，教授，教育部国别和区域研究培育基地北京外国语大学中东欧研究中心副主任，保加利亚研究中心主任。主要研究方向为保加利亚文学、中保文学交流、巴尔干民族问题等。

副院长：董希骁

北京外国语大学欧洲语言文化学院副院长，教授，教育部国别和区域研究培育基地北京外国语大学中东欧研究中心副主任，罗马尼亚研究中心主任。主要研究方向为社会语言学、应用语言学、罗马尼亚历史与文化等。

2. 北京外国语大学中东欧研究中心

主任：赵刚

北京外国语大学党委常委、副校长，教授、博士生导师，教育部国别和区域研究培育基地北京外国语大学中东欧研究中心主任、波兰研究中心主任，兼任中国欧洲学会中东欧分会副会长，教育部高等学校外国语言文学类专业教学指导委员会非通用语种类专业教学指导分委员会副主任委员。主要研究领域为波兰语言文学、中波关系以及中国—中东欧国家合作等。

副主任：林温霜

北京外国语大学欧洲语言文化学院副院长，教授，教育部国别和区域研究培育基地北京外国语大学中东欧研究中心副主任，保加利亚研究中心主任。主要研究方向为保加利亚文学、中保文学交流、巴尔干民族问题等。

副主任：董希骁

北京外国语大学欧洲语言文化学院副院长，教授，教育部国别和区域研究培育基地北京外国语大学中东欧研究中心副主任，罗马尼亚研究中心主任。主要研究方向为社会语言学、应用语言学、罗马尼亚历史与文化等。

（三）智库和研究中心建设

1. 北京外国语大学巴尔干研究中心

北京外国语大学巴尔干研究中心是经教育部国际司批准建立的教育部国别和区域研究备案中心，主要研究领域为巴尔干国家语言文学、历史与社会，以及其他相关的国别和区域问题。现任主任为欧洲语言文化学院院长、博士生导师柯静教授。

2. 北京外国语大学保加利亚研究中心

北京外国语大学保加利亚研究中心是经教育部国际司批准建立的教育部国别和区域研究备案中心，主要研究领域为保加利亚语言文学、历史与社会，以及其他相关的国别问题。现任主任为欧洲语言文化学院副院长林温霜教授。

3. 北京外国语大学罗马尼亚研究中心

北京外国语大学罗马尼亚研究中心是经教育部国际司批准建立的教育部国别和区域研究备案中心，主要研究领域为罗马尼亚语言文学、历史与社会，以及其他相关的国别问题。现任主任为欧洲语言文化学院副院长董希骁教授。

4. 北京外国语大学匈牙利研究中心

北京外国语大学匈牙利研究中心是经教育部国际司批准建立的教育部国别和区域研究备案中心，主要研究领域为匈牙利语言文学、历史与社会，以及其他相关的国别问题。现任主任为欧洲语言文化学院郭晓晶副教授。

5. 北京外国语大学波兰研究中心

北京外国语大学波兰研究中心是经教育部国际司批准建立的教育部国别和区域研究备案中心，主要研究领域为波兰语言文学、历史与社会，以及其他相关的国别问题。现任主任为北京外国语大学副校长、博士生导师赵刚教授。

6. 北京外国语大学阿尔巴尼亚研究中心

北京外国语大学阿尔巴尼亚研究中心是经教育部国际司批准建立的教育部国别和区域研究备案中心，主要研究领域为阿尔巴尼亚语言文学、历史与社会，以及其他相关的国别问题。现任主任为欧洲语言文化学院陈逢华副教授。

7. 北京外国语大学意大利研究中心

北京外国语大学意大利研究中心是经教育部国际司批准建立的教育部国别和区域研究备案中心，主要研究领域为意大利语言文学、历史与社会，以及其他相关的国别问题。现任主任为欧洲语言文化学院文铮教授。

8. 北京外国语大学丹麦研究中心

北京外国语大学丹麦研究中心是经教育部国际司批准建立的教育部国别和区域研究备案中心，主要研究领域为丹麦语言文学、历史与社会，以及其他相关的国别问题。现任主任为欧洲语言文化学院王宇辰博士。

9. 北京外国语大学芬兰研究中心

北京外国语大学芬兰研究中心是经教育部国际司批准建立的教育部国别和区域研究备案中心，主要研究领域为芬兰语言文学、历史与社会，以及其他相关的国别问题。现任主任为欧洲语言文化学院李颖副教授。

10. 北京外国语大学瑞典研究中心

北京外国语大学瑞典研究中心是经教育部国际司批准建立的教育部国别和区域研究备案中心，主要研究领域为瑞典语言文学、历史与社会，以及其他相关的国别问题。现任主任为欧洲语言文化学院赵清副教授。

11. 北京外国语大学冰岛研究中心

北京外国语大学冰岛研究中心是经教育部国际司批准建立的教育部国别和区域研究备案中心，主要研究领域为冰岛语言文学、历史与社会，以及其他相关的国别问题。现任主任为欧洲语言文化学院王书慧。

12. 北京外国语大学希腊研究中心

北京外国语大学希腊研究中心是经教育部国际司批准建立的教育部国别和区域研究备案中心，主要研究领域为希腊语言文学、历史与社会，以及其他相关的国别问题。现任主任为欧洲语言文化学院钱颖超。

（四）主要出版物

1. 《欧洲语言文化研究》

《欧洲语言文化研究》是北京外国语大学欧洲语言文化学院主办的学术辑刊，每年出版2辑，主要刊发欧洲语言、文学、文化及中欧交流等方面的研究成果（以欧洲非通用语国家或地区为主），栏目包括语言教学与研究、文学译介与批评、欧洲历史与文化、国别与区域研究、比较文学与比较文化、国际学术前沿等。

邮箱：ozyywhyj@163.com

电话：+8610-88815700

2. 《中东欧蓝皮书：中东欧国家发展报告》

《中东欧蓝皮书：中东欧国家发展报告》是由北京外国语大学欧洲语言文化学院与教育部国别和区域研究培育基地北京外国语大学中东欧研究中心组织力量编写，以中东欧16国为主要关注对象的年度发展报告。报告旨在全方位、多角度地展现中东欧地区近一年在政治、经济、社会、文化等各领域的发展状况，同时重点关注该地区在此期间发生的一系列热点问题，力求为国内各行业读者提供一份系统全面、客观准确的综合报告，以满足中国与中东欧地区各国在政治、经济、文化、教育、科技等领域发展合作关系的现实需求。目前已经连续出版四部。

邮箱：ccees@bfsu.edu.cn

电话：+8610-88815700

二、在研课题

序号	课题名	主持人	课题类型	课题编号
1	《儒释道耶与中国文化》（意大利文版）	文铮	国家社会科学基金中华学术外译项目	—
2	《"一带一路"手册》（匈牙利文版）	郭晓晶	国家社会科学基金中华学术外译项目	—
3	《金翼》（波兰语）	赵刚	国家社会科学基金中华学术外译项目	—
4	方济会来华传教士康和子文献整理与研究	李慧	国家社会科学基金青年项目	—
5	阿尔巴尼亚语汉语词典	柯静	国家社会科学基金后期资助项目	—
6	罗马尼亚通史	董希骁	国家社会科学基金冷门绝学和国别史研究专项	—
7	卡尔维诺的文学创作与批评思想研究	许金菁	国家社会科学基金青年项目	—

续表

序号	课题名	主持人	课题类型	课题编号
8	中国与中东欧国家文化关系史研究	丁超	国家社会科学基金重大招标项目	—
9	百年变局下中东欧国家的外交选择及中国应对研究	王弘毅	国家社会科学基金青年项目	—

中国政法大学中欧法律研究中心

一、机构介绍

中国政法大学"中国—欧洲/欧盟法律研究中心"（简称"中欧法律研究中心"）的前身是2005年年底成立的中国政法大学欧盟法研究中心，2014年改建为中国政法大学欧洲研究中心，2015年改称为中国政法大学中欧法律研究中心。该中心依托中国政法大学比较法学研究院，学术团队主要由中国政法大学专职从事欧盟法研究的教师及国外的客座教授组成，宗旨是加强中外学界在欧盟法领域的交流与合作，促进国内欧盟法的研究和教学，培养国内精通欧盟法理论与实务的复合型高级法律人才，并为国家开展对欧政经关系提供相关法律的智库服务。

该中心的特色是开设的欧盟法课程层次、种类和数量在国内名列前茅，是目前国内少数能够为本科生和研究生开设欧盟法系列课程的机构之一。开设的课程有研究生学位课《欧盟法概论》，选修课《欧洲法律趋同的理论与方法》、《欧盟经济法》、《欧盟公司法》、《欧盟合同法》、《比较个人信息/数据法》和《中欧贸易投资法比较》；本科生选修课有《欧盟法基础》、《欧盟经贸法》、《欧盟经典案例研究》、《欧盟数字化带来的立法挑战——以欧盟消费者法为视角》（国际课程）和《欧盟数据保护立法和实践》（国际课程）等。

该中心的另一特色是以欧盟项目带动科研、教学和中欧国际合作。从2006年至今，先后与欧洲合作伙伴申请和执行了"中国—欧盟欧洲研究中心项目"以及欧盟"让·莫内"系列项目。2015年9月，中心主任张彤教获得欧盟"让·莫内讲席教授"荣誉，并于2020年9月再度获得该荣誉。近年来，中心学者主持或参与的国家社会科学基金、国家留学基金委、教育部、司法部、北京市社会科学基金等纵向项目和其他横向项目以及国际合作项目近20项；举办了"第四届中国—欧洲法律论坛：创新风险防范机制，引领'一带一路'法律合作""欧洲合同法的最新发展及其对中国制定民法典的启示""数字经济时代合同法的挑战与发展""数字经济中的消费者权益保护"等国际会议和18个欧盟"让·莫内"系列讲座；组织编写和出版的教材《欧盟法概论》填补了国内欧盟法领域教材的空白；出版了8部欧盟让·莫内项目系列丛书；组织翻译出版了《欧洲专利法——走向统一的诠释》成果，在国内欧盟法领域产生了广泛的影响。

地址：北京海淀区西土城路25号 邮编：100088
邮箱：RCEL2005@126.com

二、代表性研究成果和在研课题

（一）代表性研究成果

1. Reinhard Singer &Tong Zhang 主编：*Verbraucherschutz in der digitale Wirtschaft*（《数字经济中的消费者保护》），德国 Berliner Wissenschafts-Verlag 出版社 2021 年版。

2. ［德］赖讷尔·舒尔茨：《迈向欧洲私法之路》，金晶、李海、张抒涵、王剑一、姚明斌译，中国政法大学出版社 2016 年版。

3. ［德］托马斯·M. J. 默勒斯：《欧洲资本市场法的最新发展——以德国的视角观察》，申柳华、李海等译，中国政法大学出版社 2016 年版。

4. 张彤：《东亚合同法的协调研究——以欧盟为比较对象》，中国人民大学出版社 2015 年版。

5. 张彤、刘旭、徐妍、邓德雄：《欧盟经贸法》，中国政法大学出版社 2014 年版。

6. 徐妍：《欧盟税法的理论与实践》，中国政法大学出版社 2018 年版。

7. 张淑静：《欧元闯关》，中国政法大学出版社 2013 年版。

8. 袁钢：《欧盟监察专员制度研究》，中国政法大学出版社 2013 年版。

9. 张彤：《欧洲私法的统一化研究》，中国政法大学出版社 2012 年版。

10. 张彤主编：《欧盟法概论》（教材），中国人民大学出版社 2011 年版。

11. 米健主编：《欧洲法在欧洲一体化进程中的作用》，法律出版社 2009 年版。

12. 米健主编：《欧盟法与欧洲一体化》，法律出版社 2009 年版。

13. ［英］休·邓禄普：《欧洲统一专利和统一专利法院》，张南等译，知识产权出版社 2017 年版。

14. ［德］史蒂芬·路金博：《欧洲专利法——走向统一的诠释》，张南译，知识产权出版社 2016 年版。

15. ［法］多米尼克·格莱克、［德］布鲁诺·范·波特斯伯格：《欧洲专利制度经济学——创新与竞争的知识产权政策》，张南译，知识产权出版社 2016 年版。

（二）在研课题

序号	课题名	主持人	课题类型	课题编号
1	欧洲数字化中的法律挑战和立法应对：对中国的启示	张彤	欧盟让·莫内项目（Jean Monnet Chair）	—
2	数字经济时代的合同法制度更新与制度供给研究（以欧盟为比较）	张彤	国家社会科学基金项目	—
3	数据流通合同法原理体系的构建与展开（以欧盟为比较）	金晶	国家社会科学基金项目	—
4	海南自由贸易港与内地税制之间的衔接与协调问题研究	徐妍	教育部课题一般研究项目	—

续表

序号	课题名	主持人	课题类型	课题编号
5	以习近平法治思想为指导推进涉外法治人才培养研究	张南	北京市法学会市级科研项目重点课题	—
6	欧盟技术性贸易措施与中国对策研究	张淑静	横向科研项目	—
7	养老基金对资本市场的影响及启示研究	张淑静	横向科研项目	—

三、学生培养

该中心以中国政法大学比较法学研究院为依托，承担了中德法学研究所欧盟法方向研究生的培养工作，为研究生开设学位课《欧盟法概论》，选修课《欧洲法律趋同的理论与方法》《欧盟经济法》《欧盟公司法》《欧盟合同法》《比较个人信息/数据法》《中欧贸易投资法比较》等，每年指导15名以上硕士研究生。此外，还参与中国政法大学中欧法学院研究生的培养工作，每年指导10名以上硕士研究生。

清华大学社会科学学院中欧关系研究中心

一、机构介绍

（一）机构概况

清华大学社会科学学院中欧关系研究中心主要从事欧洲政治与欧盟体制、中国与欧盟关系、中国文化与外交研究。

地址：中国北京市海淀区清华大学明斋三层 邮编：100084

电话：+8610-62788801

传真：+8610-62773173

网址：https://sslvpn.tsinghua.edu.cn/info/1142/, DanaInfo = www.sss.tsinghua.edu.cn, SSL + 3870.htm

（二）现任主要领导

主任：张利华

学术主任：Jan Van der Harst（荷兰）

理事会主席：郑燕康

理事会副主席：史志钦、葛凤艳、曹雪飞（荷兰）

理事：曹雪飞、葛凤艳、郇庆治、漆海霞、史志钦、吴大辉、张利华、郑燕康、Jan Van der Harst（荷兰）

校内特约专家5位；校外特约专家15位。

办公室兼职秘书：刘鹭阳

二、代表性研究成果和课题

中心承担清华大学与荷兰格罗宁根大学签署的"中国—欧盟关系研究"项目，清华大学与希腊拉斯卡瑞德斯基金会签署的"中国—希腊文化交流与合作"项目等。

中心承担的课题包括 2021 年国家社会科学基金重大项目"百年变局下的全球治理与'一带一路'关系研究"；2017 年外交部指南针计划"当前欧洲政治激进化及其对欧盟对外政策影响研究"；2016 年教育部基地课题"欧美主要国家执政党治国理政经验教训研究"。

2022 年 1—9 月，中欧关系研究中心发布了 4 期《中欧关系研究简报》，其中包括中心特约专家研究成果 39 篇、研究动态 15 篇，研讨会简报 2 篇。

2022 年 1—9 月，中欧关系研究中心的微信公众号发布了 23 篇文章，包括中心特约专家在《辽宁大学学报（哲学社会科学版）》发表的专栏笔谈文章和中心举办研讨会活动的信息。

中国—中东欧国家智库交流与合作网络

一、机构介绍

（一）机构概况

中国—中东欧国家智库交流与合作网络服务于"中国—中东欧国家合作"机制的需要，是由时任国务院总理李克强提议建立，中国社会科学院牵头组建的新型国际智库，秘书处设在中国社会科学院欧洲研究所。该智库旨在搭建一个集智库研讨、政策咨询、国别调查、项目合作、人才培养于一体的高端国际化平台，通过协调与组织中国与中东欧各国相关智库等研究机构之间进行合作研究与交流，推动中国与中东欧国家在经济、社会、政治、文化、教育等多领域的合作与发展。

智库网络紧紧围绕党和国家的相关需求，积极服务国家外交政策，围绕"一带一路"建设、"中国—中东欧国家合作"积极向党中央、国务院建言献策。自成立以来，智库网络通过各类渠道向中央及国家有关部委提交政策建议报告 100 多份，其中多份报告得到中央领导的批示，许多建议被国家有关部门采纳，向有关部委多次提供政策咨询服务，承接了中宣部、外交部、发改委、交通运输部、农业部、商务部等部委的课题 30 余项。

智库网络积极服务地方政府和各类企业，围绕地方合作、企业合作、经贸投资、互联互通、人文交流等地方政府和企业关注的领域，开展联合研究，出版或发布的《中国—中东欧国家合作进展与评估报告（2012—2020）》《中国和中东欧国家电子商务合作发展报告 2017》《中东欧国家华侨华人发展报告（2018）》《2018 年地方政府参与"17+1 合作"绩效评估指数及城市排名》《中国企业在中东欧国家开展经贸投资合作研究报告》《中国和中东欧国家人文交流：过去、现状和前景》等专业性研究报告，引起了国内外积极反响，发挥了"中国—中东欧国家智库交流与合作网络"服务地方政府、企业、学术机构的重要职能。

（二）主要活动

1. 配合领导人高访

自成立以来，智库网络积极配合国家领导人访问中东欧，先后在捷克、塞尔维亚、波兰、希腊等国举办高水平智库对话会议。配合中国—中东欧国家领导人会晤，举办相关智库配套活动。2016年以来，智库网络先后在拉脱维亚、匈牙利、保加利亚、克罗地亚等国联合中东欧国家智库学术机构举办智库会议、论坛，配合在上述国家举行的中国—中东欧国家领导人会晤，围绕"中国—中东欧国家合作"、"一带一路"建设与中东欧智库开展深入研讨。

2. 机制性学术活动

（1）参与主办"中国—中东欧国家高级别智库研讨会"。"中国—中东欧国家高级别智库研讨会"是"中国—中东欧国家合作"机制下级别最高的智库活动，中国与中东欧国家政要、知名学者、智库领导、主流媒体的代表出席。2015年以来，智库网络先后参与主办了第三届至第七届"中国—中东欧国家高级别智库研讨会"，圆满完成了筹办组织任务。

（2）与中东欧国家智库机构的双边交流活动。智库网络与匈牙利、波兰、捷克、斯洛伐克、塞尔维亚、罗马尼亚、保加利亚、克罗地亚、斯洛文尼亚、北马其顿、希腊等国智库及学术机构开展了丰富多样的双边、多边的对话交流活动，密切与中东欧国家智库机构的合作关系，织密中国与中东欧国家学术交流的网络。

（三）成员结构

智库网络的组织架构主要包括理事会、学术委员会、智库合作委员会和秘书处。

理事会：智库网络的最高决策机构。设理事长1人，副理事长4人和理事若干人。

学术委员会：智库网络的最高学术机构。设主任1人，副主任1人和学术委员若干人。

智库合作委员会：智库网络联络中国和中东欧国家智库开展活动的常规性机构。

秘书处：智库网络的常设机构。负责处理学术委员会的日常事务，协调智库合作委员会开展智库活动，设秘书长1人。智库网络秘书处下设办公室，负责统筹、组织、协调智库网络的日常业务，执行理事会和秘书处交办的工作。

二、代表性研究成果和在研课题

智库网络组织国内外专家学者撰写、出版了众多中外文学术成果，其中《中国—中东欧国家合作进展报告（2012—2020）》（中英文版）作为"中国—中东欧国家合作"智库研究的重要成果，纳入2021年2月9日中国—中东欧国家领导人峰会成果展。成立以来，智库网络已出版中外文学术成果共计36部。

智库网络还承接了外交部委托课题，如"新形势下吸引中东欧国家科技人才"和"地缘政治加速演变背景下中国—中东欧国家合作的前景分析"等。

中国—中东欧研究院

一、机构介绍

中国—中东欧研究院于2017年4月24日在匈牙利布达佩斯成立，同年10月在布达佩斯开始正式运行，是经中国社会科学院批准、由欧洲研究所在匈牙利独立注册的海外智库，也是我国第一家在欧洲独立注册的智库。时任中共中央政治局委员、书记处书记、中宣部部长刘奇葆和中国社会科学院时任院长王伟光共同为"中国—中东欧研究院"成立揭牌。

中国—中东欧研究院实行院长负责制，设有国际学术委员会，并建立访问学者和特邀研究员制度。中国—中东欧研究院设置院长1名，并根据工作需要设置副院长若干名。2022年，中国社会科学院欧洲研究所所长冯仲平任中国—中东欧研究院院长，欧洲研究所副所长陈新任中国—中东欧研究院执行院长，中国社会科学院国际合作局局长王镭任中国—中东欧研究院副院长，中国社会科学院欧洲研究所副所长刘作奎任中国—中东欧研究院副院长。中国社会科学院前副院长蔡昉任国际学术委员会主席，中国社会科学院欧洲研究所前所长黄平任副主席。

中国—中东欧研究院的宗旨是致力于成为研究中东欧区域与国别、欧洲大国以及欧洲联盟的知名海外智库。中国—中东欧研究院按照中国社会科学院的要求，遵循由小到大、由点到面的路径，广泛联络中国和中东欧及欧洲其他地区的专家学者和学术、智库机构，稳步开展课题研究、举办学术会议、组织智库对话、实施人才培训及联合出版等，配合国家对欧总体外交和"一带一路"建设。

中国—中东欧研究院的正式出版物包括中东欧国家《国别周报》、研究院工作论文、《中国观察》、中东欧国家涉华民意调查报告，以及基于课题招标成果及合作项目的智库报告等。

中东欧国家《国别周报》是中国—中东欧研究院的重要公共产品，由来自中东欧国家的学者和研究机构用英文撰写，及时分析中东欧国家的政治、经济、社会和外交政策。2017年至2022年，中国—中东欧研究院已累计出版《国别周报》英文版和中文版各4000余篇，经过多年积累，已经成为研究中东欧国家的重要数据库和文献参考来源。

《中东欧国家民众看中国发展》大型民调报告也是中国—中东欧研究院的核心产品之一。2017年以来，中国—中东欧研究院采取招标的方式，同中东欧国家的智库和民调机构合作，每年一次发布民调报告。民调的议题涉及中国的国际地位、中国的经济发展、中国的"一带一路"倡议、中国与中东欧国家合作、中国与中东欧国家的双边关系等，覆盖中东欧16个国家以及希腊和白俄罗斯，每个国家1000份问卷，共计1.8万份问卷。该民调已经持续6年，民调报告已成为观察中东欧国家民众对华看法的晴雨表。

中国—中东欧研究院不定期出版智库报告，其中包括每年年初出版的中东欧国家上一年回顾和本年度展望，每年11月出版的中东欧国家看上海世博会，以及中东欧国家的政经民情专题报告。

此外，中国—中东欧研究院还不定期开展课题研究招标，并出版相关研究成果，如《中东欧国家形态各异的资本主义》《中东欧国家走向欧洲的中心还是边缘》《中东欧国家的价值链》《中东欧国家看"一带一路"》《中东欧国家的数字经济》等。

中国—中东欧研究院还与匈牙利国家银行（匈牙利央行）深入合作，通过开展合作研究，发布《匈牙利与人民币国际化》《防范金融风险：中国与欧洲的经验》《中国与中东欧国家的竞争力与创新》等智库报告。

《中国观察》是中国—中东欧研究院从2021年下半年开始推出的新出版物，到2022年年底已出版近60篇。《中国观察》借助官方微信公众号，精心挑选涉及中国政治、经济、社会和外交领域的有代表性的成果，经作者授权把相关成果翻译成英文出版，有助于国际学术界加深对中国的理解。

北京外国语大学法国研究中心

一、机构介绍

（一）机构概况

北京外国语大学法国研究中心依托北外法语语言文化学院，于2017年成为教育部备案国别和区域研究中心。中心借力北外区域与国别研究的平台，依托法语语言文化学院、法语国家与地区研究中心、中法人文交流研究中心等学术机构的资源，发挥自身多语言、跨文化、复合型的优势，致力于为全国相关领域优秀研究团队提供汇聚思想、交流见解的平台，为政府决策提供相应的信息与咨询。

地址：北京市西三环北路2号 邮编：100089

电话：+8610-88816311

邮箱：fayuguojia@163.com

网址：https://french.bfsu.edu.cn/yjzx/fgyjzx.htm

（二）成员结构

名誉主任：丁一凡

中国欧洲学会法国研究分会会长，国务院发展研究中心世界发展研究所研究员，太和智库高级研究员，学术刊物《法语国家与地区研究（中法文）》主编，蓝皮书《法国发展报告》主编。主要研究领域为国际政治和世界经济等。

主任：戴冬梅

北京外国语大学法语语言文化学院院长、教授，学术刊物《法语国家与地区研究（中法文）》副主编，蓝皮书《法国发展报告》副主编。主要研究领域为法语教学、中国法语传播史和法国对外政策等。

法国研究是北京外国语大学法语学院的传统优势学科方向，从1950年建系开始即设立语言、文学、历史等人文学科领域课程，20世纪80年代开始设立政治、经济等社会科学类课程，鼓励开展相关研究。中心现有校内成员近20人，校外成员近20人，其中不乏法国研究领域的著名学者。

中心所在的北京外国语大学法语语言文化学院已在全国法语高校和机构中率先创建了法语国家与地区研究系，与学院其他传统学科法语文学系、语言学与翻译系共同发展，同时注重吸纳相关学科的优秀人才，并为学生开设丰富的课程。

（三）主要出版物

1. 《法国发展报告》

《法国发展报告》是北京外国语大学法国研究中心联合学校区域与全球治理高等研究院和中国欧洲学会法国研究分会共同组织撰写，由社会科学文献出版社出版的有关法国形势发展的年度报告，始创于2018年。

2. 《法语国家与地区研究（中法文）》（季刊）

创刊于1980年，原为《法语学习》，2018年改为现名。该刊是中国目前唯一面向国内外公开发行的、专门研究法语国家与地区问题及相关国际问题的学术刊物，汇聚了国内外学者对于包括法国在内的法语国家与地区之人文社科领域的探索和思考。

二、在研课题

序号	课题名	主持人	课题类型	课题编号
1	《舞蹈与传统文化》（法文版）	田妮娜	国家社会科学基金中华学术外译项目	—
2	《习近平总书记教育重要论述讲义》翻译项目（法语）	戴冬梅	国家教材委员会委托项目	—
3	《哲学的希望》（法文版）	邵炜	国家社会科学基金中华学术外译重点项目	—
4	法国中世纪城市社团戏剧研究	吕珊珊	北京市社会科学基金项目	—
5	"异域"的书写与迁移：从梅特林克到谢阁兰	邵南	国家社会科学基金后期资助项目	—

三、学生培养

法国研究中心以北京外国语大学法语语言文化学院为依托，该学院（前身为北京外国语大学法语系）成立于 1950 年，系国家级特色专业建设点、第一批国家级本科专业建设点、北京市重点学科，具有优良的教学传统，办学层次齐全，学科方向完备。学院拥有 1 个二级学科博士学位授权点，3 个二级学科硕士学位授权点。

学院与法国、比利时、加拿大等国家的多所国际知名院校开展校际交流与学术合作，并与多个法语国家与地区驻华使馆或代表机构保持良好的合作关系，开展多项文化活动。

学院现有专业教师 28 人，其中博士生指导教师 1 人，教授 2 人，副教授 11 人，在校本科生 250 人，硕士研究生 64 人，博士研究生 17 人。

法语语言文化学院联系方式：+8610-88816305

中共中央党校（国家行政学院）国际战略研究院俄罗斯与欧洲研究所

中共中央党校（国家行政学院）国际战略研究院俄罗斯与欧洲研究所成立于 2019 年 9 月，专门从事俄罗斯与欧洲的历史、政治、经济、地理、文化、外交、军事等方面的基础研究和重大热点难点问题的动向研究，承担中共中央党校（国家行政学院）主体班次和学位研究生的相关教学工作，完成和在研多项国家社会科学基金及国家高端智库课题。目前，研究所以中共中央党校（国家行政学院）创新工程项目"百年变局下俄罗斯和欧盟的战略转型及其影响研究"为依托，深入开展俄罗斯与欧洲方向的国别与区域的教学和研究。

地址：北京市海淀区大有庄 100 号 邮编：100091

电话：+8610-62805684

传真：+8610-62805815

河北大学欧洲研究所

一、机构介绍

（一）机构概况

河北大学欧洲研究所是一个跨学科的国际问题研究机构。该研究所成立于2004年5月，是当时河北省乃至全国较早专门研究欧洲政治、经济、社会、文化等问题的研究所。研究所设所长1人，助理1人。研究人员23人，其中教授12人，副教授9人；具有博士学位的16人，其中海外毕业博士4人；具有海外经历的10人。

作为河北省的欧洲问题研究的重要基地，研究所主要承担以下任务。

（1）科研工作：开展欧洲问题综合研究与欧洲国别问题研究。

（2）教学工作：开设全校通识类选修课"劳动就业政策国际比较"；招收、培养世界经济专业欧洲经济问题方向硕士研究生（学术硕士）、劳动经济学专业劳动就业政策国际比较方向硕士研究生（学术硕士）、社会保障专业社会保障政策国际比较方向硕士研究生（学术硕士）以及国际商务专业中欧贸易问题方向硕士研究生（专业硕士）；招收、培养应用经济学专业区域经济问题方向博士研究生。

（3）对外交流与合作：研究所与中国欧洲学会、国内相关高校及研究机构、"一带一路"沿线国家高校等保持着学术交流关系。研究所定期与马来西亚理工大学、印度尼西亚苏迪曼将军大学等院校举办区域经济社会发展问题的专题研讨会、专家报告会等学术活动。

（4）社会服务：研究所承接政府部门及社会各界的委托项目；提供有关欧洲经济社会发展经验的咨询服务；为河北大学欧洲交换生、访学学生提供欧洲社会文化短期培训班；与河北大学国际合作处合作举办英语、葡萄牙语等短期语言培训班等。

（二）现任主要领导

河北大学欧洲研究所现任所长为成新轩，欧盟让·莫内讲席教授，河北大学经济学院院长、教授，经济学博士，博士生导师，中国欧洲学会常务理事，中国世界经济学会常务理事，中国商业经济学会常务理事。主要研究领域为欧盟区域经济一体化、欧洲财政与社会保障制度。曾在英国剑桥大学、美国乔治·华盛顿大学做访问学者。主持国际项目1项、国家社会科学基金3项（重点1项）、省部级项目8项。在 Review of Europe Studies、《管理世界》、《财政研究》等重要期刊发表论文70余篇。近5年，在国际会议作主题报告4次，担任分会场主席2次。获教育部高校科研优秀成果奖3项、省部一等奖3项。获国家有突出贡献专家、"百千万人才工程"国家级人选、教育部新世纪优秀人才、河北省省管优秀专家、河北省有突出贡献中青年专家、宝钢优秀教师等荣誉称号。研究成果获中央领导批示1项、省领导批示4项，入选国家"十二五"规划摘编1项，在国内外有较强的社会影响力。

二、代表性研究成果和在研课题

（一）代表性研究成果

1. 成新轩、冯潇：《欧盟无酬劳动者社会保障对性别收入平等的影响及对中国的启示》，

《河北大学学报（哲学社会科学版）》2022年第3期。

2. 成新轩：《以国际视角探寻农业绿色发展的政策演进和选择规律——评〈欧盟与美国农业绿色发展支持政策比较研究〉》，《世界农业》2022年第3期。

3. 成新轩、冯潇：《共同富裕目标下我国多支柱养老保障体系研究》，《理论探讨》2022年第4期。

4. 杨文杰、韦玮：《优化收入分配结构 推进共同富裕》，《理论探讨》2022年第6期。

5. 高振娟、王智新：《数字经济对我国对外贸易动能转换的影响测度》，《统计与决策》2022年第23期。

6. 陈兆伟、李惠茹：《国内价值链生产分工网络与省域——行业间碳排放强度差距：缩小还是拉大》，《宏观经济研究》2022年第11期。

7. 侯孟阳、邓元杰、姚顺波：《城镇化、耕地集约利用与粮食生产——气候条件下有调节的中介效应》，《中国人口·资源与环境》2022年第10期。

8. 王智新、韩承斌、朱文卿：《数字金融发展对出口技术复杂度的影响研究》，《世界经济研究》2022年第8期。

9. 王薇、田卓岳、田利辉：《并购能否提升企业环境绩效？》，《首都经济贸易大学学报》2022年第4期。

10. 郑林昌、王曼旌：《国内外数字经济研究热点与趋势——基于CiteSpace的可视化分析》，《财经理论研究》2022年第5期。

11. 秦建群、赵晶晶、王薇：《数字经济对产业结构升级影响的中介效应与经验证据》，《统计与决策》2022年第11期。

12. 于艳芳、陈泓亚：《信息服务企业数据资产价值评估研究——以同花顺公司为例》，《中国资产评估》2022年第10期。

13. 谷彦芳：《我国地区间税收与税源背离问题研究》，《税务研究》2022年第4期。

（二）在研课题

序号	课题名	主持人	课题类型	课题编号
1	RCEP对亚太区域价值链重构的影响机制及应对策略研究	成新轩	国家社会科学基金重大项目	22&ZD178
2	传染病传播的流行周期与预测研究	刘超	国家社会科学基金后期资助项目	—
3	国家治理现代化视域下地方税体系建设的理论逻辑、现实约束与路径选择研究	谷彦芳	国家社会科学基金一般项目	22BJY023
4	复杂网络视域下我国制造业产业链降碳风险测度与优化升级研究	丁颖辉	国家社会科学基金一般项目	22BTJ034
5	乡村振兴中农村养老服务供给模式创新及实践进路研究	段世江	国家社会科学基金一般项目	22BRK041

续表

序号	课题名	主持人	课题类型	课题编号
6	增量投入产出扩展核算的中国经济发展质量特征测度研究	宋辉	国家社会科学基金一般项目	22BTJ003
7	疫情冲击下应急金融政策效果评估与退出机制研究	王培辉	国家社会科学基金一般项目	22BJL039
8	基于就业安全、就业激励均衡的最低工资与社会保障组合优化研究	袁青川	国家社会科学基金一般项目	22BJY050
9	数字技术创新对中国—东盟价值链贸易碳排放的影响研究	赵立斌	国家社会科学基金一般项目	22BGJ048
10	"以人民为中心"的地方政府治理转型进程测度及路径优化研究	朱长存	国家社会科学基金一般项目	22BJL034

武汉大学欧洲问题研究中心

一、机构介绍

（一）机构概况

1996年，武汉大学依托经济与管理学院、法学院、政治与公共管理学院和外语学院成立了武汉大学欧洲问题研究中心，在学校层面开展欧盟跨学科交叉研究与人才培养。1997年7月经原国家教委批准，正式成为"中国—欧盟高等教育合作项目"（ECHECP）资助的中国第一批6个欧洲问题研究中心之一，2004年被学校授予人文社科校级重点研究基地。中心包括中欧碳中和研究、欧盟经济一体化、能源经济、中欧应对气候变化政策4个专业研究室，以及欧洲资料中心。形成了以欧盟经济、中欧应对气候变化合作与碳市场等领域为核心，具有跨学科交叉研究特色和优势的研究机构。中心于2017年成为教育部国别和区域研究备案中心。中心现有专兼职研究人员共45人，其中专职研究人员7人，兼职研究人员37人。

地址：湖北省武汉市武汉大学经济与管理学院A325室

电话：+86027-68754377

邮箱：wucentre@whu.edu.cn

（二）现任主要领导

中心主任：齐绍洲教授

武汉大学经济与管理学院二级教授，武汉大学珞珈特聘教授，欧盟让·莫内讲席教授，教育部经济与贸易教指委委员，中国世界经济学会副会长，湖北省世界经济学会会长，中国欧洲学会常务理事，中国欧洲学会欧洲经济分会副会长，中国能源研究会能源系统工程专业委员会副主任委员，中国优选法统筹法与经济数学研究会能源经济与管理研究分会常务理事，"中国绿色低碳发展智库伙伴"专家委员会委员,《环境经济研究》期刊主编,碳排放权交易湖北省协同创新中心主任,联合国政府间气候变化专门委员会(IPCC)第5次评估报告(AR5)第三工作小组评审专家。

中心副主任：刁莉教授

中国世界经济学会理事,中国经济史学会理事,中国商业史学会贸易史分会常务理事、企业史分会副会长,湖北省世界经济学会理事,中国国际贸易学会会员,民盟湖北省经济委员会副主任。

(三)中心建设和发展

武汉大学欧洲研究中心设有欧盟研究方向的硕士培养项目,包括欧盟经济一体化、能源经济、中欧应对气候变化政策、欧盟货币一体化4个专业研究室,以及欧洲资料中心;形成了以欧盟经济货币一体化及其相关法律的演进、欧洲应对气候变化与低碳能源经济政策、中欧国际关系与政治为核心,具有跨学科交叉研究特色和优势的研究机构。开设的研究生课程有地区国别经济研究、国际区域经济合作、欧盟低碳经济及其政策。

中心具有老中青结合、多学科交叉、结构合理的研究梯队。中心研究人员来自经济、法律、政治文化和历史以及环境等学科,50岁以下的中青年研究人员有38人,占86%,全部拥有博士学位,7位专职研究人员全部为教授和博士生导师,其中齐绍洲、罗志刚和严双伍为让·莫内讲席教授。

中心的目标是建设成为具有可持续发展能力的研究机构,在欧盟经济、中欧应对气候变化合作与碳市场等领域的研究与人才培养方面占据国内的领先地位。通过深化和扩大与欧方的合作,积极推动中心特色导向、问题导向、未来导向和多学科交叉导向的研究、教学与培训活动,促进中欧之间的相互了解和交流,促进中欧之间的经贸往来、应对气候变化合作和其他各个领域的交往。

2022年4月20日,武汉大学经济与管理学院教授、武汉大学气候变化与能源经济研究中心主任齐绍洲主持的世界银行项目启动,并于线上召开启动会。在武汉大学中外联合科研平台种子基金计划"武汉大学中欧碳中和联合研究院"重大项目的支持下,武汉大学气候变化与能源经济研究中心和欧洲问题研究中心以及世界经济系联合英国、德国等欧洲大学科研机构进行国际合作平台建设。世界银行项目将在财政部、生态环境部等政府主管部门指导下,进一步加强武汉大学与世界银行、英国Chatham House等国际机构在碳市场机制设计、碳中和等领域的合作研究和人才培养,建立国际合作长效机制,创建高水平国际合作科研创新平台,产出有国际影响力的高水平科研成果。

二、代表性研究成果

(一)咨询报告

2022年10月,武汉大学欧洲问题研究中心齐绍洲教授报送的咨政报告《湖北省绿色低碳高质量发展八大优势六大挑战与五大战略举措》,围绕全国和全省发展战略,深入系统地分析了湖北省碳中和与绿色低碳高质量发展的基础和现实挑战,并结合湖北省实际提出了意见建议。一些重要观点被湖北省委政策研究室采纳使用,并被应用到有关省委决策的支持服务中。

(二)科研论文

刁莉等：《大变局下的欧洲——欧元区实际汇率的变化对劳动生产率的影响》,《开发性金融研究》2022 年第 4 期。

吉林大学欧洲研究所

一、机构介绍

（一）历史沿革

吉林大学对欧洲的研究是在对国别经济和欧盟问题研究的基础上展开的。早在 20 世纪 50 年代，吉林大学经济系（现为经济学院）就组建了世界经济教研室并开始了对西欧经济的研究。党的十一届三中全会以后，随着改革开放的不断深入，对西欧经济特别是欧洲经济的研究不断加强。1982 年建立的世界经济专业硕士点中设立了西欧经济研究方向。1985 年，在原经济系扩建为经济学院时，成立了国际经济系。除了世界经济教研室和国际经济系对欧洲经济开展系统研究之外，吉林大学还通过建立欧洲问题研究中心，将多个学院的以欧洲研究为主的研究力量组织起来，开展了跨学科的交叉研究。在"中国—欧盟高等教育合作项目"的资助下，吉林大学欧洲问题研究中心于 1998 年 11 月 5 日正式成立，开始了以欧洲为核心的欧洲问题的综合研究。2012 年，吉林大学成立国别研究中心，吉林大学欧洲研究中心更名为吉林大学欧洲研究所（非实体研究机构），成为国别研究中心的核心机构之一。

吉林大学欧洲研究所在 2000—2008 年的发展速度较快。2000 年前后，在中国—欧盟高等教育合作项目资助下，杜莉教授、李俊江教授、王彩波教授分别赴图宾根大学和布莱梅大学等高校进行学术访问。2005 年 11 月 30 日，吉林大学欧洲研究中心成功获得"中国—欧盟欧洲研究中心项目"（ESCP）的资助。在该项目的资助下，先后邀请欧洲学者三次到吉林大学参加欧洲问题国际学术会议，选派了 18 名学生在欧洲 Flensburg 大学学习研究。2006—2008 年，李晓教授、何志鹏教授、丁一兵教授、王彩波教授、王倩教授、刘雪莲教授、周晓虹副教授等多位学者到荷兰自由大学和德国弗伦斯堡（Flensburg）大学进行访问研究，并与格拉斯哥大学和布莱梅大学的多名教授建立了长期的学术交流关系。

多年来，欧洲研究团队成员在欧洲经济、欧洲法律以及欧洲社会问题等方面的研究取得了丰硕的研究成果，先后在《经济体制改革》、《社会科学战线》以及《法制与社会发展》等国内主流学术期刊上发表了多篇有关欧洲问题的研究成果；公开出版了《欧盟法》《欧盟政体与政治》《欧洲一体化与全球政治》等著作 18 部。其中有相当数量的研究成果先后荣获"吉林省社会科学优秀成果奖""吉林大学社会科学优秀成果奖"等。

在有关欧洲问题的教学和学生培养方面，原经济系自 1982 年起就在世界经济专业硕士研究生的研究方向中设置了"西欧经济"方向，先后培养了一大批研究生。自 2006 年起，吉林大学经济学院金融专业硕士研究生增设了"欧洲货币一体化"研究方向，国际法专业硕士研究生增设了"欧盟法"研究方向，国际政治专业硕士研究生增设了"欧盟政治"研究方向，并由经济学院、行政学院和法学院为硕士研究生开设了欧洲一体化与全球政治、欧盟区域经济政策、欧盟区域工业政策、欧盟司法理论、欧盟区域政策中的融资支持、欧盟人权法等专题；为本科生开设了欧盟法律、欧盟政体与政治、欧盟区域人力资源管理等专题。目前已培养了 20 余名以欧洲问题为研究方向的硕士研究生。

(二) 研究特色与优势

近年来，吉林大学在欧洲的经济、政治、历史、文化与社会发展领域积极开展跨学科综合研究，将理论研究与应用研究有机结合，以国家战略和重大需求为导向，在欧洲产业结构、欧洲金融管理模式、区域经济合作等领域产生了一批有一定影响的研究成果，显示了自己的特色与优势。

第一，积累了交叉学科共同研究的成功经验，形成了稳定的研究队伍。在欧洲问题研究方面，吉林大学已形成一支方向明确、结构合理、实力雄厚的学术团队。目前，从事欧洲问题研究的教授13人，副教授4人，讲师2人，90%以上的教师拥有博士学位，许多教师拥有在国外学习和从事学术研究的经历。研究所所长杜莉教授现担任中国欧洲学会常务理事，先后主持了国家社会科学基金重大和重点项目、教育部人文社会科学重点研究基地重大项目等多项省部级研究课题，在《中国社会科学》《管理世界》《金融研究》等核心期刊上发表欧洲经济相关论文多篇，在欧洲经济研究领域产生了一定的影响力。

第二，产出丰富的研究成果，并获得多项科研奖励。多年来，吉林大学在欧洲经济及其相关研究方面取得了一批高质量的研究成果。2005年以来，吉林大学共承担有关欧洲问题研究的各类科研项目5项，公开发表学术论文50余篇，出版著作20余部，先后获吉林省新闻出版奖二等奖1项、吉林省社会科学优秀成果奖2项、吉林省社科联社会科学优秀成果奖2项。

第三，持续开展广泛的国内外学术交流。多年来，吉林大学积极开展对欧学术交流与合作，邀请欧洲学者或欧洲问题专家到吉林大学进行访问、交流、讲学，并选派教师到欧洲进修、访问和参加国际学术会议，与多所欧洲著名高校建立了交流合作关系。如2007年先后邀请欧洲弗伦斯堡大学的Peter Jochimsen教授、欧洲布莱梅大学的Ulrike Liebert到吉林大学讲学并参加国际学术会议；2008年，邀请诺贝尔经济学奖获得者、"欧元之父"罗伯特·蒙代尔教授到吉林大学讲学，在校内产生了很大反响。吉林大学经济学院王达博士获得了欧洲"洪堡基金项目"资助，并在欧洲基尔世界经济研究所从事学术研究。同时，吉林大学还十分注重开展与国内其他高校的学术交流活动，积极组织教师参加中国欧洲经济学会的全国性学术研讨会，并且还承办了欧盟研究会第11届年会暨欧洲经济研究分会第一届年会"改革调整中的欧盟与中国"，提高了吉林大学在全国欧洲问题研究领域的知名度和影响力。

(三) 主要研究领域与方向

第一，欧洲问题研究。吉林大学欧洲研究所跟踪欧洲研究机构、著名高校以及咨询公司的最新研究进展，跟踪欧洲经济、法律、政治和社会等领域最新发布的政策措施，分析其对欧洲经济社会和其他国家可能产生的影响。利用吉林大学在经济、法律、外语、行政、管理以及国际问题等领域的研究优势，拓展欧洲问题的研究内容和研究维度，提高研究质量。

第二，中欧关系研究。吉林大学欧洲研究所及时、深入分析中欧经济贸易关系和外交关系中出现的新问题，如贸易摩擦、汇率争端、出口管制以及投资安全等一系列问题，为我国对外经济和外交关系的稳定和实现可持续发展作出积极的学术贡献。

第三，吉林大学欧洲研究所与吉林大学已设立的日本研究所、韩国研究所、朝鲜研究所、俄罗斯研究所和蒙古研究所等国别研究机构配合，扩大吉林大学的国别研究范围和研究内容，提升吉林大学在全国国别研究中的影响力。

(四）组织结构和运行机制

1. 组织结构

吉林大学欧洲研究所依托吉林大学经济学院，联合吉林大学东北亚研究院、国有经济研究中心、行政学院、法学院、文学院、外语学院、国际关系研究所、高等教育研究所等校内相关学院和研究机构开展研究，并邀请外交部、中联部、商务部、发改委，以及国（境）内外大学及科研机构的专家参与相关科研工作。组织机构见下图。

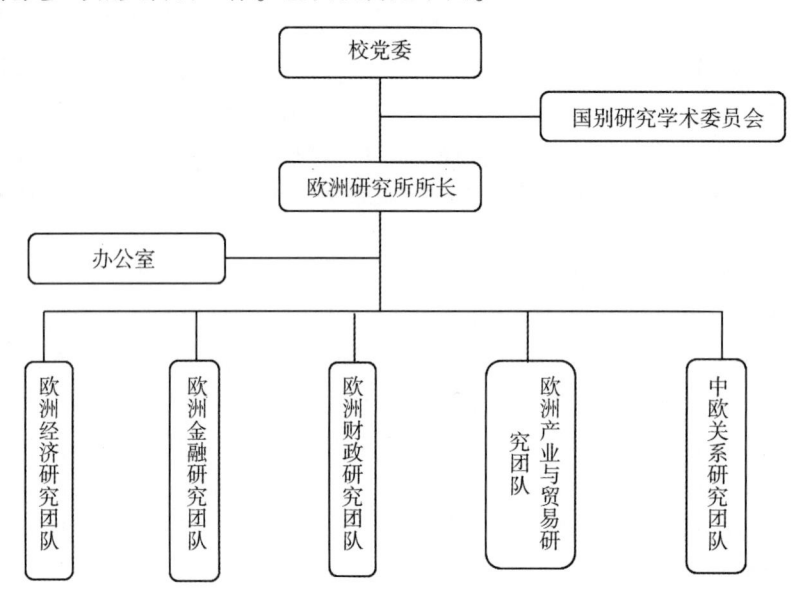

```
校党委 ── 国别研究学术委员会
  │
欧洲研究所所长
  │
办公室 ── 欧洲经济研究团队 / 欧洲金融研究团队 / 欧洲财政研究团队 / 欧洲产业与贸易研究团队 / 中欧关系研究团队
```

2. 运行机制

现任吉林大学欧洲研究所所长（原任吉林大学欧洲研究中心主任）杜莉教授经由经济学院提名、学校党委批准后任命。

吉林大学欧洲研究所日常管理工作和研究工作，由所长负责牵头组织。研究所从校内外聘请一定数量的兼职研究人员开展研究工作，组织参加国内外学术会议等学术交流活动。吉林大学社会科学院、吉林大学国际合作与交流处对欧洲研究所举办国际学术会议、邀请外国专家短期讲学、出国访问等国际学术交流活动给予支持。

二、代表性研究成果

1. 孙兴杰：《边疆化与去边疆化：奥斯曼帝国在巴尔干的统治》，《吉林大学社会科学学报》2022年第5期。

2. 刘德斌：《超越东西方：百年变局与文明重塑》，《中国社会科学报》2022年第8期。

3. 陈玉芳：《耶稣会士在清前期欧洲使团来华中的角色》，《古代文明》2022年第3期。

4. 迟明、解斯棋：《21世纪以来欧洲生育率反弹成因分析及其对中国的启示》，《人口学刊》2022年第4期。

5. 刘谕：《16世纪奥斯曼帝国与哈布斯堡王朝的博弈及其影响》，《齐齐哈尔大学学报（哲学社会科学版）》2022年第6期。

6. 薛瑞凯：《政治信任语境下俄罗斯的"选举参与"——基于2018年欧洲社会调查数据集

的实证分析》,《经济社会体制比较》2022 年第 3 期。

7. 刘德斌、李东琪:《西方"文明标准"演化与新的大国博弈》,《江海学刊》2022 年第 3 期。

8. 易小准、李晓、盛斌等:《俄乌冲突对国际经贸格局的影响》,《国际经济评论》2022 年第 3 期。

9. 苗翠翠、王庆丰:《人类命运共同体研究的三重视域评析》,《世界民族》2022 年第 2 期。

10. 刘谕:《十六世纪奥斯曼帝国与哈布斯堡王朝对抗下欧洲局势的演进》,《西部学刊》2022 年第 7 期。

11. 何志鹏:《论人权文明的多样性》,《人权法学》2022 年第 2 期。

12. 何志鹏、魏晓旭:《历史变革与国际法形式变革的螺旋推进》,《探索与争鸣》2022 年第 1 期。

13. 肖晞、杨依众:《新形势下世界"中国观"的变化与加快构建中国国际话语权的战略路径》,《吉林大学社会科学学报》2022 年第 1 期。

江苏省社会科学院世界经济研究所

江苏省社会科学院于 1980 年正式成立,为江苏省人民政府直属事业单位,是从事哲学社会科学研究、经济社会发展决策咨询服务的专门机构,是江苏省委、省政府的思想库和智囊团。江苏省社会科学院内设 11 个研究所,世界经济研究所成立于 1986 年 1 月,前身为成立于 1980 年的情报资料研究所的国外经济研究部门。现任所长为张远鹏研究员。世界经济研究所主要研究方向为世界经济研究、亚太与欧洲经济研究、江苏开放型经济研究等,近 5 年来,承担国家社会科学基金项目 5 项、中欧关系研究"指南针计划" 1 项,数十篇研究报告获得省部级领导的肯定性批示。欧洲研究一直是世界经济研究所的重点研究方向,我国老一辈著名专家程极明曾担任世界经济研究所所长。中国欧洲学会原常务理事朱乃新曾担任世界经济研究所所长,中国欧洲学会原常务理事施学光曾担任世界经济研究所副所长,现任中国欧洲学会理事徐清担任世界经济研究所党支部副书记。有关欧洲研究的代表性成果包括《欧洲共同体区域政策》《欧洲共同体共同农业政策》《德国金融》等。

世界经济研究所主办学术性刊物《世界经济与政治论坛》(双月刊)。1981 年 9 月创刊以来,该刊物已经成为国内世界经济与政治研究领域的重要学术平台。自 2004 年起,刊物一直被评为中文社会科学引文索引(CSSCI)来源期刊、中国人文社会科学核心期刊、全国中文世界经济类核心期刊等。该刊物倡导学术自由和学术平等,致力于弘扬学术创新精神,促进学术交流,推动学术繁荣。目前主要刊登国际关系、国际政治、国际安全、国际战略、世界经济、国际贸易与投资、国际金融等领域的最新研究成果。

世界经济研究所于 1980 年 9 月牵头成立江苏省世界经济学会,现为会长单位。每年定期开展学术交流活动,学会规模不断扩大,影响力不断增强,已经成为江苏省世界经济研究工作者交流思想、进行科研合作的重要平台。

地址:江苏省南京市建邺路 168 号　邮编 210004

电话：+8625-85699914

网址：http://www.jsass.org.cn

南京大学欧洲研究中心

一、机构介绍

（一）机构概况

南京大学欧洲研究中心是在原中央大学、南京大学100余年英国与英联邦国家研究的基础上形成的研究机构。机构名称先后为欧美研究所、英国史研究室、欧盟研究所、欧洲研究中心，研究机构主任先后由蒋孟引教授、钱乘旦教授、杨豫教授、陈晓律教授和于文杰教授担任。2005年11月，在南京大学校领导的大力支持下，经社科处牵头，学校多个学科的有关专家组成了一支专门研究欧洲问题的攻关队伍，南京大学欧洲研究中心相关活动正式启动。2006年8月，经过一系列紧张细致的筹划准备，南京大学欧洲研究中心申报的主题为"欧洲一体化与欧洲认同"的中欧合作项目正式签约。自此，中心正式开始了以项目为主导的欧洲问题研究工作。

（二）研究方向

中欧合作项目下属"欧洲一体化背景中的身份认同问题：当代欧洲后现代语境中的主体性研究""欧洲的灵魂：欧洲认同与民族国家的重新融合""欧洲社会的整合与欧洲认同""欧洲经济一体化的基础""欧洲经济一体化的基础机制、前景""欧洲法律一体化与成员国法律欧洲化研究""欧洲认同的制度建构"七个子项目，均由南京大学该领域的优秀专家学者主持。同时，中心还开设了"欧洲学导论""欧洲的语言政策和文化认同""欧洲种族与民族的融合问题""开放宏观经济学""当代欧洲高等教育研究""欧洲统一合同法与欧洲认同""一体化进程中的欧洲社会政策""欧洲统一性与多样性的建构与认同"8个新课程，意在通过对上述课题的深入研究，全面认识当前的欧洲一体化趋势，促进中欧间的合作交流。2007年8月，南京大学欧洲研究中心还获得资助并主办了"中国欧洲研究青年教师暑期学校"，邀请了欧洲帕特·塞恩院士等政治、经济、法律与文化方面6位专家来校授课，为中国青年学者欧洲研究水平的提高作出了贡献。

现今，中欧合作项目下属各子项目的任务已完成，中心力求保质按期完成研究工作，取得高质量的学术成果，为今后争取新的中欧合作项目，谋求新的合作关系打下良好基础。

（三）学术交流

在学术活动方面，中心多次参加中欧项目办公室与中国欧洲学会举办的学术会议，与国内相关高校、研究机构建立起了稳定的交流与合作关系。2010年，中心编撰出版了"欧洲一体化与欧洲认同"丛书，陈晓律教授担任主编。近几年来，中心邀请国内外在欧洲研究方面卓有成效的专家参加会议，通过会议促进南京大学欧洲研究工作的深入发展。

（四）发展前景

南京大学欧洲中心是一个集教学科研、国际合作、人才培养与服务社会为一体的研究机构。陈晓律教授、沈汉教授、于文杰教授、刘成教授等均主持过国家社会科学基金重大项目。中心有十余人在国外攻读学位，部分已经回国工作，同时为国外高校培养优秀人才十余人；赴国外学习与交流近 100 人；主办国际会议 20 余次；与欧洲及英联邦国家众多高校与研究机构建立了全天候合作关系。中心将进一步完善各项设施，充分利用现有资源，计划建立欧洲政治经济研究所、欧洲社会与文化研究所、欧洲法律研究所和欧洲历史研究所等下属机构。在未来的工作中，中心将以教学科研与人才培养为基础，努力实现科研、教学与人才培养的一体化，将南京大学欧洲研究中心建设成综合型、研究型和创新型的学术机构。

（五）成员结构

陈晓律，南京大学历史学院教授、博士生导师；从事世界历史、欧洲历史、国际问题研究。
于文杰，南京大学历史学院教授、博士生导师；从事英国史、欧洲文化史、丝绸之路研究。
何成洲，南京大学艺术学院教授、博士生导师；从事欧洲文化研究、欧洲文学与艺术研究。
刘成，南京大学历史学院教授、博士生导师；从事英国史、国际和平问题研究。
于津平，南京大学商学院教授、博士生导师；从事欧洲经济研究、国际金融问题研究。
方晓敏，南京大学法学院教授、博士生导师；从事欧盟法律问题、经济法、比较法学研究。
舒小昀，南京大学历史学院教授；从事欧盟、英国史、世界历史研究。
闵凡祥，南京大学历史学院教授；从事欧洲研究、英国史、医疗社会与文化史研究。
陈日华，南京大学历史学院副教授；从事欧洲中世纪与近代早期历史、丝绸之路研究。
吴贺，南京大学历史学院副教授；从事欧洲研究、丝绸之路、俄国对外关系研究。
陆一歌，南京大学苏州校区副教授；从事法国史、欧洲文化与历史研究。
征咪，南京大学历史学院讲师；从事英国史、欧洲文化与历史研究。
盛仁杰，南京大学历史学院讲师；从事法国史、欧洲研究。

二、代表性研究成果和在研课题

近几年来，南京大学欧洲研究中心在欧洲国别史研究、近代欧洲大航海研究，以及人才培养方面均取得了较为突出的业绩。2022 年前 3 个季度，取得的业绩如下。

（一）教学

王涛教授开设"德国史专题研究"。
舒小昀教授、闵凡祥教授开设"欧洲学导论"。
陆一歌副教授开设"法国文化史"等课程。
于文杰教授、吴贺副教授开设"西方人文主义史略"等课程。

（二）在研课题

序号	课题名	主持人	课题类型	课题编号
1	太平洋丝绸之路档案文献整理与研究	于文杰	国家社会科学基金重大招标项目	ISYZD2017
2	英国工党史（多卷本）	刘成	国家社会科学基金重大项目	20&ZD241
3	英藏南海问题档案文献整理与研究	刘金源	教育部重大攻关项目	BRA2020032
4	英国古物学家群体与民族认同建构研究	陈日华	国家社会科学基金重点项目	—

续表

序号	课题名	主持人	课题类型	课题编号
5	西欧中世纪贝安居史料整理与研究	卢华南	国家社会科学基金青年项目	—
6	苏联援华航空烈士档案搜集整理与研究	吴贺	江苏省社会科学基金项目	21LSB006
7	量化统计与英国现代治理体系研究	征咪	江苏省社会科学基金项目	21LSA008

（三）代表性研究成果

著作

1.《英国文明史总论》（上、下），上海人民出版社2022年版。

该书是新时代第一部由中英史学家共同书写、中国历史学家领衔的英国史著作。它突破传统历史学研究以社会史为路径的史学范式，对国内外传统历史学主张的英国是一个"天生自由"的国度，以及近代英国走的是一条改良与渐进主义的发展道路等核心历史学范畴进行根本的颠覆与重构，以思想文化为主线构建中国英国史的概念、话语与知识体系。该书由英国历史学会前主席哈利·狄金森先生、英国人文与社会学院院士帕特·塞恩先生、中国英国史学会副会长陈晓律先生作序并鼎力推荐，中英学者共同书写，于文杰、W. M. 艾尔德共同主编；以吸纳与融合、成长与释放、还原与回归等长时段考察确立核心范畴，以档案与事实为依据，批判吸收西方与中国传统历史学研究的精华，揭示英国历史的真相，展示新时代中国英国史研究的概念、话语与知识体系的学术风采。

论文

1. Shakela Naz, Wu Yeyan, Liu Zhe, Keyao Ren, Yu Wenjie, "China-Pakistani Economic Corridor Project Bring the International Trade, Healthcare, Self-efficacy, and Social Performance Facility to Gilgit City, Pakistan," *Heliyon*, 4 March 2022.

2. 陈晓律：《科技、人才与意识形态——中国人如何看美国》，《思想理论战线》2022年第1期。

3. 陈晓律：《关于区域国别研究的几点浅见》，《苏州科技大学学报（社会科学版）》2022年第3期。

4. 蒋俊俊、于文杰：《论柳宗悦民艺理论核心观念的形成与特征》，《历史教学》（下半月刊）2022年第1期。

5. 刘金源、郭缅基：《科技进步与物种厄运：19世纪通信革命与东南亚古塔胶贸易的兴衰》，《安徽史学》2022年第2期。

6. 刘金源：《在经验与科学之间：对1832年英国霍乱疗法的考察》，《自然辩证法通讯》2022年第11期。

7. 何成洲：《跨媒介艺术研究》，《艺术管理》（中英文）2022年第1期。

8. 吴小康、于津平：《长期导向、研发密集度和比较优势》，《中国经济问题》2022年第2期。

9. 杨栋旭、于津平：《东道国外商投资壁垒与中国企业大型对外投资——基于投资边际、模式与成败三重视角》，《国际经贸探索》2022 年第 5 期。

10. 杨栋旭、于津平：《信息通信基础设施建设与 FDI 增长——国际和国内的经验证据》，《国际商务：对外经济贸易大学学报》2022 年第 3 期。

11. 陈孜晗、于津平：《"一带一路"沿线国家贸易便利化研究综述》，《池州学院学报》2022 年第 3 期。

12. 葛纯宝、袁小金、于津平、李娜：《贸易便利化、空间溢出与增加值贸易网络地位——基于"一带一路"沿线国家的社会网络与空间计量分析》，《经济问题探索》2022 年第 7 期。

13. 史亚茹、于津平、毕朝辉：《贸易便利化与企业技术升级》，《国际经贸探索》2022 年第 7 期。

14. 陈日华：《英国方志的编撰与乡绅阶层的兴起》，《经济社会史评论》2022 年第 1 期。

三、学生培养

中心的交流与教育平台已经建成。研究生院已经落实了 2007 年欧洲学研究生的招生与培养工作。而学校也与欧方高校建立了交流合作关系，从 2007 年上半年起，中心与欧方先后两轮互派学者学生进行交流。在各项工作的运作过程中，中心与南京大学各相关部门都建立了良好的合作关系，特别是南京大学社科处的各位领导与工作人员，给予中心多方面的支持和帮助。

卢华南等同学从法国等欧洲高校毕业，已经回国工作。刘铭在英国爱丁堡大学攻读历史学博士学位，沙诗怡在英国杜伦大学攻读历史学博士学位。韩松等同学也正在欧洲名校攻读博士学位。

苏麦拉等英联邦国家同学在南京大学攻读博士学位已回国工作。

四、机构要闻

1. 2022 年 12 月 16 日，举办南京大学"英国文明史论坛"第 19 期，中英巴三国的中青年学者 30 人出席并发表演讲。

2. 2022 年 12 月 15 日，北京大学外国语学院邀请于文杰教授主讲"英国近代文明诞生的文化渊源"，500 人聆听讲座。

3. 2022 年 4 月 20 日，上海浦东区市委组织部、上海世纪出版集团邀请于文杰教授主讲"英国文明史漫谈"，1600 余人聆听讲座。

4. 2022 年 12 月，于文杰教授主编的《一带一路传统文化访谈录》荣获江苏省哲学社会科学优秀成果奖。

山东大学欧洲研究中心

一、机构介绍

山东大学欧洲研究中心成立于 1994 年（前身分别为山东大学西欧研究所和山东大学欧洲研究所），参加了两次中国与欧盟的合作研究项目（中国—欧盟高等教育合作项目以及中国—欧盟欧洲研究中心项目），目前是教育部国别和区域研究备案中心以及山东省外事研究与发展智库联盟机构。山东大学欧洲研究中心具有学术研究与政策研究（智库）两方面的职能，致力于在欧洲问题和中欧关系领域进行基础研究、政策咨询、学科建设、人才培养以及国际交流，服务于国家发展中欧关系和推进"一带一路"建设的需要。中心现有专职教师 7 人（分属于国际政治和政治学理论专业），主要教学与研究领域为欧洲一体化、欧盟治理与公共政策、欧洲政治制度与政党、欧洲外交与安全政策。培养欧洲政治方向的硕士与博士（包括留学生）。

二、代表性研究成果及学生培养

山东大学欧洲研究中心发表 SSCI 论文 1 篇、CSSCI 论文 5 篇。教育部与山东省公安厅分别采纳中心呈交的智库报告各 1 篇。

代表作如下。

米雪："Strategic Cultures between the EU Member States：Convergence or Divergence？" *European Security*，Delember 2022。

山东大学欧洲研究中心招收欧洲政治方向博士研究生 1 名、硕士研究生 8 名。

上海社会科学院欧洲研究中心

一、机构介绍

（一）机构概况

上海社会科学院欧洲研究中心隶属于上海社会科学院，成立于 1990 年，其基础是 1978 年成立的世界经济研究所西欧研究室。欧洲研究中心是具有研究和协调两大功能的实体性机构，其目标是成为上海社会科学院乃至上海的欧洲问题研究和教学基地，成为欧洲研究的重要国际交流平台。

上海社会科学院欧洲研究中心研究人员覆盖经济、政治、法学、社会学、哲学等专业。该中心研究重点和学术特长是欧洲一体化、欧洲经济、欧洲金融、欧洲国际关系和欧洲社会政策。

地址：上海市淮海中路 622 弄 7 号　邮编：200020

电话：+8621-53840821（姜老师）

（二）现任主要领导

主任：徐明棋

经济学博士。现任上海社会科学院欧洲研究中心主任，研究员、博士生导师。中国欧洲学会副会长、上海欧洲学会会长。曾任上海社会科学院世界经济研究所副所长、上海社会科学院院刊《社会科学》和《学术季刊》总编辑。

副主任：余建华

现任上海社会科学院欧洲研究中心副主任、国际问题研究所副所长，研究员、博士生导师，《国际关系研究》主编，世界史研究中心和中东研究中心主任，犹太研究中心、上海合作组织研究中心副主任，新华社上海分社咨询专家。

秘书长：钱运春

现任上海社会科学院欧洲研究中心秘书长，上海社会科学院图书馆馆长、研究员，中国欧洲学会理事。

二、代表性研究成果和在研课题

（一）代表性研究成果

专著

1. 伍贻康：《区域整合体制创新》，上海财经大学出版社2003年版。
2. 伍贻康等：《多元一体：欧洲区域共治模式探析》，上海社会科学院出版社2009年版。
3. 徐明棋主编：《欧洲一体化与亚欧关系》，上海社会科学院出版社2007年版。
4. 姚勤华：《欧洲联盟集体身份的建构》，上海社会科学院出版社2003年版。
5. 钱运春：《亚中心结构与区域平衡发展》，上海远东出版社2003年版。
6. 姜云飞：《欧元区主权债务危机——最优货币区理论再思考与实证》，上海人民出版社2015年版。
7. 严骁骁：《反思"规范性力量欧洲"：理论与实践》，上海人民出版社2019年版。
8. 戴轶尘主编：《"一带一路"国别研究报告（波兰卷）》，中国社会科学出版社2020年版。
9. 崔宏伟主编：《"一带一路"国别研究报告（希腊卷）》，中国社会科学出版社2020年版。

论文

1. 伍贻康：《一种社会发展新模式的探索实践——欧洲一体化新论》，《世界经济研究》2004年第6期。
2. 伍贻康：《关于欧洲模式的探索和思辨》，《欧洲研究》2008年第4期。
3. 伍贻康：《欧盟软力量探析——欧盟治理模式的效应评价》，《世界经济与政治》2008年第7期。
4. Mingqi Xu, "The Impact of the Euro on the International Stability: A Chinese Perspective," in Robert Mumdell and Armand Cless, ed., *The Euro as a Stabilizer in the International Economic System*, Kluwer Academic Publishers, 2000.
5. 徐明棋：《欧元区国家主权债务危机、欧元及欧盟经济》，《世界经济研究》2010年第9期。
6. 徐明棋：《欧洲主权债务危机与欧洲中央银行制度上的缺陷》，《社会科学》2012年第1期。
7. 徐明棋：《欧债危机的理论评述与观点辨析》，《国际金融研究》2013年第6期。
8. Xu Mingqi, "The Euro and East Asian Monetary Cooperation," in Wim Stochof, Paul der Veldse and Lay Hwee Yeo, ed., *The Eurasian Space Far More than Two Continents*, ISEA-Ishak Institute, 2004, also published online by Cambridge University, 21 October 2015.
9. 钱运春：《西欧跨越中等收入陷阱：理论分析与历史经验》，《世界经济研究》2012年第8期。
10. 钱运春：《论欧洲一体化进程中的公平与效率》，《欧洲研究》2005年第4期。
11. 崔宏伟：《中波战略伙伴关系：基础、问题及前景》，《俄罗斯东欧中亚研究》2013年第4期。
12. 崔宏伟：《"主权困惑"与欧洲一体化的韧性》，《当代世界与社会主义》2019年第

13. 姜云飞：《债务危机背景下欧盟财政一体化的进展与挑战》，《世界经济研究》2013年第4期。

14. 戴轶尘：《欧盟集体身份"布鲁塞尔化"建构模式探析》，《世界经济与政治论坛》2008年第4期。

15. 戴轶尘：《欧盟在中东变局中的困境及政策调整》，载简军波主编《复旦国际关系评论》第二十八辑，上海人民出版社2021年版。

16. 彭枭：《在规范与实力之间——德国对外战略中的灾难外交》，《欧洲研究》2021年第5期。

（二）在研课题

序号	课题名	主持人	课题类型	课题编号
1	欧盟东向战略与中国"一带一路"战略的结构性对比研究	崔宏伟	国家社会科学基金一般项目	—
2	后疫情时代欧盟互联互通战略的前景及其对"一带一路"国际合作的影响	戴轶尘	上海市哲学社会科学规划课题一般项目	—
3	中美竞争背景下欧洲战略自主建设的动态研究	严骁骁	国家社会科学基金一般项目	—
4	中东欧民粹主义政党的兴起及对中国—中东欧合作的影响研究	彭枭	上海市哲学社会科学规划课题青年项目	—
5	中东欧与"一带一路"的对接合作	胡丽燕	中国国际经济交流中心上海分中心课题	—
6	"一带一路"国别研究报告（捷克卷）	胡丽燕	国家社会科学基金"一带一路"建设研究专项子课题	—

三、学生培养

该中心教学活动主要是依托世界经济研究所招收世界经济学欧洲经济和欧洲一体化方向的博士、硕士研究生，依托欧亚研究所招收世界历史、欧洲历史方向的硕士研究生。中心现有博士生指导教师2人、硕士生指导教师5人。

上海欧洲学会

一、机构介绍

上海欧洲学会成立于1992年1月，是由上海市从事欧洲问题研究及对欧洲问题感兴趣的人员和单位自愿组成的学术性非营利性社会团体。学会业务主管单位是上海市社会科学界联合会，挂靠单位是上海国际问题研究院。学会团结和组织上海欧洲问题研究的专家学者等人士，开展学术研讨交流活动，编辑出版学术刊物和文集，承接课题研究项目，提供咨询服务，开展对欧交流和合作，以及培养对欧工作人才。伍贻康教授、戴炳然教授等曾担任学会会长。现任会长徐明棋，副会长丁纯、刘军、杨逢珉、叶江、郑春荣，秘书长杨海峰，监事曹子衡。

地址：上海市威海路233号恒利国际大厦803室　邮编：200041
电话：+8621-63339207
电子邮箱：mail@sies.org.cn
网址：www.sies.org.cn

二、主要出版物

《欧洲观察》是上海欧洲学会的内部交流刊物，主要报道学会活动情况、刊发会员研究成果、编发欧洲政治经济动态和欧洲智库报告摘要。

《欧洲观察室》是上海欧洲学会与澎湃新闻"外交学人"合作推出的专栏，邀请欧洲研究专家学者特别是青年学者就欧洲热点问题进行研讨。

《欧盟与世界丛书》是上海欧洲学会与复旦大学国际关系与公共事务学院等机构共同支持的长期性出版项目，旨在推动中国学者对欧盟，特别是欧盟对外关系的研究。

《欧洲对华政策报告》和《欧盟的大国和地区政策报告》是以上海欧洲学会学术研究部成员为主要撰写者，由上海欧洲学会与复旦大学国际问题研究院中欧关系研究中心合作推出的年度政策报告。《欧洲经济形势报告》是上海欧洲学会以欧盟专业委员会成员为主要撰写者，自2020年推出的双年度政策报告。《欧美关系走向报告》是上海欧洲学会和上海外国语大学欧盟研究中心于2022年合作推出的年度政策报告，旨在对跨大西洋关系从经济科技、政治外交、安全防务等不同领域以及欧洲主要国家、次区域国家与美国关系进行全面解读。

除此之外，上海欧洲学会还不定期出版了《欧洲一体化的走向和中欧关系》《里斯本条约后的欧洲及其对外关系》《欧债危机与欧洲的走向》《多重挑战下的欧盟及其对外关系》《欧洲联盟发展回顾与前瞻——上海欧洲学会成立30周年纪念文集》等论文集。

复旦大学欧洲问题研究中心

一、机构介绍

（一）机构概况

复旦大学欧洲问题研究中心是在其前身即1964年成立的世界经济研究所欧共体研究室及相关欧洲国家研究室基础上，于1993年集合校内各学科研究人员正式建立的。中心拥有伍贻康、戴炳然、林进成教授等国内欧洲一体化和欧洲国别研究的学术先驱，是国内最早开展欧洲一体化及相关欧洲事务研究的科研、教学、咨政和对外交流单位之一，也是海峡两岸欧盟研究论坛的发起单位之一；主要从事欧洲一体化，欧盟及其成员国的经济、政治、外交、法律、社会、文化、对外关系（特别是中欧关系），新成员国转型以及涉欧的气候、环境、能源等研究。中心积极参加了中国—欧盟高等教育合作项目、中国—欧盟欧洲研究中心项目以及欧盟教育和文化总司的让·莫内项目等合作与相关活动，分别于2004年和2015年两次获评欧盟认定的"优秀让·莫内中心"。2017年，中心被教育部确定为教育部国别和区域研究基地，并在中心基础上正式组建了教育部中外人文交流研究基地——复旦大学中欧人文交流研究中心。2020年，中心被教育部评为高校国别和区域研究高水平建设单位备案中心Ⅰ类。

中心以学科为主干，设有综合、经济、法律、社会与文化研究组和政治部及资料室（"欧洲资料中心"）以及中国欧洲学会欧盟研究分会秘书处，曾长期出版《欧洲一体化研究》杂志。中心组成了以前中国驻德大使梅兆荣教授为主席的中心学术指导委员会，为中心的研究和教学提供学术指导。中心拥有戴炳然、陈志敏和丁纯三位欧盟让·莫内讲席教授。中心学者的研究和教学跨学科，包括政治、国际关系、经济、社会、文化、历史等领域，已形成涵盖多学科、老中青结合的欧洲问题研究与教学队伍。涉欧研究成果多次荣获教育部人文社科、上海市哲学社会科学著作和优秀论文奖。中心出版的《欧盟经济发展报告》受到广泛好评。中心教师开设了本、硕、博各级多学科涉欧课程，指导和培养多学科涉欧硕士、博士研究生；辅导学生社团开展"欧洲研究"活动，不定期举办涉欧和中欧关系讲座，日常更新与维护中心官网，积极运营微信公众号"欧洲问题研究"，及时推送欧洲各国新闻和学者观点，推动大众对欧盟、欧洲经济及中欧形势等方面的了解。同时，中心积极参加教育部等组织的涉欧人文交流活动，提供决策咨询及相关对话的配套支持活动，受到上级部门的肯定与表彰。中心与中外涉欧研究机构、高等院校和科研机构以及欧委会教文总司等有着广泛的学术交流和联系，组织包括上海论坛涉欧分论坛、复旦大学"大使论坛"和复旦—艾伯特论坛在内的各种涉欧会议、论坛和交流活动等。

地址：上海市邯郸路220号　邮编：200433

电话：+8621-65642668

传真：+8621-65646456

邮箱：ces@fudan.edu.cn

网站：http://www.cesfd.org.cn/

微信公众号名称：欧洲问题研究

（二）现任主要领导

现任主任：丁纯

经济学博士，复旦大学经济学院教授、博导。现任复旦大学欧洲问题研究中心、中欧人文交流研究中心主任，欧盟让·莫内讲席教授，复旦大学一带一路及全球治理研究院副院长，复旦大学荷兰研究中心主任，上海市曙光学者，上海杨浦区政协委员；中国欧洲学会副会长、中国欧洲学会欧盟研究分会副会长兼秘书长、中国社会保障学会世界社保分会会长、上海欧洲学会会长；《欧洲研究》杂志学术委员、Asia Pacific Journal of EU Studies 杂志编委、《世界经济论坛》全球议程专家委员会欧洲委员会成员；德国波恩大学欧洲研究所高级研究员、瑞典哥德堡大学欧洲研究中心学术顾问、卢森堡大学欧洲研究所罗伯特·舒曼教授；中国社会科学院欧洲研究所、中国人民大学欧洲研究中心、上海外国语大学和四川大学欧洲问题研究中心学术委员、同济大学德国研究中心兼职研究员等；相关部委、《中国日报》、新华社及《新民晚报》等的咨询专家。主要从事世界经济、欧洲一体化、欧盟（欧洲）经济、社会保障、中欧关系等经济与国际问题的研究与教学工作。涉欧科研与教学多次获上海市和教育部奖励。

副主任：陈志敏

博士，复旦大学党委常委、副校长。获选教育部长江特聘教授、欧盟让·莫内讲席教授和国家"万人计划"哲学社会科学领军人才。兼任中国高等教育学会国际政治专业分委员会理事长、教育部政治学类专业教学指导委员会副主任委员、上海市哲学社会科学联合会副主席。主要从事国际关系理论、外交研究和欧盟研究。相关研究获国家级教学成果二等奖、教育部第七届高等学校科学研究优秀成果三等奖及多项上海市哲学社会科学优秀成果一等奖。

副主任：陆志安

法学博士，复旦大学欧洲问题研究中心副主任。复旦大学法学院副教授，复旦大学人权研究中心（国家人权教育与培训基地）副主任。曾任荷兰格罗宁根大学客座教授、香港城市大学法学院客座教授。现任中国欧洲学会欧洲法律研究分会常务理事，上海市法学会欧洲法研究会副会长，中国人权研究会理事，中国国际法学会理事，中国国际私法学会理事，中国国际经济法学会理事，中国外交部人权外交咨询委员会委员，金华仲裁委员会仲裁员，上海市浦东律师事务所兼职律师，1998年获美Texas州公证调解人资格。长期从事欧盟法的教学与研究，专业领域包括欧盟法、国际公法、国际人权法、国际人道法、国际刑法、工商业与人权、国际环境法、国际经济法、中国商法等。曾在《法学评论》、《探索与争鸣》、*Yale-China Journal of American Studies*、《法学杂志》、《人权》、*Journal of International Taxation* 等刊物上发表论文数篇。

（三）主要研究部门

复旦大学欧洲问题研究中心设有综合、经济、法律、社会与文化研究组和政治部、资料室（"欧洲资料中心"）以及中国欧洲学会欧盟研究分会秘书处。

（四）智库和研究中心建设

复旦大学中欧人文交流研究中心

2017年，在中心基础上正式组建的复旦大学中欧人文交流研究中心是教育部中外人文交流研究基地，与中国人民大学欧洲问题研究中心、四川大学欧洲问题研究中心等共同创建布鲁塞尔中国欧洲问题研究院。中心在深入研究欧盟、欧洲一体化、中欧关系发展的基础上，以中国与欧盟人文交流的理论与实践为主要研究对象，对中国和欧盟的关系、中欧人文实践以及中外人文交流的理论与实务等领域进行研究。中心学者在教育部国际司和学校的领导下，致力于加强中欧人文交流研究，促进双边人文合作。中心研究成果始终反映国际形势动向、配合国家重大活动以及应对国际国内突发事件等开展有针对性和实效性的人文交流咨政研究，尤其是与中欧人文高级别对话机制相关的支持工作。中心学者利用掌握的相关知识，基于最新的研究成果，频繁接受中外媒体的采访，促进中欧交流，对社会公众关于中欧关系的发展问题解疑释惑，为讲好中国故事做了大量的工作。

二、代表性研究成果和在研课题

（一）代表性研究成果

1. 伍贻康、周建平、戴炳然、蒋三铭：《欧洲经济共同体》，人民出版社1983年版。获上海市哲学社会科学学会联合会1979—1985年度优秀著作奖。

2. 余开祥、洪文达、伍贻康主编：《欧洲共同体——体制·政策·趋势》，复旦大学出版社1989年版。

3. 《欧洲共同体条约集》，戴炳然译，复旦大学出版社1993年版。

4. 戴炳然：《解读〈里斯本条约〉》，《欧洲研究》2008年第2期。（中国人民大学复印报

刊资料转载）

5. 戴炳然：《方方面面话欧债》，《欧洲研究》2011年第6期。

6. 戴炳然："European Studies in China," in David Shambaugh et al., ed., *China-Europe Relations*, Routledge, 2007.

7. 林进成：《联邦德国——控制物价的优等生》，复旦大学出版社1994年版。获第一届中国高校人文社会科学研究优秀成果奖二等奖。

8. 林进成：《联邦德国控制物价的若干经验》，《欧洲研究》1987年第1期。

9. 张纪康、王翔主编：《了解欧元》，山西经济出版社1999年版。

10. 张纪康：《论欧元过渡期与国际金融新潮中的欧洲金融市场重组》，《欧洲》2000年第1期。

11. 胡荣花：《东扩对欧盟和中东欧国家的双重影响——期望差异的分析》，《世界经济研究》2002年第2期。（中国人民大学复印报刊资料转载）

12. 胡荣花主编：《欧洲未来：挑战与前景》，中国社会科学出版社2004年版。

13. 梅兆荣编：《大使论坛》第一辑、第二辑，复旦大学出版社2005年版、2009年版。

14. 陈志敏、[比]古斯塔夫·盖拉茨：《欧洲联盟对外政策一体化——不可能的使命？》，时事出版社2003年版。

15. 陈志敏：《新多极伙伴世界中的中欧关系》，《欧洲研究》2010年第1期。获上海市第十一届哲学社会科学优秀成果奖论文类一等奖。

16. 丁纯主编：《欧盟经济发展报告2007》，复旦大学出版社2007年版。

17. 丁纯：《世界主要医疗保障制度模式绩效比较——英、德、美、新实例分析》，复旦大学出版社2009年版。获上海市第九届哲学社会科学优秀成果奖著作类二等奖。

18. [德]蓝淑慧、[德]鲁道夫·特劳普-梅茨、丁纯主编：《老年人护理与护理保险——中国、德国和日本的模式及案例》，上海社会科学院出版社2010年版。

19. 丁纯：《从希腊债务危机看后危机时代欧盟的经济社会状况》，《求是》2010年第7期。

20. 丁纯、陈飞：《主权债务中欧洲社会保障制度的表现、成因与改革——聚焦北欧、莱茵、盎格鲁-撒克逊与地中海模式》，《欧洲研究》2012年第6期。获上海市第十二届哲学社会科学优秀成果奖论文类二等奖。

21. 丁纯：《欧洲经济转型和复苏步履维艰》，《求是》2013年第15期。

22. 丁纯：《德国经济社会治理模式的变动及对我国的启示》。获上海市社会科学界第十二届（2014年）学术年会大会优秀论文奖，入选上海市社会科学界第十二届学术年会大会论文集。

23. 丁纯、徐星、冯源："Influence Factors of Sino-EU Trade," *Asia-Pacific Journal of EU Studies*, Vol. 13, No. 1, Summer 2015. 获上海市第十三届哲学社会科学优秀成果奖论文类二等奖。

24. 丁纯、张铭心、杨嘉威：《"多速欧洲"的政治经济学分析——基于欧盟成员国发展趋同性的实证分析》，《欧洲研究》2017年第4期。人大复印报刊资料转载；《中国社会科学文摘》转载；获上海市第十四届哲学社会科学优秀成果奖"学科学术奖"论文类二等奖。

25. 丁纯、杨嘉威：《欧盟当前的困境及其体制根源和发展前景》，《当代世界与社会主义》2017年第5期。获上海市第十四届哲学社会科学优秀成果奖"中国特色社会主义理论奖"论文类二等奖。

26. Mario Teló、丁纯、张晓通：*Deepening the EU-China Partnership*，Routledge，2017.

27. 丁纯、纪昊楠：《中欧关系70年：成就、挑战与展望》，《世界经济与政治论坛》2019年第6期。获上海市第十五届哲学社会科学优秀成果奖"党的创新理论研究优秀成果奖"论文类二等奖。

28. 丁纯、强皓凡、杨嘉威：《特朗普时期的美欧经贸冲突：特征、原因与前景——基于美欧贸易失衡视角的实证分析》，《欧洲研究》2019年第3期。人大复印报刊资料转载，2023年入选中国知网学术精要高下载论文，被《欧洲研究》评为2019年度值得关注文章的五篇之一。

29. 丁纯、罗天宇：《欧盟垂直产业政策：历史演变、定位原因及前景展望》，《同济大学学报（社会科学版）》2021年第4期。人大复印报刊资料转载，《新华文摘》摘编。

30. 陈玉刚：《国家与超国家——欧洲一体化理论比较研究》，上海人民出版社2001年版。

31. 陈玉刚：《欧盟能否从全面危机走向全面治理？》，《欧洲研究》2011年第3期。

32. 罗长远、丁纯：《欧洲国家劳动收入占比下降的成因及对中国的启示》，《欧洲研究》2012年第3期。

33. 罗长远、曾帅：《"走出去"对企业融资约束的影响——基于"一带一路"倡议准自然实验的证据》，《金融研究》2020年第10期。

34. 李宏图：《语境·概念·修辞：欧洲近代思想史研究的方法与实践》，复旦大学出版社2016年版。获上海市第十三届哲学社会科学优秀成果奖著作类二等奖。

35. 李宏图：《欧洲思想史研究范式转换的学术路径》，《世界历史》2015年第2期。（人大复印报刊资料转载）

36. 李宏图：《18世纪苏格兰启蒙运动的"商业社会"理论——以亚当·斯密为中心的考察》，《世界历史》2017年第4期。人大复印报刊资料转载，获教育部第八届高等学校科学研究优秀成果奖"人文社会科学"著作论文奖。

37. 张骥：《欧洲化的双向运动——法国与欧盟共同安全与防务政策》，上海人民出版社2014年版。

38. 张骥：《百年未有之大变局下的中法关系》，世界知识出版社2020年版。

39. 张骥：《法国外交的独立性及其在中美战略竞争中的限度》，《欧洲研究》2020年第6期。

40. 解楠楠、张晓通：《"地缘政治欧洲"：欧盟力量的地缘政治转向？》，《欧洲研究》2020年第2期。被《欧洲研究》评为2020年度值得关注文章的五篇之一。

41. 潘忠岐：*Conceptual Gaps in China-EU Relations*，Palgrave Macmillan，2012.

42. 潘忠岐：《国内规范、国际规范与中欧规范互动》，《欧洲研究》2017年第1期。人大复印报刊资料转载，获上海市第十四届哲学社会科学优秀成果奖论文类二等奖。

43. 简军波："China in Central Asia and the Balkans: Challenges from a Geopolitical Perspective," *The Belt & Road Initiative in the Global Arena: Chinese and European Perspectives*，Palgrave Macmillan，2018.

44. 简军波：《非洲事务与中欧关系》，上海人民出版社2019年版。

45. 简军波：《21世纪欧盟的非洲经贸政策：一项平等化方案？》，《欧洲研究》2022年第

4期。

46. 刘丽荣：《被危机绑架的欧洲梦》，中国社会科学出版社2017年版。
47. 严少华、赖雪仪主编：《欧盟与全球治理》，社会科学文献出版社2020年版。
48. 严少华："Chinese Transnational Corporations in the Ukraine Crisis: Risk Perception and Mitigation," *Transnational Corporations Review*, Vol.4, Issue 4, 2022.
49. 严少华：《欧盟战略自主与中国对欧战略新思维》，《复旦学报（社会科学版）》2021年第6期。（人大复印报刊资料转载）

（二）在研课题

序号	课题名	主持人	课题类型	课题编号
1	疫情下中欧班列发展前景与义乌的机遇、挑战与对策	丁纯	复旦大学义乌研究院课题	20211H01014
2	全球产业链重构对全球经济治理体系的影响及中国应对研究	罗长远	国家社会科学基金重大项目	—
3	欧洲近代社会主义思想史研究	李宏图	国家社会科学基金重大项目	21&ZD247
4	百年变局下的全球治理与"一带一路"关系研究	张晓通	国家社会科学基金重大项目	20&ZD147
5	"全球英国"背景下英国政局变动对中英中文教学合作的影响	简军波	教育部中外语言交流合作中心课题	—
6	欧洲重点国家政治经济形势变化对中欧投资合作影响研究	简军波	国家发展改革委员会对外投资司课题	—
7	美欧对华战略协调趋势与中国战略运筹空间研究	严少华	2022复旦大学资政研究支持计划项目	—

三、学生培养

中心教师为本科生、硕士研究生和博士研究生开设欧洲一体化、欧盟政治和外交、欧洲经济和社会保障、欧盟法等相关课程；并以世界经济、国际政治和法律等学科为依托，培养相关中外博士研究生、硕士研究生。

欧洲问题研究中心充分利用其专兼职教师来自全校各系科、具有跨学科综合优势，以欧洲经济、政治、外交、法律、历史、社会等专业为主干，经过长期的磨合、积累，形成了具有各学科特色的包含本科生、硕士研究生和博士研究生三个层次、数十门涉欧的课程体系。其中，丁纯教授开设的《欧洲主权债务危机》课程获得教育部办公厅"精品课程公开课"称号，英语授课的《中国社会保障及其体系改革》获得上海市高校外国留学生英语授课示范性课程等称号。《欧洲一体化专题研究》《欧洲的劳动力市场与社会保障体制》《国别与地区经济分析》《欧盟的内外经济关系》《欧盟政治与外交》《欧盟共同外交与安全政策研究》《欧盟法》《欧美近现代思想文化史研究》《欧洲早期近代史研究》等课程经过长期的讲授，尤其是经过中国—欧盟高等教育合作项目、中国—欧盟欧洲研究中心项目以及欧盟教育和文化总司的让·莫内项目框架下课程开发设计项目的资助已经相当成熟，成为深受学生欢迎的欧洲研究领域的主干课程。每年，结合相关课程举办的"模拟欧盟"活动、"欧洲论坛"以及"大使论坛"，深受学生好评。同时，中心辅导学生社团开展活动并主讲涉欧和中欧关系讲座等，还为包括欧洲学生在内的外国留学生设置介绍中国现状的英语课程。丁纯教授等利用暑期，面向全国跨专业开设 FIST 课程"全球化背景下的欧洲经济与社会模式研究"。中心专兼职教师以世界经济、国际政治和法律等学科为依托辅导和培养欧洲经济、政治、外交、法律、历史、社会等专业为主干的涉及欧洲方向的中外硕士研究生和博士研究生。同时，中心积极开拓和推动与欧洲高等院校和研究机构间的学者和学生交流，已经形成机制，每年派遣研究生赴欧访学和交流。据不完全统计，近 3 年来，在中心支持下，十余位同学参加国际交换项目的访学和会议交流等。据不完全统计，2022 年度，中心学者培养博士毕业生 3 人，硕士毕业生 21 人，代表性学生毕业论文为《地缘政治欧洲：欧盟的新理念和政治趋向》《欧洲央行量化宽松货币政策对中国非金融上市公司投融资的影响研究》《中国直接投资对欧盟本土企业经营绩效影响研究》《德国新高科技战略对企业绩效的影响》《何种经济反制措施更具效能？——以欧盟对美反制为案例的考察》《数字时代主权概念的回归与欧盟数字治理》，指导的学生累计发表核心期刊论文 7 篇。

华东师范大学政治与国际关系学院欧洲研究中心

一、机构介绍

（一）机构概况

华东师范大学政治与国际关系学院欧洲研究中心成立于1997年，是中国—欧盟高等教育合作项目以及欧盟支持的"欧洲研究在中国"大型项目关于欧洲问题研究的核心机构之一。其前身是华东师范大学亚欧研究中心。

该中心是一个以欧洲政治、经济、历史、文化、外交等多学科交叉研究为方向的学术基地。在中国外交部、教育部与欧盟的支持下，多年来，欧洲研究中心致力于关于欧洲问题的研究、教学、咨询与出版工作，侧重于以欧洲为背景的大国关系研究、欧洲一体化进程中的社会转型研究与欧洲思想文化研究。

欧洲研究中心注重推动国际国内的学术交流与合作，经常举行各种形式的学术研讨会，邀请欧洲及其他地区与国家的学者来中心做长期和中短期的访问研究与讲学，同时也不断派出人员赴欧从事研究。中心与欧洲和其他地区众多权威学术机构与大学建立了广泛的学术联系。

（二）成员结构

主任：门镜

政治学博士，紫江特聘教授，博士生导师。现任欧洲研究中心主任。曾多年在比利时欧洲学院工作，担任巴耶-拉图尔讲席教授及欧中研究中心主任。主要研究领域包括中欧关系、欧洲一体化和中国外交政策。以英文和中文撰写和编辑出版十余部关于中欧关系的书籍和学术杂志特刊、数十篇学术文章。

成员：高晓川

副研究员，华东师范大学中东欧研究中心、上海高校智库—周边合作与发展协调创新中心研究员。主要研究领域为欧洲一体化、中东欧民族关系、经济社会转型及中国中东欧合作。

成员：臧术美

副研究员，法国里昂高师人文地理学博士、华东师范大学法学博士。法国里昂高师客座教授。中国欧洲学会理事、上海欧洲学会理事、中国欧洲学会法国研究分会理事。主要研究领域为欧盟地区（区域）政策、欧洲一体化与欧盟治理、地中海联盟移民与欧洲多元文化主义、中东欧和法国研究等。已发表 CSSCI 期刊论文十余篇，专著 1 部，合著 6 部。主持教育部人文社会科学研究一般项目 1 项、中国—中东欧研究基金会项目多项、横向课题多项、华东师范大学与法国里昂高师合作的 JORISS 项目 1 项。

成员：王玓

法学博士，讲师。研究方向为欧洲研究、俄欧关系，侧重德国、欧洲一体化和欧洲经济的研究。出版专著《区域一体化中的欧洲中央银行》，主要的代表性成果在权威及核心期刊《国际问题研究》《当代世界与社会主义》《国外社会科学》《国外理论动态》《学术探索》等发表，先后参与多项国家社会科学基金项目、教育部哲学社会科学项目、教育部基地重大项目和上海市哲学社会科学项目的研究工作。

成员：Based Hooijmaaijers

副研究员，兼任比利时鲁汶大学 LINES 研究所的自由研究员。在包括《共同市场研究》和《全球治理》在内的重要期刊上发表有关中国和金砖国家的文章。其研究包括欧盟对华外交政策制定、中国在欧洲的投资以及全球力量向亚太地区转移等，精通包括中文在内的多种语言。

华东理工大学欧洲研究所

一、机构介绍

（一）机构概况

华东理工大学欧洲研究所成立于 1999 年，是专门从事国际问题研究的机构，隶属于华东理工大学商学院。研究所主要开展欧洲问题和相关国际问题的研究，并利用研究所的知识资源为国内企业开拓欧洲市场提供相关咨询。

欧洲研究所的科研人员除了科研工作，还承担着商学院本科生、硕士研究生和 MBA、EMBA 的经济学教学工作。另外，所长杨逢珉教授曾长期作为商学院应用经济学学科负责人，承担学院应用经济学专业硕士点、博士点建设和研究生的培养工作，以及院校各种交流活动。

地址：上海市徐汇区梅陇路 130 号 邮编：200237

电话：+8621-64252029

传真：+8621-64251324

电子邮箱：yfengmin@ecust.edu.cn

（二）现任主要领导

杨逢珉博士，华东理工大学欧洲研究所所长，教授、博士生导师，主要研究领域为欧洲一体化、中欧关系、国际经济与贸易关系。现为中国欧洲学会常务理事、上海欧洲学会副会长、上海市黄埔军校同学会亲属联谊会主任委员、上海市中国和平统一促进会理事、上海市公共外交协会理事；曾担任上海市徐汇区人大常委会副主任、民革中央委员、民革徐汇区委主委。

杨逢珉教授在担任华东理工大学商学院应用经济学一级学科博士点的负责人和学科带头人的15年，负责博士点和硕士点的建设及研究生的选拔、考核、录取、培养、教学安排等工作。20世纪90年代撰写了国内第一部有关欧盟问题的教科书《欧共体经济教程》，进入21世纪后，出版了第一部欧盟教学研究生用书《欧洲联盟经济学》，以及《欧洲联盟的中国经贸政策》《欧洲与洛美协定国家的关系研究》，主编了《中国对外贸易概论》《世界经济概论》等多部书籍。多年来，她在《世界经济》《世界经济与政治》《欧洲研究》《世界经济研究》等各类权威、重要学术刊物上发表了近100篇论文，多次荣获校优秀研究生指导教师、校育英奖、名师奖、学术外宣奖等荣誉称号。

孙定东博士，华东理工大学欧洲研究所副所长、副教授。现任华东理工大学商学院工会主席、上海欧洲学会常务理事。近年来，他致力于国际经济、欧洲经济，特别是欧盟共同农业政策和地区政策方面的一体化研究，参加中国—欧盟高等教育合作项目；参加杨逢珉教授负责的"欧洲联盟的中国经贸政策"、国家社会科学基金项目"经济全球化背景下的南北关系研究"等项目；负责完成中欧高教合作项目的子项目"A Comparative Study on Regional Policies of the EU and China"；参与"我国承接服务外包的国际竞争力研究：基于影响因素评估的实证分析""大城市社会空间结构演变与治理研究"等多项国家社会科学、自然科学和市级规划项目。主持完成上海市社会科学规划课题"中国新型城镇化背景下农民市场参与能力提升的渠道、机制及其政策研究"、华东理工大学校内人文社会科学基金项目"和谐社会发展下对外贸易中的农民利益"和华东理工大学基本科研业务费专项基金课题"农民组织化程度与其市场参与能力之间关系的实证研究：一个推进新型城镇化建设的视角"。在国内外重要学术会议及期刊上发表论文30余篇，主编或合编《国际经济学》等教材3部，发表专著3部。目前正在建设华东理工大学全英语教学课程"国际经济学"、上海高校示范性全英语教学"国际经济学"课程等。

（三）主要研究领域

欧洲研究所坚持科研与教学相辅相成，互为补充，走教书育人的道路，以人为本，把学生、教师与研究所的发展紧密结合。欧洲研究所的定位，是在上海欧洲问题研究界具有一定影响力的学术机构的基础上，根据实际情况，力争扩大该所在国际问题，尤其是欧洲问题研究界的国际声誉和地位。欧洲研究所的主要研究方向包括：欧洲各国经济、欧洲一体化问题；欧盟内部经济政策协调问题；欧洲与中国双边政治、经贸关系；国际经贸关系。其研究目标是通过对欧盟一体化政策（包括统一大市场政策、地区经济平衡等）及其国际政治关系的研究，为中国经济增长及其对外关系的发展提供建设性意见，从而促进中欧经贸合作关系的发展。随着中国参与国际经济深度和广度的加大，该所的研究正在进一步贴近中国经济发展所面临的国际环境，努力为我国经济发展战略提供参考。

欧洲研究所一直积极致力于团队建设工作，特别是在国家社会科学基金项目的申报和执行，以及教材建设等方面加强团队合作，在科研攻关方向上促进协调与合作，积极协同、组织与参与有关的学术交流与合作。在人才培养方面，积极引进高学历、高层次的科研人员。

二、代表性研究成果和在研课题

（一）论文

1. 金缀桥、杨逢珉、刘蕴逸：《中国高技术产品对东盟出口增长的特征分析——基于三元边际的视角》，《海关与经贸研究》2022年第3期。

2. 金缀桥、杨逢珉、秦玥、高文荻：《知识产权保护、创新路径选择与出口扩展边际研究——以中国高技术产品对西亚十七国出口为例》，《中国发明与专利》2022年第4期。

3. 杨逢珉、田洋洋：《新冠肺炎疫情对我国出口贸易的影响》，《郑州航空工业管理学院学报》2022年第1期。

4. 杨逢珉、田洋洋：《中日韩三国农产品出口竞争力比较分析——基于出口技术复杂度视角的研究》，《技术经济与管理研究》2022年第1期。

5. 叶志强、朱青青、张顺明：《反倾销制裁对我国上市公司现金持有政策的影响研究》，《管理科学学报》2022年。

6. Zhiqiang Ye, Shunming Zhang, Jiefei Zheng, "The Peer Effects of PIPEs," *International Review of Economics and Finance*, 2023, Vol. 83.

7. 叶志强、吕梦瑶、王爱华：《员工持股计划能否助申通快递重回快车道》，上海市优秀金融硕士案例库，2022年入库。

8. 叶志强、张顺明、沈雪晨、郑洁菲：《我国上市公司定向增发的波动率择时效应研究》，《中国管理科学》2022年，网络优先版。

9. 程凯、杨逢珉：《贸易便利化对企业出口持续时间的影响：基于进口中间品视角》，《国际经贸探索》2022年第2期。

10. Guo'e Xie, Xinmiao Zhang, "The Effect of Trade Liberalization on Intergenerational Income Mobility," *Open Journal of Business and Management*, 2022, 10, 1784-1810.

11. XIE Guo-e, WU Jia-meng, "Study on the Potential of China's Fruit and Vegetable Products Export to the RCEP Partners," *Chinese Business Review*, May-June 2022, Vol. 21, No. 3.

12. Guo-e Xie, Yi-qiu Zhu, "The Influence of Trade Facilitation on the Depth and Breadth of China's Agricultural Exports: Empirical Evidence Based on RCEP Countries," *Research in World Economy*, Vol. 13, No. 1, 2022.

13. 谢国娥、吴亦同、王戳、陈非凡：《中国苹果出口质量及其影响因素研究》，《社会科学前沿》2022年第3期。

（二）在研课题

序号	课题名	主持人	课题类型	课题编号
1	知识产权保护对出口扩展边际影响的研究——以"一带一路"合作框架下高技术产品为视角	金缀桥	上海市哲学社会科学规划一般课题	2019BJB014

续表

序号	课题名	主持人	课题类型	课题编号
2	"产业—价值—环境"三链耦合协调视角下数字金融促进制造业转型升级研究	金缀桥（子项目负责人）	国家社会科学基金一般项目	22JYC00946
3	后疫情时代上海制造业数字化发展方向与发展策略研究	金缀桥（参与）	上海市哲学社会科学规划一般课题	2021ZJB005
4	上海中心城区文化资源的整合与开发对策研究	金缀桥（参与）	上海市人民政府决策咨询研究	2022-YJ-M03
5	上海文化创意产业集聚与多元生态构建策略研究	金缀桥（参与）	上海市人民政府决策咨询研究	2021-YJ-M01

三、学生培养

（一）相关课程

研究所的科研人员承担了华东理工大学商学院应用经济学本科生、硕士研究生、博士研究生的"宏观经济学""微观经济学""国际经济学""国际投资""世界经济概论""国别贸易政策"等课程；同时也承担了MBA和金融专硕和会计专硕，以及全校的辅修经济学专业的学生的相关课程。

（二）研究生培养

2022年上半年，欧洲研究所科研人员培养博士研究生1名、硕士研究生10名。

上海对外经贸大学欧洲经济研究中心

一、机构介绍

上海对外经贸大学欧洲经济研究中心成立于2006年10月，在学校和学院的关心和重视下，经过两代人的艰苦努力，10多年来取得了很大发展。欧洲经济研究中心主要关注欧洲一体化、欧盟成员国经济、中国—欧盟经济合作等方向，为中欧经济与贸易合作提供理论和实证支持。欧洲经济研究中心不仅关注与欧盟有关的领域，还尝试将从欧盟研究中获得的认识应用于其他经济研究领域。例如将对欧盟内部统一大市场的研究所得，用于观察世界范围内的移民活动所造成的具体经济问题。

欧洲经济研究中心还致力于与国内外同行开展多渠道的交流，以期为中国的欧洲研究贡献自己的力量。迄今为止，中心主持召开全国性的学术会议多场，研究人员获得了多项国家级课题，教育部、外交部和农业部课题，多次在国际顶级会议上宣讲与交流，有多篇文章见诸国内外权威期刊。

二、代表性研究成果和课题

（一）专著

1. 高运胜：《垂直分工体系下的中欧贸易关系研究》，上海人民出版社 2022 年版。
2. 尚宇红、张琳、廖佳等：《中东欧国家经贸专题研究》，经济科学出版社 2022 年版。
3. 张永安、杨逢珉：《欧盟对华政策及中欧关系：经贸层面的观察》，时事出版社 2012 年版。
4. 杨逢珉、张永安：《经济全球化背景下的南北关系》，上海人民出版社 2011 年版。
5. 廖佳：《中国与"21世纪海上丝绸之路"沿线 16 国货物贸易关系研究》，中国经济出版社 2020 年版。
6. 张娟：《"一带一路"国别概览·捷克》，大连海事大学出版社 2019 年版。
7. 张琳、邱强等：《中国与"一带一路"沿线国家双边贸易研究（中东欧卷）》，中国经济出版社 2020 年版。
8. 张琳、陈宏编著：《中东欧十六国投资环境分析——兼论中国企业投资策略》，上海人民出版社 2017 年版。
9. 杨希燕、唐朱昌等：《对接与合作：丝绸之路经济带与欧亚经济联盟》，中国经济出版社 2020 年版。

（二）课题

序号	课题名	主持人	课题类型	课题编号
1	世纪之交欧盟第五次扩大的经济学分析及中欧关系研究	张永安	国家社会科学基金项目	—
2	欧盟对华政策调整及中欧关系研究	张永安	国家社会科学基金项目	—
3	私营企业应对欧盟贸易壁垒的研究	张永安	教育部项目	—
4	垂直专业化分工体系下中欧贸易利益分配与结构调整机制研究	高运胜	国家社会科学基金应用经济学一般项目	—
5	"16+1"园区合作研究	高运胜	外交部招标课题	—
6	匈牙利国别农业发展与政策相关资料提供项目	高运胜	农业部对外招标项目	—
7	中国与中东欧国家农产品进出口检验检疫政策研究	高运胜	农业部对外招标项目	—
8	国际经贸格局变化对大宗商品定价权的影响分析	高运胜	国家社会科学基金重大项目子项目	—

续表

序号	课题名	主持人	课题类型	课题编号
9	"一带一路"背景下中国与中东欧贸易投资便利化问题研究	廖佳	外交部欧洲司中国—中东欧国家关系研究基金项目	—
10	中美贸易摩擦背景下的中东欧国家经贸政策走向	张娟	外交部欧洲司中国—中东欧国家关系研究基金项目	—
11	中欧发展战略对接在中东欧地区的实践与思考	张娟	外交部欧洲司中国—中东欧国家关系研究基金项目	—

（三）论文

1. 张永安、徐利成：《欧债危机对中国对欧出口的影响与路径分析》，《欧洲研究》2014年第1期。

2. 张永安等：《"一带一路"框架下中国—中东欧合作的希望与挑战》，《国际商务研究》2016年第4期。中国人民大学复印报刊资料《世界经济导刊》全文转载。

3. 高运胜等：《中国制成品出口欧盟增加值结构分解研究——基于垂直专业化的视角》，《数量经济技术经济研究》2015年第9期。

4. 高运胜等：《中国对欧直接投资：结构性转变与战略性机遇》，《国际经贸探索》2019年第9期。

5. 张永安、徐敏：《欧盟对华反倾销的福利分析》，《欧洲研究》2010年第4期。中国人民大学复印报刊资料《国际贸易研究》全文转载，被《欧洲研究》评为2010年值得关注的5篇文章之一。

6. 张永安、杨逢珉：《中国对欧贸易顺差探析》，《欧洲研究》2009年第3期。中国人民大学复印报刊资料《国际贸易研究》全文转载。

7. 张永安：《南北合作是国际经济合作的基石》，《华东理工大学学报（社会科学版）》2005年第2期。中国人民大学复印报刊资料《世界经济导刊》全文转载。

8. 张娟、张永安：《欧盟技术性贸易措施及我国民营中小型企业联合应对策略》，《国际经济合作》2009年第2期。中国人民大学复印报刊资料《国际贸易研究》全文转载。

9. 张永安："A Cost-Benefit Analysis of the EU's Anti-Dumping Measures," *CHINA ECONOMIST*, 2011(2).

10. 尚宇红等："Trade Reorientation and Restructuring towards Fast-growing Emerging Economies: Crisis Response of the EU Member States," *Outlines of Global Transformations: Politics, Economics, Law*, 2020, Vol. 13, No.4.

11. 杨希燕："Overcoming Informal Barriers to Trade: Immigrant Educational Attainment vs. Network Competence," *International Business Review*, 2022, Vol. 31, No. 1.

12. 杨希燕："From Human Capital Externality to Entrepreneurial Aspiration: Revisiting the Migration-Trade Linkage," *Journal of World Business*, 2017, Vol. 52, No. 3.

13. 廖佳等："Macroeconomic Uncertainty and Export: evidence from Cross-country Data," *Economic Research*, 2021.

14. 张娟等：" Effects of Trade Facilitation Measures on Trade Between China and Countries Along the Belt and Road Initiative," in Zhang, W., Alon, I., Lattemann, C., eds., *China's Belt and Road Initiative: Changing the Rules of Globalization*, Palgrave Macmillan, 2018, pp.227-241.

15. 张琳等："The Impact of Political Relations on China's Outward Direct Investment," *Entrepreneurial Business and Economics Review*, 2018, Vol. 6, No 4.

16. 张琳等："How Do Cultural and Institutional Distance Affect China's OFDI towards the OBOR Countries?", *Baltic Journal of European Studies*, 2017, Vol. 7, No 1.

（四）在研课题

序号	课题名	主持人	课题类型	课题编号
1	构建面向全球的高标准自由贸易区网络研究	高运胜	国家社会科学基金重大项目子课题	—
2	全球价值链重构背景下RCEP对中国贸易结构转型升级的影响及对策研究	廖佳	国家社会科学基金一般项目	—
3	中国特色自由贸易区网络体系建设的历史坐标与现实方位	廖佳	国家社会科学基金重大项目子项目	—

（五）国际会议

1. 杨希燕参加国际商务学会中东欧分会2022年会，发言题目为"Bilateral Investment Treaties and GVC-related Trade in EU: Does the BITs between EU member states and China Disintegrate the EU integration？"

2. 张娟参加2021年"第七届中国—中东欧国家高级别智库研讨会"，发言题目为"Impacts of Financial Development on Margins of Chinese Outward FDI in CEECs"。

3. 张娟参加2018年第四次中国—塞尔维亚圆桌会议——"'一带一路'下的中国和巴尔干国家合作研究"，发言题目为"Competition and Cooperation between China and EU's Investment in Balkan Countries"。

上海国际问题研究院欧洲研究中心

一、机构介绍

上海国际问题研究院成立于1960年，是隶属于上海市人民政府的高级研究机构和知名智库，多年来，一直被国内外权威机构评为中国最重要的国际问题和中国外交智库之一。研究院的主要任务是，以服务党和政府决策为宗旨，以政策咨询为方向，通过对当代国际政治、经济、外交、安全的全方位研究，为党和政府决策提供有力的智力支持。欧洲研究中心是该院下设的6个研究所和6个研究中心之一。上海国际问题研究院编辑出版中文双月刊《国际展望》（CSSCI）和英文季刊 *China Quarterly of International Strategic Studies*。

欧洲研究中心长期聚焦于欧洲联盟及其主要成员国德国、法国、英国的政治、经济、外交、安全问题以及中欧关系、美欧关系、中国—中东欧国家合作和北约的研究。近年来，中心的研究领域主要聚焦于欧洲供应链问题、产业政策和创新经济、欧洲能源问题、欧洲卫生治理、台港澳问题中的涉欧因素、中美欧俄四边关系、中国—中东欧国家合作等。欧洲研究中心现有成员 10 人左右，中心主任为张迎红研究员；副主任为龙静博士。

地址：上海市徐汇区虹梅街道田林路 195 弄 15 号 邮编：200233

电话：+8621-54614900

传真：+8621-64850100

网址：http://www.siis.org.cn

微信公众号名称：上海国际问题研究院

二、代表性研究成果和课题

（一）著作

张迎红：《欧盟共同安全与防务政策研究》，时事出版社 2011 年版。

杨洁勉主编、龙静副主编：《"一带一路"与中东欧》，上海外语教育出版社 2019 年版。

Yang Jiemian and Zarko Obradovic，eds．，"The Belt and Road" and Central and Eastern Europe，Shanghai Foreign Language Education Press，2019.

（二）已结项课题

序号	课题名	主持人	课题类型	课题编号
1	欧盟的东向战略与中国"一带一路"倡议的结构性对比研究	张迎红	2016 年度国家社会科学基金一般项目	16BGJ065
2	中国—中东欧国家创新经济合作研究	张迎红	2014 年度中国—中东欧国家合作秘书处办公室中外联合研究课题	LHKT201405
3	中欧关系中次区域合作研究	龙静	2016 年度外交部中欧关系研究指南针课题	—
4	中国"一带一路"倡议、"16+1 合作"与多瑙河战略的对接研究	龙静	2017 年度中国与中东欧国家合作秘书处办公室课题	—
5	大国博弈对中东欧国家对华政策及中国—中东欧国家合作走势的影响	龙静	2020 年度中国与中东欧国家合作秘书处办公室课题	—
6	中欧"多边主义"的交锋与交汇	龙静	2022 年度外交部中欧关系研究指南针课题	—

三、学生培养

上海国际问题研究院每年招收硕士研究生 30 名左右，欧洲研究方向现有硕士生导师 1 名，每年最多可招 2 名欧洲研究方向的硕士研究生。

上海外国语大学欧盟研究中心

一、机构介绍

(一) 机构概况

上海外国语大学欧盟研究中心（以下简称"上外欧盟研究中心"）是教育部设立的区域和国别研究培育基地，成立于2012年7月。中心按照上海外国语大学确立的"建设区域国别与全球知识领域的特色鲜明的世界一流外国语大学"的学校定位，依托学校的法语、德语、西班牙语、葡萄牙语、意大利语、希腊语、荷兰语、瑞典语、匈牙利语、捷克语、波兰语、塞尔维亚语、乌克兰语等欧洲语种的外语专业组成的外国语言文学学科，联合上外的政治学、经济学、管理学、新闻传播学、法学等社会科学专业的学科体系，逐渐发展成为关于欧盟及其成员国研究的实体性学术高地和研究平台，致力于对欧盟及其成员国的政治、经济、外交、战略、社会与文化等各方面，开展多学科合作、多语种协同的社会科学深度研究。此外，上外欧盟研究中心与国内的中国人民大学欧洲问题研究中心、四川大学欧洲问题研究中心、复旦大学欧洲问题研究中心等国内高等院校的兄弟单位保持了良好的合作关系，同时也与荷兰格罗宁根大学、比利时欧洲学院和德国哥廷根应用科学大学等国外知名院校保持学术交流和研究合作关系。中心将自身定位为国内欧盟与欧洲研究机构的重要成员之一，努力与国内兄弟机构保持友好协作关系，与国外知名高校和智库保持定期的交流，力求在合作中取长补短，谋求共同发展。

上外欧盟研究中心始终坚持"不忘初心"做好国别区域研究工作，取得的成果也得到教育部的充分肯定，每一年度都得到教育部在经费上的大力支持。截至2022年上半年，获得"教育部国别和区域研究建设经费"共计205万元、"教育部国别和区域研究指向性课题经费"40万元、"中欧高级别人文交流机制专项经费"60万元、学校配套划拨欧盟研究中心"基地建设经费"与"国际会议经费"33万元。

(二) 成员结构

中心长期以来重点关注欧盟及其成员国的内部利益代表机制、对外经济与外交决策过程和社会文化发展态势等领域，聚焦于具有鲜明时代特征和学术前沿特性的选题，重点建设了以下研究室。(1) 欧盟各成员国国情研究室（领衔人：曹德明、戴启秀）；(2) 欧洲智库与利益集团研究室（领衔人：忻华）；(3) 欧盟与全球治理研究室（领衔人：刘宏松）；(4) 欧盟与地中海国家关系研究室（领衔人：钮松）；(5) 美欧跨大西洋关系研究室（领衔人：忻华）。同时，中心已经吸纳和整合了上外法语系、德语系、西方语系、英语学院等外语专业院系和国际关系与公共事务学院、国际金融与贸易学院等非语言专业院系的教师学者，形成了20多人的专职与兼职相结合的稳定的科研团队，具备了跨语言和跨学科的理论与实证相结合的深度研究能力。今后中心将围绕上述研究方向，积极整合校内外和国内外的学术资源，拓展和优化研究团队，努力与欧洲和北美的高端智库与知名大学里的欧洲研究机构建立长期合作关系，从而对欧洲开展长期跟踪观察和实地调研，逐步推进研究工作。

(三) 智库服务功能

中心致力于发挥高校的国际问题研究智库的咨政服务与社会服务功能，为国家建设的重大战略贡献自身力量，为政府部门针对重大问题的决策提供及时而准确的咨政服务，并在国家对欧洲开展的"2轨"或"1.5轨"的公共外交与民间外交活动中发挥积极作用。同时中心也为开展对欧经济文化往来的企事业单位和媒体提供具有启发性和教育性的智力与信息支持，帮助中资企业对欧洲推进"走出去"战略，帮助媒体面向欧洲发出中国声音，讲好中国故事。

中心自建立以来已向各级政府部门提交了 100 余篇决策咨询报告，其中 2014 年至今共提交了 120 余篇决策咨询报告。在这 120 余篇报告中，有 56 篇被中共中央办公厅、教育部、上海市人民政府等中央和地方有关部门采用，其中有 4 篇被中共中央办公厅单篇采纳。同时中心还完成了外交部、商务部、上海市委组织部等中央与地方政府部门的委托课题，提供了咨询与讲座服务。另外，中心自成立以来，已为上汽集团、上海国际问题研究院、上海欧洲学会等企事业单位举办了十余场讲座，在《中国社会科学报》、《环球时报》（中文版和英文版）、《世界知识》、《文汇报》、《新民晚报》和《东方早报》等报刊上发表了近百篇评论文章，中心学者在上海观察网、澎湃新闻网、东方卫视、上海电视台、深圳卫视、澳亚卫视等媒体上常年担任专栏作者、节目嘉宾或接受采访。

此外，中心自成立以来，在条件允许的情况下每年都会派出学者或组织团队奔赴欧洲，开展实地调研，参加国际会议，举办针对欧洲学术界和社会各界的讲座，与欧盟层面和欧洲主要国家的知名智库与大学建立了合作与交流的关系，成为中国对欧公共外交与民间外交中不可或缺的成员。未来，中心将精心组织校内各学科和各语种的教师学者，形成老中青结合的研究梯队，并积极联络相关学科的国内专家，努力拓展与国际知名大学和智库的联系并促使其制度化，从而使现有的学术委员会和研究团队不断优化。在此基础上，中心将更加充分地发挥智库的决策咨询与社会服务的功能，更加精准和高效地服务于国家重大战略和政府决策需求。

二、代表性研究成果和在研课题

2022 年 11 月 29 日，由上外欧盟研究中心和上海欧洲学会联合组织撰写的《欧美跨大西洋关系走向》年度智库报告正式发布。该智库报告总计 8 万 5 千多字，包含一篇序言和 9 篇专题研究报告，分别从政策领域、欧洲主要大国和欧洲次区域三个层面对过去一年里美欧关系的演变态势进行了详细观察，对其突出特征展开了深度分析，特别是结合当前中美欧战略竞争大三角和国际地缘政治斗争的宏观背景，剖析了当前的美欧之间在经济与科技、政治与外交、军事与安全等领域的联动、协调与合作等不同类型的关系，评估了上述关系对中欧和中美关系的影响。

（一）代表性研究成果

1. 忻华：《欧洲智库对欧盟中东政策的影响机制研究》，社会科学文献出版社 2017 年版。
2. 曹德明等：《欧盟及其成员国移民与难民问题研究》，上海外语教育出版社 2019 年版。

（二）在研课题

序号	课题名	主持人	课题类型	课题编号
1	欧盟国家技术安全管理政策新特征对我国影响及政策建议研究	忻华	教育部区域国别研究委托课题	—
2	大国地缘战略竞争推动下的美欧对外经济战模式比较研究	忻华	教育部区域国别研究竞争性课题	—

三、学生培养

中心2022年在英语专业的区域国别研究方向和外交学专业的欧洲研究方向各有1名硕士研究生毕业。

同济大学德国研究中心

一、机构介绍

（一）机构概况

同济大学德国研究中心是学校直属实体性研究机构。2012年成立之初，中心即被列为教育部国别和区域研究培育基地；2019年，中心经遴选列入"上海高校智库"。此外，中心先后于2016年12月入选中国首个智库垂直搜索引擎和数据管理平台——"中国智库索引（CTTI）"、2017年11月入选"中国智库综合评价核心智库榜单"、2018年12月入选"中国智库索引（CTTI）2018年度高校智库百强榜"。

中心研究团队包括专职人员、校外（包括国外）兼职人员和项目委托制柔性聘任人员等。目前研究团队由70余名专、兼职研究人员组成，其中校内人员60名，校外兼职研究人员12名。专业结构合理，研究经验丰富，人才梯队分明。

中心自成立以来，积极探索体制机制创新，服务国家外交战略、外交大局和中德人文交流，开展前瞻性、储备性应用对策研究，在决策咨询与社会服务、实体建设、人才培养、国际合作方面取得一系列积极成果。

地址：上海市杨浦区四平路1239号同济大学中德大楼9层　邮编：200092

电话：+8621-65981310

电子邮箱：gso@tongji.edu.cn

网址：https://german-studies-online.tongji.edu.cn/main.htm

（二）现任主要领导

主任：郑春荣

教授，同济大学外国语学院党委书记、同济大学政治与国际关系学院副院长、同济大学德国问题研究所/欧洲联盟研究所所长，博士生导师；中国欧洲学会副秘书长、上海欧洲学会副会长、上海国际关系学会常务理事、上海欧美同学会理事；《德国研究》杂志主编。从事德国与欧洲问题研究，研究重点为德国政治制度、德国外交与安全政策、欧洲一体化、中德与中欧关系以及中美欧三边关系等。

副主任：伍慧萍

教授，同济大学外国语学院德语系主任；中国欧洲学会理事、中国欧洲学会欧洲政治研究分会理事、上海欧洲学会理事；《德国研究》杂志副主编。从事德国及欧盟研究，研究重点为德国与欧洲政党、选举、移民、教育，中德中欧关系，欧盟治理等。

（三）研究方向

同济大学德国研究中心确立了"一体两翼"的发展格局，即以国家安全研究（中德及中欧关系、相关国际问题研究）为主体，以中外人文交流研究（中德、中欧人文交流为重点）以及国外治国理政经验教训研究（科技创新、区域与城市治理）为两翼。在"一体两翼"框架下，发挥咨政、启民、育人和民间外交功能，形成专业化、有特色的成果。主要研究方向如下。

中德、中欧政治与经济关系研究。跟踪研究德国及欧盟其他主要大国（法、英、意）的内政外交走向以及欧盟发展动向，尤其是欧盟及其成员国的对华政策变化，包括欧盟及其成员国与美国以及中国周边国家的关系、欧盟及其成员国在全球治理问题上的立场及其可能给我国带来的影响等。

中欧"一带一路"合作研究。跟踪研究欧盟及其成员国对"一带一路"倡议、"中国—中东欧国家合作"机制的舆情变化，分析中欧在欧亚互联互通以及第三方市场合作上的重点与难点。

欧洲区域与城市治理研究。借鉴欧洲、欧盟及其成员国的区域治理和城市治理经验教训，服务我国长三角一体化发展以及上海的卓越城市建设管理。

欧洲国家科技创新研究。借鉴德国、北欧国家等在科技创新领域的战略和先进做法，关注欧洲国家在数字化、人工智能、自主驾驶等领域的最新政策动向，包括研究与科技创新密切相关的政策领域，如教育政策、产业政策等。

中德、中欧人文交流研究。跟踪德国及欧盟其他国家的涉华舆情，并为中德、中欧高级别人文交流对话机制建言献策。

（四）主要出版物

1. 《德国研究》（双月刊）

《德国研究》（双月刊）创刊于1986年，原名《联邦德国研究》，1994更名为《德国研究》。

创刊以来，随着中国对德研究水平的不断提高，《德国研究》的办刊宗旨已由创刊初期的"了解德国，介绍德国，促进中德两国之间的友谊，为我国改革开放服务"，转为"以学术理论为主，兼顾应用及动态研究；以德国研究为中心，同时关注欧盟；以政治、经济、外交为重点，拓展法律、社会、文化研究。通过对德国及对欧盟的研究，促进中外学界之间的相互沟通与合作，提高我国对德研究的学术水平，力争使杂志成为本领域国内外知名的学术期刊"。作为国别研究期刊，《德国研究》致力于德国及与之相关的欧盟研究领域里的探索，不断呈现这一领域里的最新成果，在国际问题研究学界，尤其是对德研究学界享有良好的声誉，获得决策高层、专家学者及业界人士的广泛赞誉。杂志还受到德国政府及外事部门、高校的重视，被德国国家图书馆等知名学术、文献信息机构的图书馆列为馆藏杂志，入选CSSCI"中文社会科学引文索引（2019—2020）来源期刊"。

电话：+8621-65983997

E-Mail：dgyj1234@tongji.edu.cn

网址：https://dgyj.tongji.edu.cn/

国际连续出版物号：ISSN 1005-4871

国内统一连续出版物号：CN31-2032/C

2. 《德国蓝皮书：德国发展报告》

一年一度的《德国蓝皮书：德国发展报告》对德国的政治、经济、社会文化、外交等方面形势进行跟踪介绍与分析，为了解和研究德国提供最新信息、动态、发展趋势以及相关学者的观点。自 2012 年首部《德国蓝皮书：德国发展报告》面世以来，迄今已连续发布 10 部，并于 2020 年、2021 年荣获全国皮书年会"优秀皮书奖"一等奖，学术、社会影响力不断提升，已逐渐成为中国德国研究领域的标杆性成果。

3.《德国快讯》

《德国快讯》是由同济大学德国问题研究所/欧洲联盟研究所编译出版的参考资料，原名《联邦德国信息》，创办于 1987 年。数年间，《联邦德国信息》不定期印行，1994 年起，改名《德国快讯》，并逐渐定为半月刊，以摘译外刊、外报及互联网信息为主要内容。2008 年起，刊物改为网络版发刊，以信息量大、信息发布快为特色，快速、详尽地反映德国政治、经济、社会动态，获得相关各方的高度评价。

二、代表性研究成果和在研课题

（一）著作

1."同济大学欧洲与德国研究丛书"

"同济大学欧洲与德国研究丛书"力图整合同济大学德国研究和欧洲研究方面的成果，由郑春荣教授任总主编，该系列已出版《西欧激进右翼政党与欧洲一体化的政治化》（玄理著）、《极右翼阴影下的欧洲左翼政党》（杨云珍著）、《德国的亚洲政策研究（2013—2019 年）》（陈弢著）、《德国默克尔政府外交政策研究（2013—2019）：从克制迈向积极有为》（郑春荣著）共 4 部图书。中心计划设立新的专题研究系列出版物，如"中德关系系列""中欧关系系列""欧洲国家科技创新研究系列""欧洲区域与城市治理研究系列"，在现有基础上不断推出新的拳头产品。

丛书网页为 https://xianxiao.ssap.com.cn/series/info.html? id＝2717

2. 郑春荣主编：《动荡欧洲背景下的德国及中德关系》，社会科学文献出版社 2022 年版

该书为中国欧洲学会德国研究分会第十六届年会论文集，年会于 2017 年 6 月 30 日至 7 月 1 日在同济大学举行，主题即为"动荡欧洲背景下的德国及中德关系"。近年来，欧洲面临一系列危机的冲击，包括欧债危机、乌克兰危机、难民危机、暴恐危机、英国脱欧危机。这些危机对德国国内政治经济社会的发展、德国在欧盟的角色与地位、德国的外交与安全政策，包括中德关系都产生了深远的影响。该书各篇论文作者为中国欧洲学会德国研究分会会员，从德国内政、外交政策，以及中德关系等几个方面，分析动荡欧洲背景下德国在各个领域和各个层面的表现，以期研判未来德国在欧洲与世界上的定位。

（二）论文

1. 郑春荣：《欧盟逆全球化思潮涌动的原因与表现》，《国际展望》2017 年第 1 期。

2. 伍慧萍：《难民危机背景下的欧洲避难体系：政策框架、现实困境与发展前景》，《德国研究》2015 年第 4 期。

3. 郑春荣、望路：《德国制造业转型升级的经验与启示》，《人民论坛·学术前沿》2015 年第 11 期。

4. 伍慧萍：《欧洲难民危机中的德国应对与政策调整》，《山东大学学报（哲学社会科学版）》2016 年第 2 期。

5. 郑春荣、周玲玲：《德国在欧洲难民危机中的表现、原因及其影响》，《同济大学学报（社会科学版）》2015年第6期。

6. 胡子南：《欧盟强化对华经贸防御工具的动因、举措、影响及中国应对》，《太平洋学报》2022年第3期。

7. 胡子南、高拴平：《欧盟推出外国财政补贴新监管机制的动向、影响和应对》，《国际贸易》2021年第4期。

8. 郑春荣、范一杨：《重塑欧美安全关系？——对欧盟"永久结构性合作"机制的解析》，《欧洲研究》2018年第6期。

9. 朱苗苗：《德国可再生能源发展的经验与启示》，《经济纵横》2015年第5期。

10. 伍慧萍：《欧洲战略自主构想的缘起、内涵与实施路径》，《德国研究》2021年第3期。

11. 胡子南：《俄乌冲突对全球经济的影响及中国的策略》，《亚太经济》2022年第4期。

12. 伍慧萍：《德国职业教育的数字化转型：战略规划、项目布局与效果评估》，《外国教育研究》2021年第4期。

（三）在研课题

序号	课题名	主持人	课题类型	课题编号
1	新形势下进一步完善国家科技治理体系研究	陈强	国家社会科学基金重大项目	—
2	主要发达国家金融支持科技创新体系研究	石建勋	国家社会科学基金重大项目	—
3	拉康思想发展研究	居飞	国家社会科学基金年度项目	—
4	当代欧洲民粹主义思潮与政党体制的变革及其影响研究	杨云珍	国家社会科学基金年度项目	—
5	欧亚互联互通"瓶颈地带"的机制博弈与中国应对研究	宋黎磊	国家社会科学基金年度项目	—
6	大数据视域下德国主流媒体涉华报道的批评话语研究	李莎莎	国家社会科学基金年度项目	—
7	德国形象与中国精神研究	叶隽	国家社会科学基金后期资助项目	—
8	《中国政治认识论》	邓白桦	国家社会科学基金"中华学术外译"项目	—
9	《中国改革开放》	郭婧	国家社会科学基金"中华学术外译"项目	—
10	《中国古代机械文明史》	钱玲燕	国家社会科学基金"中华学术外译"项目	—
11	《中西文化交流史》	吕蕊	国家社会科学基金"中华学术外译"项目	—

续表

序号	课题名	主持人	课题类型	课题编号
12	《当代中国的阶层结构分析》	俞宙明	国家社会科学基金"中华学术外译"项目	—
13	《浮出历史地表：现代妇女文学研究》	孙琦	国家社会科学基金"中华学术外译"项目	—
14	《宋代东亚秩序与海上丝路研究》	王丽云	国家社会科学基金"中华学术外译"项目	—
15	《丝路文明十五讲》	董菁	国家社会科学基金"中华学术外译"项目	—
16	《政府管制经济学导论》	陈琳	国家社会科学基金"中华学术外译"项目	—
17	《新时代中国特色社会主义政治经济学》	李博英	国家社会科学基金"中华学术外译"项目	—
18	《中国哲学创新方法论研究》	陈宇	国家社会科学基金"中华学术外译"项目	—

三、学生培养

中心目前已形成多层次、多学科并进的国别与区域研究人才培养体系，具体包括：开设全校通识类选修课"德国概况"以及面向德语国家留学生的"中国能力系列课程"；招收、培养外国语言学及应用语言学专业德国问题研究方向硕士研究生（科学硕士）与"德汉翻译"MTI硕士研究生（专业硕士）；招收、培养外国语言学及应用语言学专业德国研究与德国文化学方向博士研究生。

中心所依托的实体机构同济大学德国问题研究所现有博士生指导教师1人、硕士生指导教师6人。2012年以来，累计培养博士研究生5人、硕士研究生32人。2022年，博士研究生毕业1人、硕士研究生毕业4人。

四川大学欧洲问题研究中心

一、机构介绍

四川大学欧洲问题研究起步于20世纪60年代，当时的四川大学经济系部分教师开始从事欧洲共同体研究，并开始招收欧共体经济研究方向的研究生，1978年改革开放之后逐步形成了老中青结合的学术梯队。1984年7月，根据有关国际合作项目和教育部的相关指示，四川大学成立了欧共体文献研究中心，收藏有欧共体官方定期出版物100余种、1万余册，研究的重点为欧共体经济。文献中心定期从欧盟获得资料，向相关的师生、当地企业和组织开放。1992年12月，为进一步加强和扩展欧洲问题研究，学校成立了校级欧洲经济文化研究中心。自此，在四川大学范围内，启动了欧洲问题的跨学科研究。

1996年5月，中国政府和欧盟签署了中国—欧盟高等教育合作项目（ECHECP）协议，经教育部批示，四川大学欧洲问题研究中心由此在前两个中心，即四川大学欧洲文献中心和四川大学欧洲经济文化研究中心的基础上正式成立，成为国家第一批批准成立的六大欧洲问题研究机构之一（中国人民大学欧洲问题研究中心、复旦大学欧洲问题研究中心、四川大学欧洲问题研究中心、南开大学欧洲问题研究中心、武汉大学欧洲问题研究中心，以及中国社会科学院欧洲研究所）。成立伊始，四川大学欧洲问题研究中心就一直在学校文科主管副校长的领导下，直接由学校社科处、国际处归口管理。中心自建立以来，就突出了多领域、跨学科研究的特色。中心的研究人员来自四川大学经济、历史、文化、文学、外语和宗教等多学科。

20多年来，四川大学欧洲问题研究中心一直坚持自身建设的长远目标：将中心建成我国西部地区欧洲问题研究的多领域跨学科教学、科研与社会服务的重要平台和基地。中心主要任务是组织、协调各学科中与欧洲问题研究相关的科学研究、硕博士学生培养，开展与欧洲相关学术机构和学者的研究合作与学术交流，同时也帮助协调学校和其他学科对外联络与对外合作。根据学校学科建设和教学、科研规划，不定期地在校内外开展与欧洲研究相关的学术活动。

四川大学欧洲问题研究中心设有正、副主任，学术委员会主席等学术职位。中心研究员主要来自全校文科各个学院，分布在多地多校的中心兼职研究员是曾经在四川大学学习、工作过的青年教师、博士研究生等。目前，中心已有30余位专、兼职研究人员，分别来自四川大学外国语学院、经济学院、文学与新闻学院、国际关系学院、宗教所、国际处等单位，同时还有来自中国社会科学院欧洲研究所、成都理工大学、西南民族大学、西南交通大学、山东工商大学等单位的兼职研究员。中心积极组织并协调成都地区的欧洲问题相关研究活动，其研究领域包括历史、文化、经济、社会宗教、国际关系等。根据研究人员的研究方向与人才结构，中心的学术研究重点主要围绕欧洲一体化的历史与政治及文化政策、欧盟文化战略、欧盟区域政策、欧盟经济金融、欧盟环境政策、欧盟高等教育、欧盟社会发展以及欧洲宗教治理等方向，欧盟与中国的多元文化以及跨文化比较研究、中欧关系及欧盟成员国的热点问题研究等。

中心20余年来在成都以及西南地区主持开展了多项中欧学术交流活动，中欧学术研讨会、欧洲研究专题讲座、跨地区跨学科研究生论坛、中欧问题调研、中欧青年对话会等促进中欧交流合作的活动，特别是加强青年间对话交流的活动。在有关欧洲问题研究的课题申报中，中心也积极发挥自身的多学科优势，并促进各学院在博士研究生、硕士研究生和本科生层面上对欧洲问题研究的拓展。除了原有的各学院在自己的专业中继续开设欧洲方向的课程外，还在不断增设新的学科专业点。目前，经济学院、外国语学院等都增设了欧洲问题的硕士、博士研究方向，跨学科招收欧洲研究/欧盟研究方向的研究生，涉及欧洲文化、欧洲/欧盟经济、政治、历史、社会研究等。中、英文主干课程有"欧洲思想史""欧洲文化与欧洲一体化""欧洲一体化进程中的区域政策""欧洲一体化进程：文化视角""欧洲文化认同与欧洲一体化""欧洲经济一体化""欧洲经济与货币联盟""欧盟宗教治理""欧盟环境治理与环境政策"等。近5年来，已经培养了欧洲研究相关方向的硕士、博士研究生100余名，他们中的大多数都在全国各地高校和研究机构工作，不少人仍继续从事着与欧洲研究有关的教学与科研。

2012年年底，中心向教育部提交了在全国高校增设"区域问题研究基地"的申请，成功成为教育部区域研究第一批"欧盟研究"基地单位。由教育部批准成立的四川大学欧盟研究中心目前与四川大学欧洲问题研究中心是一套班子、两块牌子。

中心专属网站地址为 https://esc.scu.edu.cn/。

中心20余年来已经完成了多项国家社会科学基金项目（重点、一般、西部）、教育部人文社会科学重点研究基地重大项目、教育部人文社会科学项目、教育部国际司项目等多项欧洲研究课题。自2008年起，连续获得十余项欧盟"让·莫内欧洲一体化研究"项目，并从2011年起，连续三届获得欧盟全球"让·莫内最佳欧洲研究中心"称号，同时拥有4位欧盟让·莫内讲席教授。2007—2018年，中心配合四川大学国际处，先后与欧洲、亚洲近30所大学合作，圆满完成十余项欧盟"伊拉斯谟世界行动"项目，在欧亚两地，成功完成数千名亚欧各校师生的互访学习交流。

四川大学欧洲问题研究中心同欧洲各地的大学和研究机构建立了广泛的学术联系，20余年来与欧洲各地多所大学以及智库保持学术交往以及科研合作，成功举办多项高层次国际学术研究与交流活动，在学术研讨、课题合作、论文发表、联合培养研究生等方面都开展了积极有效的合作，取得了丰硕成果。

中心作为"中欧高级别人文对话机制"的成果之一，中欧高校联合成立的"布鲁塞尔中国与欧洲问题研究院"（BACES）的创始成员之一，与布鲁塞尔自由大学（荷语）、中国人民大学欧洲问题研究中心、复旦大学欧洲问题研究中心共同合作，于2014年3月31日在布鲁塞尔正式签署成立了BACES，并扩大到欧洲多所大学（比利时根特大学、英国兰卡斯特大学、保加利亚索菲亚大学、澳大利亚迪肯大学等）。

自2009年起，中心首先在四川大学开始定期举办"欧洲日"（Europe Day）或"欧盟日"（EU Day）学术活动，此项活动一直延续至今，每年5月9日前后，分别在四川、贵州、云南、陕西等地大学开展"欧洲日"活动。

自2012年10月1日起，中心率先在布鲁塞尔自由大学、比利时根特大学开展了在欧洲的"中国日"（China Day）学术活动。

自2013年6月底召开第一届"成都中欧圆桌会"起，中心基本坚持每年初夏召开"成都中欧圆桌会"，针对当年的热点、重点问题，开展中欧学者间的对话交流。

这几个品牌活动，伴随四川大学欧洲问题研究中心的发展，对内对外积极沟通交流对话，在深入落实"国之交在于民相亲"上，发挥了积极作用。

二、代表性研究成果和在研课题

（一）政策咨询报告

2022年，中心合计提交教育部国际司等相关单位政策咨询报告6篇，涉及对欧工作、中欧环保问题、法国大选、西欧政党、俄乌冲突、欧盟绿色新政等多方面问题。

（二）国家、省部级科研课题

1.2022年度中心研究员主持执行国家社会科学基金项目合计5项。

序号	课题名称	主持人	课题类型	课题编号
1	"一带一路"倡议在欧盟遭遇的挑战与对策研究	石坚	国家社会科学基金重点项目	18AGJ008

续表

序号	课题名称	主持人	课题类型	课题编号
2	土耳其模式的困境研究	严天钦	国家社会科学基金项目	19BGJ065
3	作为语际书写和文化建构的二十世纪中国文学自译研究	段峰	国家社会科学基金项目	18BZW127
4	基于准自然实验的社会组织综合性扶贫效应及可持续性研究	路征	国家社会科学基金项目	21BJL097
5	川主信仰的文本、仪式及口述史研究	张崇富	国家社会科学基金项目	18BZJ046

2. 2022 年度中心研究员主持执行省部级课题合计 4 项。

3. 2022 年度中心研究员主持欧盟让·莫内课题合计 4 项。

（三）论文

1. 石坚、张璐：《角色理论视角下"欧洲的德国"及对中欧关系的影响》，《社会科学研究》2022 年第 3 期。

2. 邓翔、贾文博：《汇率、不确定性与贸易增长》，《国际经贸探索》2022 年第 1 期。

3. 齐英瑛、邓翔、任崇强：《贸易开放、环境规制与城市绿色发展效率——来自中国 2010—2018 年 282 个城市的证据》，《经济问题探索》2022 年第 5 期。

4. 刘健西、邓翔：《"一带一路"东南亚沿线国家投资的劳工风险研究》，《四川大学学报（哲学社会科学版）》2022 年第 1 期。

5. 邓翔、袁满、李凤鸣：《西部大开发战略对产业结构调整的影响研究》，《财贸研究》2022 年第 4 期。

6. 黄志、程翔、邓翔：《数字经济如何影响我国消费型经济增长水平》，《山西财经大学学报》2022 年第 4 期。

7. 张瑜、易丹：《英美主流媒体"一带一路"倡议报道的隐喻比较分析》，《外语电化教学》2022 年第 4 期。

8. 路征、穆子丹、杨清萍：《地域资本研究进展》，《西部论坛》2022 年第 1 期。

9. 范继增：《迈向保障基本权利和确定性并存的权衡法则：阿列克西权重公式的解构与重建》，《东南法学》2022 年第 1 期。

10. 范继增等：《通向改革之路的〈欧洲人权公约〉克减制度》，《民间法》2022 年第 1 期。

11. 陈铭：《如何将中国文化融入大学英语教学》，《校园英语》2022 年第 5 期。

12. 万春林、张卫：《炫耀性消费影响家庭生育决策吗》，《中国经济问题》2022 年第 2 期。

13. 张齐美晨等：《新时代背景下来华留学生国情教育模式探析》，《新教育时代电子杂志（教师版）》2022 年第 13 期。

14. 王磊、申向洋：《冲突与妥协：传统文化与英属印度牛痘疫苗的推广》，《世界历史》2022 年第 3 期。

15. 张崇富：《施舟人的道教研究：法国汉学传统、方法论与文化叙事模式》，《世界宗教研究》2022 年第 10 期。

三、学生培养

（一）研究生培养

1. 中心研究员指导的 2022 年毕业的硕士学位获得者合计 22 名（含经济、翻译、文化文学、宗教等方向）。
2. 中心研究员指导的博士学位获得者合计 8 名（含经济、翻译、文化文学、宗教等方向）。
3. 中心主持的国家留学基金委"中欧创新人才项目"（与布鲁塞尔自由大学 VUB 合作）。2022 年度合计有 3 名奖学金获得者（含博士学位生、联培博士生、访问学者①各 1 名）。

（二）相关课程

中心合计在全校开设欧洲研究相关课程十余门，具体如下。

全校选修课："走进欧盟""欧盟经济社会政策""欧盟历史与现状"等。相关学院专业课、选修课："欧洲文化史""欧洲思想史""欧洲一体化与欧盟特殊区域政策""欧盟环境政策导论""西方传媒理论研究""欧盟专题研讨""欧洲文化入门"等。

南开大学欧洲问题研究中心

南开大学欧洲问题研究中心是立足于百年名校南开大学丰厚的人文社会科学学科积淀和学术基础，主要依托经济学院、周恩来政府管理学院、历史学院、法学院、外国语学院等单位及经济学、政治学、世界史、社会学等国家重点学科而建立的开放性跨学科综合研究中心。

南开大学历来重视欧洲研究，其对欧洲问题的系统研究始于 20 世纪 70 年代初。1975 年，南开大学接受农业部专项任务，开始对欧共体共同农业政策进行系统研究。此后，南开大学还参与了中国欧洲共同体研究会的创建工作，并成为该研究会的创始成员和常务理事单位。1985 年，南开大学建立欧洲共同体资料中心，每年定期接收大量欧共体寄送的公报、统计资料、文件、法律、有关政策文件等资料，这些一手材料为当时的学者提供了宝贵的资料，大大促进了相关研究的进展。1996 年应"中国—欧盟高等教育合作项目"的要求，教育部在全国选取了包括南开大学在内的 6 所高校和科研单位建立欧洲问题研究中心，南开大学欧洲问题研究中心应运而生。

南开大学欧洲问题研究中心在建设过程中将过去相对分散进行的欧洲经济、历史、政治、法律和社会学研究有机地整合起来，建立了欧洲经济管理研究室、欧洲社会研究室、欧洲政治研究室、欧洲历史研究室、欧洲语言文化研究室和欧洲资料中心，形成了欧洲经济、政治、历史和社会学四大学科融汇互补的综合学科优势。南开大学欧洲问题研究中心立足于自身的学术积淀和研究基础，稳步前行，在人才培养、学科建设、学术研究、咨政服务等方面均取得了可喜的成就。1996—2007 年，通过"中国—欧盟高等教育合作项目"、"中国—欧盟欧洲研究中心项目"和"澳门欧洲研究学会联合培养项目"等，获得总额 680 余万元项目资助，输送近 100 位师生赴欧访问学习。经过 20 余年的融合、建设和完善，南开大学欧洲问题研究中心逐步形成

---

① 中心青年研究员

了自己的研究特色,先后开设了 20 余门欧洲研究系列课程,并招收欧洲经济、欧洲政治、欧洲历史和欧洲社会方向的硕士、博士研究生,培养了一批从事与欧洲问题相关的学术研究、教育教学和实务工作的高层次专门人才,承担了一批颇有理论价值和现实意义的重要研究课题,出版和发表了 400 余篇具有较大社会影响的学术论著,特别是逐渐形成了一支以欧盟让·莫内讲席教授佟家栋等为学术带头人的老中青结合、多学科交叉融合、专兼职结构合理的专业骨干研究队伍。中心先后与欧洲许多著名大学和研究机构建立了良好的学术合作关系,尤其是 2019 年与伯明翰大学建立了高级联合研究院,在本科、硕士、博士和博士后阶段联合招生培养,开展高水平合作研究;组织召开了国际会议和研讨班 40 余次,邀请多位欧盟及其成员国的前领导人参加,特别是 1995 年主持召开的欧盟研究国际会议、2003 年的欧盟研究会会长扩大会,2009 年的中欧工商论坛。中心还邀请法国前总统德斯坦、法国前总理法比尤斯、欧盟委员会前主席普罗迪来访讲学,2019 年举办海峡两岸欧洲研究学术论坛等活动,产生了很大的社会和学术影响,并得到欧盟驻华使团的充分肯定。此外,中心始终坚持以服务国家重大战略需求为宗旨,承担了一大批商务部、教育部、外交部和中联部等部门的政策研究课题,提交了近 50 份欧洲研究调研咨询报告,对国家对欧政策的制定起到了积极的参考作用。

南开大学欧洲问题研究中心在欧洲研究领域始终站在最前沿,以高参与度继续欧洲问题的研究、教学及为社会服务的工作。在宏观层面,致力于服务国家经贸和外交战略的需要,以研究和解决重大理论与现实问题为突破口,聚焦国际热点问题,及时为国家对欧政策的制定提出具有前瞻性、针对性的研究建议。当欧洲发生突发事件时,为相关政策机构提供具有战略性和可操作性的咨询报告。在微观层面,密切结合国家与社会发展过程中的实际问题,以需求为导向,向社会特别是企业提供高效、高质的应用服务性研究。为来华欧洲企业和赴欧的中资企业管理人员提供市场调研和培训服务。20 余年来,南开大学欧洲问题研究中心已成为致力于对欧研究的多层次综合学术平台及国家和地方对欧政策咨询的重要智库基地。

学术动态

【"当代中国与欧盟研究"国家留学基金委国际组织后备人才培养项目说明会】

2022年1月7日,中国人民大学欧洲问题研究中心在明德国际楼402会议室举办了"当代中国与欧盟研究"国家留学基金委国际组织后备人才培养项目说明会。此次说明会面向中国人民大学国际关系学院、外国语学院、经济学院、公共管理学院等相关专业的硕士研究生举行。中心执行主任闫瑾副教授主持说明会,并重点介绍了项目的培养环节、申报程序和评审标准等。中心罗天虹、徐莹、关孔文等参加了会议。

欧洲问题研究中心创立运行的"当代中国与欧盟研究"硕士培养项目受到国家留学基金委"国际组织后备人才培养项目"资助。项目于2019—2021年顺利运行三年,于2022年获得新一期资助。中心基于自身研究特点,先后开设"欧洲一体化理论与实践""欧盟政治与经济""德法与欧洲一体化"课程,并构建先修课程体系,开设"中欧关系研究""欧洲研究前沿问题""欧盟政治制度与对外政策研究"等必修课程,为派出留学的学生打好坚实学术基础。项目联系欧洲议会、欧盟委员会等机构及其下设智库作为学生的国际组织实习单位,为项目派出学生提供至少3个月的实习机会,使其在学习和研究过程中"知行合一",以此创新人才培养模式、支撑政治学学科建设、服务国家国际组织战略需求。

【"德国新政府对华政策走向及其对中欧关系的影响"学术研讨会】

2022年1月8日,由同济大学德国研究中心、上海国际问题研究院和上海欧洲学会主办,《德国研究》编辑部协办的"德国新政府对华政策走向及其对中欧关系的影响"学术研讨会以线上线下相结合的形式举行。德国新一届政府执政背景下中德、中欧关系的走向,是此次会议主要关注的议题。来自中国社会科学院、中国国际问题研究院、现代国际关系研究院、上海国际问题研究院、复旦大学、同济大学、上海外国语大学、北京外国语大学等高校和科研机构的20余名专家学者针对中德、中欧关系的发展前景、德国新政府的科技、能源和教育政策等主题进行了发言和讨论。

【"乌克兰局势走向及影响"学术研讨会】

2022年1月24日,中共中央党校(国家行政学院)国际战略研究院主办"乌克兰局势走向及影响"学术研讨会。会议采用线上线下相结合的形式,邀请来自中国社会科学院、现代国际关系研究院、北京大学、清华大学等科研机构和高校的专家学者以及中共中央党校(国家行政学院)国际战略研究院教研人员、中国石油天然气集团有限公司的研究人员共30余人与会。为加强对国际形势和区域国别的研究,特别是对重点地区和重点国家的研判,营造良好的学术氛围,会议聚焦"乌克兰局势",围绕"乌克兰对俄美欧的政策""俄罗斯、美国、欧洲对乌克兰问题的政策""乌克兰问题对中俄能源合作的影响"等议题展开了深入研讨。此次会议是"大有国际战略论坛"2022年的首场专题研讨会,也是依照《国际战略研究院发展规划(2021—2025)》举办的高水平、小规模、闭门研讨会,有助于提升国际战略研究院服务党和国家建设的整体水平。

【上海欧洲学会领导层(扩大)与党工组会议】

2022年1月26日,上海欧洲学会召开领导层(扩大)与党工组会议。会长徐明棋,副会长杨逢珉、叶江,秘书长杨海峰,副秘书长戴启秀、尚宇红、张迎红,前会长伍贻康、名誉会长戴炳然、监事曹子衡等参加会议。会议听取了上海欧洲学会2021年工作报告,并对2022年的主要工作进行了商议。会议指出应根据章程稳步推进换届工作。会议提出将围绕中英、中德建交50周年，中国—中东欧国家合作机制10周年，法国大选以及欧盟权力重心的变化等主题举办相关学术会议。会议还指出学会应加强对青年学者的培养。

【"中东欧国家与俄乌局势"学术研讨会】

2022年3月10日，中国—中东欧国家智库交流与合作网络举办了"中东欧国家与俄乌局势"学术研讨会。来自北京外国语大学、西安外国语大学、中国社会科学院俄罗斯东欧中亚研究所、华东师范大学、同济大学、中央广播电视总台、广东外语外贸大学、上海日报社等多个机构的专家学者参加会议，并就中东欧国家如何看待俄乌局势、俄乌冲突对中东欧国家的影响等议题进行发言。发言者从本人深耕的对象国出发，从政府、媒体、智库、民众等多个层面对俄乌冲突反应和相关影响进行分析，内容覆盖中东欧多数国家。

【"中欧关系如何走出困境"国际视频研讨会】

2022年3月15日，上海欧洲学会与上海国际问题研究院联合举办"中欧关系如何走出困境"国际视频研讨会。上海国际问题研究院院长陈东晓致开幕词，上海欧洲学会会长徐明棋作会议总结。参加会议的欧方学者包括欧洲政策研究中心主任Daniel Gros、德国国际与安全事务研究所研究员Angela Stanzel和Nadine Godehardt、法国蒙田研究所亚洲项目主任Mathieu Duchatel、匈牙利外交与贸易研究所所长MartonUgrosdy；中方学者包括上海国际问题研究院院长陈东晓、欧洲研究中心主任张迎红和副主任龙静，华东师范大学欧洲研究中心主任门镜，上海外国语大学欧盟研究中心主任忻华，上海欧洲学会会长徐明棋和秘书长杨海峰。中欧学者分别从中方和欧方视角探寻如今中欧关系面临的障碍，研判走出困境的可行方案，并就俄乌冲突对欧洲安全格局及中欧关系的影响展开了深入讨论。

【"北外法语世界讲堂第68讲——法语在比利时：一份语言遗产"讲座】

2022年3月30日，比利时鲁汶天主教大学教授、《小罗贝尔词典》的编撰者、比利时著名语言学家米歇尔·弗兰卡尔（Michel Francard）先生在线上作了一场题为"法语在比利时：一份语言遗产"（Le français en Belgique, un patrimoine linguistique）的精彩讲座。此次活动由北京外国语大学法语语言文化学院副院长王鲲老师主持，比利时瓦隆布鲁塞尔国际关系总署驻华代表高芸迪（Justine Colognesi）参加了活动。

讲座介绍了比利时的语言概况。比利时位于欧洲的中心，毗邻荷兰、德国、卢森堡和法国，有三种官方语言：德语、法语和荷兰语。比利时遵守"地域单一语言原则"（principe de l'unilinguisme territorial），即由大区规定各自的官方语言，因此，比利时分为弗拉芒语区、法语区和德语区。语言区之间存在边界。随后，弗兰卡尔教授介绍了比利时的法语区，即瓦隆-布鲁塞尔大区的法语使用情况。比利时的法语是标准法语的一种变体，拥有独特的词汇、发音、词法和句法。比利时法语从史上曾通用的法语、英语和德语等来源中汲取养料并加以创新，最终形成自己的特色。最后，弗兰卡尔教授介绍了比利时法语人口对本地法语的认知，谈及两个发展阶段：20世纪末以前，比利时法语被认为是法语的一种不规范甚至错误的变体；20世纪末至21世纪，由于各个法语地区的语言意识觉醒，比利时法语才在科学和社会层面合法化。

【"俄乌冲突下的中东欧国家地缘安全战略"线上研讨会】

2022年3月31日，中国—中东欧国家智库交流与合作网络主办"俄乌冲突下的中东欧国家地缘安全战略"线上研讨会。来自中国现代国际关系研究院、中国国际问题研究院、外交学院、北京大学、北京外国语大学、复旦大学、中国社会科学院俄罗斯东欧中亚研究所、中国社会科学院欧洲研究所、塞尔维亚贝尔格莱德大学的十余名学者，就中东欧国家如何应对地缘格局变化、各国的安全战略动向、俄乌冲突对双边和中欧关系的影响等议题进行了深入讨论。

【"俄乌冲突与欧盟战略走向"学术研讨会】

2022年4月2日，中共中央党校（国家行政学院）国际战略研究院以"俄乌冲突与欧盟战略走向"为主题举行学术研讨会。会议采用线上线下相结合的形式，邀请来自中国社会科学院、中国国际问题研究院、北京大学、复旦大学、华东师范大学、外交学院等科研机构和高校的专家学者以及战略研究院教研人员共30余人与会。会议聚焦"俄乌冲突与欧盟战略走向"，围绕"俄乌冲突对欧美关系的影响""俄乌冲突对中欧关系的影响""俄乌冲突对欧盟'战略自主'的影响""俄乌冲突对欧盟经济的影响""俄乌冲突对德国外交与安全战略的影响""俄乌冲突对欧盟及其成员国防务建设的影响"等议题展开了深入研讨。此次会议是国际战略研究院2022年在"大有国际战略论坛"框架下举行的第五场学术研讨会，旨在加强与国内学术机构的交流，促进对国际重大现实问题和区域国别问题的研究，营造良好的学术氛围，提升战略研究院服务党和国家建设的水平。

【"俄乌冲突及影响"学术研讨会】

2022年4月6日，由中国人民大学欧洲问题研究中心主办的"俄乌冲突及影响"学术研讨会在中国人民大学明德国际楼408会议室举行，欧洲问题研究中心和国际关系学院25位相关领域的专家学者参加研讨会。与会学者围绕"俄乌冲突的背景与进程""俄乌冲突的全球影响""俄乌冲突对地区和中国的影响"三个主题展开深入讨论。国际关系学院党委书记、院长杨光斌致辞。

研讨会发言讨论第一节主题为"俄乌冲突的背景与进程"，由国际关系学院国际政治系主任宋伟主持，黄大慧、李巍、尹继武、吴日强、梁雪村、刘旭先后进行主题发言；第二节主题为"俄乌冲突的全球影响"，由国际关系学院李晨主持，蒲俜、闫瑾、王义桅、崔守军、左希迎、夏敏、许嫣然先后进行主题发言；第三节主题为"俄乌冲突对地区和中国的影响"，由国际关系学院外交学系主任王星宇主持，房乐宪、李庆四、翟东升、吴征宇、陈小沁、刁大明、曹德军先后进行主题发言。国际关系学院副院长方长平作总结发言，指出这次高质量的学术研讨会主要有三个特色：第一是内容上对策性研究和战略性思考兼具；第二是领域上涉及军事、政治、经济、外交、文化、宗教等多个方面；第三是视角上将历史、现实与理论相结合。

【"俄乌冲突对欧盟及中欧关系的影响"学术研讨会】

2022年4月9日，清华大学社会科学学院中欧关系研究中心举办了"俄乌冲突对欧盟及中欧关系的影响"线上学术研讨会。中欧关系研究中心理事会主席郑燕康教授致辞，副主席史志钦教授和中心主任张利华教授分别主持分会场活动。来自中国社会科学院欧洲研究所、中国国际问题研究院、中国海油能源经济研究院、清华大学、中国人民大学、北京外国语大学、上海大学和希腊拉斯卡瑞德斯基金会的14位专家学者会聚一堂展开对话。

【教育部国别区域研究培育基地北外中东欧研究中心十周年学术研讨会暨《中东欧国家发展报告2021》发布会】

2022年4月24日，由教育部国别和区域研究培育基地北京外国语大学中东欧研究中心与欧洲语言文化学院主办的"教育部国别区域研究培育基地北外中东欧研究中心十周年学术研讨会暨《中东欧国家发展报告2021》发布会"在北京外国语大学成功举行。

此次会议以线上线下相结合的形式进行，会议会集了国内从事中东欧研究的多位专家和国内从事中东欧语言人才培养的多所高校的学院领导。与会专家学者围绕此次会议主题"中国—中东欧国家合作十年：回顾与前瞻"分享了精彩的学术报告。

【2022年"欧洲日"欧洲一体化专题讲座】

2022年5月6日，四川大学欧洲问题研究中心主办了2022年"欧洲日"面向四川大学临床医学院本科生的欧洲一体化专题讲座。中心青年研究员靳倩倩博士从刚刚结束的法国大选开始，从"欧洲一体化的历史缘起"、"欧盟的支柱和管理机构"、"一体化进程中的文化整合"以及"一体化面临的挑战和前景"四个方面对欧洲一体化做了较为全面的介绍，受到同学们好评。

【"欧洲一体化的未来"圆桌会】

2022年5月9日，四川大学欧洲问题研究中心主办了2022年欧洲日圆桌会，讨论主题为"欧洲一体化的未来"，涂东博士、靳倩倩博士、严天钦博士、陈昕彤博士等数位中心青年研究员作了专题报告，分享他们各自在"匈牙利青民盟的对俄立场原因分析：意识形态和现实利益的双重驱动""乌克兰语言政治化问题研究""俄乌冲突对欧盟的影响""从法国大选看欧洲社会极端思潮和社会"专题上的研究习得，受到与会者好评。

【《欧洲对华政策报告（2021）》和《欧盟的大国和地区政策（2021）》线上发布会暨中欧关系研讨会】

2022年5月14日，上海欧洲学会和复旦大学国际问题研究院中欧关系研究中心联合举办《欧洲对华政策报告（2021）》和《欧盟的大国和地区政策（2021）》线上发布会暨中欧关系研讨会。会议由复旦大学中欧关系研究中心副主任简军波和副研究员严少华、上海欧洲学会秘书长杨海峰和监事曹子衡等主持。复旦大学副校长陈志敏教授和上海欧洲学会会长徐明棋教授等领导受邀致辞。《欧洲对华政策报告（2021）》是上海欧洲学会和复旦大学国际问题研究院中欧关系研究中心两个学术机构连续5年来联合发布的年度政策报告中的最新一本。报告认为，整体而言，欧洲对华政策将日趋复杂，中欧关系挑战将越来越大。《欧盟的大国和地区政策（2021）》是上述两机构就此主题发布的首份政策报告，内容涵盖欧盟主要对外政策对象，如美国、中国、俄罗斯、日本、东盟、非洲等。报告认为，现任欧盟领导层正从"地缘政治"视角处理对外关系，以强化"战略自主"和提升在地缘政治中的竞争力为重要目的。参会嘉宾除撰写政策报告的作者外，部分上海市高校和研究机构从事欧洲问题研究的资深研究人员也受邀参会，近100人参加了此次线上发布会暨研讨会。

【"巴尔干半岛的大国合作与竞争"国际学术研讨会】

2022年5月20日，华东师范大学政治与国际关系学院欧洲研究中心在线上举办了"巴尔干半岛的大国合作与竞争"国际学术研讨会。来自法国、德国、波兰、挪威、奥地利、塞尔维亚、克罗地亚、北马其顿、俄罗斯、澳大利亚等国的专家学者与中国同行一起交流探讨了巴尔干半岛的最新形势。会议的研讨分为四个部分。第一部分探讨中国与巴尔干半岛国家的政治、经济和投资关系；第二部分分析欧盟与巴尔干半岛国家之间的政治和经济关系，尤其是讨论入盟申请国与欧盟之间的关系；第三部分对比中欧之间在巴尔干半岛的政策目标、外交手段和经济合作方式；第四部分研讨美国、俄罗斯与巴尔干半岛国家关系，尤其是俄乌冲突发生以后与巴尔干半岛国家关系发生的最新变化。通过深度交流和研讨，参会的学者一致认为大国间在巴尔干半岛的合作与竞争反映了当前国际形势的变化，是需要引起关注的重要课题。随着国际格局的演变，巴尔干半岛的局势也会进一步发展，需要密切跟踪大国对巴尔干半岛地区的政策和态度的调整，同时也需要加强与巴尔干地区的交流和共识，确保"一带一路"倡议在当地的顺利发展。

【"绿色化、数字化转型的社会影响：中德比较视角"线上国际研讨会】

2022年5月23日，由德国弗里德里希·艾伯特基金会上海代表处、同济大学德国研究中心和中德校园联合主办的"绿色化、数字化转型的社会影响：中德比较视角"线上国际研讨会顺利举行。来自同济大学、复旦大学、中国社会科学院、上海国际问题研究院、德国艾伯特基金会、德国卡尔斯鲁厄理工学院、柏林工程和经济应用技术大学等高校和科研机构的30余名专家学者参会。德国研究中心主任郑春荣教授、弗里德里希·艾伯特基金会上海代表处首席代表雷伯曼（René Bormann）分别致辞。会议分为"塑造社会公平的转型——如何实现？"、"生态转型的社会影响"和"数字转型的社会影响"三个单元，与会专家学者围绕如何让中国、德国和欧洲的转型进程设计满足社会公平的要求，就各方的转型路径的相似和异同进行了深入研讨和交流。

【"纪念中希建交50周年：古老文明与现代伙伴"研讨会】

2022年5月27日，中国—中东欧国家智库交流与合作网络主办的"纪念中希建交50周年：古老文明与现代伙伴"研讨会以线上线下相结合的形式举行。希腊副总理帕纳约蒂斯·比克拉梅诺斯发来贺信，中国社会科学院秘书长赵奇、希腊发展和投资部部长斯皮里宗-阿佐尼斯·乔治亚季斯、希腊外交部副部长科斯塔斯·弗兰戈扬尼斯、中国驻希腊大使肖军正、希腊驻华大使乔治·伊利奥普洛斯出席会议并分别致辞。与会代表就两国友谊与合作、新时期中希关系等展开研讨，并期待进一步深化两国合作。

【"俄乌冲突对欧洲的影响与前景分析"讲座】

2022年5月30日，由复旦大学欧洲问题研究中心和复旦大学中欧人文交流研究中心主办的复旦大学2022智库周活动之一"俄乌冲突对欧洲的影响与前景分析"讲座在线上举行。主讲人复旦大学欧洲问题研究中心、复旦大学中欧人文交流研究中心主任，欧盟让·莫内讲席教授丁纯教授以此为主题，详细介绍了俄乌冲突中制裁和反制裁措施，分析了冲突对欧洲政治和一体化、经济和社会的影响以及后续的发展前景。俄乌冲突爆发后，欧洲反应空前激烈，挺乌、反俄成为"政治正确"，对俄制裁和对乌援助超乎寻常，但欧洲各国立场和应对差异明显。受冲突影响，欧洲宏观经济不确定性增加，实体经济受挫，能源价格高企，整体债务率可能扩大化，国际收支不平衡加剧。俄乌冲突如果长期持续，欧洲将成为其自身所不愿看到的美、俄角力场，并留下长期无法愈合的伤口，对欧盟和众多欧洲国家来说，尽快促和止战方为上策。此次讲座共吸引了200余位师生前来参与，取得了良好的学术交流和社会传播效果。

【"俄乌冲突对欧洲的影响"学术讲座】

2022年5月31日，上海对外经贸大学欧洲经济研究中心邀请复旦大学经济学院世界经济研究所教授、复旦大学欧洲问题研究中心主任、博士生导师丁纯教授，主讲了"俄乌冲突对欧洲的影响"的学术讲座。此次讲座吸引了来自复旦大学、中国社会科学院、同济大学等多所高校的学者以及学生共100余人参与。

【"法国总统选举与俄乌危机对欧洲及中欧关系的影响"讲座】

2022年6月1日，北京外国语大学讲席教授丁一凡应北京外国语大学法国研究中心之邀，为校内外法语师生作了题为"法国总统选举与俄乌危机对欧洲及中欧关系的影响"的讲座。

丁一凡教授首先简要介绍了法国的"半总统半议会"的政治体制与独特的选举制度，又分析了不同群体的投票倾向：青年人更加支持梅朗雄；老年人受传统媒体影响巨大；穆斯林群体坚决反对极右翼。随后，丁一凡教授指出，当前法国债台高筑，经济陷入停滞，而各大产业又需要大量财政投入，要重振经济，改革势在必行，但又因触动部分人利益难以推进。马克龙上台以来，在国内进行改革，在欧洲推动战略自主，而当前的俄乌冲突给欧洲带来了巨大的挑战。丁一凡教授指出，马克龙在冲突前曾试图调停，但其能力与意愿受到俄罗斯质疑，调停失利。冲突爆发后，马克龙认为欧洲更有必要推进防务一体化，而德国作为法国在欧盟内最重要的伙伴，在俄乌冲突中转而寻求军事正常化，这可能会在法德之间制造新的缝隙。同时，欧洲防务自主和美国领导的北约战略之间也存在分歧。他接着分析了欧盟对俄制裁和欧盟能源安全的利害关系，回溯了俄欧能源合作历史。如果欧盟想和俄罗斯能源进行切割，就需要寻求新的供应者，这个转变需要时间和大量基础设施，能源成本也会大增。最后，丁一凡教授指出，2021—2022年中欧关系出现了戏剧性的反转，即将成功的中欧投资协定被搁置。2021年欧洲议会表决通过《新欧中发展战略报告》，将中国视为合作和谈判伙伴、经济竞争者与制度性对手。不过，他也强调中欧之间仍然互有需求，在很多方面将保持合作。

【"俄乌冲突与世界秩序"中国国际问题论坛】

2022年6月2日，以"俄乌冲突与世界秩序"为主题的第19届中国国际问题论坛（2022）成功举办。该届论坛邀请了来自中共中央对外联络部、国防大学、清华大学、北京大学、复旦大学和中国人民大学等机关单位和高等院校的30余位专家学者，就"俄乌冲突的由来与演变""俄乌冲突与大国关系""俄乌冲突与国际安全秩序""俄乌冲突与世界经济秩序、全球治理""俄乌冲突与中国外交"等议题在线上进行了深入研讨。

该届论坛分为主旨演讲与议题讨论两部分。在主旨演讲环节，中共中央对外联络部原副部长于洪君、国防大学国家安全学院教授唐永胜、中国人民大学国际关系学院教授金灿荣先后发表演讲。在议题讨论环节，发言者包括外交学院陈志瑞教授、中国人民大学陈新明教授、复旦大学冯玉军教授等31位知名学者。

由中国人民大学国际关系学院主办的"中国国际问题论坛"至今已连续举办19届，是中国国际关系学界著名的学术品牌活动。该届中国国际问题论坛议题设置广泛、与会专家众多、观点涵盖全面、研究视角多元，各位专家学者围绕"俄乌冲突与世界秩序"进行了深入探讨，促进了相关学术和政策研究的进一步深化。

【"欧洲人如何看待俄乌冲突"学术讲座】

2022年6月7日，中国人民大学欧洲问题研究中心、中国人民大学国际关系学院举办了"欧洲人如何看待俄乌冲突"学术讲座。中心邀请中国社会科学院欧洲研究所副所长、中国—中东欧合作智库网络秘书长刘作奎研究员主讲，中心王义桅教授主持了讲座。

结合率团访问中东欧八国的访问经历，刘作奎研究员详细分析了俄乌冲突对欧洲的影响及欧洲角度的观察。他指出，俄乌冲突爆发后，欧美展现出"前所未有的团结"。尤其是欧盟，在决策层面显示出高度的统一，"一个声音的欧洲"因为这场危机似乎满血复活。但事实上，危机下蕴藏的"分裂风险"已经陆续暴露出来，令欧洲不得不面对更大的安全和发展困境。刘作奎强调，民众生活问题总归要解决。欧洲政治家们在面临危机僵持不下的情况下，需要充分考虑"民生就是最大的政治"，否则他们注定会被民粹主义所淹没。

【"中国'双循环'新发展格局：减贫、收入分配和社会保障——扩大国内需求的政策要素"国际研讨会】

2021年6月23—24日，"中国'双循环'新发展格局：减贫、收入分配和社会保障——扩大国内需求的政策要素"国际研讨会在上海社会科学院召开，会议由上海国际经济交流中心、德国艾伯特基金会上海代表处和上海社会科学院欧洲研究中心联合举办。来自中国与德国的学者通过线上和线下相结合的形式，围绕论坛主题，从"'双循环'新发展格局，内循环的现状、目标和挑战"，"'双循环'新发展格局与后疫情时代的世界经济"，通过加强社会保障来减少贫富差距和稳定国内需求"增强可支配收入作为扩大国内需求的组成部分"这四个专题进行了交流。

【"长三角一体化与北德：互鉴与合作"国际会议】

2022年6月24日，同济大学德国研究中心、中德人文交流研究中心和阿登纳基金会上海办公室联合举办"长三角一体化与北德：互鉴与合作"国际会议。来自同济大学、复旦大学、上海社会科学院、长三角一体化研究中心、中国三峡投资有限责任公司、汉堡驻中国办公室、德国全球与区域研究院、德国汉堡联邦国防军大学等中德两国高校、科研机构的20余名专家学者参会。同济大学德国研究中心主任郑春荣教授、阿登纳基金会上海办公室首席代表海若德（Dr. Heiko Herold）先后致欢迎词。与会人员就"中德政治经济关系50年：回顾与展望""长三角一体化与北德区域合作、互鉴"等议题进行了深入探讨。

【"湖北碳中和战略及路径"研讨会】

2022年6月25日，由武汉大学欧洲问题研究中心、武汉大学气候变化与能源经济研究中心联合主办的"湖北碳中和战略及路径"研讨会成功召开。会议邀请来自湖北省生态环境厅、湖北省发改委宏观经济研究所、武汉市发改委节能监察中心、武昌区金融局、湖北碳排放权交易中心、武钢集团等机构的专家以及中心师生近30人参会。结合全球以及中国碳中和的最新形势，立足湖北省和武汉市的实际情况，与会专家和中心师生就湖北省实现碳达峰、碳中和所面临的机遇和挑战，钢铁行业在碳中和压力和欧盟碳边境调节机制双重作用下的发展路径，以及如何进一步将武汉市打造为全国碳金融中心等问题进行了深入的交流和讨论。会议进一步明确了湖北碳中和战略及路径研究中存在的关键问题以及未来的研究重点，为湖北省实现碳达峰碳中和、钢铁行业进行低碳转型以及将武汉市打造为全国碳金融中心提供重要支撑。

【美欧关系年度智库系列报告启动暨研讨会】

2022年6月28日，上海外国语大学欧盟研究中心与上海欧洲学会联合举办了美欧关系年度智库系列报告启动暨研讨会，正式启动了上海欧洲研究界关于"美欧关系年度智库系列报告"的研究与撰写工作，同时会上还对中欧关系和中美欧三边战略博弈的当前态势进行了研讨。来自上海欧洲学会、上海社会科学院、上海国际问题研究院、同济大学、华东师范大学和上海外国语大学等沪上知名高校与智库的欧洲研究学科领域的资深学者参加了会议和研讨。

【"中国—希腊文明对话：古典哲学思想与当代国际关系"学术研讨会】

2022年7月5日，由清华大学社会科学学院中欧关系研究中心主办、希腊拉斯卡瑞德斯基金会协办的"中国—希腊文明对话：古典哲学思想与当代国际关系"线上学术研讨会成功举办。作为祝贺中国与希腊建交50周年的纪念活动之一，以及清华大学中欧关系研究中心与希腊拉斯卡瑞德斯基金会第二期合作项目的开启，此次研讨会着重讨论了中国与希腊古典哲学精华思想对当今国际关系的启示。

【中国人民大学国际关系学院与亚美尼亚"中国—欧亚战略研究中心"签署合作备忘录】

2022年7月6日，中国人民大学国际关系学院与亚美尼亚"中国—欧亚战略研究中心"签署合作备忘录。中国人民大学国际关系学院杨光斌教授对双方签订合作备忘录表示热烈祝贺，并真诚希望拓展中国与亚美尼亚两国的学术与人文交流，在此基础上加深相关领域的研究，以推动两国关系的顺利发展。

亚美尼亚"中国—欧亚战略研究中心"是亚美尼亚的一家高端学术智库，致力于从事中国同欧亚地区各国的区域国别及"一带一路"相关问题研究，通过举办年度"中国—欧亚地区论坛"与出版国际合作专著等各类学术活动，与亚美尼亚乃至欧亚地区的高校及科研院所紧密合作，为亚美尼亚政府部门积极建言献策，深化亚美尼亚各界对中国的了解，推动中国与亚美尼亚关系不断发展。该中心现已成为具有广泛国际影响力的学术研究机构。

此次合作还得到了中国驻亚美尼亚大使馆以及上海合作组织睦邻友好合作委员会的关注，来自中国、亚美尼亚、加拿大以及欧洲一些国家的媒体分别以亚美尼亚语、英语和俄语的形式进行了报道。

【欧洲文学研讨会暨欧洲语言文化论坛】

2022年7月8日，"欧洲文学研讨会暨欧洲语言文化论坛·北外2022"在北京外国语大学举行。论坛由教育部外指委非通用语种类专业教学指导分委员会与北京外国语大学欧洲语言文化学院联合举办，是"庆祝中国现代外语非通用语高等教育80周年"系列活动之一。

全国人大常委会委员、中国作家协会诗歌委员会主任、北京外国语大学名誉教授吉狄马加出席开幕式。北京外国语大学党委常委、副校长赵刚，教育部高等学校外国语言文学类专业教学指导委员会副主任委员、非通用语种类专业教学指导分委员会主任委员姜景奎，国务院外语学科评议组成员钟智翔，外语教学与研究出版社期刊分社社长孙凤兰在开幕式上分别致辞。浙江越秀外国语学院副校长葛金玲出席论坛并在闭幕会上致辞。

该届论坛会集了国内和国际知名专家学者，集聚了欧洲非通用语各个领域的师生，检阅当下欧洲非通用语学术研究的问题和成果，给予与会者深刻学术启悟和方向指引。欧洲语言文化学院柯静、刘厚广、林温霜、董希骁主持各环节活动。

【"俄乌冲突如何改变欧洲"讲座】

2022年7月12日，北京大学欧洲研究中心与北京大学政府管理学院、北京大学公共治理研究所共同举办主题为"俄乌冲突如何改变欧洲"的讲座。此次讲座受北大国际合作部"海外学者讲学计划"支持，是北大欧洲研究中心"欧罗巴系列讲座"之一，主讲人为奥地利人文科学研究院的伊万·克拉斯特耶夫（Ivan Krastev）教授，主持人为北京大学欧洲研究中心主任段德敏。

在此次讲座中，伊万·克拉斯特耶夫教授主要从三个方面对"俄乌冲突如何改变欧洲"这一议题进行了阐述：（1）对欧洲人来说，俄乌冲突为何如此重要；（2）俄乌之间的冲突如何改变了欧洲；（3）欧洲的公众们对俄乌冲突产生了怎样的反应和看法。

伊万·克拉斯特耶夫教授指出，在大多数欧洲人的心中，有一种强烈的信念，即欧洲秩序与国际秩序具有很大的差异。这种欧洲秩序包含两个重要的预设：首先，在欧洲永远不会发生真正的大规模的战争；其次，在欧洲，军事力量正在逐渐失去重要性，其地位逐渐被软实力所取代。欧洲秩序被视为一种后现代的、基于合作的秩序，它构成了欧洲吸引力和自身认同的重要来源。而俄乌之间的冲突，在很大程度上摧毁了上述预设，冲击并瓦解了现存的欧洲秩序。

【"共商全国统一碳市场建设"论坛】

2022年7月15日，由武汉大学欧洲问题研究中心、武汉大学气候变化与能源经济研究中心和武昌区人民政府共同承办的全国碳市场运行一周年系列活动之"共商全国统一碳市场建设"论坛在武汉东湖宾馆顺利召开，各界人士齐聚一堂，总结全国碳市场建设的经验和成效，共商碳市场助力"双碳"目标的实现路径。张希良教授、吴力波教授、齐绍洲教授、张建宇博士、陈志祥博士受邀分别进行了主旨演讲。随后，各界专家学者以全国碳市场有序发展路径为主题开展了精彩的圆桌会议。此次论坛为中国建好全国统一碳市场，推动能源结构和产业结构优化调整、促进绿色低碳转型提供了丰富的政策建议和理论支撑。

【"现代政治的概念缘起"政治思想论坛】

2022年7月16日，由北京大学欧洲研究中心和北京大学公共治理研究所、北京大学政府管理学院共同主办的政治思想论坛"现代政治的概念缘起"在线上成功举行。来自北京大学、复旦大学、南开大学、对外经济贸易大学、中国传媒大学等多所大学的专家学者济济一堂，共同打造了一场高质量、高水平的思想史研究学术盛宴，近300名师生参加了此次论坛。此次论坛一共分为五个单元，分别是"古今之变视野下的现代政治"、"现代政治中的人与自然"、"主权与现代政治"、"帝国论——现代政治的'内与外'"和"作为比较政治学的政治思想研究"，论坛由北京大学欧洲研究中心主任段德敏老师与北京大学中国政治学研究中心庞亮老师共同主持。此次论坛主要涉及近代欧洲对关键的政治概念之辨析及其和"现代政治"之间的关系，只有批判性地理解他人，才能更好地认识自身，坚持自己的道路。

【碳中和背景下中德合作5+5高端对话】

2022年7月28日，在中德建交50周年之际，为加强中德绿色低碳发展对话，武汉大学欧洲问题研究中心、武汉大学气候变化与能源经济研究中心联合德国杜伊斯堡-埃森大学东亚研究所共同举办了碳中和背景下中德合作5+5高端对话。来自武汉大学、清华大学、复旦大学、香港科技大学、香港城市大学和德国杜伊斯堡-埃森大学、波鸿鲁尔大学、埃尔朗根-纽伦堡大学、海德堡大学、卡塞尔大学的30余位专家学者齐聚一堂，在"能源和碳市场""经济和贸易"两大专题下，就中德两国在碳中和目标下发展的机遇、挑战以及合作前景展开了对话。在全球能源转型和实现碳中和的关键时期，此次对话建立起中德专家学者之间的对话交流合作机制，为中德加强合作，共同探索实现碳中和的创新方案，实现双方的互学互鉴、合作共赢提供了有力的支撑。

【"英国新政府与中英关系前瞻"研讨会】

2022年8月11日,中国现代国际关系研究院欧洲研究所与《现代国际关系》编辑部联合举办"英国新政府与中英关系前瞻"研讨会,来自中国社会科学院欧洲研究所、外交学院、北京外国语大学、中国银行研究院、中国国际商会、外交部、商务部和中国现代国际关系研究院等单位的代表与会研讨。

【欧洲经济形势研讨会】

2022年8月11日,上海欧洲学会举办欧洲经济形势线上研讨会。会上商议了"欧洲经济形势报告(2021—2022)"写作安排,研讨了欧洲各国或地区的经济形势与中欧经济关系状况。丁纯、姜云飞、尚宇红、孙定东、田洋洋、王玉柱、谢国娥、忻华、徐明棋、薛晟、杨逢珉、杨海峰、杨峥臻、周华、朱宇方等参加会议。

【西南地区高校区域国别研究暨欧洲研究圆桌论坛】

2022年8月20日,西南地区高校区域国别研究暨欧洲研究圆桌论坛在成都四川大学望江校区成功举办。此次会议由四川大学外国语学院主办,四川大学欧洲问题研究中心/欧盟让·莫内最佳欧洲研究中心、教育部区域国别研究基地——四川大学欧盟研究中心协办,以线上线下结合的形式举行。出席此次会议的有来自中国人民大学、北京航空航天大学、深圳大学、云南大学、西南交通大学、西南民族大学、四川师范大学、电子科技大学、成都理工大学、成都大学、四川外国语大学成都学院、乐山师范学院、绵阳师范学院、攀枝花学院等高校的专家、学者,线下线上合计近60位。四川大学欧洲问题研究中心主任石坚教授和中国人民大学欧洲问题研究中心执行主任罗天虹副教授在开幕式上致辞。会议开幕式由四川大学外国语学院院长王欣教授主持。

【"比较视野中的欧盟公共管理"欧洲研究论坛】

2022年8月20日,四川大学欧洲问题研究中心与中国人民大学欧洲问题研究中心联合举办了"比较视野中的欧盟公共管理"欧洲研究论坛。中国人民大学欧洲问题研究中心黄燕芬教授和四川大学欧洲问题研究中心易丹教授共同主持了圆桌论坛。黄燕芬教授首先以"国别区域研究与比较视野的欧盟公共管理"为题探讨了比较欧盟成员国之间的公共管理和比较中国与欧盟公共管理的重要性和意义。严天钦副教授以"英国与荷兰的新公共管理改革比较"为题,对英国和荷兰两国的行政结构改革及公私合作伙伴关系模式(PPP合作模式)进行了对比分析和讨论。北京航空航天大学比荷卢研究中心执行主任关孔文副教授以"欧盟—美国气候议题公共管理路径的比较分析"为题,介绍了气候议题公共管理路径的"双层次博弈"特征,并对欧盟和美国气候议题公共管理路径的"双层次博弈"状况进行了比较分析。北京航空航天大学比荷卢研究中心青年研究员孙润南博士以"把政党找回来"为题,在探讨政党的定义的基础上比较分析了中国共产党与欧洲政党的区别。北京航空航天大学比荷卢研究中心青年研究员韩云霄博士以"中欧政党治理比较研究"为题,比较分析了中国与欧洲政党的治理模式和治理成效。发言结束后,易丹教授和黄燕芬教授针对各位的发言作了精彩点评。

【首届德语学科区域国别研究高端学术论坛】

2022年8月20日,北京外国语大学德语学院、中德人文交流研究中心以及德国研究中心联合在线上举办首届德语学科区域国别研究高端学术论坛。北京外国语大学党委副书记、副校长,外指委德分委主任贾文键出席论坛开幕式并致辞。论坛开幕式及研讨环节由北外德语学院党总支副书记、院长,外指委德分委秘书长吴江主持。同济大学德国研究中心主任郑春荣教授、副主任伍慧萍教授受邀与会，并于主题报告环节就新发展格局下德语学科的区域国别研究提出见解。

【"中德视角看全球供应链保障"国际视频会议】

2022年9月2日，上海国际问题研究院和德国艾伯特基金会联合举办"中德视角看全球供应链保障"国际视频会议，会议由上海国际问题研究院欧洲研究中心的专家和来自德国的专家共同参与。上海国际问题研究院陈东晓、张迎红、龙静、王中美参会，德国方面的参会代表为德国艾伯特基金会上海代表处首席代表雷伯曼（René Bormann）、德国贸易投资署Corinne Abele、德国人权研究所副所长Michael Windfuhr、普华永道中国全球跨境服务部主管Jan Jovy、欧洲议会议员René Repasi、"施世面包机构"人权经济咨询家Maren Leifker、德国驻上海总领事馆代总领事兼经济处主管Thomas Triller（唐孟思）、德国工商大会上海代表处政府事务高级总监Constanze Wang（王晓丹）。会议主要议题包括：疫情与地缘政治压力下的供应链安全；如何确保全球供应链的基本标准以避免逐底竞争。会议举行的背景为俄乌冲突持续以及疫情反复冲击对中欧供应链产生严重影响，同时德国和欧盟出台的关于人权和环保的企业尽职调查法案也受到中欧企业界的广泛关注，会议就该两项议题开展充分研讨，欧方代表介绍了欧洲企业如何应对尽职调查的详细方法。

【"技术转移、产业政策与1945年以来东亚区域经济发展"国际会议】

2022年9月2—3日，"技术转移、产业政策与1945年以来东亚区域经济发展"国际会议在线上顺利举行。此次会议由同济大学德国研究中心和华东师范大学历史系联合举办，同济大学德国研究中心副研究员陈弢担任会议主席。来自德国波恩大学、德国莱布尼茨研究所、香港大学、美国哈佛大学、日本大阪大学、比利时鲁汶大学、复旦大学、同济大学、华东师范大学、华南师范大学等海内外高校、科研机构的30余位专家学者参会，围绕1945年后东亚区域内部、西方与东亚之间的技术转移，以及在此背景下东亚地区的企业活动和工业政策的开展进行研讨。

【"中国—中东欧国家合作十年：进展与前景"国际学术研讨会】

2022年9月21日，中国—中东欧国家智库交流与合作网络以线上方式举办"中国—中东欧国家合作十年：进展与前景"国际学术研讨会。新任外交部中国—中东欧国家合作事务特别代表、前驻阿尔巴尼亚和罗马尼亚大使姜瑜出席研讨会并致辞。来自中国社会科学院欧洲研究所、中国国际问题研究院、上海国际问题研究院、北京外国语大学、浙江金融职业学院的中方智库代表，以及来自阿尔巴尼亚、波斯尼亚和黑塞哥维那、保加利亚、克罗地亚、捷克、希腊、匈牙利、黑山、波兰、北马其顿、罗马尼亚、塞尔维亚、斯洛伐克、斯洛文尼亚等中东欧国家智库代表分享了自己的观点。

【第十届"中德论坛——德法大选后的中欧关系"国际会议】

2022年9月23日，由同济大学德国研究中心、中德人文交流研究中心、德国阿登纳基金会上海代表处和德国波恩大学全球研究中心联合主办的第十届"中德论坛——德法大选后的中欧关系"国际会议在线上举行。来自同济大学、上海交通大学、复旦大学、中国社会科学院、中国国际问题研究院、德国波恩大学、阿登纳基金会、法国国际关系研究院等高校和科研机构的30余名专家学者参会。会议分为"德法大选后的欧洲与中欧关系"、"德法大选后的中欧经贸关系"和

245

"德法大选后的中欧人文交流"三个单元。与会专家学者对大选后的德法轴心走向及其影响力、中欧关系的走向及面临的挑战等进行了分析与研判,以期为推进中欧关系长远健康发展建言献策。自2013年起,同济大学德国研究中心和德国阿登纳基金会上海代表处、德国波恩大学全球研究中心联合主办"中德论坛"系列国际会议,旨在为中德、中欧高校和智库搭建学术交流平台,围绕当下及未来中德、中欧关系发展的重要议题展开研讨、对话。"中德论坛"自2013年至今已连续举办十届,在中德、中欧关系学界日益发挥出积极、广泛的学术、社会影响力,初步搭建起以德国为中心、辐射欧洲的学术资源网络,已成为中德、中欧高校、智库合作的品牌活动。

【"北外法语世界讲堂第71讲——加缪与阿尔及利亚"讲座】

2022年10月26日,北京语言大学法语系教授、博士生导师黄晞耘应邀为北外师生作了题为"加缪与阿尔及利亚"的精彩专题线上讲座。讲座由田妮娜副教授主持。黄晞耘教授首先详细介绍了加缪以阿尔及利亚为背景创作的叙事作品。阿尔及利亚作为地域背景或创作素材的来源,在加缪的叙事作品中出现频率极高,这充分显示出阿尔及利亚对于加缪的重要性。黄教授继而揭示了阿尔及利亚对加缪的生活乃至生命的重要意义。他展示了加缪的先辈居住地的变迁和加缪的特殊人生轨迹,阐明了阿尔及利亚对于加缪文学创作和思想的特殊影响。黄教授还向同学们展示了若干阿尔及尔和奥兰两座城市的老照片和绘画作品,这些图像与加缪的许多文学作品有着深刻的内在联系。黄教授指出,阿尔及利亚对加缪的整个人生都具有重要的影响,无论是生活、思想还是文学创作。此次讲座有300余名师生参加。

【美欧关系智库系列报告写作推进会暨当前中美欧战略博弈形势研讨会】

2022年10月28日,上外欧盟研究中心与上海欧洲学会联合主办了美欧关系智库系列报告写作推进会暨当前中美欧战略博弈形势研讨会,忻华老师在会上作了关于"当前经济与科技领域的美国与欧洲关系概述"的主题发言。

【"区域碳中和战略与合作"论坛】

2022年10月29日,武汉大学欧洲问题研究中心、武汉大学气候变化与能源经济研究中心、武汉大学中国边界与海洋研究院、清华大学能源环境经济研究所协办的"区域碳中和战略与合作"论坛采用线上线下结合的形式顺利召开。论坛由武汉大学欧洲问题研究中心主任、气候变化与能源经济研究中心主任齐绍洲教授主持。中国工程院杜祥琬院士,国家应对气候变化专家委员会主任何建坤教授,深圳市生态环境局党组成员、副局长文忠受邀进行致辞。

【"福柯与现代国家的系谱学"讲座】

2022年11月3日,由北京大学欧洲研究中心、北京大学政府管理学院共同主办的政治思想系列讲座"福柯与现代国家的系谱学"在廖凯原楼与线上同步举行。比利时鲁汶大学当代欧陆社会和政治哲学教授安东·布拉克芒(Antoon Braeckman)围绕"福柯国家系谱学的两种权力"发表主旨演讲。此次讲座由北京大学欧洲研究中心主任段德敏主持。

布拉克芒指出,因为在福柯看来所有的社会关系都处于权力的作用之下,所以为了更好地把握福柯宏观的权力概念,我们可以把他复杂的系谱学理论追溯到两种不同的基本权力的运作。一方面,有一种经典的权力观,认为权力与国家和法治紧密相连;另一方面,还有一种治理性的权力,或称为治理的艺术，通过各种各样的实践、技术和手段来指导和管理个人、集体甚至整个群体的行为。福柯的许多思考实际上是围绕着系谱学展开的，这种系谱学对福柯关于一般权力的思考有重要的启发，并为理解福柯在 20 世纪 80 年代后期的伦理自我的转向提供了重要线索。布拉克芒关注的并不是福柯系谱学的细节，而是揭示其根本的直觉感知，由此他提出了两个论点：福柯描摹了一种权力的形式，这种权力形式本质上是倾向于过度展开的；福柯后期伦理学转向的动机也是为了寻求抵御这种内在的过度权力的可行形式。

【武汉大学—剑桥大学 3+3 高端对话】

2022 年 11 月 9 日，为加强中英应对气候变化的合作与交流，武汉大学欧洲问题研究中心、武汉大学气候变化与能源经济研究中心联合剑桥大学能源政策研究所以"碳市场"为主题共同举办了武汉大学—剑桥大学 3+3 高端对话。来自中国武汉大学、英国剑桥大学的 30 余位专家学者齐聚一堂，结合欧盟、英国和中国碳市场建设的经验和成效，就利用碳市场和其他政策协同助力碳中和目标实现展开了对话。

【"理解欧洲一体化的未来愿景"学术研讨会】

2022 年 11 月 10—11 日，四川大学欧洲问题研究中心/欧盟让·莫内最佳欧洲研究中心与中国人民大学欧洲问题研究中心/欧盟让·莫内最佳欧洲研究中心联合在成都举办了"理解欧洲一体化的未来愿景"学术研讨会。研讨会以线上线下相结合的形式举办。来自清华大学、对外经贸大学、北京航空航天大学、北京语言大学、复旦大学、上海对外经贸大学、上海外国语大学、广东外语外贸大学、太原理工大学、山东工商学院，比利时根特大学、澳门大学、越南邮电学院、印度尼西亚加查马达大学、布鲁塞尔自由大学、新西兰坎特伯雷大学、四川大学，以及中国社会科学院欧洲研究所、中国国际问题研究院的从事欧洲研究的近 60 位学者出席了此次研讨会，共议大变局下中欧合作以及欧洲一体化的未来愿景。

【"变化中的世界秩序——中国与欧洲/德国视角"研讨会】

2022 年 11 月 12 日，中国现代国际关系研究院欧洲研究所与德国艾伯特基金会共同举办主题为"变化中的世界秩序——中国与欧洲/德国视角"的研讨会，现代院院长助理、欧洲所所长张健和艾伯特基金会驻北京首席代表赛巧·格莱希、德国联邦国防军大学政治学教席迈克尔·斯塔克教授、和平研究与安全政策研究所戈茨·纽内克教授参会。

【"语言—文化教学法创新与技术创新——历史的视角与现实的挑战"学术讲座】

2022 年 11 月 16 日，应北京外国语大学法语语言文化学院邀请，世界知名的法国语言—文化教学法专家 Christian Puren 教授通过腾讯会议作了题为"语言—文化教学法创新与技术创新——历史的视角与现实的挑战"的学术讲座。讲座由法语学院院长戴冬梅教授主持。

Puren 教授的讲座分为两部分。讲座的第一部分，他结合语言—文化教学法历史详细阐述了教学法创新和技术创新之间的四种关系模式："社会决定论模式"（le modèle du déterminisme social）、"教学法决定论模式"（le modèle du déterminisme didactique）、"技术决定论模式"（le modèle du déterminisme technologique）以及"合道/分道模式"（le modèle des convergences / divergences）。讲座的第二部分，Puren 教授阐述了对另外两对关系的思考，即"创新与进步"（innovation et progrès）、"创新与变革"（innovation et changement）。最后，Puren 教授总结道，教学法创新和技术创新的关系十分复杂，不能以单一的维度和单一的模式去看待，而应将不同模式有机结合，才能使技术创新在教学中被应用被推广，逐渐成为真正的教学法变革。主题讲座结束后，Puren 教授详细深入地回答了老师们关于多模态信息素养、技术创新与教师需求的平衡等问题。此次讲座持续 2 个多小时，内容丰富、信息密集、融合多学科知识，为与会师生带来了一场名副其实的学术盛宴。讲座吸引了校内外法语听众 200 余人参加。

【"技术与人工智能的跨文化理解：中德比较视角"国际会议】

2022 年 11 月 17—18 日，同济大学德国研究中心、中德人文交流研究中心与德国卡尔斯鲁厄理工学院技术未来研究所联合举办"技术与人工智能的跨文化理解：中德比较视角"国际会议。来自同济大学、德国卡尔斯鲁厄理工学院、北京外国语大学、德国海德堡大学等中德高校的 30 余名专家、学者参会，从不同学科角度切入，探讨技术与人工智能在中德两国社会、文化之中的概念、应用及影响，以期为两国人工智能研究、治理及合作提供有益借鉴。

【《欧美关系走向报告（2022）》发布会暨欧美俄中关系研讨会】

2022 年 11 月 19 日，上海欧洲学会、上海外国语大学欧盟研究中心和上海市俄罗斯东欧中亚学会合作举办《欧美关系走向报告（2022）》发布会暨欧美俄中关系研讨会。此次研讨会系"上海市社联第十六届（2022）学会学术活动月"项目。会议由上海外国语大学欧盟研究中心主任忻华研究员、上海欧洲学会监事曹子衡博士、上海市俄罗斯东欧中亚学会秘书长姜睿博士和上海欧洲学会秘书长杨海峰博士等主持，上海欧洲学会会长徐明棋研究员和上海市俄罗斯东欧中亚学会会长刘军教授分别致辞。在世界处于"百年未有之大变局"的当下，观察研究美欧关系的发展变化对于认识"世界进入新的动荡变革期"不可或缺。美欧关系是多层面、多领域、多图谱的一种复杂关系。美欧在经济利益上的深刻分歧并不会因为地缘政治和安全领域合作关系的提升而弥合。除撰写报告的作者外，上海外国语大学欧盟研究中心戴启秀教授、复旦大学欧洲问题研究中心名誉主任戴炳然教授、复旦大学欧洲问题研究中心主任丁纯教授、同济大学德国研究中心主任郑春荣教授等 30 多位专家学者与媒体人士参加了此次会议。

【"法德关系与欧盟走向及其对中欧关系影响"学术研讨会】

2022 年 11 月 20 日，"法德关系与欧盟走向及其对中欧关系影响"学术研讨会在上海举行，与会专家就法德两国的相对地位的后续调整，法德轴心在欧盟内部的稳定性、影响力，中欧关系发展动向等议题进行了深入探讨。此次会议由同济大学德国研究中心、中德人文交流研究中心联合主办，来自同济大学、复旦大学、上海交通大学、南京大学、上海国际问题研究院、上海社会科学院等高校、研究机构的 30 余位专家、学者和师生与会。

【"俄乌冲突对欧洲的影响几何？"学术讲座】

2022 年 11 月 23 日，复旦大学欧洲问题研究中心主任、欧盟让·莫内讲席教授丁纯教授携复旦大学中欧人文交流中心、欧洲研究协会共同主办"俄乌冲突对欧洲的影响几何？"学术讲座。来自复旦大学各学院的 50 余名学生积极参与了此次讲座。讲座上，丁纯教授和各位同学进行互动交流。在问答环节，在场各位同学提问十分踊跃，现场气氛非常热烈。

【"中国共同富裕政策的发展路径"国际研讨会】

2022 年 11 月 23—24 日，上海欧洲学会、上海国际经济交流中心和德国艾伯特基金会在上海合作举办"中国共同富裕政策的发展路径"国际研讨会。上海国际经济交流中心理事长王战、艾伯特基金会上海代表处首席代表雷伯曼（René Bormann）、上海欧洲学会会长徐明棋分别为会议致辞和总结。德国联邦外贸与投资署上海联络处外贸主管罗茵如（Corinne Abele）、华东师范大学政治与国际关系学院欧洲研究中心主任门镜、华东理工大学欧洲研究所所长杨逢珉、上海对外经贸大学国际经贸学院教授张永安、上海欧洲学会秘书长杨海峰先后主持会议相关环节。杨逢珉教授、德国联合服务行业工会迪尔克·希舍尔博士（Dierk Hirschel）、德国杜伊斯堡－埃森大学盖哈特·白克尔教授（Gerhard Bäcker）、上海国际问题研究院欧洲研究中心主任张迎红研究员作主题发言，德国维尔茨堡大学多丽丝·菲舍尔教授（Doris Fischer）、上海社会科学院欧洲研究中心秘书长钱运春研究员、复旦大学欧洲问题研究中心主任丁纯教授、柏林经济和法律应用科学大学汉斯约克·赫尔教授（Hansjörg Herr）作评论。20多位中德学者在此次线上线下结合的研讨会上对当前的社会经济形势、共同富裕以及社会保障等相关政策、全球共同富裕与全球治理等议题进行了深入研讨。

【"面向未来的中德关系"国际会议】

2022年11月25日，同济大学德国研究中心、中德人文交流研究中心与阿登纳基金会联合举办"面向未来的中德关系"国际会议，就中德建交50年来的交往成果进行回顾、总结，以期对未来双边关系的健康稳定发展和两国人民的友好往来提供有益借鉴。中国原驻德大使、中国德国友好协会会长史明德，德国原驻华大使施明贤受邀参会，并作主旨发言。来自同济大学、复旦大学、北京外国语大学、外交学院、德国海德堡大学等高校、科研机构的30余名专家、学者参会，就未来中德政治、经贸关系的发展以及人文交流的推动进行了深入研讨。

【"欧洲科技创新与产业转型"学术研讨会】

2022年11月27日，复旦大学欧洲问题研究中心与中国欧洲学会欧盟研究分会联合主办"欧洲科技创新与产业转型"学术研讨会，复旦大学欧洲问题研究中心主任丁纯教授，中共中央党校（国家行政学院）国际战略研究院俄罗斯与欧洲研究所副所长、副教授赵柯，北京外国语大学德语学院经济教研室主任、副教授徐四季，北京外国语大学德语学院副教授寇蔻，上海外国语大学欧盟研究中心主任、研究员忻华，上海外国语大学德语系副教授蒋潞潞，江苏省社会科学院世界经济研究所助理研究员徐清以及深圳技术大学外国语学院讲师周旺旺作有关欧洲科技创新与产业转型的报告和发言。

【"中国企业在非洲"主题讲座】

2022年11月30日，北京外国语大学法语语言文化学院1993级校友、现中铁资源总经理助理、华刚矿业总法律顾问、董事会秘书、北京代表处首席代表、女工委主任刁颖女士应邀为北外师生作了"中国企业在非洲"的主题讲座。此次讲座为北外法语世界讲堂学习党的二十大精神专题讲座之一，由法语语言文化学院党总支书记蔡芝芳主持。

主讲人从学习党的二十大精神切入，分析了在当前复杂的国际形势下中国的外交政策和对外发展思路，以华刚矿业公司为例，介绍了中国企业在非洲的发展情况，及其如何参与构建"人类命运共同体"。刁颖女士全面介绍了华刚矿业公司的创立过程、合作模式、产生效益、风险挑战，并重点阐述了华刚项目给两国带来的益处。刁颖女士也谈到了华刚公司遇到的困难，讲述了中国企业在非洲发展中遇到的包括政治、学术、舆论和营商环境等方面的挑战。北京大学、武汉大学、中山大学、北京师范大学、外交学院和北京外国语大学等院校师生、华刚公司代表以及各界来宾共270余人聆听了讲座。

【"俄乌冲突对中欧关系的影响"圆桌会议】

2022年12月5日，华东师范大学欧洲研究中心与德国艾伯特基金会上海办事上海共同举办了"俄乌冲突对中欧关系的影响"圆桌会议。华东师范大学冯绍雷教授和艾伯特基金会上海办事主任René Bormann分别致欢迎词。中共中央对外联络部原副部长周力和德国议会外交委员会议员Martin Müller分别作了主旨发言。海德堡大学中国研究所Marina Rudyak博士、华东师范大学的门镜教授及欧洲研究中心的各位教授在会议上交换了观点。

【"俄乌冲突与中东欧地缘政治新态势"专家研讨会】

2022年12月3日，北京外国语大学欧洲语言文化学院中东欧研究中心举办"俄乌冲突与中东欧地缘政治新态势"专家研讨会。受俄乌冲突影响，中东欧地区安全结构和地缘政治格局发生了冷战结束以来前所未有的变化。这一变化直接对该地区与俄罗斯、美国、欧盟的关系产生了重大影响，也给"中国—中东欧国家合作"的前景带来了更多的不确定性。为深入研判该地区的形势发展，服务国家外交工作需要，教育部国别和区域研究培育基地北京外国语大学中东欧研究中心于2022年12月3日下午，特别邀请了国内从事中东欧问题、俄罗斯问题和美欧问题的知名专家相聚云端，就俄乌冲突以来的美欧关系变化、俄罗斯的国际秩序观变迁、中东欧国家对美欧俄中政策新变化以及欧洲未来的几种地缘政治趋向等问题作了专题研讨。北京外国语大学副校长、中东欧研究中心主任赵刚教授参加会议并致辞。

【"第十七届中欧关系中的台湾问题"国际研讨会】

2022年12月7日，上海国际问题研究院与德国艾伯特基金会联合举办"第十七届中欧关系中的台湾问题"国际研讨会。会议通过线上线下相结合的形式，围绕中欧关系回顾（2019—2022年）、海峡两岸关系与大陆对台政策、台湾岛内政治与对外关系以及政策建议展开研讨。来自中国和欧洲学者就近年来中欧关系的发展及问题、中欧双方的对台政策和立场、台湾岛内政治动向及对外关系、中欧双方各自的政策建议等问题进行了深入交流。来自中方的学者主要有中国国际问题研究院欧洲研究所所长崔洪建、华中师范大学台湾与东亚研究中心学术委员会主任周志怀、厦门大学台湾研究院院长李鹏、上海市公共关系研究院副院长李秘、上海国际问题研究院副院长严安林等。来自欧方的官员和学者主要包括德国社会民主党党团副主席加布里埃拉·海因里奇（Gabriela Heinrich）、艾伯特基金会上海代表处首席代表雷伯曼（René Bormann）、德国国际政治和安全事务研究所亚洲部资深研究员华玉洁（Gudrun Wacker）、科隆大学政治学系教授贺伯森（Hermann Halbeisen）、伦敦政经学院国际关系学荣誉教授休斯（Christopher H. Hughes）、法国蒙田研究所亚洲项目部主任杜懋之（Mathieu Duchatel）、欧盟安全研究所亚洲负责人艾克曼（Alice Ekman）、中国香港浸会大学政治及国际关系学系荣誉教授高敬文（Jean-Pierre Cabestan）、波兰国际事务研究所研究部副主任诗丽娜（Justyna Szczudlik）、斯洛文尼亚卢布尔雅那大学台湾研究中心主任萨学东（Saša Istenič Kotar）等。上海市台办相关领导出席会议。会议对中欧双方关于"中欧关系中的台湾问题"这一议题进行了深入研讨，各自表明了相关立场和态度，促进双方对各自立场的理解。

【"当代欧美民粹主义语境中的'人民'概念解剖"讲座】

2022年12月8日，北京大学欧洲研究中心邀请英国卡迪夫大学（Cardiff University）欧洲研究院前院长、法律与政治学院资深荣誉教授、欧洲研究和政治思想史专家安德鲁·文森特（Andrew Vincent）主讲"当代欧美民粹主义语境中的'人民'概念解剖"讲座，由北京大学欧洲研究中心主任段德敏担任主持人，湖南大学岳麓书院副教授路易斯·罗德里格斯担任评议人，北大教师和相关博士研究生等参与了讨论。

【"欧洲动态与中欧关系"学术研讨会】

2022年12月11日，由清华大学社会科学学院中欧关系研究中心主办，希腊拉斯卡瑞德斯基金会协办的"欧洲动态与中欧关系"线上研讨会成功举行。从事欧洲问题研究的海内外知名高校和智库组织的多位专家学者出席并发言。清华大学社会科学学院院长彭凯平教授和希腊拉斯卡瑞德斯基金会驻华代表葛凤艳女士分别致开幕词，会议由清华大学社会科学学院中欧关系研究中心主任张利华教授主持。

【"深入学习贯彻党的二十大精神 推进区域国别研究高质量发展"主题讲座】

2022年12月16日，受上海财经大学爱沙尼亚与波罗的海区域研究中心的邀请，同济大学德国研究中心主任郑春荣教授在上海财经大学作"深入学习贯彻党的二十大精神 推进区域国别研究高质量发展"主题讲座。该活动为"学习二十大·区域国别和跨文化传播研究系列讲座"之一，由上海财经大学爱沙尼亚与波罗的海区域研究中心和上海财经大学—赫尔辛基大学联合跨文化研究中心共同主办。